Alejo Carpentier: acá y allá

Luisa Campuzano, editora

ISBN: 1-930744-31-5

INSTITUTO INTERNACIONAL DE
LITERATURA IBEROAMERICANA
Universidad de Pittsburgh
1312 Cathedral of Learning
Pittsburgh, PA 15260
(412) 624-5246 • (412) 624-0829 FAX
iili@pitt.edu
http://www.pitt.edu/~hispan/iili/index.htm

Colaboraron en la preparación de este libro:

Composición y diseño gráfico: Erika Braga
Correctores: Antonio Gómez y Alicia Valero Covarrubias

Alejo Carpentier: acá y allá

Luisa Campuzano, editora

Alejo Carpentier en el *Premio Casa* de 1969, en Isla de Pinos, hoy Isla de la Juventud con René Depestre y Jean Franco.

Enero de 1969

Alejo Carpentier: acá y allá

Introducción

Luisa Campuzano

En su título esta recopilación asume como divisa una de las dos parejas de adverbios con las que Alejo Carpentier, cual demiurgo capaz de manejar todo el devenir, todo el espacio, se instalaba en una muy caribeña encrucijada de edades y paisajes: *entonces* y *ahora, acá* y *allá.* Su elección me la impuso la variedad de nacionalidades, lugares de enunciación, enfoques y formación de los críticos y estudiosos de su obra que he conocido hace pocos o muchos años en muy disímiles sitios y circunstancias, y a quienes invité a participar en este proyecto, que quiere ser además, un homenaje a Klaus Müller-Bergh, Roberto González Echevarría, Alexis Márquez y Araceli García-Carranza, reconocidos carpenterianos evocados tácita o explícitamente en muchas de estas páginas. Mas, en verdad, el título también podría orientar el acercamiento de los lectores a este volumen como tránsito por las distintas geografías por las que discurren la biografía, la narrativa y las lecturas de Carpentier.

Nacido el 26 de diciembre de 1904 en Lausana, de padre francés y madre rusa que poco después se asentarían, más o menos definitivamente, en La Habana, Alejo Carpentier creció y se educó en esta ciudad, en las décadas que precedieron al estallido de una vanguardia constituida al calor de la maduración simultáneamente política y cultural de una generación sometida a dos presiones: la corrupción de gobiernos dependientes de los Estados Unidos y herederos de los vicios del poder colonial, por una parte; y la mezcla de curiosidad intelectual, inquietudes políticas, desprecio a concepciones morales y religiosas caducas, con que una temprana modernización tecnológica, educacional y hasta cierto punto social, había contribuido a conformar las mentalidades cubanas. De ese fermento de vanguardia cultural y política forma parte activa Carpentier desde antes de cumplir veinte años, y es en prisión, y procesado por la llamada causa de los comunistas que, para evadir la condena a destierro que le sería impuesta por su condición de extranjero, adquiere una falsa documentación según la cual habría nacido en La Habana.

Sin duda uno de los principales forjadores de la cultura moderna en Cuba, para la que rescató tempranamente el legado africano; compañero de ruta de vanguardias americanas y europeas, a las que siguió en parte de su recorrido; comprometido más de lo que se conoce con la causa de la España republicana; Carpentier redimensionó la historia del Caribe al inscribirla crítica y creativamente, desde la perspectiva subversiva de sus lecturas a contrapelo de la documentación canónica, en el contexto de la historia mundial, inaugurando, con *El reino de este mundo*, la nueva novela histórica latinoamericana. Considerado uno de los iniciadores de la narrativa del *boom* –término que él rechazaba–, a la que aportó textos paradigmáticos como *Los pasos perdidos* y *El siglo de las luces*, así como algunas de sus poéticas más productivas –lo real maravilloso y el neobarroco– fue también, con *Concierto barroco* y *El arpa y la sombra*, uno de los autores más creativos y tempranos del *post-boom*.

El breve artículo de Sergio Chaple con que se inicia este volumen nos informa –con la parquedad impuesta a quien sólo ha sido autorizado a citar determinados pasajes– de la rica correspondencia inédita –como casi toda la suya– de Carpentier con José Antonio Fernández de Castro, de los primeros años pasados por él en Francia, y particularmente del proceso de creación de su primera novela: *Écue-Yamba-Ó*. Por ello, a más de lo que leemos en su texto, y de lo que advertimos entre líneas, celebramos y compartimos el deseo de Chaple de que finalmente sus estudiosos puedan acceder a la vastísima papelería carpenteriana, no en vano conservada minuciosamente por un autor consciente tanto de la importancia del oficio y del respeto que le merecía su trabajo, como del valor que la misma tendría para los críticos de su obra.

A continuación, tres trabajos que abordan dos de los más importantes relatos de Carpentier, recogidos en *Guerra del tiempo*: "Viaje a la semilla" y "El camino de Santiago". Del primero de estos textos, sin dudas uno de los ejemplos más notables de la narrativa del siglo XX, se ocupan José Miguel Sardiñas e Inmaculada López Calahorro. Esta última, filóloga clásica, autora de un reciente libro sobre las relaciones de la obra de Carpentier con el mundo grecolatino, propone una lectura de "Viaje a la semilla" a partir de la presencia del mito de la regresión, del tiempo invertido tal como aparece en Teopompo y Platón, y, consecuentemente, de su vinculación con la edad de cronos o edad de oro referida por Hesíodo, que en este caso apunta a una utopía hacia el pasado. Sardiñas, autor de varios títulos sobre literatura fantástica hispanoamericana, se propone demostrar, a diferencia de la mayoría de sus estudiosos anteriores, cuyos criterios debate ampliamente, que este relato se explica mejor a partir de sus afinidades con una narrativa maravillosa *sui generis*, que con la fantástica, dadas "la causalidad mágica que lo preside y la aceptación de lo insólito como parte de lo posible..." Barbara Fiorellino, por su parte, propone que "El camino de Santiago", inscrito tanto por su autor como por la crítica en la estela de la picaresca, comparte con la literatura fantástica la ambigüedad del doble, y tiene como asunto central la formación de una nueva identidad, ya no española, pero todavía no americana, a través de una iniciación.

Haití ocupa un lugar relevante en la biografía de Carpentier y en sus textos. Su viaje a ese país en 1943 da un giro definitivo a su obra, con el descubrimiento del Caribe como gran escenario de la historia universal, tal y como se construye en *El reino de este mundo*. Irlemar Chiampi, en un largo ensayo en que actualiza sus estudios anteriores sobre Carpentier y el surrealismo, aborda la relación del realismo mágico propuesto por el famoso prólogo de esta novela con la teoría de lo *merveilleux* de Breton, y la significación de Pierre Mabille como mediador en este tránsito de ideas entre Europa y el Caribe, subrayando la importancia decisiva para este proceso de lo maravilloso popular de las religiones afrocaribeñas y de la experiencia histórica y antropológica de la cultura latinoamericana. Antonio Melis, por su parte, estableciendo un contrapunto entre el capítulo VIII de *El reino de este mundo* y su prólogo, revela cómo la contrapuesta percepción de la ejecución de Mackandal, por los franceses y por los esclavos, vista como muerte por unos, y como liberación y metamorfosis por otros, tiene implicaciones que en el campo de la epistemología se relacionan con los planteos de Wittgenstein, a partir de su lectura de *La rama dorada*, en torno a la dicotomía verdad / mentira y a la imposibilidad de abordarla al margen de los sistemas culturales correspondientes. Louis-Philippe Dalembert, dejando a un lado la valoración meramente temática de la presencia negra en la narrativa de Carpentier, desarrolla, desde tres puntos de vista, cómo la significación del negro en nuestro autor es, *stricto sensu*, esencial. Desde la perspectiva psicoanalítica, porque, vinculado biográficamente a su infancia, el negro contribuye a que se entienda a sí mismo al entenderlo a él, en el marco de las relaciones de exclusión e inclusión de una sociedad para la que también Carpentier, aunque blanco, es otro. Desde la perspectiva identitaria, pues es a través de la presencia *fáustica* del negro que el autor del prólogo de *Los pasos perdidos* formula en parte su construcción de la americanidad. Y desde la perspectiva ética, ya que su cuestionamiento de la esclavitud y de sus consecuencias están en la base de un discurso "portador de las nociones de justicia social y racial, de civilización y de humanidad".

Los frecuentes recorridos del Carpentier instalado en París desde 1928 por ciudades españolas en la primera mitad de la década de los treinta aparecen referidos en decenas de crónicas escritas por él para la prensa habanera, y lo familiarizan de tal modo con su historia y sus espacios, que España llega a ser, después de Cuba, el escenario más visitado por su narrativa. En tiempos de la guerra civil, defendió activamente, desde el exterior, la causa republicana, y participó como delegado al II congreso internacional de escritores antifascistas en defensa de la cultura, reunido en varias ciudades españolas en julio de 1937. En Valencia y por esa fecha comienza la trama de *La consagración de la primavera*, novela en la que desarrolla, después de años de intentos frustrados, el tema de la revolución cubana, a partir de las experiencias previas de sus protagonistas, Vera y Enrique: para ella, la revolución rusa, de la que huyó cuando niña; para él, la causa de la república española, por la que está luchando cuando ambos se conocen. En su artículo, Julio Rodríguez Puértolas, autor de la edición crítica de esta novela y editor de las crónicas españolas de Carpentier, documenta y analiza, a partir de una amplia bibliografía sobre el tema, las relaciones entre *La consagración de la primavera* y las crónicas, así como las experiencias y memorias de la guerra de nuestro novelista.

La mera enunciación de algunos títulos de importantes ensayos y compilaciones sobre la obra de Carpentier da cuenta de la trascendencia que en la misma tienen los mitos, que no sólo contribuyen sustancialmente a la estructuración de algunas de sus novelas, sino que sustentan la formulación de su poética de lo real maravilloso, establecida a partir de la percepción de los valores míticos de la historia latinoamericana, y hasta sirven de tema a uno de sus relatos: "Los advertidos", donde concurren los protagonistas de mitos de distinto origen relativos al diluvio universal. Pero, según sabemos, Carpentier es también, como cultivador de la novela histórica del *post-boom*, un desacralizador de mitos. Así pues, mientras que Jean-Pierre Paute y Margarita Mateo Palmer, en sendos ensayos dedicados a valorar, desde diversas estrategias y adoptando disímiles límites, la importante presencia de los mitos en *Écue-Yamba-Ó* y *Los pasos perdidos*, respectivamente, Emilia Yulzarí se ocupa del Carpentier desmitificador de Colón en *El arpa y la sombra*.

Visualidad y teatralidad son, junto con la música, competencias, dotes y materias fundamentales de toda la obra de ficción de nuestro autor, quien fuera también pianista, compositor, musicalizador a ratos, estudiante de arquitectura, dramaturgo, así como crítico de artes plásticas, escénicas y música. Esta experiencia, adquirida sobre todo en sus primeros años, se volcará en sus textos narrativos y en su crónicas y ensayos. Graziella Pogolotti, tras rememorar la intensa relación de Carpentier con los renovadores de la plástica cubana, su encuentro con el muralismo en México, la prolongación de su diálogo con los artistas cubanos en París, las enseñanzas del surrealismo, y, más adelante, las crónicas y reseñas sobre los sucesivos cambios e innovaciones en las artes del siglo XX que escribe, durante décadas, primero en Europa y luego en Caracas, pasa a ilustrar la significación que en sus novelas y relatos alcanzan las imágenes, su composición, su cromatismo, y en sentido general, la visualidad, junto con la teatralidad, para organizar y dinamizar la trama narrativa, lo que trata *in extenso* en su análisis de *El siglo de las luces*. Vicky Unruh, en su abordaje del reconocido papel del teatro y, en particular, del *performance* –aspecto que ella domina ampliamente– en el mundo cultural de Carpentier, hace un recorrido paralelo. Aborda, primero, sus experimentos teatrales vanguardistas, y luego, su encuentro en Europa con los grandes renovadores de la escena y los artículos que escribe sobre ellos; para por último ocuparse de la construcción eminentemente teatral de sus novelas, como sabemos apenas dialogadas, pero en las que hay "un dramático diálogo de percepciones" entre los protagonistas-espectadores. La presencia de la ópera tanto en la crítica como en la narrativa de nuestro autor, y su emblemática función en una de las más sugerentes formulaciones de su estética: *Tristán e Isolda en tierra firme*, son tratadas por Roberto Méndez Martínez en un breve pero muy documentado artículo.

Para el Carpentier de los sesenta, la tarea mayor de los novelistas latinoamericanos era la de inscribir sus ciudades en la literatura universal, la de abolir la concepción de América Latina como un vasto espacio en estado de naturaleza. Y esas ciudades donde se desarrolla la trama de sus novelas y relatos, ciudades que comienzan a levantarse, conservando los rasgos de sus modelos europeos –*El reino de este mundo*–, de un lodo que por mucho tiempo será el pavimento de sus calles –"El camino de Santiago", *El siglo de las luces*–, se irán expandiendo primero –*Los pasos perdidos*– como una sucesión de estratos cronológicamente paralelos al desarrollo de la historia local, o crecerán súbitamente con altísimos edificios levantados sobre las ruinas de las construcciones coloniales –la Caracas de *La consagración de la primavera*. A las múltiples dimensiones de la ciudad en la narrativa de Carpentier, y especialmente a su (re)descubrimiento de La Habana, dedica María Cecilia Graña su agudo ensayo. Benito Pelegrín, autor de importantes libros sobre el barroco, ofrece una lectura desde códigos arquitectónicos y musicales, y documentada en otros textos ensayísticos y crónicas de Carpentier, de *La ciudad de las columnas*.

Genética, género, génesis. La construcción de dos personajes femeninos, Ruth y Mouche, en el taller del escritor que reescribe tres veces *Los pasos perdidos*; el obsesivo afán de documentación del desacralizador de Cristóbal Colón, son los temas de los trabajos de Luisa Campuzano y Carmen Vásquez. La primera, con los manuscritos de *Los pasos perdidos* y otros documentos de la época, reconstruye el proceso de creación de estos personajes en función de las fobias y proyecciones del narrador, y a partir de las motivaciones, reticencias y tachaduras del autor. La segunda, privilegiada auxiliar de Carpentier para la búsqueda y obtención de la caudalosa información de todo tipo que requería para una novela, narra las distintas estaciones de la preparación y escritura de *El arpa y la sombra*.

Para el conocedor de la extensa bibliografía que se ocupa de la obra narrativa de Carpentier no resultan escasos, sino todo lo contrario, los ensayos dedicados a estudiar sus vínculos con autores de diversas lenguas y de todos los tiempos, desde la antigüedad clásica hasta nuestros días. A esa larga lista se añaden tres trabajos que recogemos en este volumen. Rita De Maeseneer explora la tensa y muy larga relación de Carpentier con Rubén Darío, denostado, alabado, saqueado y parodiado por nuesto autor. George B. Handley, a partir de una lectura paralela de *¡Absalón, Absalón!* y *El siglo de las luces*, indaga en torno a las miradas de William Faulkner y Alejo Carpentier al gran Caribe –que, como sabemos incluye al sur estadounidense–, sacudido por las revoluciones francesa y haitiana, y a las consecuencias del perverso legado colonial y esclavista de las plantaciones. Leonardo Acosta, que hace años había propuesto una inteligente lectura de *Los pasos perdidos* en contrapunto con el *Doctor Fausto* de Thomas Mann, ahora resume en un largo ensayo el contenido de su reciente libro sobre las relaciones entre esa novela de Carpentier y *Bajo el volcán*, de Malcom Lowry.

El artículo testimonial de Ambrosio Fornet que cierra el volumen nos regresa al Carpentier hombre con el que comenzamos, sólo que más de treinta años después, a pocas semanas del inicio de 1959, y del triunfo de la revolución que lo trae de vuelta a La Habana, donde pondrá en función de su condición de director de la recién creada Editorial Nacional de Cuba sus experiencias de obsesivo lector e inteligente crítico de la literatura universal.

A lo largo de décadas, con los consabidos altibajos y demandas del mercado, la obra de Alejo Carpentier ha permanecido abierta a sucesivas y plurales lecturas, ha promovido estudios, traducciones, recreaciones, apropiaciones, transposiciones a otros códigos; ha invitado a gentes de muy diversas latitudes a frecuentar sus páginas; y se ha mantenido invariablemente fresca en los catálogos de las editoriales y en los programas de las universidades. La más reciente de estas multiplicaciones de cursos, congresos, reediciones, monografías, recopilaciones, se ha producido con motivo de su centenario, en 2004. A ese *revival* –palabra que tampoco le habría gustado a Carpentier– conmemorativo, sumamos este volumen, algunos de cuyos trabajos fueron escritos y leídos con motivo de esos festejos. Que la jovialidad –"alegría y apacibilidad dignas de Jove"– que ha presidido siempre nuestros encuentros, charlas, cartas, *emails* sobre Alejo –así lo llamamos sus estudiosos–, acompañe también a este libro.

Agradezco la colaboración valiosísima de Maritza Alonso y de Concepción Díaz-Páez, quienes me ayudaron en el proceso de corrección dactilográfica de los manuscritos, así como en el establecimiento de una primera versión de bibliografías para aquellos ensayos y artículos que carecían de ellas. Le doy igualmente las gracias a José Miguel Sardiñas, por su preciosa ayuda en la etapa de revisión y unificación de los variados criterios de notación y bibliográficos propios de un volumen que reúne contribuciones de origen tan diverso.

Carpentier en su epistolario con José Antonio Fernández de Castro

Sergio Chaple

Al dar comienzo a su crónica "Sobre Foujita en La Habana", incluida en su libro *Barraca de feria* (1933), José Antonio Fernández de Castro expresaba que esas páginas debieron haber formado parte de una carta íntima a Alejo Carpentier –adeudada desde 1928–, pero que, por algunos incidentes, su contenido hubiera quedado entonces ignorado "hasta que nuestra correspondencia viese la luz, cuando los dos –mi amigo Carpentier y yo– estemos muertos" (174). En el alba de un nuevo siglo, fallecidos sus protagonistas, hoy podemos conocer este sugerente epistolario.

Una larga y mutuamente fecunda amistad unió a Carpentier con Fernández de Castro. Como es sabido, ambos escritores se contaron entre los intelectuales firmantes del famoso *Manifiesto minorista*, de 1927, y en el lapso comprendido entre la iniciación literaria del primero (1922) y su partida a Francia (1928), la identificación estética entre ellos fue estrechísima, y mucha –y digna de ser estudiada– es la contribución del autor de *Tema negro en las letras cubanas* a la cristalización del ideario político-social y estético de nuestro más destacado narrador.

Para la investigación sobre la primera etapa en la obra de Alejo Carpentier ha sido de importancia decisiva el estudio de la correspondencia entre estas dos grandes personalidades de las letras nacionales contenida en el archivo de Fernández de Castro, que donó al Instituto de Literatura y Lingüística su hermano Jorge. El ordenamiento y la clasificación estuvieron al cuidado de Rosa González, especialista del Departamento de Información Científica y Técnica, a quien tanto debe este trabajo.

Las referencias a Alejo Carpentier en el epistolario general de Fernández de Castro se inician en 1927, año en que ambos compartieron, a causa de su común credo estético-social, una estancia en la cárcel habanera de Prado 1, a la cual en múltiples ocasiones habría de referirse Carpentier con posterioridad. Ya a partir de la llegada a Francia de Alejo en marzo de 1928, se establece un intercambio epistolar concluido a fines de 1936 y que, pese a su irregularidad y su poco volumen, cualitativamente constituye un material de valor inapreciable para todo estudioso de la obra carpenteriana, dada la naturaleza de sus revelaciones, esclarecedoras de aspectos biográficos –confusos o poco conocidos– relativos a la obra literaria del autor de *El siglo de las luces* durante su etapa parisiense, la más necesitada de estudio por parte de sus críticos.

Los pormenores del arribo de Carpentier a Francia están contenidos en la primera de las cartas del epistolario, escrita parcialmente en francés y a la cual le falta la que presumiblemente es su hoja inicial. Por una nota al dorso dirigida a la revista *Cultura Física y Mental* de fecha 6 de abril de 1928, debe corresponder a esos mismos mes y año. En la carta expresa Carpentier:

> El desembarco se realizó sin dificultad alguna. El orden de la delegación había sido dado a las autoridades del puerto, de modo que, como personaje importante, fui el primero en ser despachado, con todos los honores. Como congresista, no tuve que pagar derecho por mi equipaje. En Francia las máquinas de escribir, *incluso las de uso*, pagan [...] y yo continué el viaje a París en *tren especial de lujo*, con toda la flor de la prensa francesa (y ahora que tengo mis papeles en regla debo decirte que es *casi imposible* viajar aquí sin pasaporte en esta época).

¿A quién iba dirigida la carta? En su restante correspondencia con Fernández de Castro, Carpentier escribió siempre en español, lo que hace suponer que quizás aquélla fue dirigida a su madre, Lina Valmont. De ella se conservan en el epistolario de Fernández de Castro cartas no dirigidas a éste, como otra remitida al doctor Juan Antiga, gran amigo de ambos escritores.

Pero lo importante en este caso no es tanto la elucidación del destinatario como el contenido del texto, revelador a su vez del deslumbramiento del joven escritor provocado por el primer contacto directo con el Montparnasse tantas veces literaria y artísticamente evocado, como de la extraordinaria actividad desarrollada por él desde su misma llegada. Ya conoce –escribe– a Foujita, Mateo Hernández, Man Ray, León Pacheco, Toño Salazar, Zadkine, Rivière, Josephine Baker, Antonia Mercé *et al.*, figuras cuyo quehacer reveló al público cubano a través de las crónicas remitidas a *Social* y *Carteles*, en especial la dedicada a José Manuel Acosta, aparecida en esa última publicación el 24 de junio de 1928 con el título "Montparnasse, república internacional de artistas.

Al mismo tiempo organiza audiciones de música popular y sinfónica cubanas nada menos que en la famosa Sala Pleyel, ofrece conferencias sobre estos temas e inicia su exitosa colaboración con el compositor francés Marius François Gaillard. La prensa francesa se le abre. *L'Intransigeant* solicita su colaboración, así como el director de la *Revue de l'Amérique Latine*. La carta nos hace conocer también la génesis de su artículo "Napoleón IV y la tragedia de Mauricio Rostand" –que se publicaría en *Carteles* el 11 de noviembre de 1928–, así como el testimonio de su admiración por Antonia Mercé, *La Argentina*, una actriz cuyo arte causó una impresión imborrable en él y a la que evocaría años más tarde en *La consagración de la primavera*. Vera, la protagonista de la obra citada, también se encuentra en ese mismo teatro para disfrutar del arte danzario de la Mercé, y gracias a este epistolario vemos plasmada en forma literaria aquella vivencia que celosamente guardó durante casi medio siglo el gran novelista. Por último, el texto nos comunica dónde habitaba él en aquel momento: Hotel Du Maine, 64 Avenue Du Maine, París.

La carta siguiente está dirigida a su madre, Lina Valmont. Tampoco se encuentra fechada, y por su contenido debemos suponer que sea también de 1928, pues Carpentier hace referencia al comienzo de su colaboración regular desde París con el diario *Excelsior*, iniciada un tiempo antes de que apareciera el artículo de agosto de aquel año sobre *La Argentina* antes citado. Esa carta revela el agudo sentido periodístico de Carpentier, atento siempre a la adecuación del texto al órgano destinado a publicarlo.

De la primera carta que tenemos la certeza de que fue dirigida a Fernández de Castro tampoco conocemos su fecha exacta, aunque, según indicación de su hermano Jorge, puede corresponder a enero de 1929. Por ella sabemos que Carpentier tenía ya relaciones de amistad con el polifacético Jean Cocteau y el novelista Paul Morand. A los dos hay numerosas referencias en las crónicas de Carpentier, quien desde antes de su llegada a París había escrito sobre ellos.

La carta nos hace saber que trabajaba en *El chivo que rompió tambor*, título original de *¡Écue-Yamba-Ó!*, así como en uno de sus tantos proyectos literarios no cristalizados: las *Historias antillanas*. La primera de las historias se titulaba "Mitología de Papá Montero", por el personaje popular incluido en *Manita en el suelo*, ópera bufa realizada en colaboración con Alejandro García Caturla.

En ese incierto orden cronológico se inserta una nueva carta escrita por Carpentier, brevísima, en la cual sólo aparece el mes –mayo–, no así el día ni el año que, nuevamente de acuerdo con lo indicado por Jorge Fernández de Castro, debe de ser 1929. Tiene por motivo presentarle a José Antonio Fernández de Castro el conde de Karolyi, ex presidente de Hungría y "autor de un libro extraordinario", y le pide que lo atienda y lo presente a Manuel Aznar. Al conde de Karolyi hace referencia también en su ya citada crónica "Montparnasse, república internacional de artistas".

A continuación aparece en el archivo de Fernández de Castro una postal y un recorte de una publicación francesa fechada el 31 de mayo de 1930 que Carpentier envía a su amigo para informarle acerca de la carta en protesta de un artículo de André Levinson aparecido en *Les Nouvelles Litteraires,* "La poésie chez les soviets", considerado por los firmantes como un ultraje a la memoria de Maiakovsky, el gran poeta de la revolución rusa. Carpentier se cuenta entre éstos, junto a figuras de la talla de Pablo Picasso, André Malraux, Ilia Ehrenburg, Vicente Huidobro, Robert Desnos, Tristan Tzara, Man Ray, Fernando Leger, Blaise Cendrars, Jean Cassou *et al.*

Le adjunta también, con orgullo, una invitación al ensayo general de *El inspector,* de Gogol –obra puesta en escena por el Teatro del Estudio de Meyerhold de Moscú en el Teatro de Montparnasse– para que su amigo vea a cuáles teatros asiste, además del medio intelectual con el que se codea. Asimismo, le remite noticias de un amigo común, el letón Addia Yunker, que tanta influencia ejerció sobre los jóvenes pintores cubanos de la generación minorista.

La carta siguiente consigna el mes –julio– pero no el año, que suponemos sea 1931, pues en ella se hace satíricamente referencia al envío por parte de Eduardo Sánchez de Fuentes de sus "obras completas" a Darius Milhaud al conocer, por la crónica de Carpentier "Darius Milhaud en zapatillas", que el compositor francés para divertirse había hecho suyos algunos compases de un danzón de Antonio María Romeu.

El 26 de noviembre de 1932 nuevamente escribe Carpentier a Fernández de Castro, motivado por la noticia de la llegada a La Habana ese año del gran pintor japonés Foujita, uno de los relevantes artistas que primero conoció a su llegada a París y sobre quien escribiría más adelante la crónica –"Mitología de Foujita" (*Social,* diciembre de 1929)– en la cual anunciaba que al año siguiente visitaría Cuba. En realidad, Foujita no lo hizo hasta 1932, en compañía de una amante, y fue atendido como merecía por Fernández de Castro y otros intelectuales de su generación.

Del 20 de diciembre de 1932 es la primera carta de Fernández de Castro a Carpentier recogida en su archivo. Le acusa recibo de la escrita por este último el 26 de noviembre y le comunica que, coincidiendo con la suya, escribía un artículo para *Social* sobre el pintor japonés –"Foujita diferente"– dedicado a Carpentier. El tono de estas cartas es drolático, abundante en chismes y salpicado de "malas palabras". Fernández de Castro expresa que la visita de Foujita dejó una grata impresión y que ahora éste se encontraba en México, tal como había proyectado. Le habla con cariño de Desnos y le pide que le envíe algún libro suyo, pues todavía no había podido leer nada de él. Le pregunta también cuándo va Carpentier a comenzar a publicar novelas, y al contarle las dificultades con que tropieza en su quehacer literario queda implícita la situación política del país. Concluye dándole noticias de Félix Pita Rodríguez con un juicio delicioso, el cual retrata por entero al autor de *Tobías* –"el gran poeta y cabronazo, que es de lo mejor que ha dado esta puñetera tierra"– y pidiéndole ayuda bibliográfica (lo volverá a hacer más adelante) para un proyecto literario suyo sobre Pablo Lafargue.

A esta carta responde Carpentier el 26 de enero de 1933 (el año no se consigna, pero el contexto no deja lugar a dudas) con la más extensa e importante –por momentos verdadero ensayo y así lo reconoce el propio autor– contenida en este epistolario. Es un texto de valor inapreciable para conocer el parecer ideoestético de Carpentier en aquel momento, así como el proceso creativo de *¡Écue-Yamba-Ó!*

La lectura de la carta revela haber sido escrita bajo un violento estado depresivo. Carpentier se muestra profundamente escéptico sobre la amistad y la eficacia del arte puro. Sólo cree en algo que está en la raíz de toda su obra: la reafirmación de la autenticidad. "Al diablo los intelectuales puros, al diablo los enterados y los estetas. Si el arte no es un derivado de la acción o un camino que conduce a ella, al diablo el arte", expresa con palabras que recuerdan las de Martí en su artículo "La exhibición de pinturas del ruso Vereschagin": "La justicia primero y el arte después" (204), y a continuación ofrece un testimonio precioso acerca de la situación ideológica y estética de la intelectualidad europea del momento:

> Si estuvieras ahora en Europa comprenderías claramente el sentido de estas frases que tal vez se te antojen ahora demasiado sibilinas. Verías cómo millares de hombres jóvenes, en Alemania, en Francia, en Inglaterra, logran situarse, gracias al arte, en un puesto privilegiado, al margen de la sociedad organizada, y laboran cotidianamente, cada cual en su sector, por la desintegración, el envilecimiento, la destrucción de esa misma sociedad que se saca dinero de los bolsillos para pagarles sus insultos y sus improperios. Hay una verdadera acción secreta, que prepara el terreno *a lo otro* de un modo prodigioso.

En apoyo a sus palabras, le expone el éxito de *Viaje al fondo de la noche*, de Celine, donde –en opinión suya– se "le da a la guerra imperialista, al ejército francés, a la colonización, a la 'epopeya del 14', la metida más bárbara, más violenta, más salvaje, que se le haya dado nunca", y le hace saber el paradójico éxito de la corrosiva pintura de Picasso o del quehacer musical de Kurt Weill. El texto, dada su riqueza, dispensa lo extenso de la cita:

> Acabo de hacer un viaje relámpago a Berlín. Con Rafael Alberti he frecuentado algunas casas de la más rancia nobleza berlinesa. En los salones no se habla sino de [ilegible], pederastía, sexualidad, y de cómo pasar mejor los pocos años que quedan antes que llegue *aquello* (léase: la Revolución). Sólo que en Alemania, ya no es cuestión de años. La revolución está ya en pie y andando.

> ¡Cómo trabajan las células, mi hermano! // En fin, no quiero que esta carta parezca un ensayo. Tú entiendes lo que quiero decir. *Arte aplicado* hay muchas maneras de aplicarlo, insidiosamente, que resultan tan eficientes, a la larga, como los peores manifiestos. // ¿Belleza? Nuestras preocupaciones son DE OTRO ORDEN.

Pasa luego a hablar de los amigos. Comenta, con cariño y tristeza a la vez, la carta enviada a él por un artista que mucho estimó, el pintor José Manuel Acosta, cuyas potencias de rebelión encuentra anuladas. De Félix Pita Rodríguez relata hechos que harían la delicia de un futuro biógrafo suyo, y da cuenta de la estancia en Madrid de Carlos Enríquez, "pintando cada vez mejor y cada vez más cabrón y divertido. Uno de los tipos más inteligentes que he conocido".

Ve con agradable sorpresa la positiva renovación en la pintura de Marcelo Pogolotti, cuyos dibujos sobre *El capital* estima definitivos. Informa también de la terminación en París por su amigo Miguel Ángel Asturias de *El señor presidente* (*Tohil* la llama), y le comunica noticias de Addia Yunker con juicios idénticos a los ya antes aludidos.

La carta de Fernández de Castro lo llena de nostalgia:

> Hay que vivir aquí, para saber, mi viejo, lo que es, en realidad y sin literatura, "la obsesión del trópico". Existe y América es algo que lleva uno en la sangre; yo mismo no lo creía... Y créeme que si no fuera la conciencia de los espectáculos asquerosos que tienen ustedes que aguantarse cada día, mordiéndose los labios para no gritar (sabes a lo que me refiero) hace tiempo ya que me habría dado un salto a Cuba... Pero siento que no podría. Sería un derrame de bilis cotidiano... Sólo con lo que me cuentan aquí, hay veces que logran encabronarme por semanas enteras... Comprendo que la visita del japonés, haya sido para ustedes una especie de liberación; un olvido momentáneo de otra cosa.

Ya en el plano de las confidencias, Carpentier le revela detalles de su vida parisiense que son de gran valor para todo estudio biográfico-literario: redacta la publicidad de la casa Gaumont, aprende la técnica cinematográfica, le cuenta de un fallido proyecto de filmación sobre un libreto vanguardista suyo, y continúa siempre organizando y dirigiendo audiciones musicales.

Los párrafos finales de la carta están dedicados a su producción literaria: "Sólo hallo verdadera satisfacción en mi trabajo de creación. Allí es donde *me encuentro* y me permito audacias". Le comunica tener enteramente terminada *¡Écue-Yamba-Ó!*, y que ha enviado copia a su madre desde hace un mes. El hombre que durante tantos años repudió este texto juvenil y no lo incluyó en sus obras completas, se sentía en aquel momento orgulloso de ella y estaba seguro de que "constituye algo absolutamente nuevo en la literatura de América".

El libro, dice, ha de traerle a Fernández de Castro recuerdos de la prisión, y le revela haber incluido en él a muchos de los que compartieron con ellos la estancia carcelaria del 27. Relaciona los personajes de la obra y ofrece información valiosísima sobre la cronología de la novela y su proceso de creación. Años más tarde, al publicar en 1943 *Tema negro en las letras de Cuba,* Fernández de Castro reproduce en esencia lo expresado a él por Carpentier.

Concluye esta extraordinaria carta con algunas revelaciones de tipo personal y el informe de su nueva dirección: 29 Rue Hippolyte, Maindron (14), París.

Tampoco tiene señalado el año la siguiente carta enviada por Carpentier a Fernández. Sólo se consigna el mes –noviembre–, pero por ubicarse en el primer servicio diplomático del destinatario en México –1934–, deducimos que fue escrita en ese año. Es sólo una presentación de Antonin Artaud, quien acogió a Carpentier "como a un hermano" a su llegada a París. Fue colaborador suyo en sus actividades radiales en Lutecia y una de sus influencias directas en la futura creación de *Concierto barroco* (1974).

Las restantes cartas del epistolario entre los dos amigos son de Fernández de Castro, quien las escribió en la capital de Haití, donde se encontraba en función diplomática como encargado de negocios. La primera es del 21 de noviembre de 1936, y por ella sabemos que no habían vuelto a cartearse. Fernández de Castro le comunica a Carpentier que ha escrito extensamente sobre él –y en discrepancia con Marinello– en su ensayo *Tema negro en las letras de Cuba,* y le pregunta si llegó a sus manos el ejemplar de *Barraca de feria* que le envió a París al ser editado.

Unos días más tarde, el 25 de noviembre de 1936, vuelve a escribirle para hablarle de su interés –que le había hecho saber ya en su carta del 20 de diciembre de 1932– por la figura de Paul Lafargue. En el texto, podemos darnos cuenta de la amplia información que sobre el yerno de Marx poseía Fernández de Castro, y de la seriedad del estudio proyectado. ¿Hasta qué punto influyeron estas investigaciones en Carpentier? Sólo sabemos que, a su muerte, trabajaba en una novela –*Verídica historia*– sobre tan apasionante figura, acerca de la cual su amigo le había llamado la atención con insistencia desde medio siglo antes.

La última carta de este epistolario es del 7 de diciembre de 1936 y en ella Fernández de Castro recaba la ayuda de Carpentier en la obtención de una serie de libros que resultan ilustrativos para conocer el vasto espectro de intereses culturales del autor de *Barraca de feria.*

Como puede apreciarse, a pesar de su brevedad, el epistolario entre Alejo Carpentier y José Antonio Fernández de Castro es de suma importancia para el conocimiento de aspectos biográficos y literarios carpenterianos no conocidos o insuficientemente esclarecidos con anterioridad, en especial los relativos a su primera estancia parisiense, de la cual tanto resta aún por investigar. Urge, por tanto, continuar ahondando en la correspondencia de Carpentier encontrable en otros archivos y, en especial, la que el propio autor conservó y está depositada en su archivo, hoy al cuidado de nuestra Biblioteca Nacional, puesto que aún no disponemos –a pesar de ser tarea insoslayable– de una biografía suya emprendida con verdadero rigor científico, la cual mucho podría contribuir a dilucidar aspectos relacionados con la génesis de sus textos y el proceso creativo de ellos.

En espera de que esa obra necesaria llegue, la investigación que hemos podido realizar en el archivo de José Antonio Fernández de Castro nos permitió –amén de la revelación de un material precioso para el estudio de la vida literaria nacional de aquellos años– elucidar determinadas incógnitas biográficas de Carpentier, como su nacimiento, estudios universitarios realizados, su estancia en la cárcel habanera, numerosos pormenores de su vida parisiense de aquellos años, y, de modo especial, precisar aspectos de su evolución ideoestética sobre los que sin este epistolario sólo hubiéramos podido conjeturar. Queda, pues, su publicación como un modesto aporte al mejor conocimiento de la obra de uno de los autores que con mayor eficacia ha contribuido a fijar el perfil definitivo de las letras nacionales en la historia universal de la literatura.

Bibliografía

Carpentier, Alejo. "Montparnasse, república internacional de artistas". *Crónicas*. La Habana: Arte y Literatura, 1976. II: 332-338.

Fernández Castro, José Antonio. *Barraca de feria, dieciocho ensayos y un estreno*. La Habana: Ed. J. Montero, 1933.

Martí, José. *Ensayos sobre arte y literatura*. La Habana: Arte y Literatura, 1972.

"Viaje a la semilla" y el discurso fantástico*

José Miguel Sardiñas

LA PUBLICACIÓN DE "VIAJE A LA SEMILLA", PRIMERO COMO CUADERNO EN 1944 y luego como parte de *Guerra del tiempo*, en 1958, tuvo lugar durante un período de renovación, en que la narrativa hispanoamericana, dejando atrás –o reformulando– el regionalismo, el indigenismo de tendencia paternalista y el criollismo, exploraba modalidades no miméticas entre las que se hallaba la literatura fantástica. De hecho, el relato y la novela fantásticos conocían su mejor momento o su época de oro (Hahn 41-2), gracias a obras como *Ficciones* (1944) y *El aleph* (1949), de Borges; *La invención de Morel* (1940), *Plan de evasión* (1945), *La trama celeste* (1948) y *El sueño de los héroes* (1954), de Bioy Casares; *La furia* (1959), de Silvina Ocampo; la *Antología de la literatura fantástica* (1940) que estos tres escritores compilaron; *Bestiario* (1951), *Final del juego* (1956) y *Las armas secretas* (1959), de Cortázar; *Los días enmascarados* (1954), de Fuentes; *Tiempo destrozado* (1959), de Amparo Dávila; *Tapioca Inn: Mansión para fantasmas* (1952), de Francisco Tario, y otras. En lo que concierne a la literatura cubana en particular, se afianzaba una corriente de ruptura con el criollismo, indistintamente llamada universalista, cosmopolita, imaginativa o arrealista (Bueno, *Historia* 449-50; "Prólogo" 26; Garrandés 440 y 447; Chaple 195). Por eso, y por la amplitud del campo semántico al que corrientemente se aplica el término fantástico, no es extraño que entre las afinidades genéricas que la crítica ha puesto en juego al tratar de este cuento se encuentre la narración fantástica.

---

* Agradezco a Luisa Campuzano haber puesto amablemente a mi disposición materiales biblio y hemerográficos sobre Alejo Carpentier que posee en su biblioteca.

Para poner algunos ejemplos, Rogelio Llopis lo menciona en primer lugar –es decir, como la primera pieza entre las que toma en cuenta– en su "Ojeada crítica al cuento fantástico (1930-1965)", adscripción que reitera poco tiempo después en el prólogo a su antología *Cuentos cubanos de lo fantástico y lo extraordinario* (14), donde el cuento figura; Salvador Redonet confirma la inclusión al afirmar:

> Sobre el terreno sociopolítico, frustrante y movedizo, de los años cuarenta y cincuenta se enraíza firme y definitivamente en la cuentística cubana lo fantástico (y lo absurdo). Como breve recordatorio: en aquellos años se publica en 1941 *El patio morado*; en 1942 *El conflicto* y *En las oscuras manos del olvido*; en 1944 *Viaje a la semilla*. (66)

Alexis Márquez Rodríguez habla de una "gestión fantástica" en la cual se realiza el "destranscurso del tiempo" (134); Ana María Barrenechea lo utiliza para ilustrar, junto a otros textos, su teoría de lo fantástico en dos artículos ("Ensayo" 396; "La literatura" 14-5); Roberto González Echevarría lo considera dentro de los experimentos fantásticos de Carpentier durante el decenio de 1940 ("Isla" 11 y 18; "Fugitive" 98 y 109); y otros críticos lo relacionan, implícita o explícitamente, con esta modalidad literaria (Durán 302 y 310; Licea Jiménez 16; Fornet 36). A eso puede sumarse que otras antologías del género, aparte de la citada de Llopis, lo recogen en sus páginas: *Cuentos fantásticos cubanos* (1979), de José Martínez Matos, y *Antología del cuento fantástico hispanoamericano: siglo XX* (1990), de Oscar Hahn.

Ahora bien, valdría la pena replantearse el asunto –que a mi juicio puede considerarse la cuestión o incluso el problema– de la ubicación de "Viaje a la semilla" dentro de las literaturas de irrealidad, y particularmente dentro o en relación con la fantástica, puesto que hasta ahora se ha tratado de forma insatisfactoria o evasiva y porque el cuento mismo tiene características que no lo insertan de manera indubitable dentro de lo fantástico. Varios críticos, en efecto, lo adscriben a ese género sin ofrecer ningún argumento, quizá porque no es el punto central de sus razonamientos, pero lo hacen; otros usan el término en una acepción demasiado amplia, que incluye varias modalidades no realistas como el realismo mágico, lo real maravilloso y las obras del absurdo, sin aportar muchas razones de por qué prefieren esa noción; en tanto que quienes ofrecen argumentos, es decir, A.M. Barrenechea y R. González Echevarría, optan también por conceptos poco específicos, que dan cabida a los tres que acabo de mencionar. En el caso de Barrenechea, se da incluso una vacilación, entre el primer artículo y el segundo, respecto al lugar en que coloca este cuento dentro de su teoría.

Sin embargo, antes de continuar, se impone que aclare siquiera mínimamente mi punto de vista respecto a la noción de fantástico. Por este término entiendo aquí una modalidad narrativa en la que se codifican textualmente dos mundos fictivos u órdenes de realidad construidos de acuerdo con leyes incompatibles: realistas, naturales o racionales, uno; alternas, sobrenaturales o irracionales, el otro; mundos cuya coexistencia e interacción es perceptiblemente conflictiva, traumática o perturbadora para alguno de los personajes involucrados en la acción o incluso para el narrador.

Retomando el hilo, los estudios citados de González Echevarría constituyen, sin duda y como es sabido y justamente reconocido, una aportación sólida al tema de las relaciones de Carpentier con el realismo mágico. No obstante, tienden a identificar la literatura fantástica con la mágicorrealista al aclarar, después de haber situado parte de la narrativa de Carpentier de la década de 1940 dentro del primero de dichos géneros, que da o toma "por sentado, además, que el concepto [de realismo mágico] se refiere a la literatura narrativa, no a la poesía, y específicamente a la narrativa fantástica o poética" ("Isla" 19), aclaración que en el artículo parecía una operación provisional ("[s]i algo podemos sacar en limpio de la accidentada historia del realismo mágico en Hispanoamérica, es que se trata de un esfuerzo por explicar una narrativa que, *sin entrar por el momento en mayor detalle*, podemos considerar fantástica" 19, énfasis mío), pero que en la versión posterior no encuentra desarrollo, al suprimirse la salvedad y no volverse sobre el tema: "As applied to literature, however, the concept [de realismo mágico] refers specifically to narrative fiction. It is an effort to account for a narrative that could simply be considered fantastic" ("Fugitive" 109). No se nos da ninguna explicación de por qué el realismo mágico –aun siendo un vacío teórico, como González Echevarría afirma ("Isla" 18; "Fugitive" 108)– es simplemente narrativa fantástica. Quizá deba deducirse que, puesto que es un vacío teórico, no tiene existencia propia, sino que se trata de un tipo de literatura ya conocido, la fantástica; pero esto es más una deducción –por la que optamos– que algo suficientemente claro en la exposición del crítico.

Suponiendo, pues, que sea así, la identificación entre lo fantástico y el realismo mágico –o quizá, mejor, a la inversa– en González Echevarría sorprende porque sus trabajos, amén de establecer una clara cronología o los hitos de la trayectoria del realismo mágico en la literatura hispanoamericana,[1] investigan los orígenes de esta tendencia, y los hallan en el concepto de *magischer Realismus*, que Franz Roh propuso en 1925, y en el surrealismo francés, no en la literatura fantástica, que durante las primeras décadas del siglo XX ya tenía una historia extensa, tanto en Europa y los Estados Unidos como en Hispanoamérica, anterior al concepto de Roh y al surrealismo, e independiente de ellos. Por lo

---

[1] La obra reciente más importante sobre este tema, la de Menton, extrañamente apenas presta atención a esta propuesta; a pesar de dedicar un apartado a "'Lo real maravilloso' de Alejo Carpentier" (162-70), confina la periodización de González Echevarría a una breve mención en un apéndice (231).

demás, "Viaje a la semilla" es estudiado dentro de lo que el crítico denomina la vertiente ontológica del realismo mágico, esto es, dentro de lo real maravilloso. De modo que es un texto de lo real maravilloso, que a su vez es una modalidad del realismo mágico, el cual es parte de la narrativa fantástica.

La teoría de Ana María Barrenechea, aunque esbozada en la década de 1950 (en *La literatura fantástica en Argentina* [1957], libro publicado con Emma Susana Speratti Piñero), se define de modo sistemático en polémica con la *Introduction à la littérature fantastique* (1970) de Tzvetan Todorov, y descansa en la idea de que la literatura fantástica es la que presenta de manera problemática hechos a-normales, a-naturales o irreales y sus contrarios ("Ensayo" 393). Su gran aportación, reconocida y retomada por notables estudios posteriores (Reisz de Rivarola 145; Campra, "Il Fantastico" 203, *Territori* 22) es haber situado la problematización de la convivencia de esos hechos –y no la duda entre su carácter natural o sobrenatural, como en Todorov (29)– en la base de la definición, al decir que son fantásticas "las obras que ponen el centro de interés en la violación del orden terreno, natural o lógico" (393).

Las dificultades, sin embargo, comienzan cuando la autora admite que la problematización pueda surgir por el contraste no sólo explícito (*in praesentia*), sino también implícito (*in absentia*), de los sucesos anormales y normales. La propia autora es consciente, obviamente, de esto: después de señalar que las obras fantásticas pueden desarrollarse o bien completamente dentro del orden de lo natural o bien dentro del de lo no natural o bien en una mezcla de ambos, y de observar que este último caso es el que menos dudas ofrece, reconoce: "Más difícil es que se produzca el contraste y se centre en él el interés del texto cuando la obra no se mueve más que en uno de los dos órdenes" (397). El procedimiento más importante para destacar el carácter central de la subversión del orden racional en estas circunstancias es la descripción minuciosa de los hechos más simples de carácter natural o el detalle con que se describe la vida sobrenatural o a-normal (399). La minuciosidad debe de suscitar la comparación con las categorías más corrientes, con las que constituyen la norma ausente o el paradigma, según la estudiosa. Pero esto –creemos– no basta; una descripción detallada de lo anómalo puede obedecer a propósitos diversos y estar sujeta a interpretaciones también diversas, y no tipifica por sí misma como fantástico a un texto. Y puesto que "Viaje a la semilla" figura erróneamente en este artículo entre las obras en que todo lo narrado entra en el orden de lo no natural (tiempo invertido), su fantasticidad surge de la descripción minuciosa del mundo en retroceso.[2]

---

[2] No se trata del único ejemplo al parecer escogido apresuradamente o que resulta poco claro respecto a lo que se quiere ilustrar en esta, por lo demás admirable y valiosa, propuesta teórica; la autora menciona como cuentos fantásticos representativos del tipo 1, "todo lo que entra en el orden de lo natural" (396), textos donde hay indicios explícitos de existir

En un trabajo posterior, Barrenechea explica varios términos de la definición, entre ellos lo normal y lo anormal, los cuales hace depender de códigos socioculturales correspondientes a lugares, épocas y grupos sociales determinados y, tras comentar varias fórmulas literarias que sirven para destacar el contraste entre ambos tipos de hechos, en textos que "no debaten ni explican los acontecimientos sobrenaturales" ("La literatura" 15), observa que en relación con ciertas obras del siglo XX parece cada vez más superfluo "preguntarse dentro de qué pautas culturales se eligen los hechos que representan los campos de lo anormal y lo normal" (16), toda vez que predomina el relativismo. Esas obras son varios cuentos de Virgilio Piñera, cuyos vínculos con "el absurdo generalizado" la propia estudiosa nota, y, de García Márquez, *Cien años de soledad* y "Un señor muy viejo con unas alas enormes", de los cuales la novela, sobre todo, es, como se sabe, uno de los puntos básicos de referencia del realismo mágico. No obstante, aquí son parte de la literatura fantástica. En cuanto a "Viaje a la semilla", ha ocupado un lugar más coherente con su estructura entre los textos donde se yuxtaponen o coexisten órdenes opuestos: tiempo progresivo en los capítulos I y XIII y tiempo invertido en los restantes. Es decir, que pasa a una de las zonas más firmes de esta teoría. No obstante, sus irregularidades como texto fantástico son varias, lo cual puede hacer pensar en la insuficiencia de una mera yuxtaposición de órdenes de realidad fictiva como síntoma de la fantasticidad de un relato.

La trama de "Viaje a la semilla", como se sabe, refiere la historia de un anciano que ha estado presenciando la demolición de una casa señorial (al parecer en La Habana del siglo XIX; más precisamente –según Benítez Rojo, 288, nota 8– de la década de 1810 a 1820) y a quien alguien le pregunta qué quiere. El viejo no responde; monologa. Llegadas las cinco de la tarde, los operarios se van, y el viejo queda solo, sentado junto a una estatua de Ceres (capítulo I). El viejo hace gestos extraños, voltea un cayado, y la casa se reconstruye sola, gradualmente; el viejo entra a la casa por la puerta principal, abre ventanas, enciende velones, y comienza un murmullo: está ocurriendo el velorio de Marcial, Marqués de Capellanías (cap. II), quien, a partir de entonces, será el centro del relato. Marcial regresa a la vida, aparece enfermo, se confiesa, sufre al parecer una apoplejía; una mujer –¿una prostituta?– se retira de la

---

conciencia de que funciona una causalidad alterna o una desviación de la norma, como el conocido con el título de "La mano" pero denominado por su autor simplemente con un número, "Cuatro", de Arístides Fernández, cuyo narrador comienza diciendo: "Las cosas raras y extrañas, inverosímiles, macabras, me atraen" (26), y "Simulacros", de Cortázar, en cuyo inicio se lee: "Somos una familia rara" (33); y "El fin", de Borges, cuya fantasticidad misma es difícil de percibir, pues revivir en una obra de ficción los personajes –en este caso Martín Fierro y el que Borges llama "hermano" (197) del Moreno– de otra, es decir, del *Martín Fierro*, de José Hernández, no parece anómalo, es simplemente una operación intertextual.

casa, que es puesta en venta pública; amanece a las seis de la tarde (cap. III). Y en adelante, se narrarán otros hechos de la vida de Marcial, su familia y en general todo su entorno, hasta el regreso suyo al vientre materno y la desaparición de la casa (cap. XII). Al volver los obreros, encuentran la demolición acabada; hay una vaga protesta ante un sindicato, y uno de ellos recuerda la historia de la Marquesa de Capellanías, ahogada en el río Almendares una tarde de mayo. Los relojes funcionan como siempre, normalmente (cap. XIII).

Una de las primeras cosas que la síntesis anterior permite notar es que la acción que desencadena el acontecimiento anómalo es de carácter mágico, es decir, maravilloso, en la medida en que lo mágico ha sido considerado una de las categorías de lo maravilloso (Morales, *Lo maravilloso* 14 y 18-9), y no de carácter fantástico, aun reconociendo que aquella categoría es, entre las maravillosas, una de las que más cerca de lo fantástico parecen encontrarse por su posibilidad de transformar y, por tanto, de interferir con la realidad codificada como mimética (Morales, "Las fronteras" 56). Invertir el cayado, es decir, un objeto de la realidad fictiva, es invertir el transcurso del tiempo, o lo que es igual, toda una dimensión de esa realidad con la cual el cayado no tenía relaciones de causalidad. Y la actuación a partir de un principio mágico presupone un conocimiento y un dominio de la realidad sensiblemente distintos de los que caracterizan la conducta de un personaje de texto fantástico. El que obra a partir de la magia tiene un poder que lo pone en condiciones de manipular la realidad, al menos hasta cierto punto y al menos desde su perspectiva; la magia es un instrumento para modificar lo real, pero para modificarlo, además, a voluntad, a partir "de leyes cuyo funcionamiento no es conocido por todos, pero que existen dentro de la naturaleza" (Morales, *Lo maravilloso* 14); los resultados, como puede verse en "Viaje a la semilla", se corresponden con los que conjeturamos (pues no están explícitos) que hayan sido los propósitos. Por el contrario, el personaje inmerso en una situación fantástica –independientemente de que llegue a ella por curiosidad, deseo o afán de aventuras o de que la sufra sin buscarla–[3] normalmente no tiene el control ni el conocimiento de las leyes que rigen la alteridad y, por tanto, acabará expuesto a algo desconocido e imprevisible. La otredad fantástica no se deja domesticar; de ahí su peligrosidad, su naturaleza a veces poco amable. La magia y lo fantástico son formas esencialmente diferentes de concebir la relación con la otra parte de la realidad textual, y el autor de "Viaje a la semilla" obviamente optó por la modalidad mágica, que es además la más lógicamente asociable a un personaje caracterizado como un afrocubano viejo, que usa un lenguaje incomprensible, muy probablemente el de algún culto sincrético, y que aparece

---

[3] Es decir, independientemente de que se trate de lo que, extrapolando los conceptos de Propp (92), puede considerarse un héroe-buscador o un héroe-víctima.

situado al lado de una divinidad, de un símbolo religioso, por más que sea helénico: Ceres.

Estrechamente vinculado con lo anterior se halla el hecho de que la aparición o el surgimiento de un suceso, un ser o un objeto fantásticos implica una ruptura del orden racional y la instauración, aunque sea momentánea, de un orden opaco e impredecible. Pero contrariamente a esto y a cualquier cosa esperable, sobre todo tratándose de un personaje como el que acabamos de comentar, asociado a una mentalidad mágica, el orden que éste, el viejo, instaura es de una racionalidad en el fondo irreprochable. Es cierto y obvio que ocurre una anomalía: el tiempo se invierte, se vuelve reversible; pero, una vez establecido, este principio funciona con la regularidad del tiempo progresivo lineal: todo ha de volver atrás en un orden estricto, casi férreo, dictado de antemano por la sucesión y los encadenamientos de causa-efecto que tuvieron los hechos en su acontecer primario. Es la racionalidad a la inversa; no la irracionalidad, el caos, lo oscuro o perturbador. A tal punto es transparente, cognoscible y predecible el orden alterno, que el viejo anónimo puede integrarse a él y desaparecer en él y con él, sin mostrar indicios de haber experimentado ninguna sorpresa, como si se diluyera en un transcurrir ya pautado y del cual él tuviera conciencia:

> El viejo introdujo una llave en la cerradura de la puerta principal, y comenzó a abrir ventanas. Sus tacones sonaban a hueco. Cuando encendió los velones, un estremecimiento amarillo corrió por el óleo de los retratos de familia, y gentes vestidas de negro murmuraron en todas las galerías, al compás de cucharas movidas en jícaras de chocolate. (2001, 47)

Encender los velones fue su última acción en el texto. Fue como iluminar un escenario teatral donde todo hubiera estado detenido. A partir de entonces, podemos suponer que pasó a formar parte de la servidumbre, que se colocó en una zona socialmente marginal que también será marginal desde el punto de vista narrativo. El narrador lo abandonó sutil o discretamente.[4] No hay tampoco trazas de umbral entre el acá y el allá, entre el mundo progresivo y el regresivo, pues cuando el viejo cruza el umbral de la puerta o enciende luces, ya la regresión ha comenzado con la reconstrucción de la casa, es decir, ya él ha

[4] El hecho de que el viejo sea presentado como anónimo y de que se incorpore a la familia del Marqués de Capellanías ha hecho que la crítica de este cuento se preocupe desde sus inicios y reiteradamente por establecer la identidad de este personaje; ya en una reseña de 1944 se lo identificaba con Melchor (Ladra 46, nota 1), línea que luego han continuado otros críticos (González 429; Luis 155), aunque se ha juzgado errónea (Alonso 392, nota 5); también se lo ha identificado con Eligio (Ramírez Molas 57, duda entre este personaje y Melchor) y hasta –obviamente cometiendo una equivocación– con el Marqués de Capellanías (Cvitanovic 144).

empezado a internarse en el orden alterno, y lo ha hecho con confianza, no como quien se aventura hacia un dominio regido por lo irracional.

Igualmente atípica en el dominio fantástico, pero también en el maravilloso –y aun en el religioso– es la resurrección de Marcial (y varias otras, aunque la suya, como es de suponerse, es la más notable). Su carácter atípico consiste en que se produce simultáneamente con la reconstrucción automática de la casa y con la reanimación del resto de su mundo. Marcial no regresa desde la muerte hasta un universo que hubiera continuado su curso y en el cual sus pasos y experiencias pudieran ser nuevos. Simplemente vuelve a experimentar en retroceso lo que ya había vivido antes. Propiamente hablando, no es un resucitado, como Lázaro, la hija de Jairo o Jesús, en los Evangelios, ni alguien que en espíritu o en carne regrese al mundo de los vivos, como los espectros, fantasmas, *revenants* y vampiros en muchas narraciones de ficción. Por eso resulta difícil aceptar la interpretación según la cual Marcial es resucitado como condena o castigo, para obligarlo "a vivir, al revés, una vida que no supo utilizar" al derecho (Durán 317). Independientemente de que las razones que tuvo el viejo negro para provocar el retroceso son una indeterminación en el texto del relato, ¿cómo podría el Marqués sentir que era un castigo volver a vivir su vida, si en rigor esto no sucedía? Casi igualmente de difícil es aceptar la lectura diametralmente opuesta, la que ve en este retroceso la recuperación del "ejercicio más feliz de la cultura [...] el tiempo [...] más feliz del hombre", precisamente por obra del viejo (González 431). La diferencia está en que en el texto hay, atribuidas a Marcial, al menos algunas muestras de placer o alivio a medida que el tiempo retrocede. Pero tampoco es posible exagerar su importancia.

Por otra parte, el acontecimiento anómalo involucra a todo un mundo: no sólo a la familia del Marqués de Capellanías –el viejo al principio, luego el propio Marcial, la Marquesa, los esclavos–, sino también a personajes que se vinculan por diversas razones con ella, como profesores, sacerdotes, notarios, médicos, etc.; y a la vez no parece haber ocurrido para otra zona de ese mundo, precisamente la que encarna la normalidad permanente: los obreros que abandonaron la demolición un día a las cinco de la tarde y regresaron al otro día por la mañana. Para ellos, la distorsión temporal no sucedió; fue una especie de "milagro secreto", si bien no se limitó a la mente de un personaje, pues quedó una prueba (una casa desaparecida o una demolición terminada). Fue una cápsula dentro de un mundo que continuaba su ritmo y transcurso normales. Como se ha dicho, "[t]odo el viaje a la semilla no ha sido más que un breve entretanto, el entretanto de una sola noche. El tiempo 'real' no ha perdido su curso hacia el futuro" (Ramírez Molas 60). Y aunque poco después el mismo crítico hable de una "irrupción en el tiempo 'verdadero', como los objetos de Tlön" (60), lo cierto es que la regresión no ha amenazado –como sí comienzan a hacer los objetos de Tlön–[5] al mundo que se seguía desarrollando progresivamente. Lo cual es un rasgo mucho más característico de los textos maravillosos que de los fantásticos. En los textos maravillosos, y sobre todo en los feéricos, que son los más puramente maravillosos (cf. Morales, *Lo maravilloso* 16-7), los mundos alternos existen de manera independiente respecto al mundo codificado como normal o real y no suelen interferir con éste.[6] Las relaciones entre ambos no son conflictivas; ambos pueden incluso coexistir sin que la presencia de lo maravilloso signifique un peligro para la coherencia de la normalidad. Por el contrario, la otredad fantástica –que, además no se muestra con frecuencia más que a individuos aislados– surge para incidir en la "realidad", para interactuar con alguno de los personajes que la integran, para producir un choque –retomando el término usado por Campra ("Il fantastico" 203; *Territori* 22)– o para perturbar el funcionamiento de la normalidad.

Y a la noción de choque es casi consustancial la de escándalo (Caillois, 8, 12); escándalo racional desde luego (Campra, "Il fantastico" 203; *Territori* 22): el de la razón vulnerada, el de la mentalidad racional puesta, casi siempre de improviso, frente a lo imposible pero real, y que tiene diversas formas de manifestarse: inquietud, extrañeza, miedo, horror metafísico, terror, algún grado de conmoción que justifique hablar de problematización. Nada de esto, sin embargo, está presente en "Viaje a la semilla". El suceso anómalo es deliberadamente instaurado por un personaje que parece conocer de antemano lo que pasará y cuya mentalidad –ya lo hemos visto– no racionalista no tendría por qué asombrarse ni sentir conflicto respecto a lo que obtiene como resultado.

---

[5] "La diseminación de objetos de Tlön en diversos países complementaría ese plan..."; [e]l contacto y el hábito de Tlön han desintegrado este mundo" (Borges 38-9).

[6] Según Castex, "[l]e fantastique [...] ne se confond pas avec l'affabulation conventionnelle des récits mythologiques ou des féeries" (8); Roger Caillois, más enfático, afirma: "Le féerique est un univers merveilleux qui s'ajoute au monde réel sans lui porter atteinte ni en détruire la cohérence"; " [l]e monde féerique et le monde réel s'interpénètrent sans heurt ni conflit" (8) ; Vax, por su lado, también separa lo feérico de lo real ("[a]lors que le féerique place hors du réel un monde où l'impossible, partant le scandale, n'existent pas; le fantastique se nourrit des conflits du réel et du possible" [6]), aun cuando comienza por considerar que feérico y fantástico son dos especies del género maravilloso (5); Todorov, a partir de cuyo estudio los conceptos de fantástico y de maravilloso, y ya no sólo de feérico, entran en fuerte oposición, caracteriza lo maravilloso como un mundo con leyes naturales propias, diferentes de las del mundo "real", tal como éste existe para la opinión común (si el personaje "décide qu'on doit admettre de nouvelles lois de la nature, par lesquelles le phénomène peut être expliqué, nous entrons dans le genre du merveilleux" [46]). Si esto es así para varios estudiosos de la literatura fantástica, en cuyo dominio, a juicio de un crítico francés, la distinción entre maravilloso y fantástico "est marotte de chercheurs" (Finné 21), no es muy diferente la caracterización para una estudiosa de lo maravilloso: "Lo maravilloso medieval es [...] una alteridad que confraterniza libremente con la cotidianeidad [*sic*], pero no altera el funcionamiento de sus leyes" (Morales, *Lo maravilloso* 8).

Este suceso tiene por objeto, más que por sujeto, a otro personaje, Marcial, cuyo conocimiento del proceso (o del *retro*ceso) en que ha sido implicado es escaso y fugaz, y no dejará ninguna consecuencia en su mente, como el propio narrador afirma:

> Marcial tuvo la sensación extraña de que los relojes de la casa daban las cinco, luego las cuatro y media, luego las cuatro, luego las tres y media... Era como la percepción remota de otras posibilidades. [...] Fue una impresión fugaz, que no dejó la menor huella en su espíritu, poco llevado, ahora, a la meditación. (51-2)

En otras, pocas, ocasiones tendremos una idea de los sentimientos que suscita en Marcial la inversión del tiempo, pero en ningún caso se trata de perturbación, extrañeza, inquietud ni otras muestras de percepción conflictiva del hecho, sino de alegría y alivio: "Y hubo un gran sarao, en el salón de música, el día en que alcanzó la minoría de edad. *Estaba alegre*, al pensar que su firma había dejado de tener un valor legal" (52; énfasis mío); "[d]el mismo modo, 'Aristóteles', 'Santo Tomás', 'Bacon', 'Descartes' encabezaban páginas negras, en que se catalogaban aburridamente las interpretaciones del universo, al margen de una capitular espesa. Poco a poco, Marcial dejó de estudiarlas, *encontrándose librado de un gran peso*" (54-5; énfasis mío).

En cuanto al narrador, su situación fuera de la diégesis y su actitud sentimentalmente austera hacia los hechos, más inclinada a la descripción fáctica y barroca que a las opiniones, lo convierten en una voz distante, poco participativa emocionalmente, y sobre todo no dada al asombro. El pasaje donde comienza la inversión temporal con la reconstrucción de la casa ilustra bien esa proclividad o el afán de mostrar hechos y dejar que sea el lector quien ponga nombre a lo que está pasando: "Los cuadrados de mármol, blancos y negros, volaron a los pisos, vistiendo la tierra. Las piedras, con saltos certeros, fueron a cerrar boquetes de las murallas. Hojas de nogal claveteadas se encajaron en sus marcos" (47). Desde luego, este comportamiento no se mantiene de manera uniforme a lo largo del relato. Si en las dos primeras secciones narra desde fuera las acciones de un personaje temática y estructuralmente tan importante como el viejo negro, cuyo lenguaje le resulta ajeno y cuyos gestos le parecen extraños ("[a]ndaba de un lugar a otro, fisgoneando, sacándose de la garganta un largo monólogo de frases incomprensibles", 45; "[e]ntonces el viejo negro, que no se había movido, hizo gestos extraños, volteando su cayado sobre un cementerio de baldosas", 47), a partir del momento en que aparece el Marqués de Capellanías, cuenta mucho más próximamente a éste o incluso desde los pensamientos, sentimientos y sensaciones que éste alberga. Ya hemos visto esto en parte al tratar de los efectos de la anomalía en Marcial; vayan unos ejemplos más: "Pensaba en los misterios de la letra escrita" (48); "[a]l principio, la idea de traer una mujer a aquel aposento se le hacía casi razonable.

Pero, poco a poco, las apetencias de un cuerpo nuevo fueron desplazadas por escrúpulos crecientes" (49); "Marcial se contentaba ahora con una exposición escolástica de los sistemas" (54); "[h]ambre, sed, calor, dolor, frío. Apenas Marcial redujo su percepción a la de esas realidades esenciales, renunció a la luz" (61); etc. Pero al consumarse la desaparición de Marcial y de todo su mundo, el narrador vuelve a un nivel reducido de conocimientos: se coloca en la ignorancia o las suposiciones de los obreros, quienes creen que alguien terminó el trabajo que correspondía hacer a ellos y por eso se quejan ante un sindicato, o que "alguien" se había llevado la estatua de Ceres que debía entregarse a un anticuario. Hay un afán evidente por parte del autor de limitar las reacciones de la voz conductora del relato precisamente en los pasajes donde la normalidad de la realidad parece quebrarse o permite la formación de un espacio-tiempo alterno.

Como también hay un interés mucho mayor por describir el mundo alterno y su funcionamiento inverso, con las abundantes oportunidades que ello ofrecía de exhibir paradojas surrealistas, que en dirigir la atención hacia el carácter imposible y simultáneamente real de la ruptura de las leyes naturales en la suerte de *adýnaton* amplificado que es este cuento. La prueba más visible es la sintaxis narrativa. La ruptura del orden normal ocurre al principio del texto, en el capítulo II, y no está precedida, como sucede en la mayoría de los cuentos fantásticos, de suspenso ni de otras estrategias para crear expectativas. Nada hacía suponer, en el capítulo I, que fuéramos a presenciar una dislocación del orden normal en el capítulo siguiente, pues no hubo ninguna preparación del lector para ello. Y no se trata aquí de intentar "aplicar" a este texto el supuesto rasgo sintáctico –gradación ascendente hacia el momento de la aparición sobrenatural– que Todorov supuso atribuido por Peter Penzold a toda la narrativa fantástica[7] y que luego le negó a este género, para formularlo como un énfasis en el tiempo de la lectura (Todorov 91-6), sino de deducir cuál puede ser el interés del narrador a partir del peso que tienen en la estructura del texto unos elementos más que otros. Y en éste, la descripción del mundo en retroceso

---

[7] Penzoldt se refería sólo a la *ghost story*, lo cual es claro en su enunciación del rasgo ("the structure of the ideal ghost story may be visualised as an ascending line leading up to the climax" [16], y en particular –pese ciertamente al título tan abarcador de su obra– a la *ghost story* inglesa ("[t]his is a study of the English short story of the supernatural", xi); y aunque Todorov, al usarlas, traduce apropiadamente la primera de las citas anteriores ("[l]a structure de l'histoire de fantômes idéale [...] peut être représentée...", 91-2), inmediatamente después ya no trata de *historia de fantasmas*, sino de *relato fantástico*, que –como cualquiera concederá– es un campo más amplio: "Cette théorie de l'intrigue dans le récit fantastique est en fait dérivée de celle que Poe avait proposée pour la nouvelle en général" (92). De modo que estableció una generalización doble: respecto al género (*ghost story-récit fantastique*) y respecto al corpus (norma aplicable a una parte del cuento inglés de fantasmas-ley de todo relato fantástico, al menos decimonónico).

no sólo casi comienza y casi termina el relato, al abarcar once de los trece capítulos de su versión definitiva,[8] sino que dirige toda la atención del lector hacia el cómo y no hacia el qué sucederá, dado el tipo de hecho anómalo que escoge: una vez que el orden inverso se ha establecido y que se impone a un ritmo vertiginoso, se puede suponer que el fin de todo es el regreso al origen y la desintegración o disolución del mundo.

Llegados a este punto, conviene recordar que precisamente el comportamiento impasible del narrador ante fenómenos extraordinarios sería considerado por Carpentier, en dos crónicas publicadas en el periódico venezolano *El Nacional* poco después de la aparición de "Viaje a la semilla",[9] como un acierto en las literaturas que él llama indistintamente fantástica y maravillosa, sin hacer distingos. En la primera crónica, que titula "Literatura fantástica", pero que trata expresamente sobre ciencia ficción, dice de "El laberinto", de Frank M. Robinson: "Nada falla en este relato realizado en frío, con el tono imperturbable de un Poe, y una seguridad técnica que deja atónito" (104); y luego: "Ocurren cosas asombrosas –pero que nunca asombran al autor: secreto de la técnica de Edgar Poe– en un paisaje de brumas y pantanos que tiene mucho de Kafka". En la segunda, "Permanencia de lo maravilloso", que discurre sobre la permanencia, desde la antigüedad romana hasta el siglo XX, de lo que el propio Carpentier llama en varias ocasiones fantástico, se lee, referido a *El asno de oro*: "Apuleyo, como cuentista moderno, acepta lo maravilloso sin inmutarse, tratándolo con una naturalidad que fue el secreto de las extraordinarias atmósferas creadas por Edgar Poe, al narrarnos los viajes de Sir Arthur Gordon Pym" (103). De lo cual se deduce –prescindiendo de la exactitud o inexactitud que tengan sus juicios–[10] que, para Carpentier, la falta de asombro es un elemento de valor, asociado a la modernidad discursiva, en

---

[8] Conviene notar que en la edición de 1944 el relato tenía sólo doce capítulos, y que en ediciones posteriores se le añadió uno nuevo, resultante de la división del capítulo VI original en VI y VII, tras la adición de dos párrafos (los que comienzan con las frases: "Y hubo un gran sarao..." y "Disfrazados regresaron los jóvenes...", 52-4) y la introducción de un corte al final del segundo de esos párrafos; el texto incorporado es precisamente el único segmento no recesivo dentro de la gran regresión, detalle que, aunque concerniente a la génesis textual, la crítica suele descuidar al proponer teorías sobre el tiempo en este cuento.

[9] Según consigna una nota firmada con las iniciales C.R. en Carpentier "Permanencia", 105. Las crónicas aparecieron en la sección Letra y Solfa de dicho diario el 22 de noviembre de 1951 y el 10 de julio de 1954, respectivamente.

[10] En *El asno de oro* hay numerosas muestras no sólo de asombro, sino también de otros sentimientos frente a las artes mágicas de las hechiceras de Tesalia; sentimientos que van desde la curiosidad insaciable hasta el terror de Lucio, protagonista y narrador de la metamorfosis en asno, y que afectan también a otros personajes, pues como en otras obras antiguas de lo que se trataba era precisamente de provocar un efecto de admiración; véanse, entre otros ejemplos, éstos referidos a Lucio: "Pero, encelado en mi curiosidad de siempre,

la forma de narrar hechos extraordinarios, no un rasgo diferenciador de modalidades narrativas irrealistas, como podía serlo, por la época en que él publicaba esas crónicas, para algunos teóricos y críticos de la ficción fantástica, y como lo sería para una parte importante de la teoría, la de tradición francesa sobre todo. De modo que es lógico suponer que se haya propuesto incorporarlo a los relatos suyos donde lo extraordinario está presente, o lo que es igual, que la utilización de ese tipo de actitud en el narrador de "Viaje a la semilla" podía obedecer a una operación deliberada de tratamiento de lo anómalo.

Ahora bien, independientemente del nombre o la categoría genérica que el propio Carpentier pudiera haber dado a este tipo de relato –y, según parecen indicar las crónicas antes citadas, esto no era una preocupación para él como crítico; menos probablemente lo serían en calidad de autor–, rasgos como los que he mencionado, y en particular el peso de lo mágico como motivo desencadenante de las acciones, la coexistencia sin interferencias del mundo anómalo y del normal, y la ausencia casi completa de reacciones frente al hecho extraordinario en varios personajes y el narrador son indicios de una búsqueda estética que sería prudente tomar en cuenta antes de afiliar "Viaje a la semilla" a un género en el fondo tan tradicional como el fantástico. Este tipo de relato,

---

en cuanto escuché la anhelada palabra del arte de la magia, me vi tan lejos de la prevención que debía tener con Pánfila que, por el contrario, comencé a impacientarme de tanto como deseaba iniciarme en su aprendizaje, costase lo que costase, incluso echándome a ojos cerrados al cenagal de su precipicio. Con un cortés «salud», me deshice al punto de sus consejos como de una cadena, y fuime volando a casa de Milón. Mientras corría como un poseso, iba diciéndome a mí mismo: «Lucio: para mientes; ahora tienes a tu alcance la anhelada oportunidad; por fin, después de tanto tiempo, vas a colmar tu afición a esas historias sobrenaturales; déjate de miedos pueriles [...]»" (II.6; 159); "[c]ediendo a la fuerza, aunque con desgano, tiré del sudario y descubrí los cuerpos. ¡Dioses! ¡Qué prodigio! ¡Qué cambio repentino el de mi suerte! Aun estando como estaba dispuesto a formar parte del patrimonio de Proserpina, a ser miembro de la familia del Orco, me cambió tanto la expresión de tan aturdido como quedé, que no puedo explicarlo con palabras adecuadas [...]" (III.9; 173); "[s]i ella [Pánfila] se había transformado por su voluntad con artes mágicas, yo, sin que se me cantara ninguna salmodia, estaba tan sobrecogido de estupor por lo presenciado, que me parecía ser cualquier otra cosa excepto Lucio: fuera de mí, atónito hasta la locura, soñaba despierto" (III.22; 177); "[e]n fin: en nada encontraba consuelo a mi desafortunada transformación [...]" (III.24; 178). Algo similar se aprecia en la obra de Poe a que Carpentier alude, de donde tomo al azar estas frases: "A duras penas podría concebirse toda la extensión de mi terror" (106); "[n]unca, mientras viva, olvidaré la intensa agonía de terror que experimenté en aquel momento. Se me erizó el cabello en la cabeza, sentí que la sangre se helaba en mis venas" (107); "me sobrecogió un violento temblor y apenas si pude encontrar la necesaria decisión para seguir representando mi papel" (173); "[p]oco tiempo después ocurrió un incidente que me siento instigado a considerar como el de más intensa emoción, como el más henchido primero de deleite y luego de un horror supremos, de ninguno de los mil azares que me han acontecido después" (191); "una figura negruzca, diabólica y nubosa se irguió justo debajo de mí; suspirando, sentí mi corazón quebrarse, y me desplomé en sus brazos" (297).

surgido y moldeado durante el romanticismo europeo y como respuesta a la ideología racionalista de la ilustración, suele necesitar un mundo codificado según el método realista, para poder impugnarlo con un suceso que constituya la negación del pensamiento racionalista. Es por esto que probablemente se cultivó tan poco durante el período de las vanguardias, pues el antimimetismo que los movimientos vanguardistas tuvieron como uno de sus presupuestos comunes dificultaba o en muchos casos desarticulaba este elemento estructurador del discurso fantástico.

"Viaje a la semilla" se explica mejor a partir de las afinidades con la narración maravillosa que con la fantástica. La causalidad mágica que lo preside y la aceptación de lo insólito como parte de lo posible o su desconocimiento por las instancias directa o indirectamente relacionadas con él son características de una mentalidad que no se encuentra en beligerancia con la ideología racionalista. Claro que tampoco se trata de un cuento maravilloso sin más. Entre el mundo normal y el alterno en un texto maravilloso hay una distancia tanto temporal como espacial que no se observa aquí. En este caso esas distancias se han reducido notablemente, tanto que si, por un lado, uno de los obreros habla de la Marquesa de Capellanías como de un personaje lejano y casi olvidado, por otro, uno de los miembros de la casa de Capellanías, el viejo, vive aún en el momento en que ocurren los hechos narrados. Ese mundo anómalo, regido por leyes diferentes de las del mundo realista pero que no amenazan ni afectan la seguridad de este último, es decir, ese mundo maravilloso se ha vuelto una parte del mundo real, y esto ha sucedido en virtud de las misteriosas artes mágicas de un cubano de origen africano. Lo maravilloso tradicional europeo se está volviendo real maravilloso americano gracias al "descubrimiento" que hace el surrealismo francés de la mentalidad mágica y que cree encontrar en las culturas africanas e indígenas americanas. No es una novedad esta conclusión, desde luego, pero es con el surrealismo francés y con los momentos iniciales de la formación de la poética de lo real maravilloso americano con lo que "Viaje a la semilla" se relaciona, mucho más que con la narrativa fantástica.

Bibliografía

I. Primaria

Carpentier, Alejo. *Viaje a la semilla*. La Habana: Úcar, García y Cía, 1944.

_____ "Permanencia de lo maravilloso". "Literatura fantástica". *Eco* 37 (1980): 102-5.

_____ "Viaje a la semilla". *Relatos*. La Habana: Unión, 2001. 45-63.

II. Secundaria

Alonso, Carlos J. "'Viaje a la semilla': historia de una entelequia". *Modern Language Notes* 94/2 (1979): 386-93.

Apuleyo. *El asno de oro*. Petronio / Apuleyo. *Satiricón / El asno de oro*. L. Campuzano, prol. M. Díaz y Díaz y J.Ma. Royo, trad. La Habana: Arte y Literatura, 1995. 145-288.

Barrenechea, Ana María. "Ensayo de una tipología de la literatura fantástica (A propósito de la literatura hispanoamericana)". *Revista Iberoamericana* 38 (1972): 391-403.

_____ "La literatura fantástica: función de los códigos socioculturales en la constitución de un género". *Texto/contexto en la literatura iberoamericana. Memoria del XIX Congreso* (Pittsburgh, 27 de mayo-1 de junio de 1979). Keith McDuffie y Alfredo Roggiano, eds. Pittsburgh: IILI, 1981. 11-9.

Benítez-Rojo, Antonio. *The Repeating Island. The Caribbean and the Postmodern Perspective*. J. Maraniss, trad. Durham: Duke UP, 1995.

Borges, Jorge Luis. "Tlön, Uqbar, Orbis Tertius"; "El fin". *Ficciones*. 25ª ed. Madrid: Alianza, 1977. 13-40, 193-8.

Bueno, Salvador. *Historia de la literatura cubana*. 3ª ed. La Habana: Editora del Ministerio de Educación/Editorial Nacional de Cuba, 1963.

_____ "Prólogo". *Cuentos cubanos del siglo XX. Antología*. Salvador Bueno, ed. La Habana: Arte y Literatura, 1975. 13-30.

Caillois, Roger. "De la féerie à la science-fiction". *Anthologie du fantastique*. Roger Caillois, ed. París: Gallimard, 1966. 7-24.

Campra, Rosalba. *Territori della finzione. Il fantastico in letteratura*. B. Fiorellino, trad. Roma: Carocci, 2000.

_____ "Il fantastico: una isotopia della trasgressione". *Strumenti Critici* 45/2 (1981): 199-231.

Castex, Pierre-Georges. *Le conte fantastique en France de Nodier à Maupassant*. París: José Corti, 1951.

Cortázar, Julio. "Simulacros". *Historias de cronopios y de famas*. 7ª ed. Buenos Aires: Minotauro, 1970. 33-7.

Cvitanovic, Dinko. "Duplicidad y fascinación del pasado en tres cuentos de Carpentier". *Criterio* (27 marzo 1975): 142-? [consigno los datos del ejemplar incompleto existente en la biblioteca de la Casa de las Américas.]

Chaple, Sergio. "Panorama de la cuentística cubana". *Estudios de literatura cubana*. La Habana: Letras Cubanas, 1980. 192-201.

Durán, Manuel. "El cómo y el porqué de una pequeña obra maestra". *Recopilación de textos sobre Alejo Carpentier*. Salvador Arias, ed. La Habana: Casa de las Américas, 1977. 295-320.

Fernández, Arístides. "Cuatro". *Cuentos*. La Habana: Arte y Literatura, 1978. 26-30.

Finné, Jacques. *La littérature fantastique. Essai sur l'organisation surnaturelle.* Bruselas: Université de Bruxelles, 1980.

Fornet, Jorge. "Literatura fantástica y Revolución: notas para un estudio". *Extramuros* 7 (La Habana, 2001): 36-9.

García Carranza, Araceli. *Bibliografía de Alejo Carpentier.* La Habana: Letras Cubanas, 1984.

_____ "Bibliografía de Alejo Carpentier. Suplemento II". *Revista de la Biblioteca Nacional José Martí* 4 (1999): 145-196.

Garrandés, Alberto. "Panorama de su evolución" [la del cuento entre 1923 y 1959]. *Historia de la literatura cubana.* José Antonio Portuondo, dir. general. La Habana: Instituto de Literatura y Lingüística José Antonio Portuondo Valdor/Letras Cubanas, 2003. 2: 439-450.

González, Eduardo G. "'Viaje a la semilla' y *El siglo de las luces*: conjugación de dos textos". *Revista Iberoamericana* 41 (1975): 423-43.

González Echevarría, Roberto. "Isla a su vuelo fugitiva: Carpentier y el realismo mágico". *Revista Iberoamericana* 40 (1974): 9-63.

_____ "Fugitive Island". *Alejo Carpentier: The Pilgrim at Home.* Ithaca/Londres: Cornell UP, 1977. 97-154.

Hahn, Oscar. "Trayectoria del cuento fantástico hispanoamericano". *Mester* 2 (1990): 35-45.

Ladra, Juan Antonio. Reseña de "Viaje a la semilla", por Alejo Carpentier. *Orígenes* 3 (1944): 45-6.

Licea Jiménez, Tania T. "*Viaje a la semilla*: tiempo y recursos linguoestilísticos". *Alejo Carpentier: tres relatos, tres análisis linguoestilísticos.* Tania T. Licea Jiménez y Luis Enrique Rodríguez Suárez. La Habana: Ciencias Sociales, 1994. 3-18.

Luis, William. "Historia, naturaleza y memoria en 'Viaje a la semilla'". *Revista Iberoamericana* 57 (1991): 151-60.

Llopis, Rogelio. "Ojeada crítica al cuento fantástico (1930-1965)". *Bohemia* 39 (La Habana, 1966): 34.

_____ "Prólogo". *Cuentos cubanos de lo fantástico y lo extraordinario.* Rogelio Llopis, ed. La Habana: Unión, 1968. 11-30.

Márquez Rodríguez, Alexis. *La obra narrativa de Alejo Carpentier.* Caracas: 1968 [mecanuscrito].

Menton, Seymour. *Verdadera historia del realismo mágico.* México: FCE, 1999.

Morales, Ana María. *Lo maravilloso medieval y sus categorías.* Puebla: Benemérita Universidad Autónoma de Puebla, 2002.

_____ "Las fronteras de lo fantástico". *Signos Literarios y Lingüísticos* 2 (México, 2000): 47-61.

Penzold, Peter. *The Supernatural in Fiction.* Londres: Peter Nevill, 1952.

Poe, Edgar Allan. "Relato de A. Gordon Pym". *Narraciones completas.* Ch. Baudelaire, pról. J. Gómez de la Serna, trad. Madrid: Aguilar, 1955. 99-312.

Propp, Vladimir. *Morfología del cuento*. Vladimir Propp / E[leazar] Meletinski. *Morfología del cuento. Las transformaciones de los cuentos maravillosos. / El estudio estructural y tipológico del cuento*. 3ª ed. Trads. [del francés] L. Ortiz. Madrid: Fundamentos, 1977. 13-152.

Ramírez Molas, Pedro. "El tiempo en el relato y el relato en el tiempo: Alejo Carpentier". *Tiempo y narración. Enfoques de la temporalidad en Borges, Carpentier, Cortázar y García Márquez*. Madrid: Gredos, 1978. 56-115.

Redonet Cook, Salvador. "En el insomnio de Virgilio Piñera (y otros desvelos)". *Entre dos origenistas y un eterno disidente: la cuentística de José Lezama Lima, Eliseo Diego y Virgilio Piñera*. Cienfuegos: Mecenas/Reina del Mar Editores, 2001. 63-95.

Reisz de Rivarola, Susana. "Ficcionalidad, referencia, tipos de ficción literaria". *Lexis* 3 (1979): 170.

Todorov, Tzvetan. *Introduction à la littérature fantastique*. París : Eds. du Seuil, 1970.

Vax, Louis. *L'art et la littérature fantastiques*. 4ª ed. París: P U.F., 1974.

La poética del temor y el tiempo mítico

Inmaculada López Calahorro

EXTR. –Razonando tratemos, entonces, de pensar juntos, sobre la base de lo que acabamos de decir, en ese acontecimiento que –sosteníamos– *es causante de tantas maravillas*.[1] Y es, justamente, el siguiente.

SÓC. –¿Cuál?

EXTR. –Que el universo se desplaza, unas veces, en la dirección en la que ahora gira y, otras veces, en cambio, en la dirección opuesta.

Platón, *Político*, 270b

El concepto del tiempo ha provocado desde la antigüedad clásica una gran atracción. Desvelar en qué consiste le hacía afirmar a Séneca que "Omnia, Lucili, aliena sunt. Tempus tantum nostrum est" (1, 3, 1-2). El tiempo sólo nos pertenece a nosotros, y por ser tiempo envejecemos y morimos. Nos diferencia, por consiguiente, de los dioses, pues en la edad de hierro el hombre está condenado al paso del tiempo, como nos explica Hesíodo: "Porque ahora la raza es de hierro. Nunca durante el día cesarán de sufrir fatigas y miserias, ni tampoco durante la noche dejarán de ser destruidos, y los dioses les proporcionarán graves preocupaciones" (176-8).

El hombre en los períodos de tiempo del día y la noche debe trabajar y sentir la miseria de la vida alejada del mundo de los dioses. Como en algún

[1] La cursiva es nuestra. Los términos de Platón son: "thaumatôn aítion".

lugar ya hemos indicado ("La poética..." 97) esta referencia está en el final de *El reino de este mundo*, cuando Ti Noël concluye que "agobiado de penas y de tareas, hermoso dentro de su miseria, capaz de amar en medio de las plagas, el hombre sólo puede hallar su grandeza, su máxima medida en el Reino de este mundo" (110). De este modo el cubano reinterpreta la condena del hombre a una esencia separada del tiempo divino.

Pero, ¿es posible rastrear en la narrativa del cubano alusiones a un tiempo en que convivían los dioses y los hombres? Hablaríamos entonces de otro tiempo, el de la edad de oro, donde aún no se habría producido la dualidad posterior que provoca esa tensión manifestada en *La consagración de la primavera*, según la cual "Hay un inconciliable desajuste entre el tiempo del Hombre y el tiempo de la Historia" (83). Para llegar a este dualismo, Carpentier inicia un camino, o viaje, a través de la dualidad manifestada en sus primeros relatos entre lo mítico y lo humano. La guerra del tiempo significa, de este modo, una lucha contra los vestigios divinos de los que Marcial es un referente. Coincidiendo con Benítez Rojo (282), la restitución de los materiales en la casa responde a un "tiempo mítico que, dado su inherente ahistoricismo, proveía un espacio utópico", anterior a la esclavitud y a la plantación. Su final en que todo acaba por desaparecer, incluida la estatua de la diosa Ceres, significa la desaparición de esta edad y espacio utópicos.

Bajo la guerra del tiempo late, consecuentemente, una guerra del mito. La cuestión no puede ser ajena al interés de un autor que, como Carpentier, conoce los avances que en materia de mitología se producen a comienzos del siglo XX con Lévy-Strauss, Dumézil o Mircea Eliade, y que sustituyen las ópticas hasta entonces fundamentalistas o moralistas. Entre otros efectos, en Alejo Carpentier se comprueba su interés por demostrar la universalidad de los mitos y que pone en un mismo nivel los ámbitos americano y europeo. Pero la relación que Carpentier ofrece con el mito es compleja. Por un lado, la literatura carpenteriana distingue el tipo del mito, el modelo mítico más genuino del modelo más heroico; y, por otro lado, hay un juego que proviene de la relación de los personajes con su realidad, distinguiéndose los que no aíslan el mito de su realidad de aquellos que acaban por leerlo e interpretarlo estableciendo un claro hiato. Es la diferencia que distingue, por ejemplo, los personajes de "Los advertidos", que se creen los elegidos por los dioses, hasta un Cristóbal Colón que adquiere la lucidez final de haber sido engañado por la lectura de los libros y sus mitos, y que no deja de ser el espléndido ejemplo de Don Quijote convertido de nuevo en Alonso Quijano. No obstante, aun diferenciándose las dos situaciones, no deja de producirse el efecto de la ironía en ambos casos.

Frente a esta constante destaca la diferencia en el tratamiento del mito y su relación con el género de la tragedia. Cuando Carpentier concluía en *La consagración de la primavera* que existen dos tiempos, el del hombre y el de la historia, y entre ellos un inconciliable desajuste, no podemos evitar pensar en el concepto de la tragedia griega donde lo *inconciliable* forma parte sustancial de ella. Por eso es posible ver en la obra del cubano la relación con la tragedia griega y no sólo como referencia o telón de fondo, sino que su *tempo* impregna parte de su obra.

Uno de los elementos esenciales a la tragedia es el temor (*phóbos*),[2] traducido también como *horror*, y que significaría un *estremecimiento* producido en el espectador. El estremecimiento en la obra carpenteriana puede interpretarse en varios sentidos: es el *desengaño* que sufre Sofía cuando descubre que había seguido un modelo heroico falso en la persona de Víctor Hugues; es el *miedo* del protagonista de *El acoso* intentando huir; pero es también el estremecimiento producido en "Semejante a la noche", "Los advertidos" o "Viaje a la semilla", en que adquiere forma de *vacío mítico*. En estos tres relatos los ejes temporales y espaciales son los del mito. Así, tanto "Semejante a la noche" como "Los advertidos" se alimentan del mito de los héroes de Troya y del mito del diluvio universal respectivamente. En ambos ejemplos el estremecimiento procede de la destrucción del motivo mítico, que sorprende a sus personajes (y a los lectores) desde la justificación histórica en el caso del primer relato, desde la ironía de la no existencia de dioses únicos en el segundo. En definitiva, se trata de golpear tanto al espectador interno como al lector real con la conclusión de que no hay espacio para el mito, lo que hemos llamado *vacío mítico*.

Provocar este *vacío* no es casual en la obra carpenteriana. Es necesario evidenciarlo para poder sustituirlo. Y lo hará Carpentier utilizando a partir de ahora la historia, lo que nos hace recordar las siguientes palabras de Lévi-Strauss: "Nada se asemeja más al pensamiento mítico que la ideología política. Tal vez ésta no haya hecho más que reemplazar a aquél en nuestras sociedades contemporáneas" (189). Por eso será la historia la que a partir de entonces ocupe el lugar del mito, como lo podremos advertir claramente en el mismo título de *El reino de este mundo*. Pero como estamos en el ritmo de la tragedia, se producirá una nueva tensión o dialéctica, la del tiempo del hombre y el tiempo de la historia. En las obras que ya pertenecen a esta nueva tensión, serán los efectos de *compasión* y *catarsis* los que predominarán, efectos no advertidos en los relatos que consideramos del estremecimiento.

---

[2] Sabemos que la tragedia debe provocar en el espectador *phóbos*, que se traduce en muchos casos como "temor", pero que para Díaz Tejera (728) debería traducirse por "horror". Lo que queremos dejar claro es que no nos interesa especificar tanto el contenido exacto del término como señalar que produce cierto "estremecimiento" en el espectador por un vacío o un choque de expectativas.

Uno de estos relatos donde el efecto del estremecimiento ocupa un lugar significativo es "Viaje a la semilla". Curiosamente guarda el relato semejanzas claras con *El reino de este mundo*: ambos protagonistas realizan un periplo hacia su pasado, ambos acaban desapareciendo de la escena y ambos están en una atmósfera cargada de magia bajo la presencia del *orisha* Eleguá (Benítez Rojo 270). La clara diferencia viene de un final de catarsis en el caso de *El reino de este mundo* que le permite a Ti Noël darse cuenta de su tarea, en su tiempo de hombre que hereda el tiempo de toda la historia. Frente a él, el personaje de "Viaje a la semilla" *ignora* todo cuanto le sucede en su proceso de inversión. Se establece así una dualidad importante entre la ignorancia y el conocimiento, que distingue no sólo a los personajes sino también el contenido de las obras del cubano.[3]

Sobre la lectura de "Viaje a la semilla" las interpretaciones son distintas. Por ejemplo, para Vila Selma (30-38) el relato pretende la revisión del pasado como si se tratara de un auténtico humanista del siglo XVI. Hay una necesidad de volver al origen, de reconocerlo y asumirlo, y esa necesidad pasa necesariamente por la cultura occidental. Para González (49-83) el elemento esencial es la casa, tal y como ocurre con *El siglo de las luces*. En este espacio la *luz, sombra y esfera* pasan por ser los elementos fundamentales dentro de la casa que es la poseedora del tiempo del retroceso. Por su parte, Barrera-Vidal realiza un análisis donde unifica las reminiscencias grecorromanas y las tradiciones mágicas africanas, destacando que Carpentier en este relato marca toda la acción a través de elementos mitológicos, que desde el principio son el Sol, Marte, Ceres, Venus e incluso el valor de los días de la semana. En cuanto al problema del tiempo, señala que la linealidad es propia de la fe judaico-cristiana, mientras que el tiempo cíclico, *echpýrosis*, procede de la filosofía helenística, y, en concreto, del estoicismo.[4]

En esta diversidad de interpretaciones, queremos añadir la presencia de una lectura no menos significativa y con una clara raíz clásica, pues como señalábamos al principio, el tema del tiempo ha sido revisado desde distintos ángulos desde la antigüedad clásica.

---

[3] Será el uso del mito de Edipo el que refleje esta dualidad (López Calahorro, en prensa).

[4] El mito del eterno retorno de Mircea Eliade encuentra así en los estoicos su fundamento. No obstante, aunque este autor tuvo importancia decisiva en la concepción de la historia ("terror de la historia" afirmará Eliade) y en autores, parece ser, como Carpentier, Vidal Naquet cree que no hay suficientes argumentos para afirmar que los griegos defendieran esta idea de lo cíclico y no de la linealidad que permite pensar en tiempo futuro y en la misma concepción de proyección ideal de la ciudad (61-85). Para la relación entre Carpentier y el estoicismo, véase López Calahorro ("La poética" 99-102).

1. Sobre el tiempo invertido y la edad de oro

El mito de la regresión está en la literatura preplatónica, pues ya Teopompo lo comentaba como algo prodigioso en la tierra de los Méropes:

> Y añadió algo todavía más asombroso; dijo que unos hombres llamados Méropes habitaban entre ellos muchas y grandes ciudades; que en el extremo de su territorio había un lugar que era llamado Anosto, parecido a una sima pero que no estaba ocupado ni por la oscuridad ni por la luz, sino que tenía encima un aire mezclado con un enrojecimiento turbio; que por este lugar corrían dos ríos, el uno llamado Placer y el otro de la Pena; que a orillas de cada uno de ellos había árboles del tamaño de un plátano grande; los de las proximidades del río de la Pena producen frutos que poseen esta naturaleza: si uno gusta de ellos, lanza tal cantidad de lágrimas que se consume, emitiendo gemidos durante todo el resto de su vida, y así muere. En cambio los otros, los que nacen junto al río del Placer, producen frutos diametralmente opuestos. En efecto, el que gusta de éstos, cesa en todas sus anteriores apetencias; y así, si estaba enamorado de alguno, se olvida de él, se hace paulatinamente más joven y recobra las edades que ya había superado. Abandonando, en efecto, la vejez, vuelve a la flor de la edad, retorna luego a la edad de la adolescencia, luego se hace niño, luego niño pequeño y por último se extingue. (Lens Tuero, "Sobre..." 262)

Posteriormente aparece en el *Político* de Platón, que recuerda la edad de Cronos ya referida por Hesíodo, en la que el hombre ni envejecía, ni moría, ni tenía que trabajar. En este diálogo especialmente filosófico en torno a la naturaleza y función del político, Platón recurre al mito (o cuento), para describir un tiempo en que la mecánica del movimiento era inversa:

> *Extranjero*: La edad, cualquiera que fuese, que tenía cada ser vivo comenzó en todos ellos por detenerse, y todo cuanto era mortal cesó de presentar rasgos de paulatino envejecimiento, y al cambiar su dirección en sentido opuesto, comenzó a volverse más joven y tierno; los cabellos canos de los ancianos se iban oscureciendo; las mejillas de quienes ya tenían barba poco a poco se suavizaban, restituyendo a cada uno a su pasada edad florida; los cuerpos de los jóvenes aún imberbes, por su parte, haciéndose más suaves y menudos día a día y noche a noche, retornaban al estado natural del niño recién nacido, asimilándose a él tanto en el alma como en el cuerpo. Y, como consecuencia de ello, acababan al fin por desaparecer totalmente. Además, los cadáveres de quienes por aquel tiempo morían de muerte violenta, al sufrir todas estas mismas transformaciones, desaparecían por completo en pocos días sin dejar traza... (269c y ss.)

El diálogo de Platón es, sin duda, complejo. El primer objetivo de Platón en *Político* es definir la función del político: si es una figura paralela atemporal de la que se puede extraer una visión teórica, o si su definición y tipología viene determinada por circunstancias especialmente particulares y reales. Hay un juego así entre la esencia fija e inamovible y el contexto determinado por las circunstancias, lo que nos recuerda al Pato Donald de la Ferretería de los Hermanos Gómez de "Derecho de asilo" y su relación con la flecha de Zenón de Elea, y que refiere la presencia fija de los dictadores.[5] Ambos elementos comparten la relación con el dictador. Al margen de otras interpretaciones sobre la mecánica de ese movimiento (Lens Tuero, "Sobre..." 263), donde junto al valor antropológico de la fábula destaca la relación del orden humano que se deriva del orden divino, coexiste una cuestión no menos importante como es la relación de la beatitud del hombre con cierta animalidad en la edad de oro.

La diferencia entre el mito de Platón y el de Teopompo reside en que sólo los Méropes pueden volver a esta niñez y extinción que realmente se produce en términos de felicidad, puesto que es la consecuencia de tomar frutos que proceden de los árboles del placer. Para Platón, en cambio, el mito del nacimiento inverso se debe a que lo corpóreo, donde se incluye el mundo, no puede ser siempre semejante a sí mismo, característica únicamente atribuible a la divinidad. Además, esta inversión sólo se produce en la edad de Cronos o edad de oro, fruto de un desorden que es el resultado necesario de un *vacío de poder*.[6]

En *Político* es importante el diálogo que mantienen el extranjero y el joven Sócrates sobre esta edad de Cronos. Hay una relación entre la edad de Cronos y la de oro, conocida desde Hesíodo, quien nos habla de la felicidad, paz y armonía que regían las vidas de los hombres que disfrutaban de los bienes de

---

[5] De ahí también su relación con el Primer Magistrado de *El recurso del método*. Entre *Político* y esta obra de Alejo Carpentier sin duda pueden establecerse distintos vínculos: por ejemplo el político se distingue de los pseudopolíticos o coro de sofistas que son embaucadores (291c). Así en *El recurso del método* el Primer Magistrado distingue distintos tipos de coros: "Y esas caras que dejan de mirar, y esas espaldas que se alejan, y esas decoraciones secretamente germinadas, crecidas en la sombra, nacidas en torno mío, sin que, ensordecido por otros coros, hubiese oído el sonido de los coros verdaderos –coros de pocos coristas, pero que eran quienes, en realidad, llevaban las Grandes Voces Cantantes..." (267). También queremos añadir otra relación igualmente significativa y que casualmente se da entre las dos obras al dividir el género humano entre griegos y bárbaros (262d-e) y en *El recurso del método* entre civilización y barbarie. Este dualismo aparece en *Ariel* de Rodó, a partir de los personajes Ariel y Calibán de *La tempestad* de Shakespeare. La barbarie, Calibán, viene de fuera, los Estados Unidos, pero también de dentro, de la incultura, los caudillismos, la inmigración, la violencia, las democracias corruptas... (Castro 78). Aun a pesar de esta relación, es interesante comprobar cómo la obra de Platón tiene varios temas comunes con la obra de Carpentier.

[6] Explícitamente nos dice Platón: "Una vez, pues, que el tiempo de todas estas condiciones tocó a su fin [...], precisamente en ese momento el piloto del universo, abandonando, por así decirlo, la caña del timón, se retiró a su puesto de observación e hicieron dar marcha atrás al curso del mundo el destino y su inclinación natural" (272e).

la tierra sin tener que esforzarse. Entonces la muerte era un sueño y la vejez no existía en esta vida donde los hombres eran comparables a los dioses. Así nos lo relata Hesíodo:

> Primeramente, los Inmortales que habitan moradas olímpicas crearon una estirpe de oro de hombres mortales. Estos vivían en tiempo de Cronos, cuando éste reinaba en el cielo. Pasaban la vida como dioses, con el corazón libre de preocupaciones, lejos y a salvo de penas e infortunio; no les oprimía la mísera vejez, sino que siempre con la misma fuerza en piernas y brazos, se deleitaban en festines, exentos de todo mal. Morían como vencidos por el sueño; poseían toda clase de bienes; la fecunda tierra producía por sí misma rica y abundante cosecha. Ellos *contentos y sin luchas* disfrutaban de los campos, rodeados de todos los bienes. (109-10, énfasis mío)

En cambio, en Platón se aprecia una ambigüedad en la consideración de si la edad de Cronos debe interpretarse en un sentido utópico. Como señala Vidal Naquet (334), a partir de los estudios de Detienne se puede establecer la existencia de una utopía hacia lo "alto", que pretende instalar la edad de oro en nuestro mundo y que se interpreta en términos de futuro, y una utopía hacia lo "bajo" o hacia el pasado, donde la animalidad y lo dionisiaco estarían presentes en esa primera etapa casi "salvaje" del hombre, regida por la simplicidad. En el caso de Platón y la inserción del mito comentado, se manifiestan claras diferencias frente a la descripción de Hesíodo. Comenta Platón que mientras la divinidad, Cronos, apacentaba a los hombres, no existía la discordia, ni las criaturas salvajes, ni ningún animal devoraba a otro (271e). Pero tampoco existían las mujeres, ni los hijos, ni los regímenes políticos. Vivían desnudos y al aire libre, es decir, sin casa (272a), y se caracterizaban por cierta animalidad, puesto que podían conversar con las bestias igual que con los hombres. Y aquí nos plantea Platón su ambigüedad[7] frente a la concepción de Hesíodo:

> Si los retoños de Cronos, al tener tanto tiempo libre y la posibilidad de trabar conversación no sólo con los hombres sino también con las bestias, usaban todas esas ventajas para la práctica de la filosofía, hablando tanto con las bestias como entre ellos [...], fácil es decidir que, comparados con los de ahora, los hombres de entonces eran muchísimo más felices. Pero si, por el contrario, dándose en exceso a la comida y a la bebida, no hacían sino contarse entre sí y a las bestias mitos como los que ahora efectivamente se narran sobre ellos, también en este caso –al menos si doy mi parecer– es muy fácil decidirse. (272 b-c)

De su texto se concluye que es necesario revisar la utopía junto con un término no menos esencial en la obra carpenteriana: la felicidad y su relación

[7] De hecho Vidal Naquet plantea la cuestión en estos términos: "El mito platónico de *El político*. Las ambigüedades de *La Edad de oro y la historia*" (329-47).

con el futuro. Por eso nos detendremos a continuación en el personaje de Marcial, cuya animalidad en la inversión se constata, entre otras situaciones, por la relación con su perro Canelo.

2. Sobre Marcial y la felicidad de la caverna

La elección del nombre de Marcial es significativo. Frente a la posible relación con Marte y sus amores licenciosos, Marcial es, simplemente, mediocre ("Después de mediocres exámenes, frecuentó los claustros, comprendiendo cada vez menos las explicaciones de los dómines", 17). De todas las características que nos ofrece el personaje, sin duda es notable su semejanza con el hombre de Hesíodo que en la edad de oro era apacentado por los dioses sin esfuerzo. Marcial no ha realizado nada en la vida que justifique la existencia de quienes en la edad de hierro estarán condenados al trabajo por estar sujetos al tiempo. Hasta entonces su vida estaba exenta de males y desgracias.

A Marcial le llega la muerte en un proceso semejante al experimentado por los hombres de la edad de Cronos, donde la felicidad se extiende hacia el pasado. La infancia ocupa así el espacio del pasado mítico, y el personaje descubre progresivamente las maravillas de su habitación. Hay una clara referencia a Platón cuando afirma el narrador que "el mundo de las ideas se iba despoblando" (18). Desaparecen pues las ideas y los conceptos, y comprendemos la ambigüedad de *Político* sobre el concepto de la felicidad entre los hombres de la edad de oro, cuestionada por Platón para quien la felicidad era impensable en un mundo ocioso sin el diálogo propio de la filosofía (272c).

Parejo a esta ausencia del "mundo de las ideas" se produce el ejercicio de *anamnesis*[8] sobre su pasado. Primero se borran las "controversias" e "interpretaciones del universo" (17) de personajes como Aristóteles o Descartes. Se borran sus palabras y pasan a ser, en un plano metonímico, "peplos, jubones, golas y pelucas", en definitiva, "figuras de cera". Desaparece en primer lugar, pues, la capacidad de la *diánoia.* Luego da por "bueno lo que se dijera en cualquier texto", y acepta los nombres de "León", "Avestruz", "Ballena", "Jaguar", nombres *plínicos* de especies maravillosas para cualquier niño. Es la edad de la conceptualización de las cosas físicas, reconocido con el término platónico de *pístis.* Ella también se va, y entonces "su mente se hizo alegre y ligera, admitiendo tan sólo un concepto instintivo de las cosas" (18). Y así llega la época donde sólo se reconocen *eikónes,* reflejos y sombras:

---

[8] Podría decirse que la inversión de la vida de Marcial corre pareja a los ejercicios o *áskesis* que los pitagóricos realizaban intentando rememorar su vida. A través de la memoria como *phármakon* conseguían lo que Marcial a través de su auténtica vida invertida, introducirse en el orden cósmico.

> ¿Para qué pensar en el prisma, cuando la luz clara de invierno daba mayores detalles a las fortalezas del puerto? Una manzana que cae del árbol sólo es incitación para los dientes. Un pie en una bañadera no pasa de ser un pie en una bañadera. El día que abandonó el Seminario, olvidó los libros. El gnomon recobró su categoría de duende: el espectro fue sinónimo de fantasma; el octandro era bicho acorazado, con púas en el lomo. (18)

De este modo nos adentramos en la inversión del mundo de la caverna platónica. Esa inversión del tiempo que acerca a Marcial progresivamente al útero materno en un proceso de tesaurización es el acercamiento a la caverna de la que aparentamos huir al crecer y poder pensar. El ideal platónico de la contemplación del exterior de la misma, como modo de poder ver la verdad y las formas ideales, y no los *eikónes* o sombras, es para Marcial una desdicha. Él es feliz cuando deja de estudiar. El fantasma del gnomon son los *phainómena* de Platón. La memoria ha salvado a Marcial porque lo ha acercado a su origen corpóreo, de tierra y tacto. Es la inversión hacia abajo, en todos los sentidos: en Platón (*República* VII, 517a-b y 532a-d) el alma liberada realiza una ascensión de la "vivienda-prisión" hacia el mundo de arriba "y a la contemplación de éste". En Carpentier, por el contrario, el hombre está dentro de la "vivienda-prisión", ahí muere y ahí nace, pero en esa inversión temporal progresivamente desaparecen las pocas salidas al exterior (sólo hasta el capítulo VII incluido) para quedar por completo dentro de la casa, cada vez más profundamente dentro: los muebles que crecen, él que juega en el suelo con sus soldados de plomo, que se esconde debajo del clavicordio, que lo encierran en su cuarto, que juega debajo de las camas o que descubre un sótano y cajas con mariposas muertas mientras va olvidando la lengua y descubre el lenguaje de los animales con su perro Canelo que orina junto a él y es su mejor amigo porque "sacaba zapatos de las habitaciones y desenterraba los rosales del patio" (23). La desarticulación del pensamiento y del lenguaje corre pareja con la interiorización en el espacio, y el hombre que se comunica con los animales nos recuerda la animalidad del hombre primitivo de la edad de Cronos.

Por último Marcial desaparece en el universo, escapándose por siempre al ciclo del nacimiento y muerte, para tener una existencia inmutable y permanente como los propios dioses (Vernant 107). El escenario se levanta, y ni siquiera queda ya la estatua de Ceres, extinguida con el último hombre de un tiempo que para siempre se extingue. Las últimas palabras del relato instauran de nuevo el tiempo: "el sol viajaba de oriente a occidente, y las horas que crecen a la derecha de los relojes deben alargarse por la pereza, ya que son las que más seguramente llevan a la muerte" (25). Es el día y la noche que reaparecen para establecer el orden que separa lo divino de lo humano. La desaparición de Marcial así como de la diosa Ceres hace desvanecerse todo lo mítico. En los siguientes relatos se ahondará no sólo en el juego con el tiempo sino en la necesidad de separar el mito más divino del más humano. Así lo veremos en

"Semejante a la noche" donde el estremecimiento del vacío mítico junto con la lucidez final del hijo del talabartero mostrará a partir de ese momento el verdadero mito de la obra carpenteriana: la historia. Ella se elevará para producir el desajuste con el tiempo del hombre, que sólo podrá tener ya mitos más humanos como modelos, especialmente Ulises y Edipo. Mientras tanto, en ese tiempo que se ha hecho inverso, recordamos las palabras de Platón que nos hablaba de las *maravillas* (thaumatôn), causadas por el universo que a veces gira como ahora y otras "en la dirección opuesta" (270b). Lo *real maravilloso* tiene, de este modo, un encuentro con lo más mítico de todas las mitologías, lo que Carpentier supo integrar en esta pequeña novela a través de Ceres, que es precisamente la hija de Saturno o Cronos,[9] es decir, del tiempo. Como hija de Cronos, Ceres preside el último espacio dedicado a lo mítico, el que hace desaparecer a Marcial como si se tratara del último ser de la era de Cronos, o lo que es lo mismo, de la edad de oro.

Bibliografía

I. Primaria

Carpentier, Alejo. *El reino de este mundo* [1949]. Barcelona: Mondadori,1995.
_____ *El recurso del método* [1974]. México: Siglo XXI, 1984.
_____ *La consagración de la primavera* [1978]. Barcelona: Plaza & Janés, 1993.
_____ *Guerra del tiempo y otros relatos* ("Viaje a la semilla", "Semejante a la noche", "El camino de Santiago", "Oficio de tinieblas", "Los fugitivos", "Los advertidos", "El derecho de asilo"). Madrid: Alianza Editorial, 1985.

II. Secundaria

Barrera Vidal, Alberto. "Lenguaje simbólico y sentido profundo del relato en *Viaje a la semilla* de Alejo Carpentier". *Iberoromania* 5 (1980): 132-48.
Benítez Rojo, Antonio. *La isla que se repite*. Barcelona: Casiopea, 1998.
Castro, Belén. "Introducción". José Enrique Rodó. *Ariel*. Belén Castro, ed. Madrid: Cátedra, 2000.
Díaz Tejera, Alberto. "Aristóteles". *Historia de la literatura griega*. J.A. López Férez, ed. Madrid: Cátedra, 1988. 682-730.
González, Eduardo. *Alejo Carpentier: el tiempo del hombre*. Caracas: Monte Ávila, 1978.
Hesíodo. *Trabajos y días. Poemas hesiódicos*. María Antonia Corbera, ed. Madrid: Akal, 1990.
Historia de la literatura griega. J. A. López Férez, ed. Madrid: Cátedra, 1988.

---

[9] Sobre este aspecto nos dice Barrera Vidal: "Ceres por otra parte no es más que la diosa griega Deméter, hija de Saturno y Cibeles. Saturno es el Cronos de los griegos, inquietante dios del tiempo: más adelante se verá la importancia de la cronología en el relato" (136).

Lens Tuero, Jesús. "La representación de la Edad de Oro". *Pervivencia y actualidad de la cultura clásica.* Jesús María García González y Andrés Pociña, eds. 1991. 171-209

_____ "Sobre un mito platónico y su pervivencia". *Florentia Iliberritana* 7 (1996): 259-67.

Lens, Jesús y Javier Campos. *Utopías del mundo antiguo.* Madrid: Alianza, 2000.

Lévy-Strauss, Claude. *Antropología estructural.* Buenos Aires: Eudeba, 1968.

López Calahorro, Inmaculada. "Edipo a la búsqueda de la historia en Alejo Carpentier". (en prensa).

_____ "La poética del Humanismo Caribe en Alejo Carpentier. De Epicteto y Virgilio a Ti Noël". *Foro Hispánico* 25 (2004): 97-107.

Platón. *Diálogos.* Tomo V. *Parménides. Teeteto. Sofista. Político.* María Isabel Santa Cruz, Álvaro Vallejo y N. Luis, eds. Madrid: Gredos, 2000.

Rodó, José Enrique. *Ariel.* Belén Castro, ed. Madrid: Cátedra, 2000.

Séneca. *Ad Lucilium Epistulae morales.* L.D.Reynolds, ed. Oxford: Clarendon, 1965.

Vernant, Jean-Pierre. *Mito y pensamiento en la Grecia antigua.* Barcelona: Ariel, 1993.

Vidal Naquet, Pierre. *Formas de pensamiento y formas de sociedad en el mundo griego.* Barcelona: Península, 1983.

Vila Selma, José. *El "último" Carpentier.* Las Palmas: Mancomunidad de Cabildos, 1978.

"El camino de Santiago": núcleo fantástico, picaresca e iniciación

Barbara Fiorellino

EL VOLUMEN *GUERRA DEL TIEMPO*, EN QUE POR PRIMERA VEZ APARECE "EL CAMINO de Santiago", junto con dos relatos más y una novela breve, es de extraordinario interés puesto que en él adquieren importancia fundamental los elementos temporales, espaciales y de estructura narrativa, centrales en la obra carpenteriana, a la que caracterizan de manera peculiar, al ser utilizados por el autor no sólo a modo de armazón sino también, y sobre todo, como recursos para transmitir significados. El tiempo es, por cierto, el elemento que desde siempre ha despertado el interés de la crítica, que en varios casos lo ha convertido en el objeto específico de su búsqueda con el propósito de identificar la filosofía del autor respecto al devenir histórico y las transformaciones que pueda haber sufrido a lo largo de su actividad creadora.[1] Los espacios son también muy interesantes en la producción de Carpentier, que da a los viajes, a la oposición entre lugares, a la deíxis de lugar, un significado clave, al servicio de una estrategia de manifestación de la realidad americana. A partir de los años ochenta, sin embargo, el elemento que se ha revelado más fecundo desde el punto de vista crítico ha sido el estructural, basado en muchos casos en fórmulas que el escritor elabora a partir de su experiencia de músico y conocedor de formas musicales, y que en esta colección de cuentos transforma en una experimentación consciente y sistemática.

"El camino de Santiago" narra la historia, ambientada en el siglo XVI, de Juan, joven tambor del ejército del Duque de Alba en Amberes que, por cumplir con un voto, se encamina hacia Santiago de Compostela. Poco a poco su decisión

---

[1] Véanse en particular Mocega-González; Acevedo.

pierde vigor hasta que, en la mitad del camino, cambia de rumbo al ser inducido por un indiano embustero a partir hacia la Nueva España. En Cuba experimenta la pobreza y la condición de fugitivo; luego, al volver a España como indiano, induce con embustes a un romero llamado Juan a dejar el Camino de Santiago para buscar fortuna con él en el Nuevo Mundo. Alejo Carpentier se refiere explícitamente, en "Problemática de la actual novela latinoamericana" (1964), a la posibilidad de utilizar los modos narrativos picarescos para investigar la realidad. En su opinión, la picaresca "cumplía con la función cabal de la novelística, que consiste en violar constantemente el principio ingenuo de ser relato destinado a causar 'placer estético a los lectores', para hacerse un instrumento de indagación, un modo de conocimiento de hombres y épocas" (*Ensayos* 8). Como prueba de la inserción consciente de este relato en la estela de la literatura picaresca, en el texto aparece dos veces la palabra *pícaro*, la primera vez en el capítulo 6 con valor despectivo, dentro de un catálogo de acusaciones recíprocas entre autoridades coloniales, y la segunda en el capítulo 11, ya al final del relato, referida al protagonista y a su *alter ego*, casi para definir el punto de llegada y de nueva partida de un proceso de apicaramiento: "Y cuando los Juanes llegan a la Casa de Contratación, tienen ambos –con el negro que carga sus collares– tal facha de pícaros, que la Virgen de los Mareantes frunce el ceño al verlos arrodillarse ante su altar" (79).

Como se ve, los Juanes, al terminar la narración, son dos, y resultan ser dos pícaros; la duplicación del protagonista es la clave del relato. En efecto, nos encontramos con un héroe que se llama Juan; su apellido no se conoce, mientras que al nombre se agregan sucesivamente varios sobrenombres que recuerdan los apodos de la picaresca: Juan *el Romero*, Juan *de Amberes*, Juan *el Estudiante*, Juan *el Indiano*. El proceso de cambio de los nombres es interesante. La palabra *romero*, referida a Juan, se encuentra en el texto a partir del comienzo del tercer capítulo –cuando el protagonista viaja hacia Santiago– pero sigue siendo utilizada en el texto incluso durante el viaje hacia Sevilla. Poco después, las calificaciones que indican la procedencia, como ya ha sido señalado por Sharon Magnarelli (68), no son asumidas por los personajes mientras se encuentran en el lugar al cual se refieren, sino cuando se encuentran o se desplazan a otro lugar; como prueba de ello, Juan advierte en una ocasión la necesidad de justificar la metamorfosis: "Con el nombre de Juan de Amberes quedaba Juan asentado en los libros de la Casa de la Contratación –pues no debía olvidarse que se le esperaba en Flandes, luego de la promesa cumplida" (58). Lo mismo pasa al regreso, cuando durante el viaje hacia Europa decide identificarse a través de su procedencia americana. El nombre de *Estudiante* que lleva en el palenque cubano, lo adquiere a través de los recuerdos o fantasías con los cuales intenta engrandecerse a los ojos de sus compañeros; parece claro que representa un deseo frustrado o a lo sumo una carrera no acabada y, en sentido más amplio, las ambiciones que una vez cruzado el océano pueden ser presentadas como experiencia real.

De manera análoga a lo que sucede en la literatura picaresca peninsular, a cada cambio de nombre corresponde un cambio en la indumentaria. La última transformación, la de *Juan de Amberes* en *Juan el Indiano*, tiene explícitamente el fin de engañar, pero, también en las anteriores, Juan había tenido en cuenta las necesidades cotidianas al presentarse, por ejemplo, como romero, aun después de abandonar toda intención devota. Vestuario y apodos se convierten de este modo en disfraces, elementos teatrales que sugieren categorías más que individualidad; el hecho de que el protagonista lleve uno de los nombres más comunes de la lengua española y lo califique a través de los papeles desarrollados anteriormente, hace que la identificación con el otro Juan, que le acompañará al final del relato, pueda interpretarse tanto en sentido simbólico (los dos Juanes tienen experiencias muy parecidas pero son dos individuos diferentes) como absoluto (los dos Juanes son la misma persona). La primera ha sido, según parece, la interpretación privilegiada por la crítica, y se basa, en definitiva, en elementos textuales precisos;[2] pero la coincidencia de los nombres y atributos relativos crea aquella sensación de ambigüedad que Todorov considera la primera condición de existencia de lo fantástico.[3]

En resumen, hay un Juan inicial, antes romero engañado por un indiano y luego indiano que engaña a un romero de nombre Juan; el lector se da cuenta de la posibilidad de que estos personajes sean de alguna manera uno el doble del otro, en formas que pueden ir de la intercambiabilidad de los papeles a la identificación de los sujetos a través de repeticiones textuales. Como ha sido demostrado (Magnarelli), la reconstrucción de las fechas relacionadas con los acontecimientos históricos citados indica que el viaje a América está como recortado fuera del tiempo, puesto que el momento en que Juan se desvía del

---

[2] En particular, se trata de los pasajes repetidos en el texto, que se refieren antes al primero y luego al segundo de los Juanes, y que, cotejados, revelan pocas pero significativas variaciones. Dejando de lado el efecto de *déjà vu* que producen, su lectura comparada permite detectar, en un primer nivel, las diferencias entre las experiencias parecidas de los personajes; hay que notar, sin embargo, que según el riguroso estudio estructural de Benítez Rojo que citamos más adelante, su paralelismo adquiere un significado de construcción polifónica que no excluye la posibilidad de identificación de los dos personajes.

[3] Todorov. A propósito de la elección del nombre, conviene recordar que en *La música en Cuba* (1946) Carpentier cita un tal Juan de Amberes que en 1557 tocaba el tambor cuando había un navío a la vista. Por otro lado, existe también en la literatura española de la época en que se coloca la historia narrada, un personaje llamado *Juan de Voto a Dios*, peregrino que va o finge ir a Santiago, de orígenes no muy claros y que parece tener alguna relación con el tipo tradicional del judío errante; véase por ejemplo, al respecto, la definición del nombre Juan en el *Tesoro de la lengua castellana o española* (1611) de Sebastián de Covarrubias Horozco, y la introducción de Fernando García Salinero a *Viaje de Turquía*, 31.

camino original (capítulo 4) y el de su vuelta al mismo lugar, Burgos (capítulo 10), prácticamente coinciden. La importancia de ello para colocar este relato en el ámbito de la narrativa fantástica resulta evidente, puesto que se comprueba de manera inequívoca una transgresión en la dirección lineal del tiempo.[4] Ahora bien, si los dos Juanes son la misma persona, "El camino de Santiago" debe ser estudiado como un relato fantástico narrado en las formas de la tradición picaresca; el desdoblamiento del personaje señala además que los problemas relacionados con la identidad son fundamentales en el relato.

Un ulterior paso adelante ha sido dado por Antonio Benítez Rojo en su análisis estructural de este relato en relación con el *Canon perpetuus* de J. S. Bach, que ha permitido abordar bajo una nueva perspectiva el problema de su organización temporal, espacial y narrativa. A fin de hacer más comprensibles los aspectos estructurales en los que me detendré a continuación, doy un resumen por capítulos de *El camino de Santiago*:

1. Amberes, primavera de 1568. Juan observa la mercancía exótica traída por un barco.
2. Juan, enfermo, ve en sueños la Vía Láctea (el Camino de Santiago).
3. Ya sano, Juan parte para Santiago. En Bayona, su fervor religioso empieza a vacilar.
4. Llega a Burgos (inicios de otoño de 1568). Un indiano lo convence de ir a América.
5. Juan va a Sevilla y se embarca. No obtiene el permiso de ir a México, y se queda en Cuba.
6. Vive pobremente en La Habana. Acuchilla a un hombre y huye. Es capturado por dos hombres.
7. Vive en un palenque con personas de varias razas y religiones.
8. Juan, enfermo, ve en sueños la catedral de Santiago en la que no puede entrar y la Vía Láctea.
9. Parte para España con un negro, un calvinista y un judío; estos últimos son prendidos por herejes.
10. Burgos 1568, inicios de otoño. Juan induce a un romero llamado Juan a ir a América.
11. Sevilla. Los dos Juanes se preparan a partir con la aprobación del mismo Santiago.

Desde el punto de vista del desarrollo temporal, Magnarelli subraya la estructura circular que se afirma a partir del capítulo 4, así como los paralelismos entre capítulos parecidos (4 y 10, 5 y 11), y pone esta estructura circular en relación con la visión cíclica que aflora en muchos lugares de la obra de Carpentier, atribuyéndole un significado de búsqueda del paraíso terrenal. Benítez Rojo, que se basa explícitamente en los datos temporales aportados

---

[4] Sobre la transgresión como elemento fundamental para definir lo fantástico, véase Campra, "Il fantastico".

por Magnarelli, señala otras correspondencias entre los capítulos, agregando que éstas tienen su origen en la voluntad del autor de ajustarse a la forma musical del canon a dos voces, cuya estructura es perpetua, y por lo tanto circular. La correspondencia entre los capítulos, que en esta interpretación tiene el significado de presencia de la segunda voz, o copia, es la siguiente: 1 y 7 (las luchas de religión del primer capítulo constituyen el trasfondo del séptimo); 2 y 8 (las enfermedades y los sueños son paralelos); 3 y 9 (los viajes a Santiago son paralelos, como la progresiva mengua del celo religioso); 4 y 10 (los encuentros en el mesón de Burgos son paralelos); 5 y 11 (se narran los preliminares del viaje al nuevo mundo). Los esquemas propuestos por Magnarelli y Benítez Rojo, pues, son circulares y concuerdan en observar que el viaje a América está fuera del tiempo, y que las escenas del encuentro en el mesón narradas en el cuarto y décimo capítulos se realizan en tiempos muy cercanos. Benítez Rojo, además, cree posible que puedan haber ocurrido el mismo día, puesto que Juan, rompiendo su voto, ha salido del flujo normal del tiempo y ha entrado en una dimensión temporal diferente, cíclica, perpetua.

En este punto, extraña que Benítez Rojo haya omitido dar el paso siguiente, es decir, aceptar que los dos encuentros en el mesón, que tienen el mismo desarrollo, los mismos personajes, las mismas circunstancias de lugar y tiempo, puedan ser dos narraciones distintas, desde dos puntos de vista diferentes, de una escena única. El cambio de punto de vista, a partir de la focalización centrada antes en el romero (capítulo 4) y después en el indiano (capítulo 10), puede por sí sola explicar las diferencias entre los dos pasajes parecidos analizadas por Benítez Rojo y que él atribuye al paso del tiempo. En esta hipótesis, en la escena del encuentro en el mesón, el protagonista coincide antes con el romero persuadido a cambiar de ruta (capítulo 4), y reaparece luego (capítulo 10) en el papel del indiano que empuja al otro a emprender la aventura americana. Los dos personajes vienen a ser dos caras, dos superficies opuestas y *contemporáneas* del mismo individuo. En el mesón hay un solo encuentro, en el cual Juan aparece en los dos papeles distintos, antes y después de la experiencia atemporal americana que ha transformado profundamente su esencia de hombre europeo; el relato no es sino la descripción de cómo, volviendo al punto de partida del círculo atemporal, el Juan europeo se ha encontrado en la otra cara de un recorrido tipológicamente parecido a una cinta de Moebius,[5] convirtiéndose, como Juan el Indiano, en su revés complementario.

---

[5] Campra (*La realtà*) utiliza este modelo tipológico en el análisis de unos cuentos de Cortázar. La cinta o anillo de Moebius es una lista de superficie plana curvada y unida por los dos extremos, tras darle una media torsión. El aro formado de esta manera posee la propiedad de permitir el pasaje de una a otra superficie sin pasar por el borde o perforar la superficie misma, cosa imposible de obtener en las superficies normales de dos caras (biláteras).

Por lo que se refiere a la correspondencia entre capítulos, tan rigurosamente establecida por Benítez Rojo, dejando de lado el problema del respeto de la forma musical en que se basa la estructura, cabe preguntarse: ¿por qué al sexto capítulo no le corresponde ningún otro? ¿Es acaso aquí donde se realiza la sustitución del primer Juan, el Europeo, por el otro, el Indiano? ¿Es aquí, en otras palabras, donde se hace patente la torsión del anillo de Moebius? No parece una casualidad que se trate del capítulo que substituye a las esperanzas construidas en los capítulos anteriores la experiencia americana de Juan. El relato mismo, en su conjunto, se propone como una reflexión sobre los mecanismos de creación de un imaginario europeo relativo a América que, en la concepción de Carpentier, antes que revelar la realidad, la oculta; el recorrido de Juan es un viaje hacia la construcción progresiva de la imagen del nuevo mundo en Europa.

En los capítulos 1 a 5 aparecen los elementos que constituyen progresivamente la percepción de América del Juan europeo. El título, polisémico, reúne todos los temas del relato: como nombre de constelación, alude a la transcendencia; como itinerario, a la cultura católica medieval; por la dirección a la que apunta la Vía Láctea, al viaje hacia el Oeste; como nombre del santo invocado por los conquistadores en el combate, a la conquista militar y religiosa de América; a través del antiguo nombre oficial de la isla, a Santiago de Cuba y a Cuba misma.[6] También el barco del primer capítulo se presenta con connotaciones opuestas, negativas las relacionadas con la dificultad del viaje y las plagas de la época, y positivas las que aluden a las Indias Orientales.[7] Con desenfado, el narrador introduce en el discurso también las sirenas –otro elemento que forma parte del imaginario relativo al Oriente y que Colón menciona en su *Diario del primer viaje* (111)– demostrando de forma indirecta que el barco simboliza precisamente las expectativas del primer viaje a Oriente por vía occidental. Las mismas expectativas opuestas son también evocadas en los poemas que Juan escucha en Burgos (capítulo 4), cantados por un ciego, que al final resulta ser el mismo Belcebú: el primero de ellos relativo a los monstruos y el segundo a la visión fabulosa de las tierras de ultramar. El indiano agrega una serie de elementos heterogéneos, que mezclan verdad y leyenda, exageración y patrañas, sagas medievales y minas del Perú.[8] Poco después, las modificaciones del tejido social español y las noticias que llegan a los oídos de

---

[6] Magnarelli relaciona estos significados, sustancialmente, con la dicotomía tierra/cielo, y por lo tanto con el viaje hacia las Indias/hacia la santidad, isotopía aplicable al relato en su conjunto.
[7] Nótese la heterogénea procedencia de las mercancías (orillas del Mediterráneo, Moscovia, India, Extremo Oriente…), presentadas todas como valiosas y de lujo.
[8] Sobre los mitos relacionados con el descubrimiento de Perú, véase Gerbi. Sobre la fuente de la eterna juventud y las amazonas, véase Gil.

Juan durante su recorrido de Ciudad Real a Sevilla (capítulo 5) representan un aspecto real de la situación histórica y preparan la comparación con la realidad cubana cuya dureza experimentará en La Habana y en el palenque.[9] Los americanismos también se oponen al léxico de la contrarreforma ("El Santo Oficio americano había optado, desde el comienzo, por calentar jícaras de chocolate en sus braseros, sin afanarse en establecer distingos de herejía pertinaz, negativa, diminuta, impenitente, perjura o alumbrada", 58), y la navegación presenta una serie de personajes cuyos nombres Magnarelli ha encontrado en documentos relativos a viajes al nuevo mundo realizados entre 1510 y 1535, es decir, en un período precedente al viaje del texto, cuya elección tiene el evidente fin de representar el universo variado (racial y religioso) de los viajeros.

Hemos formulado la hipótesis de que el 6 sea el capítulo donde se pueden encontrar los elementos que, sin interrumpir la continuidad de la cinta de Moebius, hacen patente la torsión. Éste es, en efecto, el único capítulo en el que está presente la realidad americana (en particular, la de Cuba; no olvidemos que Juan quería ir a México).[10] En efecto, antes de que empiece el capítulo, Juan, al divisar La Habana, "agarra los palillos y atruena el tambor con el compás de la marcha que llevaba su compañía, cuando entraba en Amberes a tomar cuarteles de invierno, para hacer la guerra a los herejes, enemigos de nuestra religión" (61). Pero en el siguiente (capítulo 7) "él, que ha visto enterrar mujeres vivas y quemar centenares de luteranos en Flandes, y hasta ayudó a arrimar la leña al brasero y empujar las hembras protestantes a la hoya, considera las cosas de distinta manera" (66). Paralelamente al cambio de focalización, de europea a americana, se realiza la inversión de referente de la deíxis correspondiente a la relación de Juan con los lugares: si al comenzar el capítulo 6 La Habana es *allí* (aunque Juan ya se encuentra en ella) y *allá* es la patria, pocos renglones más abajo se habla de "*este* infierno de San Cristóbal" (62); luego se dice que "*aquí* no puede hablarse de vino de Ciudad Real..." (63). Una última oscilación por un americanismo ("...que *allí* llaman tiburón", 63) y después otra vez, definitivamente, "*esta* tierra roñosa" (63). Las negaciones o la presencia de vocablos negativos parecen subrayar el hecho de que el cambio se da como consecuencia de desilusiones. En el capítulo siguiente la inversión se ha completado: *allá* es el viejo mundo; *aquí*, el palenque.

A partir de este punto, los elementos relativos a América se miden a través de la experiencia cubana. En el capítulo 6, la descripción de la realidad de la

---

[9] Recuérdese que, a partir de aquí, el tiempo cronológico se ha interrumpido y ha comenzado el ciclo atemporal que va a transformar al Juan europeo en indiano, por obra –según parece– de la experiencia. Han empezado, pues, unas transformaciones irreversibles, relacionadas –aunque todavía sólo desde lejos– con el nuevo mundo.

[10] La oposición Cuba/México aparece varias veces en este texto de Carpentier, que subraya a menudo el retraso de la isla en comparación con los territorios de la Nueva España.

isla en el siglo XVI, llena de americanismos, se centra en las riquezas naturales, la vegetación, lo concreto, que en un primer momento no parece llegar a la altura de las (falsas) esperanzas pero que resultará ser la contribución más durable. El palenque cubano descrito en el capítulo 7 representa la utopía, a través de la tolerancia religiosa que allí se logra y de la convivencia de razas que apunta a una futura sociedad multirracial americana.[11] Es en Cuba, evidentemente, donde se prepara el canje de roles entre los dos Juanes. En el capítulo 6, frente a la realidad decepcionante, "Juan de Amberes maldice al hideputa de indiano que le hiciera embarcar para esta tierra roñosa" (63), pero de vuelta a España, en el barco, "piensa, de pronto, que el haber estado allá, en las Indias, le hace indiano" (73). Y así como en Cuba se preciaba de un pasado europeo que no era el suyo, en Burgos da por verdaderas experiencias americanas que no ha tenido nunca. Ahora se presenta con la misma absurda compañía lucida por el indiano en el capítulo 4, como es el caso de los dos caimanes rellenos de paja comprados en Toledo, que da por traídos del Cuzco. Descubrimos –si ya no lo sospechábamos desde el capítulo 6, cuando un personaje se nos había presentado como "negro de mejillas tajaseadas a cuchillo" (65)– que su compañero es el mismo que había acompañado al indiano en el capítulo 4. Y el encuentro vuelve a producirse, con la misma lluvia, las mismas mentiras, los mismos actores; Juan no sabía, en Cuba, que se estaba maldiciendo a sí mismo. Es éste el núcleo significativo del relato, centrado en la circularidad de los mecanismos de creación del imaginario. A través de la apropiación deliberada de la experiencia americana se vuelve al capítulo 4, es decir, al comienzo del ciclo atemporal.

Queda abierto el problema del desenlace. En un artículo de Benítez Rojo publicado en *Granma* el 3 de enero de 1980 con el título "A propósito de los cuentos de Alejo Carpentier", se habla de la irreversible criollización de Juan. El mismo autor, en el estudio anteriormente comentado, afirma que, a semejanza de la forma musical imitada, el relato tiene dos finales: uno para indicar la continuación de la forma del canon, el otro debido a la necesidad de terminar la pieza. En rigor, la forma del canon exigiría la repetición cíclica de los capítulos 6, 7, 8, 9, 10 y 11, siendo necesario que cada nuevo Juan el Romero, una vez transformado en Indiano, dejara la escena, y que el relato no se volviera a ocupar de él. En cambio, en el esquema circular de Magnarelli Juan entra en el ciclo atemporal a partir del cuarto capítulo y nunca sale de él.[12] Existe un elemento que me parece decisivo en favor de esta última interpetación: la

---

[11] Benítez Rojo relaciona el palenque con la concepción de José Martí expresada en "Nuestra América" (1891) más que con las concepciones utópicas anteriores, debido, sobre todo, a la forma de tratar el tema racial.

[12] También la interpretación que relaciona a Juan con el mito de Sísifo subraya la imposibilidad de salir del ciclo; véase Verzasconi.

presencia del Indiano en el barco junto al Juan engañado. "Pero a punto apareció el Indiano de la feria de Burgos en el albergue de viajeros, para decirle que una vez cruzado el Mar Océano, podría reírse de los oficiales del Consejo, pasando a donde mejor le viniera en ganas, como hacían los más cazurros" (60). Se trata del único indicio de la presencia de ambos Juanes durante el primer viaje.[13]

Sin embargo, a la ciclicidad absoluta que la forma de canon, usada por el autor como estructura del relato, requiere, se opone la linealidad histórica que, una vez que la frase musical se ha repetido en *n* períodos, no puede sino seguir adelante; la afirmación de Benítez Rojo sobre la necesidad de una doble conclusión me parece necesaria. Creo que, a pesar del aspecto cíclico innegable, las transformaciones que Juan sufre entre uno y otro encuentro en el mesón son irreversibles, tanto por lo que se refiere a la conciencia del protagonista como en lo que atañe al horizonte cultural europeo, del que Juan es metáfora. Los elementos relativos a América, incluso presentan una irreversibilidad a partir del capítulo 5. Los dos Juanes que se preparan a partir juntos hacia el nuevo mundo representan la mezcla criolla de la raíz cultural europea con la realidad americana, y la conclusión del relato apunta a un futuro que ya no tiene, a partir de aquí, nada de cíclico.[14] Si las transformaciones de Juan son irreversibles, es porque ni él ni la historia pueden volver atrás, y la reconstruida identidad de Juan conservará para siempre, a la vez que el pasado europeo, un alma americana. Junto con la reconciliación de las dos raíces de Juan, el final, en que el Romero y el Indiano parten con la bendición del apóstol Santiago, propone la conciliación de las dos motivaciones, la ideal, representada por la Virgen, y la individual, representada por Belcebú, correspondientes a la dicotomía tierra/cielo que marca, a partir del título, el relato entero.

La irrupción de lo fantástico hace de este relato una novela picaresca de tipo no estrictamente canónico. En efecto, como *La ingeniosa Elena, Desordenada codicia* y *La Garduña de Sevilla*, por ejemplo, sólo comparte con el paradigmático *Guzmán de Alfarache* la historia de un personaje de bajo nivel social y baja moralidad, que no mejora al final de la novela. Por otra parte, en la picaresca clásica no faltan ejemplos de novelas fantásticas; en formas diferentes, lo son la primera continuación del *Lazarillo*, *El diablo Cojuelo*, el *Coloquio de los perros* y

---

[13] El pasaje puede interpretarse también como un recuerdo de palabras oídas en el mesón, pero la expresión *albergue de viajeros* se refiere probablemente a la zona cubierta del barco a ellos destinada. Según el *Diccionario de Autoridades*, albergue es "el lugar donde la gente puede recogerse, ò se recoge para descanso, abrigo, comodidad, ò resguardo de sus personas; y assí se da indiferentemente este nombre à la casa, à la posada, ò venta, à la choza, ò cabaña, concavidad, ò cubierto donde los hombres, y tal vez los brutos se retiran para descansar, especialmente de los malos temporales".

[14] Acevedo observa que este relato pertenece al período antecedente a la Revolución Cubana, cuando el autor tenía todavía una concepción cíclica de la historia.

–por su marco que corresponde a las distintas reencarnaciones de un alma– la *Vida de don Gregorio Guadaña.* También el desdoblamiento del papel protagónico tiene un antecedente en varios textos de la picaresca cervantina, como las novelas ejemplares *La ilustre fregona, Coloquio de los perros* y *Rinconete y Cortadillo,* donde, al igual que en el relato de Carpentier, falta la narración en primera persona. Las ambientaciones de "El camino de Santiago", además, son típicas del género picaresco peninsular. La alusión a las barajas que abre el relato (Juan ha ganado al juego uno de los tambores que lleva), las posadas y mesones, una "moza fregona" menos ilustre que la de Cervantes, los soldados, las coplas que hablan de "virgos cosidos, pegadoras de cuernos y alcahuetas" (46), los actores, los trucos para comer, los pequeños hurtos, la cuchillada casual, la fuga de la justicia, los cambios de nombre y vestuario, la alusión a la compra de bulas papales, a los piojos, a la alimentación como marca religiosa... todo esto es material sacado de la misma tradición. Aparecen también personajes típicos de la picaresca, como el ciego y los vendedores de remedios milagrosos. Aun a nivel lingüístico existen contactos: aunque no se usa ninguna jerga típica del género, aflora a menudo un conceptismo barroco que recuerda a Quevedo.[15]

Como es obvio, una lectura picaresca del texto no agota sus posibilidades de interpretación. Relato a la vez histórico y fantástico, "El camino de Santiago" tiene como asunto central la formación de una identidad a través de una iniciación. Y de la novela de iniciación tiene todos los elementos. Al respecto, conviene recordar que la crítica, en particular en el ámbito anglosajón, ha utilizado esta categoría sin darle una definición rigurosa, como señalan Paola Cabibbo y Annalisa Goldoni en "Per una tipologia del romanzo d'iniziazione".[16] En este ensayo las autoras proponen limitar el uso de la expresión "novela de iniciación" a casos en que se puedan identificar a lo largo del texto ciertos elementos específicos, derivados de la antropología: el viaje de un espacio de origen a un espacio otro, el umbral, el tiempo que deja de ser lineal, la aventura –precedida por un llamado a la aventura y acompañada a menudo por dones mágicos, integrada por las pruebas que culminan en la prueba suprema y la metamorfosis, terminada con la muerte-resurrección–, el resultado que puede transformar el *self* o el *status,* o los dos a la vez. Pues bien, estos elementos son todos fácilmente identificables en "El camino de Santiago".

El elemento fundamental de toda iniciación es el desplazamiento o viaje desde un espacio de origen (que en este caso es evidentemente el espacio europeo) a un espacio otro, que en este caso es el Nuevo Mundo, y en concreto

---

[15] Un ejemplo: "...las mentiras de los frailes que llevan las indias a sus chozas para adoctrinarlas de tal suerte que a los nueve meses devuelven el Páter por la boca del Diablo" (cap. 7).

[16] Para una visión detallada del problema remito a ese estudio, donde se encuentran también las referencias a los usos de la categoría en la crítica anterior.

Cuba. El umbral, lugar en que se realiza el cambio del tiempo lineal al cíclico, es el mesón, a partir del cual se desarrolla el itinerario circular en un no-tiempo que también caracteriza a muchas iniciaciones. En efecto, el espacio, todavía europeo, que va de Burgos a Sevilla, es asimilado en parte al americano, puesto que parece proyectado hacia éste. Otro umbral, frontera entre los dos mundos, es el océano. Los dos ámbitos se oponen tanto desde el punto de vista físico como cultural; el espacio otro, como es de esperar, posee las características de extraordinario y aislado; es descrito a través de la técnica del extrañamiento, y por lo tanto parece raro, maravilloso, fantástico. Más allá de lo que pueda tener origen en su experiencia directa, el autor recurre sobre todo a una reelaboración consciente de los datos de las crónicas, a menudo modificados, como en el caso de las descripciones de la vegetación.

Por lo que se refiere al tiempo, la oposición entre espacios corresponde a una oposición entre el tiempo lineal, progresivo, y el tiempo de la iniciación, circular, extraordinario; las fechas establecidas por Magnarelli y Benítez Rojo subrayan precisamente este aspecto, y también *Los pasos perdidos* presenta de modo manifiesto un recorrido de iniciación. Dado que, además, incluso cuando se realiza en grupo, la iniciación es fundamentalmente una experiencia individual, es necesario postular las individualidades separadas de los dos Juanes y la salida de cada uno, al final del ciclo, del tiempo circular. No queda claro qué pasa con Juan el Indiano después de terminado el ciclo. ¿Se vuelve iniciador? ¿La transformación del *self*, que es la conclusión lógica de la iniciación, lo ha convertido en americano, y decide volver a América? Pero en este caso, ¿en qué tipo de tiempo se hallará?

La aventura no parece acompañada, en este caso, por los acostumbrados dones mágicos de muchas iniciaciones. Juan, al atravesar el umbral, cambia de vestuario y no se lleva al nuevo mundo sino uno de sus tambores. Su función, más que de elemento útil en la iniciación, parece ser la de permitir la comparación entre la cultura musical europea y la africana, ya que también los negros tocan –y de manera muy diferente– los instrumentos de percusión. Sin embargo, el relato no desarrolla el tema de la incorporación de la música afroamericana en el patrimonio cultural europeo, que será abordado, años después, en *Concierto barroco*.

La función de llamado a la aventura, a menudo representado por un sonido, la desarrolla en este relato el romance de Jauja, cantado –y es significativo– por Belcebú, quien adquiere el papel de gran sacerdote; esto debería connotar la iniciación como diabólica, pero al final Santiago mismo aclara que se debe considerar al Tentador, de hecho, como un emisario suyo, puesto que utiliza las pulsiones individuales en el interés de una obra que beneficiará a la cristiandad y a la incorporación de América en la cultura occidental. Santiago habla explícitamente de fundación de ciudades, y esto se relaciona con la elección de Jácome de Castillejo como compañero de viaje de Juan.

La separación del ambiente de origen que sigue al llamado corresponde al viaje a través del océano, umbral secundario de la experiencia de iniciación y primario de separación entre los espacios. El viaje se realiza en barco, elemento que desde el principio ha sido connotado como insalubre. El largo recorrido en barco es, por lo tanto, un elemento caracterizador, de alguna manera una prueba ascética, parecida a los ayunos preliminares a la experiencia mística. Sin embargo, me parece poder reconocer tan sólo una verdadera prueba, la prueba suprema, en la fuga del palenque, casi un descenso al infierno con valor de muerte ritual, del que Juan sale antes por un sueño y después con el auxilio de ayudantes. El sueño del palenque, como el de Amberes, constituye un motor importante de la acción, creando la necesidad de ella y preparando la conciencia al paso siguiente. Naturalmente, es necesario que llegue un barco –traído por las tempestades– para que pueda darse el regreso, es decir, la resurrección, que concluye la iniciación con el retorno a La Habana. Así, Juan puede salir del espacio-tiempo alterado cruzando otra vez el océano, hasta volver a Burgos, para ser devuelto a la historia, transformado ya en motor de ella. El resultado desemboca, como en las iniciaciones de la antropología, en una transformación del *self*, que coincide con una transformación de *status*, de europeo a criollo y de iniciando a iniciador.

Sin embargo, la interpretación de este texto como relato de iniciación parece limitarse al nivel formal, por la inseguridad que tenemos respecto a la individualidad de Juan. Creo que debemos considerarla, sobre todo, como una manera de enunciación, al igual que la forma de novela picaresca analizada en la primera parte de este estudio. En efecto, si Juan es el hombre europeo en sentido absoluto, es la cultura europea –no un mero individuo perteneciente a ella– la que sigue enriqueciéndose en ciclos continuos de iniciaciones sucesivas, protagonizados por individuos-símbolo. Si un romero sigue por infinitos o indefinidos ciclos viajando a Indias con un indiano agente de Belcebú, juntando contrarios en una empresa de alcance universal, si se dan tales prodigios que tienen, después, su resultado en una historia que avanza, entonces la estructura musical, la naturaleza de relato fantástico, la inscripción en la doble línea de la novela picaresca y de la novela de iniciación son, en última instancia, expresión de un conflicto que el autor, en 1958 –en vísperas de la revolución cubana que cambiará su concepción de la historia– todavía considera no resuelto.

Bibliografía

I. Primaria

Carpentier, Alejo. *Ensayos*. La Habana: Letras Cubanas, 1984.

_____ *Guerra del tiempo, El acoso y otros relatos. Obras completas*. Tomo III. México: Siglo XXI, 1983.

II. Secundaria

Acevedo, Federico. "Estructura temporal e historia en Alejo Carpentier". *Sin Nombre*. San Juan, XII (julio-septiembre 1981).

Benítez Rojo, Antonio. "A propósito de los cuentos de Alejo Carpentier". *Granma* (3 enero 1980).

_____ "'El camino de Santiago', de Alejo Carpentier, y el *Canon perpetuus*, de Juan Sebastián Bach: paralelismo estructural". *Revista Iberoamericana* 123-124 (abril-septiembre 1983): 293-322.

Cabibbo, Paola y Analisa Goldoni. "Per una tipologia del romanzo d'iniziazione". *Sigfrido nel Nuovo Mondo. Studi sulla narrativa d'iniziazione*. Paola Cabibbo, ed. Roma: La Goliardica, 1983.

Campra, Rosalba. "Il fantastico: una isotopia della trasgressione". *Strumenti Critici* 45/2 (1981): 199-231.

_____ *La realtà e il suo anagramma. Il modello narrativo nei racconti di Julio Cortázar*. Pisa: Giardini, 1978.

Colón, Cristóbal. *Textos y documentos completos*. Consuelo Varela, ed. Madrid: Alianza, 1989.

Gerbi, Antonello. *Il mito del Perù*. Milán: Angeli, 1988.

Gil, Juan. *Mitos y utopías del descubrimiento*. Madrid: Alianza, 1989.

Magnarelli, Sharon. "'El camino de Santiago' de Alejo Carpentier y la picaresca". *Revista Iberoamericana* XL/86 (enero-marzo 1974): 65-86.

Mocega-González, Esther P. *La narrativa de Alejo Carpentier: el concepto del tiempo como tema fundamental (ensayo de interpretación y análisis)*. Nueva York: Eliseo Torres & Sons, 1975.

Todorov, Tzvetan. *Introduction à la littérature fantastique*. París: Seuil, 1970.

Verzasconi, Ray. "Juan and Sisyphus in Carpentier's 'El camino de Santiago'". *Hispania* 48/1 (1965).

El surrealismo, lo real maravilloso y el vodú en la encrucijada del Caribe*

Irlemar Chiampi

La aparición de la novela *El reino de este mundo* (1949) –con su famoso "Prólogo"– representó en las letras latinoamericanas un momento singular como proceso transcultural. Cuando Alejo Carpentier formuló allí el concepto de lo real maravilloso americano y lo ilustró con los hechos y los personajes de su relato sobre la historia de Haití, se produjo un cruce espléndido de la teoría de lo *merveilleux* surrealista con los valores simbólicos de lo maravilloso popular en las religiones afroamericanas del Caribe.

Podemos decir que lo *merveilleux* logró alcanzar con lo real maravilloso la mejor síntesis perseguida por los surrealistas, desde que Breton lo anunciara en sus *Manifiestos* como el punto imaginario en el cual se anularían las contradicciones. Para entender, sin embargo, cómo ocurrió el tránsito de la propuesta experimental de los surrealistas hacia lo real maravilloso, que reivindica la experiencia histórica y antropológica de la cultura latinoamericana, cabe rescatar la figura del mediador cultural, el médico francés Pierre Mabille

---

* La primera versión de este estudio fue publicada con el título "Alejo Carpentier y el surrealismo" (*Revista de la Universidad de México* 5 [sept. 1981]: 2-10). Otra versión, en japonés, formó parte del volumen editado por Masao Suzuki, *Décomposer la culture par la imagination. Le surréalisme et la pensée anthropologique* (Kioto: Jinbun Shoin, 2000, 396-413). La presente versión confirma el análisis textual comparado entre los textos de Carpentier y Mabille, pero es ampliado y modificado, gracias a los nuevos datos obtenidos en dos estudios fundamentales: el de Mareia Quintero Rivera, sobre las múltiples huellas del afroantillanismo en la obra musical de Carpentier; y la biobibliografía de Mabille hecha por Remy Laville. Agradezco al amigo Pierre Rivas, quien me hizo llegar a las manos este libro.

(1904-1952). Su fecunda amistad con el novelista cubano, su contacto directo con el *ñañiguismo* de Cuba y, principalmente, con el vodú de Haití, así como las notables proyecciones de su teoría sobre lo *merveilleux* en la formulación que el novelista cubano daría a su versión americanista de lo maravilloso, permiten explicar cómo el realismo maravilloso de los cincuenta y sesenta se formó como producto transcultural ideoestético específico de América Latina, y se sostuvo en las conexiones entre la búsqueda surrealista de lo *merveilleux* y lo maravilloso popular de los negros caribeños.

Figura marginal del movimiento surrealista, médico y amigo de Breton, Mabille se refugió en las Antillas durante la segunda guerra mundial, llevando en su equipaje dos libros fundamentales: *Le miroir du merveill*eux (1940) y *Egrégores ou la vie des civilisations* (1938). En el primero –una antología y teoría de lo maravilloso como fenómeno antropológico–, desarrolló una teoría poética que restituía el concepto a sus raíces en las diversas culturas tradicionales, bajo la forma de la magia y de otras prácticas religiosas que niegan la separación entre lo natural y lo sobrenatural. En *Egrégores*, un tratado de morfología social, propuso una teoría histórica de las civilizaciones como organismos biológicos, para hacer la crítica de la modernidad y de las causas de la decadencia de occidente, de modo diverso al que propugnara Spengler. En Mabille, el fin de la civilización cristiana europea se presta a augurar el nacimiento de una nueva civilización, el "alba nueva" de la humanidad en América.[1]

Las teorías poética e histórica de estos dos libros son hoy imprescindibles para comprender la evolución del espíritu surrealista y la dimensión que el nuevo mundo asumió en el contexto de la modernidad europea, hacia el término de la segunda época del movimiento.[2] El análisis comparado de las reflexiones de Mabille y la teoría americanista de Carpentier mostrará cómo los dos mediadores culturales procesaron un fecundo intercambio, cruzando fronteras

---

[1] Pierre Mabille. *Egrégores ou la vie des civilisations*; *Le miroir du merveilleux*. Consta la noticia por Wifredo Lam de una traducción por Lydia Cabrera, jamás ubicada. Utilizaremos aquí la primera edición de *Egrégores* y la segunda de *Le miroir*, con las siglas EG y MM, respectivamente. La bibliografía de Mabille incluye alrededor de doscientos títulos. Entre los que interesan como teoría cultural o tocan temas relacionados con América Latina, cito, entre otros, *La construction de l'homme*;. *Le merveilleux*; *Initiation à la conaissance de l'homme*. Entre 1934 y 1939, Mabille publicó artículos en *Minotaure*; entre 1942 y 44 en *VVV*; y en *Neon* en 1948. Véanse los artículos aparecidos en *Cuadernos Americanos*. Sobre Wifredo Lam véase "La jungle".

[2] Las épocas del movimiento surrealista pueden delimitarse de acuerdo con la aparición de los *Manifestes* de Breton: 1924-1931; 1931-1942; 1942-1954. Véase Durozoi y Lecherbonnier. O, como prefiere Chénieux-Gendron, las épocas pueden delimitarse según las teorías puestas en práctica por el movimiento: 1919-1932: el automatismo y teoría de la imagen; años treinta: "el azar objetivo" y el humor negro; fin de los años cuarenta: el descubrimiento de los mitos (45-6).

para entender y traducir la otredad afroamericana y el paradigma cognitivo aportado por los ritos voduescos.

Teniendo en cuenta que la teoría de lo real maravilloso americano en Carpentier desemboca en una concepción de la historia de América, mi exposición invertirá el orden cronológico de las tesis mabilleanas: empezaré por la teoría poética de *Le miroir*, para luego examinar la teoría histórica de *Egrégores*, estrategia que me permitirá señalar los fundamentos etnoantropológicos del *merveilleux* / maravilloso.

El espejo de la iniciación

En el reverente prefacio a *Le miroir du merveilleux* (significativamente titulado "Pont-levis"-"puente levadizo"), observa Breton que Mabille se mueve "entre el pensamiento discursivo basado en conocimientos sólidos y el gusto por escrutar en profundidad" (MM, 10). La estrategia del autor es, de hecho, equilibrar una vasta erudición (situada en los dominios de las filosofías herméticas, el psicoanálisis, la antropología, el ocultismo y el folclor) y una estimulante conjetura para promover una lectura doblemente iniciática de su libro. En una acepción religiosa, esa lectura se cumple en el itinerario antológico de la segunda parte del volumen (MM, 72-332), que presenta una colección de textos de varias tradiciones culturales y épocas, comentados y organizados según los motivos permanentes de lo maravilloso: la creación y la destrucción del mundo, el viaje a través de los elementos y de la muerte, el viaje maravilloso, la predestinación, la busca del Graal. Este itinerario –que el autor no pretende enciclopédico– ambiciona, sin embargo, mucho más: pretende orientar al lector en la aventura de acceso al lenguaje simbólico, que desde remotas edades hasta el presente ha expresado la inquietud del hombre ante el enigma del universo. El ordenamiento de los motivos funciona, así, como un periplo iniciático de sucesivas "pruebas" para el lector neófito. Ello explica la enigmática metáfora del "castillo" (lugar del saber oculto), con que Mabille presenta el contenido de su libro (MM, 17-19) y que Breton desplaza al propio texto que presenta anunciando un "puente levadizo". La otra forma de lectura iniciática se realiza en el plano teórico, en la primera parte del volumen (MM, 17-71), donde Mabille ofrece la instrumentación conceptual para atravesar las murallas de los conocimientos mágicos de la segunda parte.

Una de las claves que permite avanzar por el umbral del "castillo" es la discusión sobre el sentido etimológico del vocablo "maravilloso":

> "maravilla" deriva de "mirabilia", que al mismo tiempo deriva de "miror". "Cosas susceptibles o dignas de ser miradas". Podríamos saltar el escalón del latín y buscar el origen de la raíz "mir" en el sánscrito, pero no iremos tan lejos. La etimología oficial parece verdadera aun cuando nos sorprenda que "admirable" haya llegado sin deformación, mientras que "maravilla" sufrió

> tantas transformaciones. Sin duda, en ambos casos el trayecto ha sido diferente: la diversidad de pueblos y de categorías sociales han influido. En cualquier caso, alrededor de la raíz "miror" ha prosperado una familia bien singular: "mirar, mirarse, admirar, admirable, maravilla y sus derivados milagro, *mirage* (espejismo), en fin, *miroir* (espejo). Al buscar la definición de lo maravilloso, henos aquí dispuestos ante el espejo, el más banal y extraordinario de los instrumentos mágicos. (MM, 22)

La asociación *miroir-merveilleux* no es aquí un mero hallazgo filológico. Para Mabille, el espejo es un instrumento mágico porque en su superficie bruñida el hombre descubre la posibilidad de superar la escisión entre materia y espíritu, de dudar del testimonio de los sentidos inmediatos, de las falsas certezas que la lógica propone. Lo maravilloso (lo extraordinario, lo que escapa al curso ordinario de las cosas) es la dimensión de fuerza o riqueza que puede ser mirada, vista a través de las ilusiones de los sentidos y las apariencias. El reflejo (la imagen invertida) niega la separación entre lo material y lo inmaterial y, por lo tanto, la irreductibilidad de los contrarios, para revelar así la esencial analogía que existe entre las representaciones mentales y los objetos, entre el hombre y el cosmos (*cf* MM, 22-23).

> Así, frente al espejo, somos llevados a interrogarnos sobre la naturaleza exacta de la realidad, sobre los lazos que unen las representaciones mentales a los objetos que las provocan [...] Más allá del encanto, de la curiosidad, de todas las emociones que nos producen las narraciones, los cuentos y las leyendas, más allá de la necesidad de distraerse, de olvidar, de buscar sensaciones agradables o aterradoras, la finalidad real del viaje maravilloso es, y ya estamos en condiciones de comprenderlo, la exploración total de la realidad universal. (MM, 24)[3]

Contrariamente, pues, a la concepción dualista del pensamiento moderno, Mabille invoca lo maravilloso como inmanencia de lo real a fin de acreditar su interpretación decididamente monista de los fenómenos del mundo.[4] No se trata tan sólo de rechazar la convención culturalizada de los contrarios (percepción e imaginación, naturaleza y sobrenaturaleza), sino de reivindicar la omnipresencia de lo maravilloso en el seno de la realidad: "lo maravilloso se encuentra en todas partes"; está "dentro y fuera del hombre", "entre las cosas y los seres" (MM, 30-32). Somos incapaces, agrega Mabille, de captar esa totalidad en la cual cada forma, por humilde que sea, refleja la estructura del cosmos, porque nuestros sentidos se encuentran "entorpecidos por los hábitos de la vida cotidiana" (MM, 30).

---

[3] Todorov, 62, cita el mismo pasaje y recomienda la lectura de *Le miroir* como un penetrante estudio de lo maravilloso como fenómeno antropológico.

[4] Sobre el monismo como "filosofía del surrealismo" véase Durozoi y Lecherbonnier, 84-7. Sobre la doctrina de la inmanencia para los surrealistas, véase: Alquié.

EL VIAJE MARAVILLOSO

El concepto de lo maravilloso en Mabille se inscribe, pues, primero en la etimología del vocablo, para luego asociarse a la tradición esotérica de la analogía cósmica y encarnarse en la flamante ideología surrealista del monismo universal, sin dejar de valerse del vocabulario psicologizante sobre los estados perceptivos. Tal concepto aparece abreviado en la definición que nos da Carpentier en su "Prólogo":

> lo maravilloso comienza a serlo de manera inequívoca cuando surge de una inesperada alteración de la realidad (el milagro), de una revelación privilegiada de la realidad, de una iluminación inhabitual o singularmente favorecedora de las inadvertidas riquezas de la realidad, de una ampliación de las escalas y categorías de la realidad, percibidas con particular intensidad en virtud de una exaltación del espíritu que lo conduce al modo de un "estado límite". (53)

Como Mabille, Carpentier nos habla del prodigio inmanente al mundo empírico y de la posibilidad de captarlo (revelarlo, iluminarlo) siempre que el sujeto se despoje de las constricciones de los sentidos inmediatos. El ideal del "voyage merveilleux / viaje maravilloso" se concentra en los adjetivos y adverbios (inesperada, privilegiada, inhabitual, singularmente favorecedora, inadvertidas, particulares) que aluden a la extraordinariedad del modo perceptivo, y que faculta, una vez alterado el sujeto, alcanzar una revelación o iluminación que amplía su conocimiento del mundo. En los sustantivos (alteración, revelación, iluminación, ampliación) se manifiesta, más precisamente, la noción mabilleana de la inmanencia de lo maravilloso (que se "descubre" al sujeto en virtud de la "exaltación del espíritu"). La noción mabilleana de la inmanencia de lo maravilloso se articula con sus recomendaciones para desencadenar tal percepción privilegiada, que incluye desde luego una exploración a través de los "états psychologiques limite" (estados psicológicos límites): "que pueden estar situados más acá de la conciencia, en el sueño, o más allá, en una lucidez hiperconciente suprarracional" (MM, 68). Nótese que Carpentier se refiere, igualmente, a un "estado-límite", aunque no precisa qué especie de actividad psíquica requiere el sujeto para "revelar" lo maravilloso. ¿Se logran esos estados límite con un ejercicio orientado? ¿Es una práctica onírica o es consciente? Si bien en el fragmento del "Prólogo" anteriormente citado el uso de ciertas palabras como milagro, revelación, iluminación, parecen recordar el sentido de la emoción auténtica (del creyente, digamos), sólo el contexto aclara las expresiones "estado límite" y "exaltación del espíritu", para situar los mecanismos de la liberación de los sentidos en el ámbito de la fe. Pero antes conviene seguir el razonamiento de Mabille sobre este tópico, puesto que convergirá, precisamente, hacia la valoración de la fe espontánea del creyente.

En sus abordajes iniciales de la liberación de los sentidos a fin de acceder a lo maravilloso, Mabille explica que los "troublants dépaysements" (desplazamientos perturbadores) pueden buscarse o provocarse dentro de ciertas condiciones. Liberar la verdadera emoción supone abdicar de la reflexión ("el plan sórdido del buen sentido y de la lógica"), cancelar la voluntad analítica para recobrar la gran síntesis de los mecanismos universales (MM, 33), suspender la censura voluntaria de la mala conciencia (MM, 34). La conquista de esa lucidez interior por la sensibilidad ensanchada puede lograrse por ciertas vías, como "ceremonias mágicas, ejercicios síquicos que conducen a la concentración y al éxtasis, liberación del automatismo mental, o aun la simulación de actitudes morbosas" (MM, 35).

Estas proposiciones comparten, obviamente, el amplio espectro de los estados impulsivos inquietantes o actividades psíquicas –que van desde el mero sueño y el delirio hasta los estados mediúmnicos e hipnóticos, la histeria y la locura– que proponían los surrealistas para lograr "la descente vertigineuse" (el descenso vertiginoso) o la "promenade en pleine zone interdite" (paseo en plena zona prohibida) que Breton propugnó (92).

Mabille corrobora aquí el principio surrealista de recuperación total de las fuerzas psíquicas y acredita el valor heurístico de los desórdenes sensoriales para acceder a la lucidez suprarracional. Su filiación a los postulados del movimiento se confirma aún más en su reconocimiento de las virtudes poéticas de las obras literarias y plásticas que materializan las imágenes de la clarividencia artificialmente obtenidas por vía de las alteraciones psíquicas (MM, 35). Las exploraciones surrealistas han tenido, según Mabille,

> el mérito de aclarar el problema de la inspiración, hasta entonces considerada un don divino, misterioso y personal. La utilización sistemática del sueño, de la escritura automática, el rechazo al control reflexivo, la abolición de baremos artísticos han permitido el encuentro con las fuentes de lo maravilloso. (MM, 53)

Lo maravilloso surrealista

Son precisamente estas fórmulas de "fabricación" de lo maravilloso el objeto de los contundentes ataques que Carpentier dirige en bloque al surrealismo y a toda la tradición literaria europea que habían inseminando el vanguardismo imaginístico del movimiento:

> Lo maravilloso buscado a través de los viejos clisés de la selva de Brocelianda, de los caballeros de la Mesa Redonda, del encantador Merlín y del ciclo de Arturo. Lo maravilloso, pobremente sugerido por los oficios y deformidades de los personajes, de feria [...]. Lo maravilloso obtenido con trucos de prestidigitación, reuniéndose objetos que para nada suelen encontrarse: la vieja y embustera historia del encuentro fortuito del paraguas y de la máquina

> de coser sobre una mesa de disección, generador de las cucharas de armiño, los caracoles en el taxi pluvioso, la cabeza de león en la pelvis de una viuda, de las exposiciones surrealistas. O, todavía, lo maravilloso literario: el rey de la Julieta de Sade, el supermacho de Jarry, el monje de Lewis, la utilería escalofriante de la novela negra inglesa: fantasmas, sacerdotes emparedados, licantropías, manos clavadas sobre la puerta de un castillo. (51-2)

La secuencia del "Prólogo" mostrará una virulencia creciente en los ataques a la imaginería surrealista (a la que se llegará a tachar de "taumaturgia burocrática"), especialmente a la del más reverenciado precursor del movimiento: el conde de Lautréamont. Hay reiteradas referencias despreciativas a los *Chants de Maldoror*, así como una visión irónica de la yuxtaposición de realidades distintas en "el encuentro fortuito...", en el fragmento arriba citado; en otros pasajes ridiculiza la codificación de lo fantástico del "burro devorado por un higo", o incluso la falsificación de los poderes proteicos de Maldoror.

Tal vez sean correctas ciertas deducciones que se han hecho sobre los móviles políticos que animaron la polémica de Carpentier con el surrealismo. Las referencias a Lautréamont contienen, para Emir Rodríguez Monegal, un ataque indirecto a Breton, hecho a través de la obra de su ídolo preferido. Carpentier, que en 1930 figuró entre los firmantes del ácido panfleto *Un cadavre* contra Breton, parece renovar en su "Prólogo" el ardor de la querella política y estética que culminó en la escisión del grupo surrealista.[5] El tono hiperbólico de algunas tiradas, la caricaturización de la imaginería del surrealismo, la estrategia de elegir a Lautréamont como "chivo expiatorio" de los excesos del vanguardismo, revelan el propósito de asegurar una posición cuestionadora frente al movimiento. Sobre este punto hay que admitir una divergencia entre Mabille y Carpentier. Lo que éste niega, aquél ensalza como productos válidos de las virtualidades expresivas en la poesía moderna. Donde uno sólo reconoce síntomas ineludibles del decadentismo europeo, el otro descubre la única forma posible de salvación del poeta en un mundo degradado (*cf.* MM, 66). Lo que para Carpentier es pobreza imaginativa es para Mabille la agónica búsqueda del poeta moderno de "orientar la necesidad de lo maravilloso para que se convierta en una conquista del hombre" (MM, 66).

Por más sinceros que sean los móviles políticos (implícitos) que estimularon estos criterios estéticos de Carpentier no se puede, sin embargo, comprobar en el núcleo argumentativo de su polémica con el surrealismo una discrepancia sustancial con los postulados de *Le miroir*. La divergencia señalada –situada en el plano de la mera apreciación de los productos poéticos del movimiento– se parece a la de los teólogos de Borges, pues, como veremos, abriga una

---

[5] Véase Müller-Bergh 13-38.

concordancia en lo esencial. Y es por cierto una "casi teología" lo que reencauza la argumentación de Carpentier en la galería de los espejos mabilleanos.

Lo maravilloso *vs.* lo fantástico: ¿fe o fantasía?

La acusación más vehemente que Carpentier esgrime contra la imaginación de los surrealistas es la ausencia de una fe auténtica para suscitar lo maravilloso. Para que el descreimiento no convierta el producto estético en una "artimaña literaria", propugna la creencia del sujeto como condición para percibir los prodigios inmanentes a seres y objetos reales:

> Para empezar, la sensación de lo maravilloso presupone una fe. Los que no creen en santos no pueden curarse con milagros de santos, ni los que no son Quijotes pueden meterse, en cuerpo, alma y bienes, en el mundo de Amadís de Gaula o Tirante el Blanco. Prodigiosamente fidedignas resultan ciertas frases de Rutilio en *Los trabajos de Persiles y Segismunda,* acerca de hombres transformados en lobos porque en tiempos de Cervantes se creía en gentes aquejadas de manía lupina. (53)

La secuencia de este planteamiento tratará, por un lado, de fijar la argumentación en torno a la idea de lo maravilloso naturalizado por la fe. Por otro, y complementariamente, servirá para ajustar una perspectiva antropológica para la tesis central del "Prólogo" (lo maravilloso existente en la realidad americana). Así, la referencia a la licantropía (que retoma la cita del epígrafe, extraída de *Los trabajos de Persiles y Segismunda*: "Lo que se ha de entender desto de convertirse en lobos es que hay una enfermedad a quien llaman los médicos manía lupina...") responde a ese doble propósito: señala el error frecuente de la óptica racionalista, que considera un fenómeno extraño como inverosímil o improbable, y afirma que la sobrenaturalidad es aparencial (hay una "manía lupina"); y, principalmente, sitúa lo maravilloso auténtico en la esfera de las creencias populares (hay gente que cree en las metamorfosis, luego la creencia traslada lo sobrenatural al mundo ordinario). La elección de la licantropía aquí no es, sin embargo, arbitraria. Más adelante, Carpentier vuelve a mencionarla para reintroducir el *Leitmotiv* de su "Prólogo", la crítica al artificialismo de las metamorfosis de Maldoror y oponer a éstas los poderes licantrópicos de Mackandal, *creídos* por los negros haitianos. Si se recuerda que la licantropía es un tema clásico de la ficción fantástica, esta referencia deja suponer una línea divisoria entre el relato fantástico y el realista maravilloso, entre el relato que instaura ("fabrica", diría Carpentier) lo sobrenatural para producir la duda y el miedo en el lector (v. g., el lobizón de la tradición fantástica) y el relato que busca naturalizar lo sobrenatural (v. g., la manía lupina asentida por el creyente o, como en *El reino de este mundo*, la fe popular de los negros que incorporan los poderes licantrópicos de Mackandal a su sistema empírico). Carpentier no se ocupa en el "Prólogo" (o en cualquier otro ensayo) de elaborar tal oposición; son sus textos de ficción los que la sostienen. Sin embargo, esa cuestión teórica se enclava allí, pues de otra forma no se justificarían ni los reproches a la tradición literaria europea de "fabricación de lo maravilloso" (léase: tradición europea de lo fantástico), ya mencionados aquí, ni el propósito de dar al "Prólogo" el tono de un manifiesto a favor de una literatura comprometida con los prodigios reales americanos.

Antes de examinar cómo Carpentier aplica la premisa de lo maravilloso naturalizado por la fe popular en el *corpus* cultural de América Latina, conviene retornar a *Le miroir* para observar cómo Mabille coincide con Carpentier al vincular la fe y lo maravilloso.

Ya hemos señalado que Mabille atribuye un valor heurístico a ciertas prácticas de liberación de los sentidos para acceder al reino de lo maravilloso y expresarlo en signos poéticos. Tal posición no le impide, sin embargo, reconocer que lo maravilloso auténtico sobrevive en el alma popular, en los impulsos místicos ("les élans du mysticisme"), en suma, en la fe espontánea de la colectividad. Refiriéndose a la sistematización doctrinal que la religión opera sobre los ritos y mitos primitivos, para asignarles un fin moral, dice Mabille: "Por otra parte lo maravilloso no implica tanto soluciones, como una voluntad constante de explorar el dominio de lo desconocido; el verdadero creyente pasa a ignorar lo desconocido desde el momento en que posee la fe" (MM, 49).

Carpentier dirá: "Para empezar, la sensación de lo maravilloso presupone una fe". El argumento central es, pues, el mismísimo en ambos: lo maravilloso o el milagro dejan de ser sobrenaturales cuando son vivenciados, esto es, naturalizados por la fe espontánea del creyente.

La valoración de la búsqueda artificial de lo maravilloso y a la par de la creencia espontánea no guarda aquí una contradicción cualquiera. Al contrario, hay una justa demarcación de los límites entre la actividad poética (que supone el desarrollo de las facultades oníricas e imaginativas, pero bajo el control de la razón) y la creencia espontánea –ésta descomprometida de los mecanismos racionales– y hasta de la(s) religión(es) que reduce(n) el campo de lo maravilloso al erigir sus dogmas y preceptos morales. Además, recordemos que si Mabille acredita los métodos surrealistas de inspiración, es porque destaca su poder de "unirse a las fuentes de lo maravilloso" (MM, 53). O sea, de retornar a las fuentes originales de la fe primitiva, de recuperar los impulsos pasionales reprimidos por la racionalidad. Más adelante agrega: "son los innovadores los que continúan la gran aventura. Al escuchar más atentamente el dictado de su conciencia, escuchan mejor la voz del universo y de ese modo pueden llegar a extender el dominio de lo maravilloso colectivo" (MM, 53). Al admitir esta función del poeta moderno, Mabille expresa una opinión crítica menos vulnerable, puesto que preserva las instancias (la popular, la culta) en que una cultura se manifiesta, sin desestimar su posible conciliación. En cuanto a las fuentes de lo maravilloso, Mabille señala a la cultura popular como *locus* privilegiado donde subsisten la fe primitiva y las expresiones más fidedignas de las inquietudes de la humanidad, como los mitos y las leyendas. Carpentier, como se sabe, confirmará integralmente esa tesis en su enaltecimiento de los mitos y leyendas americanos.

Lo maravilloso popular

Muchas y agudas observaciones de carácter antropológico y psicoanalítico nos ofrece Mabille en el largo apartado de su ensayo (MM, 37-69) dedicado al examen de los rasgos de lo maravilloso popular, a partir de sus investigaciones etnográficas. Me limitaré a los más relevantes para el presente tema.

La importancia que Mabille confiere a la fe para el conocimiento de lo maravilloso puede comprobarse en las dos vertientes correlativas en que avanza su reflexión. Una, que comentaremos más adelante, es la crítica a la modernidad desacralizada. La otra es la valoración del folclore como repertorio de representaciones del inconsciente colectivo. En los cuentos y leyendas señala la recurrencia de imágenes y motivos que, por debajo del contenido histórico, y a pesar de las variantes locales, expresan una profunda identidad: "Ellos expresan la historia real, la vida social tal y como ha existido, pero sobre todo reflejan las necesidades pasionales permanentes de la especie humana" (MM, 37).[6]

La comprobación del carácter transhistórico y transcultural de los motivos de lo maravilloso lo lleva a fundamentar su teoría poética en el vínculo inextricable de los relatos populares con los mitos religiosos. La tesis de Santyves (los relatos y tradiciones populares son ecos de ritos religiosos arcaicos que han perdido poco a poco su carácter sagrado), le sirve para corroborar sus indicaciones sobre las marcas indelebles del contenido mágico primigenio en los cuentos infantiles (*cf.* MM, 42-46). Examina, igualmente, el papel de la religiosidad primitiva en la permanencia de lo maravilloso; la supervivencia de preocupaciones rituales en juegos y costumbres; la significación hermética preservada en cuentos, a pesar de ser atenuada su gravedad iniciática; el rescate

---

[6] Las observaciones de Mabille sobre la relación mito/cuento, sobre el valor ontogenético de las cosmogonías narrativizadas y sobre la imaginación del niño (MM, 46-57) revelan una inteligente aplicación de la antropología de su época, el psicoanálisis freudiano y la psicología de Piaget. Más notables aún son sus análisis sobre la constancia de ciertos elementos del cuento maravilloso, sus variantes históricas y sus orígenes míticos-religiosos (MM, 39-41; 47-9; 54-5; 165), que confirman los estudios de V. Propp sobre el tema: *Morfología del cuento* y *Raíces históricas del cuento*, cuyas primeras ediciones en ruso son de 1928 y 1946, respectivamente.

de la dinámica simbólica arcaica incluso en mitos europeos recientes (MM, 47-51).

En el contexto de tal apreciación sobre la perennidad de la simbólica colectiva, Mabille no pierde ocasión para reprochar la explotación literaria individual de lo maravilloso popular: las reglas, las convenciones técnicas, los artificios formales y de estilo disminuyen el valor mágico, la fuerza emotiva original que autentifican las imágenes clave de las tradiciones primitivas (*cf.* MM, 51-52). "Al tomarlo del pueblo y transformarlo en obras individuales, lo maravilloso se debilita. La voluntad de los autores de alcanzar un elevado grado de perfección a través de las reglas convencionales de la expresión, disminuye la emoción y el verdadero misterio" (MM, 51).

Esta crítica que dirige a los poetas surrealistas y a la tradición europea de lo maravilloso tiene por objeto la literatura de expresión grandilocuente, de estilo noble y mayestático, de imágenes "bellas", "líricas" y "distinguidas" (*cf.* MM, 51-52). Mabille no menciona nombres, pero es obvio que, al referirse a los "abastecedores de museos", a los "guardianes de academia" (MM, 53), su blanco son los mismos literatos que sus contemporáneos surrealistas atacaban, por lo menos desde el panfleto colectivo *Un cadavre* (1924), dirigido contra Anatole France (y luego Barrés y Loti) (Nadeau 11-5).[7] Más interesante que esa distinción crítica entre lo tradicional y lo moderno –lo popular y lo artificial–, es la que, de paso, propone Mabille entre lo fantástico y lo maravilloso. En las primeras definiciones de la inmanencia de lo maravilloso dice refiriéndose al lector ávido por desvelar la realidad total de un universo incomprensible:

> Él [el espíritu] querría distinguir con exactitud lo maravilloso verdadero de lo fantástico, de lo extraño, de los espejeos ilusorios. Pero, la embriaguez del descubrimiento, el verdadero extrañamiento creado por la visión de horizontes ensanchados, se confunden fácilmente con las emociones de calidad inferior que los artificios literarios, las parodias culpables, pueden provocar. (MM, 21)

Esta línea divisoria –que ya vimos en el "Prólogo" de Carpentier– es retomada en un libro posterior, donde Mabille insiste: "No me cansaría de protestar contra la asimilación de lo maravilloso a la alegoría, a lo fantástico, a los fantasmas baratos" (*Le merveilleux* 71). La distinción entre fantástico y maravilloso –que Breton señaló como uno de los pilares teóricos de *Le miroir*[8]– es, sin duda, imprescindible para el concepto de lo maravilloso inmanente a la

---

[7] Suscriben el panfleto Ph. Soupault, Paul Éluard, Breton y Aragon.

[8] Breton apuntó esa distinción para la teoría poética de *Le miroir*: "Es que lo fantástico es casi siempre del orden de la ficción sin consecuencias, en tanto que lo maravilloso ilumina en el punto extremo del movimiento vital y compromete la afectividad entera" (Prefacio a MM, 16).

realidad (humana, cultural, cósmica) que propugna Mabille y que Carpentier reinterpretó como un privilegio exclusivo de América Latina.

Conviene pasar ahora a otra línea divisoria que permite determinar el foco originario (geográfico) de lo maravilloso.

Culturas primitivas *vs.* modernidad desacralizada

Cuando Carpentier enaltece en su "Prólogo" una serie de realidades americanas –las históricas y culturales, más que las naturales–, saturadas de magia y sortilegios, la lógica de la argumentación precedente, aumentada por el fervor entusiasta por nuestra singularidad, conquista inmediatamente nuestra adhesión. ¿Cómo no reconocer en el licantrópico Mackandal o en Bouckman, el jamaiquino ilustrado e iniciado en el vodú, el impulso de una fe auténtica capaz de promover el cambio de la historia? ¿Cómo no admitir que la historia de un continente que fragua un rey negro y afrancesado en pleno siglo XVIII, sólo puede constituir una "crónica de lo real maravilloso"? ¿Cómo negar que la sarta de buscadores de Eldorado se explica por el llamamiento visionario del nuevo mundo? Sobre todo, ¿cómo no atribuir a estos extraordinarios personajes, hechos y objetos culturales americanos una energía singular de que carecen los europeos?

Es fácil ver que para arribar a esta tesis americanista, el discurso persuasivo de Carpentier hace converger en un único par opositivo (América *vs.* Europa) toda la serie de oposiciones construida a lo largo de la argumentación (auténtico *vs.* artificial; fe *vs.* descreimiento; maravilloso *vs.* fantástico). Así, cuando Carpentier compara el folclore danzario europeo, que "ha perdido todo carácter mágico o invocatorio", al americano, que encierra "un hondo sentido ritual, creándose en torno a él todo un proceso inicíaco" (55), la oposición de los dos universos culturales trata de recubrir la polaridad sagrado-profano anunciada anteriormente en torno al tema de la fe.

Encontramos una oposición muy similar a ésta en *Le miroir*. Cuando Mabille señala la importancia de las tradiciones populares para apreciar la supervivencia de lo maravilloso confiesa: "Llevado por la realización de este trabajo a releer los textos más célebres de la civilización occidental, he constatado su pobreza, si comparados con las riquezas del folklore universal" (MM, 53). Estas riquezas se preservan, según el autor, tanto en las tribus salvajes como en los países situados en medio de esas grandes estructuras políticas y económicas que son las naciones modernas (MM, 38). En otro pasaje Mabille identifica esas regiones periféricas situadas al margen de la modernidad: "Pienso en Irlanda, en Bretaña, en la Selva Negra, en ciertas regiones de España" (MM, 50). La diferencia, explica, se debe al desarrollo histórico que tiende a la unificación y que implica, fundamentalmente, la profanación –en sentido literal, paso de lo sagrado a lo profano–, ley esencial de la historia, que marca la progresiva pérdida de la gravedad iniciática de los ritos primitivos (MM, 38 y 48).

Los textos citados en *Le miroir* (sobre todo en la segunda parte) confirman igualmente ese enfoque diferenciador entre las culturas modernas y primitivas, ampliando de modo considerable el área geográfica que constituye la periferia de la modernidad. Textos anónimos oceánicos, africanos, asiáticos, islandeses, de la América negra y de la América precolombina sobrepasan, en número y variedad de motivos de lo maravilloso, a los textos elegidos entre los escritores europeos.

Las elecciones de Mabille dentro del repertorio americano se reportan al vodú haitiano y a las cosmogonías mesoamericanas (MM, 47, 89-91, 101-2, 155-65, 185-90, 200-3), y muestran que, para él, las culturas negra y autóctonas de América encierran, entre otras, lo maravilloso. De la mitología del vodú parecen interesarle sobre todo la leyenda de los zombíes –los muertos-vivos condenados al trabajo esclavo eterno en las plantaciones– y los ritos de bautismo de sangre, ambos descritos por Seabrook en su libro *The Magic Island* (1929) (*cf* MM 101-2, 185-90). En cuanto a las cosmogonías mesoamericanas, su interés se concentra en los relatos del *Popol Vuh*, el texto sagrado de la civilización maya-quiché. Sus referencias recortan primero el mito de la creación del hombre, que lo entusiasma por narrar las varias tentativas por crear la humanidad, lo cual revela los fracasos y las vacilaciones de los dioses, como si fueran hombres de ciencia que interrogaran sobre las relaciones entre la forma y la vida (MM 47, 89-91). Pero más excitante aún le resultan los episodios de las luchas de los héroes civilizadores, los gemelos Hunahpú (divinidad solar, masculina) e Ixbalamqué (divinidad lunar, femenina) para vencer las fuerzas del mal, los Señores de Xibalbá. Mabille utiliza la traducción del abate Brasseur de 1861 y concentra sus citas en las terribles pruebas en las Mansiones Tenebrosas que los héroes vencen tras muchos martirios, y mediante el uso de las artes de la magia (MM, 155-65). En esas pruebas, Mabille no sólo indica la estructura narrativa del cuento maravilloso popular, sino también la presencia de las preocupaciones del inconsciente colectivo en el combate con los elementos.

Pero esta visión, limitada al universo autóctono americano, habría de expandirse en *Egrégores ou la vie des civilisations*, que examinaremos enseguida. Allí Mabille asigna a la América Latina (mestiza) un puesto de relieve en el contexto occidental. En todo caso, consideradas las formulaciones de *Le miroir* en paralelo con el "Prólogo", cabe señalar que Carpentier reduce, por un lado, el ámbito geográfico propuesto por Mabille, cuando privilegia a América como universo paradigmático de lo real maravilloso: "...es por la virginidad del paisaje, por la formación, por la ontología, por la presencia fáustica del indio y del negro, por la Revelación que constituyó su reciente descubrimiento, por los fecundos mestizajes que propició, que América está lejos aún de haber agotado su caudal de mitologías" (56).

Por otro lado, al invocar estos elementos históricos, sociales y naturales, Carpentier amplía el repertorio de rasgos prodigiosos que Mabille sólo encuentra en las mitologías afroamericana e indígena. En esta operación subyace, sin embargo, una cierta concepción de la historia, de la cual Mabille nos da una fecunda versión para el desarrollo de las ideologías sobre la utopía americana de los años de entreguerras.

AMÉRICA LATINA: EL *EGRÉGORES* DE LA POSMODERNIDAD

La diferencia entre las culturas periféricas y la cultura moderna se vincula, naturalmente, al gran tema de la decadencia europea. A este tema obsesivo del pensamiento histórico y filosófico del período de entreguerras (desde la aparición de *La decadencia de occidente* [1918-1922] de Oswald Spengler), Mabille contribuye, en *Egrégores ou la vie des civilisations* (1938), con una singular reflexión que incorpora elementos del discurso hermético para indagar sobre los mecanismos del cambio histórico. Y lo que es más estimulante para las expectativas latinoamericanas de entonces, el nuevo mundo es considerado como el embrión de un promisorio *egrégores* en la era posmoderna.[9]

Un *egrégores* –explica Mabille, utilizando el vocabulario de los herméticos– "es el grupo humano dotado de una personalidad diferente de aquélla de los individuos que lo forman" (EG, 29); el grupo se forma a partir de un choque emotivo intenso, de una acción energética poderosa. Las civilizaciones, o *egrégores* complejos, son agrupaciones humanas que se forman sobre la base de concepciones del hombre, de las relaciones sociales y la naturaleza que las organizan como sistemas coherentes de jerarquización de valores (EG, 36-7). Tras señalar la importancia de las ciencias secretas (en los sistemas numerológicos, escritural, de medidas del tiempo, espacio y materia) (EG, 39-41) en la vida de un *egrégores*, Mabille analiza su evolución, observando su

---

[9] Al señalar los vínculos de la teoría americanista de Carpentier con los postulados de Mabille en *Egrégores*, no pretendo negar el contenido spengleriano que ambos recogieron. González Echevarría (54-60; 122-6), discute las relaciones entre el ideario carpenteriano, la filosofía de Spengler y el surrealismo para concluir que la vocación universalista de este movimiento no ha podido proveer las bases para el "nuevo comienzo americano", a que aspiraba el escritor cubano hacia 1949. El pensamiento de Spengler, al contrario, propiciaba la noción de cultura, favorable al deseo de autonomía latinoamericana en occidente (véase sobre todo 56 y 59). Mis argumentos tratan más bien de explicar cómo lo real maravilloso americano, si admite un marco spengleriano, es incomprensible sin la mediación de la teoría surrealista mabilleana en la cual lo *merveilleux* y América Latina aparecen asociados para augurar el "el alba nueva" de occidente.

homología con los organismos vivos. La fe, la emoción, los impulsos pasionales de los comienzos marcan su nacimiento; en su madurez, éstos son desplazados por dogmas, hábitos y códigos morales, que disocian la vida colectiva y los mitos originales. Sobreviene la debilitación cuando nada expresa ya las necesidades vitales del hombre, y las crisis sucesivas y las guerras surgen como síntomas del inexorable deterioro (EG, 42-51).

Al exponer esta concepción vitalista de la historia, Mabille señala las continuidades y discontinuidades en el proceso (EG, 42-3), para insistir en su homología con los mecanismos cósmicos y naturales. Criticando la concepción materialista de la historia por atribuir un valor absoluto a los factores socioeconómicos (EG, 54), Mabille procede a demostrar que la periodicidad de las mutaciones históricas obedece a dos mecanismos asociados: el del espacio y el del tiempo, ambos regidos por el ritmo cósmico del sistema solar.[10] Según el mecanismo temporal hay una correspondencia entre la vitalidad de un *egrégores* y el tiempo que dura la precesión de los equinoccios (EG, 56). El mecanismo espacial actúa en la trayectoria geográfica de una civilización, que obedece a una orientación del este al oeste, de modo inverso al movimiento de la rotación terrestre (EG, 59). Aunque el flujo de las migraciones sea discontinuo (con expansiones y retracciones), el desplazamiento hacia el oeste es fatal: de Asia Central al Asia Menor, Europa y América, esta transferencia, en la que interviene la energía cósmica, marcará la completa destrucción de Europa dentro de un siglo (EG, 61).

Esta tesis sin duda le fascinó a Carpentier, pues él la recogió en uno de sus cuentos, *sub specie metaforica*. En el enigmático epílogo de "Viaje a la semilla" (1944), cuando alude al "alba americana" y a la muerte de Europa, dice: "Pero nadie prestaba atención al relato [sobre el ahogamiento de la Marquesa de Capellanías], porque el sol viajaba de oriente a occidente, y las horas que crecen a la derecha de los relojes deben alargarse por la pereza, ya que son las que más seguramente llevan a la muerte" (*Guerra* 107). La misma idea reaparece en un reescrito de 1964, donde aludiendo, al parecer a los surrealistas, dice:

> Vi la posibilidad de traer ciertas verdades europeas a las latitudes que son nuestras actuando a contrapelo de quienes, *viajando contra la trayectoria del sol*, quisieron llevar verdades nuestras a donde, hace todavía treinta años, no había capacidad de entendimiento ni de medida para verlos en su justa dimensión. ("De lo real..." 115, énfasis mío)

---

[10] El "discurso de las similaridades", que propugna Mabille para definir las relaciones entre el hombre y el cosmos, se enfrenta evidentemente a la concepción marxista del determinismo económico en los fenómenos sociales e históricos. Sus críticas al reduccionismo marxista aparecen en diversos pasajes de sus obras (sobre todo MM, 41 y EG, 31 y 54).

En cuanto a la profecía del "alba nueva" en América Latina, no cabe discutir aquí ni su viabilidad en Mabille, ni el valor científico de su teoría de las culturas. El contexto político de entreguerras favorecía retomar la utopía, como se puede comprobar en el capítulo final de *Égrégores*, titulado "Afloramiento del alba". Tras examinar el proceso de la decadencia de la civilización cristiana (segunda parte) y el sentido de la guerra civil española (tercera parte), Mabille anuncia el nacimiento del nuevo *egrégores* en México:

> Trescientos sesenta años han transcurrido, los vencedores de América son llevados a pedirles asilo a los pueblos que han sufrido sus ataques mortales [...] El mismo México del cual aún emergen en un cielo resplandeciente los antiguos templos del sol, donde las razas se han mezclado en provecho del indio regenerado, se apresta a aceptar fraternalmente la carga de conducir a buen fin la obra de renovación [...]. El curso de los siglos le ha otorgado al Atlántico el valor que antes tuvo el Mediterráneo, constituyéndose el primero en un conjunto humano capaz de soportar la carga de una civilización. (EG, 183)

Es, por tanto, el "alba americana" que reúne las condiciones propicias para la realización del "Mito Inmenso" que los surrealistas anhelaban construir a través de la "revolución permanente".[11] Sin embargo, nada parece explicitar la conexión entre América y lo maravilloso. Pero en el mensaje final de *Égregores* Mabille explica que el Nuevo Mundo propiciará la anulación de las antinomias y dualismos que disocian a los hombres y que permitirá la plenitud del soñado monismo, la unidad de espíritu y materia (EG, 185-6). Si recordamos que es la concepción monística la que preside la teoría de lo maravilloso en *Le miroir*, el *egrégores* americano encarna, precisamente, la conjunción entre la realidad y la maravilla, que reencontramos como fundamento de la propuesta de un "nuevo comienzo" americano.

Cabe señalar en este punto que la tercera época del movimiento surrealista consagra el papel de América Latina en la utopía surrealista, conforme opina Durozoi:

> Resulta notable que, a través del contacto entre lo más viejo (Martinica, Indios, México, Haití) y lo más nuevo de los continentes, el surrealismo acceda a este escalón superior de sus ambiciones, corriendo el riesgo (positivo a sus ojos) de absorberse y disolverse en esta tensión hacia un nuevo mito, que arrastra en su estela la fusión de los elementos constitutivos. Contrario al

[11] El impacto de las ideas de Mabille entre los latinoamericanos, puede comprobarse en el ensayo "El surrealismo entre el Viejo y el Nuevo Mundo" (1944), donde Juan Larrea recoge la teoría de los *egrégores* para relacionar el surrealismo y América y, luego, corroborar el vaticinio de Mabille (17-100; sobre todo 63 y ss.).

frecuentemente pretendido naufragio del "movimiento" surrealista, esta apertura es más bien su realización. (66-7)

En cuanto a Mabille, en algunos trabajos posteriores a *Egrégores* continuó interpretando América dentro de las perspectivas surrealistas. Por ejemplo, en "Del Nuevo Mundo" trata del determinismo en la historia del continente desde un ángulo hermético (y antimarxista); en "Conjunción necesaria..." analiza el sistema sociopolítico de América *vis à vis* del europeo.

La magia de Haití en la encrucijada del Caribe

Una cuestión insoslayable cuando se investigan los orígenes del proyecto estético-ideológico de Carpentier es la importancia de la elección de Haití como foco de la revelación de lo maravilloso americano. Carpentier inicia el "Prólogo" a su novela *El reino de este mundo* declarando: "A fines del año 1943 tuve la suerte de poder visitar el reino de Henri Christophe [...] Después de sentir el nada mentido sortilegio de las tierras de Haití, de haber hallado advertencias mágicas en los caminos rojos de la meseta central, de haber oído los tambores del Petro y del Rada (53). Haití es el polo de referencia para la idea de un surrealismo que ocurre sin mediaciones, sin invención literaria: "[...] me vi llevado a acercar la maravillosa realidad recién vivida a la agotante pretensión de suscitar lo maravilloso que caracterizó a ciertas literaturas europeas de estos últimos treinta años" (53). Más adelante, tras señalar la carencia de una mística en los artistas europeos, señala: "Esto se me hizo particularmente evidente durante mi permanencia en Haití, al hallarme en contacto cotidiano con algo que podríamos llamar lo real maravilloso" (54). La elección de Haití parece obvia, pues, en el nivel de la causalidad de los argumentos aportados, Haití está para lo maravilloso auténtico y la fe, así como Europa está para lo maravilloso fabricado y el descreimiento.

Pero la cuestión persiste y asume otras proporciones, si consideramos que el elemento mágico de la cultura haitiana (el vodú) –que interviene en la causalidad de los hechos históricos narrados en *El reino de este mundo*– tiene un equivalente en la cultura cubana (el ñañiguismo). Y, sin embargo, este último no ha sido explotado en su complejidad antropológica en la novela anterior, *Écue-Yamba-Ó* (1933). ¿Por qué pudo, entonces, la cultura haitiana proveer a Carpentier de las bases para el discurso poético de la historia, que abre con *El reino de este mundo* una nueva etapa en su trayectoria ficcional?

Esas coincidencias conceptuales en el descubrimiento de Haití como *locus* privilegiado de la magia y la fe han sido favorecidas por la amistad entre Mabille y Carpentier. El primer contacto entre ambos aparece registrado en *Le miroir* (MM, 201), donde el autor agradece al amigo cubano la traducción del español de unas encantaciones aztecas (estos textos son recopilados en el libro posterior,

Le merveilleux 61-4). En conversación mantenida conmigo, Carpentier afirmó haber conocido a Mabille en París en 1937, y estrechado la amistad cuando posteriormente compartieron una tienda de campaña en el sur de Francia.[12]

La amistad se prolongó en América: Carpentier, que había fijado su residencia en Francia desde 1928, cuando salió de La Habana perseguido por la dictadura de Machado, retorna a Cuba en 1939; Mabille llega a Martinica a fines de 1940, huyendo de la ocupación de Francia por los alemanes, y luego se traslada a Haití en 1941. Ambos se reencuentran en Port-au-Prince a fines de 1943. Un nuevo encuentro tiene lugar en México, en 1945 (de Haití, Mabille viaja a México, donde permanece entre 1945-46; Carpentier va allí de vacaciones), cuando el escritor cubano le ayuda a publicar *La construction de l'homme*. Sin embargo, tenemos pocas noticias directas sobre sus contactos.[13] Hasta la fecha carecemos de un análisis crítico del recorrido intelectual y científico de Mabille en su itinerario americano –que incluye Martinica, Haití, México, Cuba–, para evaluar sus contribuciones y teorías específicamente pensadas para las "realidades americanas". Contamos, afortunadamente, con la biobibliografía detallada de Remy Laville, a través de la cual hemos podido recuperar algunos de esos "pasos perdidos" del médico francés por la geografía americana. Me concentraré aquí tan sólo en perseguir algunas huellas que permitan iluminar mejor los tránsitos transculturales operados entre lo *merveilleux* surrealista y lo real maravilloso americano.

Mabille sólo llegará a Haití acompañado de su segunda esposa, Jeanne, en julio de 1941, y permanecerán allí por seis años (1941-1946), él ejerciendo la medicina. Una de las primeras personalidades que contacta es Jean Price-Mars (el autor de *Ainsi parla l'oncle*, de 1928, un clásico sobre el vodú), profesor de la Facultad de Medicina de Port-au-Prince. La amistad con la familia del presidente Lescot le facilita insertarse en la vida cultural, que guardaba fuertes lazos con la tradición francesa. Su estancia allí transcurre entre los salones elegantes de la burguesía mundana y los *houmphors* del vodú. Enseguida es iniciado en el culto por el etnólogo y escritor Jacques Roumain, quien lo ayuda a fundar el Institut d'Ethnologie Haïtien, donde enseñará biotipología y antropología física.

---

[12] En ocasión del simposio "History and Fiction in the Latin American Narrative" (Universidad de Yale, New Haven, del 30 al 31 de marzo, 1979), organizado por Roberto González Echevarría.

[13] Con motivo del precoz fallecimiento de Mabille, en París, Carpentier publica una nota necrológica en *El Nacional*, de Caracas (28 de octubre de 1952, sección "Letra y Solfa", 22), en la cual elogia su auténtico empeño en comprender las realidades americanas, exento del "fácil complejo de superioridad de algunos de sus colegas en las letras", inclusive para explicar el sincretismo afroamericano del vodú. Pero no reporta sus contactos personales, en Cuba, México o Haití.

Al mismo tiempo viaja por el país, colecciona instrumentos y pinturas rituales utilizadas por hechiceros y emprende investigaciones arqueológicas.

Mabille se dedica con ahínco a recuperar el Asile Français (para leprosos), pero no pierde el contacto con miembros del grupo surrealista, refugiados sea en los Estados Unidos, como Breton, o en México, como Wolfgang Paalen y Benjamin Péret. Entretanto retoma su actividad literaria y publica en *Cuadernos Americanos*, entonces bajo la dirección de Juan Larrea.

En 1943, el matrimonio Mabille viaja a México y hace una escala de tres semanas en Cuba, donde se hospedan en la casa de Lydia Cabrera, la gran folclorista cubana proveniente de la burguesía criolla, quien ayuda a Mabille a establecer contacto con los editores mexicanos. Ella misma traduce *La construction de l'homme* (*La arquitectura del hombre*, 1944) y *Le merveilleux* (*Lo maravilloso*, 1945; se trata de una versión abreviada de *Le miroir du merveilleux* y modificada para dictar una conferencia en español para el público mexicano en 1944). En La Habana reencuentra a Octavio Paz y a Wifredo Lam, con quienes había estrechado vínculos en el café Deux Magots; también ofrece una charla memorable sobre Haití, que será elogiada por Aimé Césaire. En esta ocasión es llevado al barrio de Marianao (periferia de La Habana) para visitar a un hechicero –ahora del ñañiguismo– quien le tira los caracoles y le hace una profecía de muerte. Inmediatamente Lydia Cabrera lo lleva a un exorcista, para conjurar la mala suerte.

En México, Mabille permanecerá durante cuatro meses. Allí encuentra también a Benjamin Péret y al grupo de surrealistas inmigrados. Conoce a Leonora Carrington y a Remedios Varo, amén de entrar en contacto con su admirador Juan Larrea, mientras que un encuentro con el etnólogo Alfred Métraux (autor de *Vaudou*, 1958) le ayudará a iniciar su proyecto de escribir un libro sobre las posesiones de ese culto africano, que él ubicaba en las antípodas del cristianismo.[14] Es en México, además, donde Mabille encuentra al amigo cubano Carpentier, por allí de vacaciones, quien le ayuda a publicar sus libros traducidos por Lydia Cabrera. A fines de 1943 vuelven seguramente a encontrarse, ahora en Port-au-Prince, en el histórico viaje en que Carpentier descubre los prodigios de los tambores del Petro y del Rada.

Al final de la guerra, Mabille regresa a Francia (febrero y junio de 1945), pero los estragos en el país le impiden hallar un trabajo viable. Entonces vuelve a Haití, ahora nombrado agregado cultural por el Ministerio de Relaciones Exteriores. Paralelamente a las actividades diplomáticas, retoma la dirección del Asile Français y enseña en la Facultad de Medicina de Port-au-Prince, al

---

[14] Libro que quedará como borrador, pero con notables descripciones de los trances de iniciación, conforme atesta Heusch.

tiempo que funda el Institut Français, del cual es nombrado director. Todo le iba muy bien allí hasta que se le ocurrió invitar a André Breton, que estaba en Nueva York, para dar unas charlas.

Breton descubre el vodú de manos de Mabille. Éste lo lleva aproximadamente ocho ó nueve veces a las ceremonias secretas, prohibidas a los blancos. Con su prestigio, Mabille tiene acceso a los rituales que causan fuerte impresión al Mago del surrealismo, pero ello no impide que él tenga una actitud comprensiva.[15] Al evocar este encuentro, Breton recuerda la asiduidad y la devoción con que Mabille frecuentaba los *houmphors* (templos), donde era recibido con notable simpatía por el *houngan* (sacerdote) o por la *hounsi* (sacerdotisa) para las ceremonias del rito. Recuerda, además, su capacidad de entendimiento de las posesiones, y sobretodo, su capacidad de plena comunión con aquel grupo étnico y cultural tan diverso del suyo (Prefacio a *MM*, 13-4). Consta, por otro lado, que Mabille entró por lo menos una vez en trance de posesión.

A comienzos de 1946 tiene lugar la serie de conferencias de Breton en el Institut Français, sobre temas literarios y sobre pintura, las cuales culminarían en la desgracia de Mabille. La revolución haitiana, que estalla en enero con una huelga de estudiantes y depone al presidente Lescot, coincide con esas charlas. Breton, que ya mantenía contactos con la juventud en los cafés, cuenta en estos eventos con una platea repleta principalmente de estudiantes. El clero y la burguesía se exasperan con el tono inflamado de Breton sobre temas filosóficos.[16] En sus conferencias, seguidas con fervor por el auditorio, ponderó las diferencias entre la herencia étnica de los haitianos y la civilización occidental, para alertar contra la amenaza de las fuerzas civilizadoras al genio autóctono del pueblo haitiano. Resumiendo el vigoroso mensaje de Breton, dice Anna Balakian:

> Él elogia el poder de los haitianos para amalgamar su animismo africano con el culto aborigen del vodú y lo mejor del misticismo cristiano, capturando las fuerzas esenciales de los tres en una potente y única visión de la unidad de lo

---

[15] La versión dada por Carpentier sobre la actitud de Breton durante los ritos del vodú difiere del testimonio del poeta surrealista. Según Carpentier, Breton llegó casi a desmayarse de espanto y exclamaba: "C'est horrible!" (González Bermejo 43). Breton, que afirma haber estado con Mabille en ocho sesiones ceremoniales, admite su turbación, pero añade: "Sólo me fue posible impregnarme de su clima, tornarme permeable al desencadenamiento de las fuerzas primitivas que entran en acción" (Prefacio a MM, 13). En la exposición surrealista de 1947 (galería Maeght), de "style vaudou", Breton intentaría expresar ese entendimiento de lo maravilloso de las fuerzas primitivas.

[16] René Depestre evoca con emoción cómo la platea juvenil quedó electrizada –y las autoridades inquietas– ante la explosiva charla de Breton, que motivó la edición especial de *La Ruche*, homenajeando a los antifascistas, y la huelga general (227-35).

material y lo espiritual, de lo afectivo y lo racional, y para producir un profundo sentido de la realidad. (181)

El propio Mabille también atestiguó esos efectos, cuando sufrió una campaña de calumnias (de ser agente comunista, con vínculos con Cuba y México, patrocinado por la propaganda soviética, etc., La ville 59). El hecho es que tuvo que salir rápidamente de Haití. Entonces se dirige a Cuba, donde el amigo Carpentier de los tiempos parisinos le ofrece alojamiento. Allí Mabille realiza la presentación de una exposición de Wifredo Lam. El 22 de abril de 1946 deja Cuba vía Estados Unidos, para no regresar jamás a las Antillas ni a América.

Si es cierto que Pierre Mabille fue una figura marginal del surrealismo (entró al mundo de las artes plásticas por las manos de su primera mujer, Helène, y conoció al grupo surrealista en 1934), trajo hacia el mismo tanto su conocimiento de la medicina como de las ciencias esotéricas (tomaba lecciones con el ocultista Pierre Piobb en los años treinta, con quien aprendió mucho sobre historia de la alquimia y de las sociedades secretas posrenacentistas). De igual modo, contribuyó de modo intenso a los desarrollos del surrealismo posteriores a la gran ruptura del grupo inicial, motivada por disidencias políticas. Sus pesquisas como médico, filósofo y sociólogo en el vasto campo etnográfico que se le abrió en América, le permitieron cuestionar las fronteras entre el pensamiento científico y el mágico. Su curiosidad por los ritos afrocaribeños le permitió avanzar en la superación de la oposición entre magia y ciencia, buscando colocarlas en paralelo, como dos modos de conocimiento. Mientras como poeta Breton exploró la premonición y el sueño, como investigador Mabille trató de indagar en las formas del simbolismo mágico los mecanismos del exorcismo y videncia y, especialmente, la vivencia religiosa ritualística de la no contradicción entre lo natural y lo sobrenatural.

Nuestras indicaciones de los encuentros de Carpentier y Mabille en la encrucijada del Caribe no pretenden exagerar el estímulo surrealista para el enfoque carpenteriano de la magia de Haití. El interés del escritor cubano por este país es anterior a la visita de Mabille y Breton, conforme se puede apreciar a través de la conferencia que pronunció con motivo de su visita a Port-au-Prince en 1943, en la cual adelantaba el núcleo de la versión que daría posteriormente en *El reino de este mundo*, acerca de la historia y los prodigios culturales de Haití.[17] Por otro lado, la participación del joven musicólogo

---

[17] En 1931, Carpentier (en *Carteles*) elogia el libro de Seabrook, *The Magic Island*, que Mabille posteriormente utilizaría en *Le miroir*. Sobre la conferencia de Carpentier, dice Roberto González Echevarría: "En la charla ("L'évolution culturelle de L'Amérique Latine") Carpentier insiste en la naturaleza pasional del pueblo latinoamericano y su método anticartesiano de pensar y actuar. Él se refiere también a la revolución haitiana como la primera sublevación en el Nuevo Mundo" (101).

Carpentier en el grupo minorista, en los años veinte, a favor de la afirmación de una estética afrocubanista; su descubrimiento mediante expediciones etnográficas a barrios marginales en busca de fiestas profanas o sacras, para escuchar a los prodigiosos ritmos de los tambores en los rituales abakuá o ñáñigos; las búsquedas sucesivas de conocimiento de lo maravilloso popular en obras como los ballets *La Rebambaramba* (1928) y *El milagro de Anaquillé* (1927), el libreto de la ópera-bufa *Manita en el suelo* (1931), la novela *Ecué-Yamba-Ó* (1933); todas estas actividades le permitieron, desde su llegada, disfrutar en París de la fama de conocedor de los ritos religiosos afrocaribeños.[18]

Vale la pena insistir, sin embargo, en que al crear el concepto fundador de lo real maravilloso americano, Carpentier juntó a su reconocida erudición y experiencia directa con el mundo afroamericano la teoría –el eslabón epistemológico– que los postulados surrealistas posteriores a los años treinta le facilitaron.[19] Su mediación en el proceso transcultural que tratamos de articular muestra el tránsito de lo afrocubano a lo europeo, de lo europeo a lo afrocaribeño, de lo afrocaribeño a la comprensión de lo latinoamericano como el lugar del nuevo comienzo de la historia. Pierre Mabille a su vez, como mediador cultural, describe una parábola inversa, para arribar finalmente a la misma comprensión del "alba americana", como lugar de la no-contradicción.

Por eso mismo, el encuentro entre Carpentier y Mabille resulta paradigmático: las tangencias e intersecciones de lo *merveilleux* y real maravilloso americano ilustran el proceso transcultural que la misma noción de encrucijada guarda en la cosmología yoruba/nago: el lugar de la intermediación entre sistemas e instancias procedentes de distintas formas de conocimiento, como en el cosmograma que indica el movimiento circular del cosmos y del espíritu humano, que gravita en las circunferencias de sus líneas intersecadas. Leda Martins refiere la encrucijada como un lugar performativo y discursivo, "el punto radial de centramiento/des-centramiento, de intersecciones y desviaciones, de textos y traducciones, conjunciones y alteraciones, influencias y divergencias, fusiones y rupturas, unidad y pluralidad, origen y diseminación" (25-6).

La amistad, los intercambios y las confluencias ideológicas entre Mabille y Carpentier muestran que ambos compartieron las inquietudes, el espíritu inquisitivo en torno a las impurezas culturales y los sincretismos complejos

---

[18] Véase Quintero Rivera, que analiza detalladamente la estética musical y el contenido afrorreligioso en estas obras.

[19] Hay que recordar, además, que Carpentier rectificó sus críticas al surrealismo, reconociendo el aporte de este movimiento a su comprensión de las "texturas" del mundo americano. Ver la nota de Carpentier a la edición cubana de 1964 de *El reino de este mundo* y Leante 21.

dentro de lo que Clifford llamó "surrealismo etnográfico" (131). Pero ambos fueron más allá del relativismo cultural derivado del hallazgo vanguardista. Carpentier, por habernos dejado como crítico musical y como novelista un grado elevado de compenetración con el vodú y otros ritos afrocaribeños. Mabille, a su vez, resaltó en escritos dispersos, una comprensión avanzada sobre las particularidades del vodú, tales como: la fusión del animismo del culto aborigen con el misticismo cristiano; los efectos corporales y emocionales de las ceremonias producidos por el ritmo de los tambores en el trance de posesión; la ausencia de una doctrina y una liturgia, y por tanto de una narrativa completa y definitiva para cada *loa* (deidad); la presencia de historias fragmentarias, elípticas e incompletas, no integradas en una narrativa maestra colectiva; la ausencia de jerarquía del panteón vodú, donde no hay escalas de grandeza y poder, y las fuerzas sobrenaturales se mezclan a los hombres; el vasto fondo mediterráneo (Egipto, Islam) de los ritos que integran la magia europea, el mesmerismo y la masonería (Mabille, "Préface" ix-xxii).[20]

Hay que concordar que para reevaluar el movimiento surrealista se debe prestar particular atención a los lugares geográficos, así como a los itinerarios privilegiados donde los grupos se encontraron: los cafés, las calles, los pasajes, las revistas, los panfletos, los manifiestos, las peticiones .[21] Sin embargo, falta incluir en esta lista de lugares los espacios americanos, los lugares de los destierros, de los refugios, de las nuevas búsquedas aún en la diáspora de la segunda guerra mundial. Falta añadir al Café Deux Magots y de Flore, los templos del vodú de Haití y de la santería de La Habana.

Bibliografía

I. Primaria

Carpentier, Alejo. *El reino de este mundo* [1949]. Buenos Aires: Librería del Colegio, 1975.

_____ *Guerra del tiempo*. México: Cía. General de Ediciones, 1967.

_____ "El afloramiento del alba". *Cuadernos Americanos* I/2 (1942): 33-45.

_____ "Del nuevo mundo". *Cuadernos Americanos* II/5 (1943): 94-110.

_____ "La Manigua". *Cuadernos Americanos* III/4 (1944): 241-56.

_____ "Conjunción necesaria. Modalidades morfológicas europeas y americanas". *Cuadernos Americanos* IV/2 (1945): 32-44.

_____ "La jungle". *Tropiques* 12 (Fort de France, enero 1945): 173-87.

---

[20] Maximilien Laroche advierte que es por su condición de religión oral/literaria, cantada y bailada, que la mitología vodú presenta un carácter elíptico y la carencia de un orden prestablecido (22-5).

[21] *Cf.* N. Wagner en Laville, vi-vii.

_____ "Luz y sombra en el camino". *Cuadernos Americanos* VII/1 (1948), 79-90.
_____ "De lo real maravilloso americano". *Tientos y diferencias* [1964]. 2ª ed. Montevideo: Arca, 1967.

II. Secundaria

Alquié, Ferdinand. *Philosophie du surréalisme*. París: Flammarion, 1977.
Balakian, Anna. *André Breton, Magus of Surrealism*. Nueva York: Oxford UP, 1971.
Breton, André. *Manifestes du surréalisme*. París: Gallimard, 1969.
Chénieux-Gendron, Jacqueline. *Le surréalisme*. París: P.U.F., 1984.
Clifford, James. *The Predicament of Culture. Twentieth-Century Ethnography, Literature, and Art*. Cambridge: Harvard UP, 1988.
Depestre, René. "Breton en Haïti". *Bonjour et adieu à la negritude*. París: Seghers, 1980.
Durozoi, Gérard y Bernard Lecherbonnier. *Le surréalisme. Théories, thèmes, techniques*. París: Larousse, 1972.
González Bermejo, Ernesto. "Para mí terminaron los tiempos de la soledad" [entrevista]. *Crisis* 3/30 (oct. 1975): 40-6.
González Echevarría, Roberto. *Alejo Carpentier: The Pilgrim at Home*, Ithaca: Cornell UP, 1977.
Heusch, Luc de. "Pour Pierre Mabille". *Conjonction* 202 (1997): 21-28.
Laroche, Maximilien. *Mythologie haïtienne*. Québec: GRELCA, 2002.
Larrea, Juan. *Del surrealismo a Machupichu*. México: Joaquín Mortiz, 1967.
Laville, Remy. *Pierre Mabille: un compagnon du surréalisme*. Clermont-Ferrand: Faculté des Lettres et Sciences humaines de l'Université de Clermont-Ferrand, 1983.
Leante, César. "Confesiones sencillas de un escritor barroco". *Homenaje a Alejo Carpentier*. H. Giacoman, ed. Nueva York: Las Américas, 1970.
Mabille, Pierre. *La construction de l'homme*. París: J. Corti, 1937. [*La arquitectura del hombre*. Lydia Cabrera, trad. México: E.D.I.A.P.S.A., 1944].
_____ *Egrégores ou la vie des civilisations*. París: Jean Flory, 1938. [reedición de París: Le Sagittaire, 1962].
_____ *Initiation à la conaissance de l'homme*. París: P.U.F., 1949.
_____ *Le merveilleux*. París: Quatre Vents, 1946.
_____ *Le miroir du merveilleux*. Prefacio de André Breton. París: Minuit; 1962. [reedición de París: Le Sagittaire, 1940].
_____ "Préface". *Le vodou haïtien. Rites Radas-Canzo*. Louis Maximilien. Puerto Príncipe: Imprimerie de l'État, s.d. (1945).
Martins, Leda Maria. *Afrografias da Memória, o Reinado do Rosário no Jatobá*. São Paulo/Belo Horizonte: Perspectiva/Mazza, 1997.

Müller-Bergh, Klaus. "Corrientes vanguardistas y surrealismo en la obra de Alejo Carpentier". *Asedios a Alejo Carpentier*. Klaus Müller-Bergh, ed. Santiago de Chile: Ed. Universitaria, 1972. 13-38.

Nadeau, Maurice. *Documents surréalistes*. París: Seuil, 1946.

Propp, Vladimir. *Morfología del cuento*. Madrid: Fundamentos, 1977.

_____ *Raíces históricas del cuento*. Madrid: Fundamentos, 1974.

Quintero Rivera, Mareia. *Repertorio de identidades. Música e representações do nacional em Mario de Andrade (Brasil) e Alejo Carpentier (Cuba), décadas de 1920-1940*. Tesis doctoral presentada en la Universidad de São Paulo, São Paulo, febrero 2002.

Rodríguez Monegal, Emir. "Lo real y lo maravilloso en *El reino de este mundo*". *Asedios a Alejo Carpentier*. Klaus Müller-Bergh, ed. Santiago de Chile: Ed. Universitaria, 1972. 101-132.

Todorov, Tzvetan. *Introduction à la littérature fantastique:* París: Seuil, 1970.

El gran vuelo epistemológico de Alejo Carpentier

Antonio Melis

La mayoría de los críticos que se han ocupado de la obra de Alejo Carpentier coinciden en destacar la importancia estratégica que el capítulo 8 de la primera parte de *El reino de este mundo* ocupa no sólo en la construcción de la segunda novela del autor, sino, más en general, en toda su obra literaria. "El gran vuelo", en efecto, enfrenta con extraordinaria eficacia dos percepciones opuestas de la misma realidad, supuestamente objetiva, según la lógica tradicional. La pública ejecución de Mackandal en la hoguera es acogida por los colonialistas con el alivio, garantizado por el fuego catártico, que disipa el gran miedo provocado por la insurrección de los esclavos. Los negros, en cambio, obligados a asistir al escarmiento en función didascálica, saludan, de manera totalmente incomprensible para sus amos, la última victoria de Mackandal sobre sus verdugos. De toda la macabra ceremonia, perciben sólo el momento en el que la víctima se libera de sus ataduras y vuela sobre la muchedumbre, ignorando a los soldados que lo agarran y lo vuelven a poner de cabeza en el fuego.

Oportunamente los comentaristas se han detenido en la sabia construcción literaria de la escena y en su sorpresa final. Pero en la invención narrativa de Carpentier hay algo más que una mera hazaña estilística. En la contraposición entre las dos visiones del mismo evento se asoma una intuición que tiene que ver también con la teoría del conocimiento.

Para comprender todo el alcance de este breve capítulo, es necesario establecer un contrapunto entre su texto y el célebre prólogo de la novela. Allí, como es bien conocido, el escritor cubano enuncia polémicamente toda una teoría de lo fantástico, que se opone drásticamente a las que habían dominado en épocas anteriores, bastante lejanas (como en el caso del romanticismo) o bien cercanas (como en las vanguardias, que el propio autor había frecuentado en los primeros años de su estadía europea).

En el mismo prólogo, más allá del tratamiento literario del elemento prodigioso, aparece el motivo crucial de la magia. Se advierte, en los planteamientos de Carpentier, una clara aproximación de tipo antropológico al tema. En esto influye, seguramente, el ambiente cultural de París, donde una parte substantiva de la experiencia literaria de los años anteriores –que coinciden también con la estadía del escritor cubano– se había desarrollado en una relación muy estrecha con la investigación etnológica.

Todo este fervor contribuye de manera determinante a la apertura hacia nuevos universos simbólicos. Sin embargo, dentro de este proceso, siguen operando algunos condicionamientos de tipo cultural. El más importante es el que procede de la tradición teórica anterior de las ciencias humanas. Como se sabe, el estudio más autorizado y difundido mundialmente sobre la magia fue en su momento el amplio tratado de James G. Frazer titulado *La rama dorada*. El mismo autor preparó una edición compendiada de esta auténtica enciclopedia. Su investigación aporta una cantidad de material invalorable, pero con una clara connotación ideológica. Frazer sigue firmemente dentro de los esquemas de la cultura positivista, dominantes en los años de su formación. Los conceptos básicos de la magia, que Frazer detecta en su largo viaje entre las épocas y los lugares geográficos más diferentes, aparecen siempre en su naturaleza de "falsa conciencia". En otras palabras, no hay ninguna duda de que el pensamiento mágico representa una "mentira", frente a la verdad aportada por el pensamiento racional.

La crítica más radical dirigida a este planteamiento procede de un filósofo, Ludwig Wittgenstein. En sus *Observaciones sobre* La rama dorada llega en forma contundente al corazón del problema. Rompe la rígida dicotomía verdad / mentira y sugiere la necesidad de leer desde adentro los sistemas culturales. El juicio apriorístico y deductivo, a partir de una idea canonizada de racionalidad, se substituye con la voluntad de captar la lógica interna de un complejo de creencias, hasta entonces anatemizado como emblema de una supuesta "mentalidad primitiva".

Alejo Carpentier no tiene pretensiones filosóficas al enunciar sus proposiciones sobre lo "real-maravilloso". Pero su enfoque teórico, relejado al mismo tiempo coherentemente en su práctica de narrador, tiene una afinidad asombrosa con las iluminaciones del pensador austriaco.

En el capítulo de la novela la clave interpretativa se encuentra en la pregunta retórica que hace el autor: "¿Qué sabían los blancos de cosas de negros?" De allí procede la "despechante indiferencia" que irrita e inquieta a los blancos, confirmándolos en su idea de la inferioridad de la raza africana. Los negros creen profundamente en las infinitas metamorfosis animales de las que es capaz su héroe Mackandal y saben firmemente que el milagro se va a repetir. Lo mágico, en efecto, no pertenece a la concepción lineal del tiempo que caracteriza a la cultura europea y sus prolongaciones en tierras americanas a través de la colonización cultural. Pertenece en cambio al tiempo cíclico, que forma parte de las culturas indígenas, así como de las culturas africanas transplantadas violentamente al continente americano.

En el prólogo, es justamente la magia vertida naturalmente en la vida diaria de América la que produce el desencanto y el rechazo frente a la magia producida por el artificio literario. La toma de distancia afecta a experiencias diferentes de la literatura occidental. En primer lugar, la producción caballeresca, desde la edad media hasta los umbrales del renacimiento, reducida a un repertorio de "viejos clisés". Pero el mismo discurso vale para los "personajes de feria", que siguen explotándose para conseguir resultados efectistas, a pesar de su liquidación ya actuada, según el autor, por Arthur Rimbaud, uno de los padres espirituales de la vanguardia. Y la propia vanguardia "histórica" no escapa a los reparos del escritor cubano, que caricaturiza la imagen más conocida del verbo surrealista, a su vez sacada de otro precursor, Lautréamont.

Carpentier denuncia el proceso de "burocratización" sufrido por los procedimientos fantásticos. Por eso, para evitar la caída en los estereotipos, considera necesaria una inmersión en lo maravilloso que se encuentra a cada paso, al alcance de las manos, en la realidad americana. Pero no se trata de una contraposición simplista entre realidad y arte, como lo revela la referencia elogiosa a Wifredo Lam. El pintor cubano –que casi en los mismos años mereció significativamente también la atención entusiasta de Fernando Ortiz[1]– es capaz de restituir la magia de la vegetación tropical, con sus procesos metamórficos y simbióticos.

Pero, como se dijo al comienzo, el mensaje de Carpentier trasciende ampliamente la esfera artístico-literaria. Por eso mismo es interesante analizar, dentro de la trayectoria de su escritura, la existencia de posibles antecedentes.

---

[1] Véase Ortiz. Vale la pena subrayar los aciertos de esta lectura por parte del gran antropólogo, a pesar de sus profesiones iniciales de modestia. No sólo ofrece un análisis precioso de la iconología del pintor, sino que capta la esencia de su operación artística con respecto a la pintura europea contemporánea: "El afrismo de Lam no es una simple tendencia de escuela, para el aprovechamiento de ciertos valores expresionistas de las musas negras de África, que en Europa fueron captados hace ya unas décadas por grandes artistas del día: ni mucho menos es una moda tornadiza, una banal y pasajera novelería de exotismo, como a menudo lo ha sido en París" (*Wifredo Lam y su obra* 1-12).

Tal vez los más significativos se encuentren en su primera novela, una obra que el autor no quería mucho y que se resignó tardíamente a reeditar, una vez que se dio cuenta de que estaba circulando una "horrorosa" edición pirata aparecida en Buenos Aires. *Écue-Yamba-Ó* pertenece al período inicial de su escritura, caracterizado por la vinculación con la temática negrista y con los recursos formales de la vanguardia.[2] El rechazo de Carpentier, extendido también a sus "pecados" poéticos afrocubanos de la misma época, se debe a una sospecha de exterioridad, contrapuesta a la conciencia crítica que se afirma en su obra madura. Pero, por lo menos en el caso de la novela, no hay que tomar al pie de la letra la autocrítica del autor. Aunque se encuentran en la obra ingenuidades típicas de los comienzos de cualquier escritor, es posible también detectar las primeras intuiciones de la existencia de un mundo alternativo, dotado de un sistema propio de racionalidad.

El descubrimiento progresivo de esta dimensión *otra* de la realidad está vinculado sobre todo con la figura de Menegildo. El texto, desde este punto de vista, tiene algunos rasgos típicos de la novela de aprendizaje o iniciación. "Iniciación" es justamente el título del capítulo 4 de la primera parte, donde se asoma por primera vez esta perspectiva. Se trata de una muestra notable del arte narrativo del joven escritor, sobre todo en el enfoque de la realidad desde la colocación física de un niño. Justamente esta mirada desde abajo permite a Menegildo, en su exploración a gatas del bohío familiar de los Cué, el encuentro con el mundo inesperado de los "santos juguetes":

> En sus primeros años de vida, Menegildo aprendería, como todos los niños, que las bellezas de una vivienda se ocultan en la parte inferior de los muebles. Las superficies visibles, patinadas por el hábito y el vapor de las sopas, han perdido todo poder de atracción. Las que se ocultan, en cambio, se muestran llenas de pequeños prodigios. (40-1)

El periplo del niño en el suelo lo lleva por fin a descubrir el "gran misterio", representado por las imágenes de la santería:

> Había un anciano, apuntalado por unas muletas, seguido de dos canes con la lengua roja. Una mujer coronada, vestida de raso blanco, con un niño mofletudo entre los brazos. Un muñeco negro que blandía un hacha de hierro. Collares de cuentas verdes. Un panecillo atado con una cinta. Un plato lleno de piedrecitas redondas. Mágico teatro, alumbrado levemente por unas candilejas diminutas colocadas dentro de tacitas blancas... (41-2)

El tema de la cara oculta de la realidad vuelve a presentarse en el capítulo 12, que abre la segunda parte de la novela, relativa a la adolescencia del

---

[2] He analizado más detenidamente la primera novela del escritor en "La novela cubana de Alejo Carpentier".

protagonista. Su mamá Salomé lo inicia en los misterios superiores, que resultan sin embargo poca cosa frente a su percepción de la existencia de fuerzas ocultas, estimulada por la sabiduría del viejo Beruá:

> En este mundo lo visible era bien poca cosa. Las criaturas vivían engañadas por un cúmulo de apariencias groseras, bajo la mirada compasiva de entidades superiores [...]
>
> El espacio comprendido entre dos casas, entre dos sexos, entre una cabra y una niña, se mostraba lleno de fuerzas latentes, fecundísimas, que era preciso poner en acción para obtener un fin cualquiera. (66)

Así como los blancos han creado su sistema de comunicación simbólica, los descendientes de los esclavos africanos han mantenido su concepción milenaria de una atmósfera poblada de mensajes y de fuerzas misteriosas. La fe en esos poderes arcanos produce, además, efectos prácticos: "Si se acepta como verdad indiscutible que un objeto pueda estar dotado de vida, ese objeto vivirá. La cadena de oro que se contrae, anunciará el peligro. La posesión de una plegaria impresa, preservará de mordeduras emponzoñadas..." (67).

Estas afirmaciones atrevidas son el antecedente más inmediato de la perspectiva que se encuentra en algunas páginas de *El reino de este mundo*. En la novela juvenil estos conceptos sólo en parte se hallan incorporados de manera orgánica dentro de la narración. Predomina un tono explicativo, casi didáctico, que frena a veces la expresión libre del flujo narrativo.

En la novela madura ya no existe esta escisión, tal vez porque el momento programático tiene su lugar natural de expresión en el prólogo. Si bien es cierto que ese texto tiene una relativa autonomía, habiendo sido publicado anteriormente en forma separada, es evidente también su carácter complementario con respecto a la novela.[3] Hasta se puede hablar de una doble complementaridad, puesto que el prólogo contribuye a aclarar no sólo el trasfondo estético de la narración, sino también sus implicaciones ideológicas. Este segundo aspecto resulta especialmente notable, a partir de la ya recordada simbiosis que se produce en esos años entre vanguardismo literario y estudios etno-antropológicos, en el ambiente de París, alimentado también, contradictoriamente, por las tradiciones coloniales del país europeo.

Este capítulo fascinante de la experiencia literaria del Siglo XX ha sido investigado por muchísimos estudios. Sin embargo, en la mayoría de los casos, el análisis se ha detenido en un nivel meramente descriptivo, sin penetrar en la

---

[3] "De lo real maravilloso americano". Su fecha es muy cercana a la de la aparición de la novela publicada en 1848, en México: Edición y Distribución Iberoamericana de Publicaciones, 1949. Esto permite rematar la idea de una elaboración unitaria de los dos textos.

efectiva capacidad de apropiarse de los mundos simbólicos de otras culturas por parte de los escritores. La cultura latinoamericana está doblemente implicada en este proceso. Por un lado, a través de las incursiones de escritores europeos, y especialmente franceses, en el mundo indígena americano (los Tarahumaras de Antonin Artaud, el Ecuador de Henri Michaux, etc., sin olvidar la exploración de las Américas negras por Roger Bastide). Por el otro, por medio del descubrimiento de sus propias raíces que escritores latinoamericanos –el caso de Miguel Ángel Asturias y la cultura maya de Guatemala– realizan en la capital francesa, bajo el estímulo de la interacción entre vanguardia y ciencias humanas.

El propio Carpentier, cuando acepta volver a editar su primera novela, escribe un prólogo que se detiene sobre todo en la dimensión literaria de la obra. Achaca a la vanguardia las ingenuidades y torpezas de este trabajo primerizo, que sigue considerando de manera autoirónica. Sobre todo porque recuerda que ese momento literario imponía una difícil conciliación entre vanguardismo y nacionalismo. No se refiere, en cambio, al aspecto ideológico de su novela, sino de manera indirecta. Afirma haberse dado cuenta de que se le había escapado entonces el alma profunda de sus personajes, a pesar de que ellos estaban muy anclados en su experiencia vital, al punto de que al menos uno de ellos (Longina) hasta había conservado su propio nombre. Sobre todo se acusa de no haber comprendido la función de resistencia que cumplían las creencias y las prácticas ancestrales del pueblo afrocubano. Reivindica tan sólo la representación fiel del *rompimiento* ñáñigo, gracias a las ceremonias a las que pudo asistir en compañía del músico Amadeo Roldán. En otro plan, afirma con orgullo el carácter absolutamente correcto de sus enfoques políticos.[4]

Todas estas limitaciones resultan felizmente superadas en *El reino de este mundo*, pero es importante subrayar las premisas contenidas en la obra juvenil. El salto de calidad entre los dos textos se debe sobre todo a la eliminación de cualquier residuo positivista en la representación de la cultura afroamericana. Detrás de este cambio se encuentra seguramente una profundización en el acervo cultural del propio continente africano. Carpentier, con sus antenas profundamente receptivas hacia todos los fenómenos culturales y artísticos, asimila la nueva visión de África que se abre paso en esos años en contra de la tradición eurocéntrica. Frente a la representación acostumbrada de un mundo sin historia, se afirma a partir de las investigaciones históricas y antropológicas la realidad de un continente poblado por organizaciones estatales complejas y una articulación social que no se puede reducir a los esquemas simplistas dominantes.

---

[4] "Habla Alejo Carpentier", 17-18. El texto es el resultado del montaje de varias entrevistas con el escritor.

Un eco de estas nuevas iluminaciones aparece ya en el primer capítulo de *El reino de este mundo*, a través de la memoria de Ti Noël. Frente a la imagen de un rey africano que aparece en un grabado de una librería, acuden a su mente los relatos salmodiados por Mackandal en el molino de caña:

> Hablaba de vastas migraciones de pueblos, de guerras seculares, de prodigiosas batallas en que los animales habían ayudado a los hombres. Conocía la historia de Adonhueso, del Rey de Angola, del Rey Dá, encarnación de la Serpiente, que es eterno principio, nunca acabar, y que se holgaba místicamente con una reina que era el Arcoíris, señora del agua y de todo parto. (23)

Historia y mito se mezclan en esta evocación, que permite de paso a Ti Noël destacar la superioridad de estos "reyes de verdad", frente a los reyes empelucados y frívolos dc Europa. Pero, sobre todo, se asoma el motivo de la metamorfosis, que será decisivo en las vicisitudes de Mackandal y de la insurrección de los negros contra sus amos colonialistas. En la valoración de los reyes antiguos vuelve a presentarse, también, el principio de eficiencia. La magia que acompaña y alienta sus empresas tiene una función pragmática. La misma que permite, en el tiempo de la narración, el éxito de Mackandal, que continúa más allá de su misma muerte.

Podemos volver entonces a las reflexiones de Wittgenstein que nos han ayudado a despejar el camino de las hipotecas del racionalismo positivista. Las notas críticas del filósofo sobre *La rama dorada* han sido redactadas en su mayor parte entre 1931 y 1948, un arco de tiempo singularmente coincidente con el de la redacción de las dos primeras novelas de Carpentier. El estilo de Wittgenstein es aforístico y sugerente, pero sus reparos a la obra de Frazer no dejan de impactar. Tal vez la síntesis de su crítica se pueda encontrar en la acusación al antropólogo escocés de representar las concepciones mágicas y religiosas de los hombres como errores. La separación drástica entre magia y ciencia está vinculada con una visión lineal. La magia, dentro de esta visión, representa una versión primitiva, embrionaria, del pensamiento científico. Los diferentes estadios de desarrollo de los pueblos se miden y se valoran a partir de su cercanía a una perspectiva racionalista.

Las intuiciones antropológicas de Carpentier tienen como trasfondo una concepción relativista y escéptica de la historia humana. Es la que se encuentra firmemente en los capítulos finales de esta novela, así como en toda la novela *El siglo de las luces*. En *El reino de este mundo* el episodio más emblemático es la construcción de la ciudadela de Henri Cristophe, donde Ti Noël descubre una nueva y más repugnante forma de esclavitud:

> Peor aún, puesto que había una infinita miseria en lo de verse apaleado por un negro, tan negro como uno, tan belfudo y pelicrespo, tan narizñato como

> uno; tan igual, tan mal nacido, tan marcado a hierro, posiblemente, como uno. Era como si en una misma casa los hijos pegaran a los padres, el nieto a la abuela, las nueras a la madre que cocinaba. (83)

Por otra parte, este enfoque no se traduce nunca en una abdicación de los valores éticos. El hombre de Carpentier, así como no busca refugio en consuelos ultraterrenos, tampoco acepta las ilusiones del progreso, transformadas en una nueva ideología. Lo aclara, una vez por todas, el último capítulo de la novela, donde Ti Noël se interroga acerca del sentido de las esperanzas y los sufrimientos del ser humano:

> Padece y espera y trabaja para gentes que nunca conocerá, y que a su vez padecerán y esperarán y trabajarán para otros que tampoco serán felices, pues el hombre ansía siempre una felicidad situada más allá de la porción que le es otorgada. Pero la grandeza del hombre está precisamente en querer mejorar lo que es. En imponerse Tareas. En el reino de los Cielos no hay grandeza que conquistar, puesto que allá todo es jerarquía establecida, incógnita despejada, existir sin término, imposibilidad de sacrificio, reposo y deleite. Por ello, agobiado de penas y de Tareas, hermoso dentro de su miseria, el hombre sólo puede hallar su grandeza, su máxima medida en el Reino de este Mundo. (118-9)

Relativismo antropológico y escepticismo histórico, como se ve, no impiden rescatar una grandeza humana que trae alimento de su propia miseria. Configuran una visión profundamente laica de la vida que, justamente por este laicismo integral, le permite ahondar en los sistemas de pensamientos diferentes de los que dominan, sin tacharlos de ser mentirosos, sino tratando de comprender su racionalidad alternativa. Por eso, al lado del "gran vuelo" del negro Mackandal, en esta novela fundamental en las letras hispanoamericanas del siglo xx, debemos registrar el gran vuelo epistemológico del narrador que, libre de todas las ataduras del racionalismo tradicional, se lanza al descubrimiento de nuevos universos imaginativos.

Bibliografía

I. Primaria

Carpentier, Alejo. "De lo real maravilloso americano". *El Nacional* (Caracas, 18 abril 1948): 8.

_____ *Écue-Yamba-Ó* [1933]. *Obras completas.* Tomo I. México: Siglo XXI, 1983.

_____ *El reino de este mundo.* [1949]. *Obras completas.* Tomo II, México: Siglo XXI, 1983.

II. Secundaria

"Habla Alejo Carpentier". *Recopilación de textos sobre Alejo Carpentier.* Salvador Arias, ed. La Habana: Casa de las Américas, 1977. 15-55.

Melis, Antonio. "La novela cubana de Alejo Carpentier". *Polvo enamorado.* Poesie e studi offerti a Giovanni M. Bertini. Milán: All'Insegna del Pesce d'Oro, 1989. 139-49.

Ortiz, Fernando. *Wifredo Lam y su obra.* La Habana: Publicigraf, 1993. [ed. original: *Wifredo Lam por Fernando Ortiz y su obra vista a través de significados críticos*. La Habana: Ministerio de Educación, 1950].

Wittgenstein, Ludwig. *Remarks on Frazer's* The Golden Bough. A.C. Miles, trad. Nueva Jersey: Humanities Press, 1983.

El negro: una apuesta en la obra de Alejo Carpentier

Louis-Philippe Dalembert

El encuentro con el otro con frecuencia le permite a uno pensar en sí mismo. En el caso del escritor cubano Alejo Carpentier, blanco, de posición acomodada, ese otro, el negro, de condición social desfavorecida, forma parte del mismo espacio cultural, en el sentido amplio del concepto de cultura que abarcaría una historia, tendencias, herencias comunes y también una comunidad de destino. A pesar de la doble distancia (racial y social) que separa la mente que observa, que imagina, del objeto mirado, imaginado. Estamos en la frontera donde el yo que percibe, que trata de decir el otro, que quizás lo dice, vehicula una imagen de sí mismo, a la vez como individuo y como miembro de un grupo. En este sentido, la representación del otro refleja problemáticas que van más allá de dos elementos en presencia.

Tomado en un contexto sociohistórico desfavorable, el negro, en tierra americana –sin juego de palabras– es esclavo de un imaginario social que no le es menos nefasto. A partir de ahí, cualquier representación que haga un escritor blanco de ese negro, más aún si es Carpentier, resulta de una tensión entre ese imaginario social y el suyo como escritor. Huelga decir que esa alteridad sirve de pretexto a Carpentier en el sentido etimológico del término, para un discurso que le permite introducir otro más vasto, y también más importante, si no de sí mismo como autor, por lo menos de su obra. En esa óptica, el negro es la baza más importante del juego, una de las apuestas esenciales sobre las que Carpentier funda su propia obra y de rebote, su poética de lo real maravilloso.[1]

---

[1] No nos será posible, en estas páginas, detenernos en lo real maravilloso y la función del negro, personaje novelesco, en la elaboración del concepto. Digamos brevemente que su

Su aporte, o más bien su utilización, se orienta en varios sentidos. En un primer tiempo, tiene una dimensión psicoanalítica evidente, que en Carpentier, si vamos a referirnos al negro, se vincula en parte a la infancia y a la relación de exclusión y/o de integración que se haya podido establecer entre las dos categorías raciales en el seno de la misma sociedad. En un segundo tiempo, la alteridad del negro sirve de pretexto a la elaboración de un discurso identitario que remite, en ese caso puntual, a la construcción de la americanidad. Por ahí, se convierte en apuesta cultural. Por último, sirve también de pretexto para ubicar un discurso ético portador de las nociones de justicia, social y racial, de civilización y de humanidad.

1. Dimensión psicoanalítica

Hay muchos elementos que permiten orientarnos en esa dirección. Partiremos de la idea de que "plus les êtres sont distants, mieux ils semblent aptes à se parer de nos projections" (Savarese 79). Esa misma idea la desarrolla Octave Mannoni en su *Psychologie de la colonisation*: "...nous projetons sur autrui l'image de ce qui nous effraie et nous fascine. C'est donc soi-même que l'on va chercher au loin: trop près de soi, on trouve les autres. Interprétée à la fois à partir de son contenu et de son producteur, l'image est donc révélatrice de la relation entre le sujet imaginant et l'objet imaginé" (citado en Moura 287). La noción de distancia se continúa subrayando, pero asociada a la de proximidad. De hecho, la distancia que nos separa del otro, es el camino que tenemos que recorrer para encontrarnos. Ésta es una ecuación que desemboca en una problemática identitaria. De ese juego entre distancia y proximidad resulta una imagen del otro que remite obligatoriamente al yo y explica a la vez la relación que se establece entre sujeto que imagina y objeto imaginado.

De cara al joven Carpentier, el negro se inscribe en una doble diversidad, social y racial, claramente marcada. Si la diferencia racial salta a la vista, la diferencia social, en cambio, se va descubriendo paulatinamente. En la casa familiar donde creció el escritor, a principios del siglo xx, en Cuba, el negro es más bien el sirviente. Sus padres se muestran ciertamente abiertos y tolerantes –una tolerancia que se debe en parte a su condición de extranjeros que no conocen o no aceptan determinados códigos del país que los acoge–, pero los ecos del acostumbrado racismo ambiental hacia los negros no demora en penetrar el universo familiar. Traído, por ejemplo, por las amistades de los padres, a quienes asombra ver que el pequeño Alejo frecuenta a los hijos de los sirvientes con peligro de contagiarse con costumbres de negros.

---

presencia aporta al autor cubano el fondo mitológico y mítico que necesita para hacer dialogar los contextos, proposición que participa de la esencia de una poética que se funda, entre otros factores, en el acercamiento de los extremos.

En su prólogo a *Écue-Yamba-Ó*, el escritor evoca la prohibición social que los negros representan en la época y la deuda que él contrae con ellos:

> El viejo Luis, Usebio y Salomé –y también Longina, a quien ni siquiera cambié el nombre– supieron recibirme, a mí, muchacho blanco, a quien su padre, para escándalo de las familias amigas "dejaba jugar con los negritos", con señorial pudor de su miseria, en bohíos donde la precaria alimentación, enfermedades y carencias se padecían con dignidad... (11)

Frente a la doble distancia racial y social, emerge o se elabora entonces un primer factor de proximidad, forzado por la utilización de una lengua común.[2] Dos elementos que pesan fuertemente en la elaboración de una imagen del otro. El negro entonces no resulta tan extranjero como parece o como las amistades de la familia quieren hacerlo parecer. ¿Por qué entonces se tendría que convertir en el punto focal de las proyecciones carpenterianas? Todo indica que esta primera cohabitación marcó mucho al joven Carpentier. Habla de su en-carcelamiento, de aprisionamiento, para escribir sobre un otro de quien no ha acabado de captar todos sus códigos y elementos culturales, pese a las búsquedas en el terreno, la frecuentación asidua de los *ghetttos* negros que gravitan alrededor de La Habana. De ahí, el deseo –la necesidad, después– de rectificar en sus otras obras, de corregir en cierto sentido el tiro. De eso habla también en *La novela latinoamericana en vísperas de un nuevo siglo*. Todo dimanaría pues, de esa relación con el negro en su infancia, un elemento sobre el que se injerta la "moda del primitivismo", traída de la lejana Europa. Descubrimiento de la alteridad, pero al propio tiempo, descubrimiento del racismo de las amistades cercanas y del espíritu de tolerancia familiar. No hay que descartar la idea de un distanciamiento muy temprano entre dos actitudes, la intolerancia y la tolerancia, lo justo y lo injusto. De donde se genera un sentimiento de malestar, incluso de culpabilidad que no hay que excluir. ¿Por qué y en nombre de qué, él, nacido de padres extranjeros tendría que ser aceptado mejor que el negro, nacido y criado en Cuba desde siglos atrás? ¿Por qué sus padres, que llegaron mucho tiempo después, gozarían de todos los derechos y el negro no? Entretanto, el adolescente ha descubierto por demás el folclor afrocubano, y por un proceso psicológico clásico, ha asumido la postura contraria a lo proscrito social, llegando así a una visión imagen del negro situada en el otro polo de la que transmite el imaginario social blanco. Al negro ya no Calibán, sino Ariel.

Quiero citar nuevamente a Octave Mannoni, para quien esas proyecciones "sont nos désirs et nos craintes les plus élémentaires et les plus cachés. C'est le bien et le mal originels, non pas tels qu'ils apparaissent à un philosophe, mais

---

[2] Carpentier también habla francés, pero no en momentos de recreación ni entre personas que no lo entienden.

comme un enfant peut les voir en rêve" (citado en Moura 288). Esas nociones del bien y el mal están muy presentes en Carpentier quien, como veremos más adelante, habla del principio maniqueísta que regula el mundo. El negro vendría a cristalizar esas proyecciones. Más el negro que el indio, ausente físicamente de Cuba; el negro con quien se codeó durante la infancia. A medida que crecía, su obra estaba llamada a convertirse en el verdadero lugar de aproximación con el objeto otrora prohibido, fuera de las falsas apariencias. Fuera también de la mala conciencia que podría remorderle a él, pequeño burgués blanco. El espacio donde las diferencias sociales y raciales con ese negro de los orígenes se borrarían, puesto que asumiría su defensa contra todas las injusticias. Esta función catártica del arte, del teatro en particular, que pone en escena al otro, la subraya el personaje del amo en *Concierto barroco*:

> También sirve [el teatro] –y esto lo escribió un filósofo antiguo– para purgarnos de desasosiegos ocultos en lo más hondo y recóndito de nuestro ser... Ante la América de artificio del mal poeta Giusti, dejé de sentirme espectador para volverme actor. [...] Y, de pronto, me sentí como fuera de situación, exótico en este lugar, fuera de sitio, lejos de mí mismo y de cuanto es realmente mío... *A veces es necesario alejarse de las cosas,* poner un mar de por medio, *para ver las cosas de cerca.* (96-7)

Todo está en esa cita, aunque no se refiera directamente a la relación con el negro: la función catártica del arte, el uno mismo que vamos a buscar lejos, etc. Carpentier es por lo tanto muy consciente de ello; cuando él participa de su identidad, el negro es un revelador, cuando no *el* revelador, de esa identidad. Penetrar su mundo *ghetto* es una cierta forma de acceder a la cubanía. Ese parámetro es muy importante para comprender el interés carpenteriano y el papel fundamental del negro en su obra y su pensamiento. Además, ante la mirada del otro,[3] comparte con el negro una condición en muchos sentidos idéntica: su pertenencia a la comunidad no es "natural". Su acento afrancesado, que muchas veces se vio forzado a explicar (*La novela* 88), podía hacerlo parecer extranjero en ocasiones. De suerte que cuantos más elementos de la cultura cubana poseyera, sería menos considerado como ajeno. Juan Marinello, uno de sus compañeros de ruta lo explicaba así:

> Tenido en La Habana como extranjero [...] vivió entre nosotros una peregrina indefinición: lo criollo le atrajo poderosamente; sintió de cerca lo africano trasplantado a la isla, el son mulato, el tono colonial, pero no pudo redimirse de la extranjería. Impelido por su sed artística y su hambre inquisitiva trabó contacto con nuestros negros y frecuentó cabildos y bembés. Los vio por dentro, pero no se metió en ellos; les sorprendió el perfil, les robó el acento, no les llegó a las vísceras recónditas. (171)

---

[3] En este caso preciso, el blanco cubano llamado "de pura cepa".

Esa bulimia de conocimientos se presenta como el bautismo de fuego de quien trata de hacerse aceptar y debe demostrar permanentemente su pertenencia a una comunidad. Pero digo más, no es ocioso ver en la postura del autor un acto de solidaridad con los "marginados" de la sociedad cubana. Ciertamente, echando a un lado la cuestión del ligero acento, el blanco Carpentier logra hacerse aceptar más fácilmente que el negro, pero no es menos cierto que hay una cierta similitud entre sus dos situaciones: se reivindican como cubanos, pero no se les acepta espontáneamente como tales. Carpentier se dedica entonces a demostrar que la cubanía, la americanidad, no tropieza con una visión tan rígida y mezquina. Lo mismo hace José Martí, de origen español, antes que él. Toda su obra se presenta como la voluntad y la ilustración de una América mestiza capaz de absorber, de integrar sin rubores todos los ingredientes de su identidad.

2. Identidad y americanidad

En resumen, esa simpatía por el negro es en un primer momento la de un escritor blanco en pos de su propia identidad. La puesta en escena del otro tiene entonces una función claramente identificada: la de revelarse a sí mismo. "Toute littérature qui réfléchit sur les fondements de son identité, même à travers la fiction –nos explica D.H. Pageaux– véhicule, pour se construire et se dire, les images d'un Autre ou de plusieurs Autres: le spéculatif se change en spéculaire" (73). Ese paso del otro al uno, lo hemos visto, no es del todo sorprendente en el caso de Carpentier: a la vez por su historia personal, por la historia y también porque no lo desea.

De padre bretón y madre rusa que estudiaba medicina en Suiza, oriundo de un país que no es ni del uno ni de la otra,[4] Carpentier parece destinado a ser motivo de cuestionamientos de orden identitario. Además, en Cuba hay gente de todos los orígenes geográficos y culturales, entre éstos el negro y su "africanía". Se trata, pues, de darse unidad a sí mismo, y a todos esos componentes de los cuales se impregna el autor. En esta perspectiva, la alteridad negra puede desempeñar un papel de primer orden. "La fabrication d'une *persona* africaniste est réflexive; c'est une extraordinaire méditation sur le soi; une exploration vigoureuse des peurs et des cris qui habitent la conscience de l'écrivain. C'est le révélateur stupéfiant des nostalgies, des terreurs, des perplexités, des hontes, des magnanimités" (37). En suma, el conocimiento del otro, en este caso del negro, permite al autor cubano, dicho con palabras de Toni Morrison, "d'ordonner un chaos extérieur et intérieur". Sin embargo, más allá del registro personal, el negro le sirve de apoyo a un discurso cultural más amplio: la construcción de la americanidad.

---

[4] Su nombre en español recuerda la locución "a lo lejos", que relacionamos con el hecho de que nacería en cierta forma lejos de sus verdaderas raíces, pues sus padres eran europeos.

Cuando nace Carpentier, Cuba justamente está saliendo del conflicto colonial con España, que la coloca bajo la tutela estadounidense. La historia se presenta como si fuese el fundamento mismo de la americanidad. Es ella la que en circunstancias ya sabidas, ha reunido en el mismo espacio sus diversos componentes; la que ha hecho del continente americano un mundo, a los ojos de Carpentier, tan diferente de los demás –y sobre todo de Europa– que le permite desempeñar un papel único en la aventura humana. Es el lugar –en este nivel el mundo caribeño se destaca ante todo como laboratorio de la americanidad– de

> la primera simbiosis, del primer encuentro entre tres razas registrado en la historia que, como tales,[5] no se habían encontrado nunca [...] Por lo tanto, una simbiosis monumental de tres razas de una importancia extraordinaria por su riqueza y su posibilidad de aportaciones y que habría de crear una civilización enteramente original. (*La novela*)

No obstante, Carpentier es consciente de que la simbiosis de la que habla es tanto un deseo como una realidad. El encuentro de esas culturas diferentes ciertamente generó una especificidad americana, latinoamericana y caribeña, pero también una jerarquización de los diferentes aportes. A la vez, pese al conflicto resultante de la colonización, y a causa de él, y también de la aculturación de las élites, Europa se presentó durante mucho tiempo como el único modelo de cultura. Eso explica la postura tan polémica de Carpentier frente al imperialismo cultural occidental, europeo y norteamericano.[6] No se trata por supuesto de renegar de ese aporte –véase en este sentido *La novela latinoamericana en víspera de un nuevo siglo*–, sino de recuperar al otro, pariente pobre dejado a un lado, y construir la americanidad sobre nuevas bases de integración. En el plano personal, esa historia capaz de integrar tantas diversidades estaría en condición de permitirle recuperar la suya.

¿Cuál sería el aporte del negro en ese crisol identitario? A ese nivel, retomamos dos de los tres elementos de la conclusión a que llegó Toni Morrison en su estudio sobre la alteridad del negro utilizada por autores blancos. Permite mostrar, por una parte, que ya América no es esclava, sino sencillamente libre. Libre para construirse en cierta medida una identidad propia. *El reino de este mundo*, *Écue-Yamba-Ó* y también *La consagración de la primavera*, *Concierto barroco*, *El siglo de las luces* lo demuestran bastante bien; es la búsqueda de la libertad de todo un continente en el sentido literal del término, y de la igualdad de derechos. Por otra parte, que América no carece de historia sino que es histórica. Esto lo demuestran etapas precisas como la esclavitud, la libertad, la independencia,

---

[5] En el caso de Cuba, convendría añadir el aporte chino, sobre el que Carpentier insiste mucho en *Écue-Yamba-Ó*.

[6] Véase López.

las dictaduras y la lucha de los pueblos contra esas dictaduras, hasta la revolución socialista. La historia, unificadora, se inscribe así como conciencia y como identidad. El negro está presente en cada una de esas etapas, pero a los ojos de Carpentier, su papel en el plano cultural es todavía más importante.

Es en el fondo gracias a él, a su africanía, que América en lugar de verse circunscrita a un papel de calco cultural de Europa se ha convertido en ese lugar de encuentro "único" entre varios momentos de la historia de la humanidad. De un lado, hallamos el mundo llamado moderno y del otro, el tradicional, considerado como primitivo, del negro. Entonces, ¿se comprende que Carpentier haya tenido necesidad de detenerse en las cosmogonías y mitologías del vudú y la santería? ¿Acaso América no es Europa? De hecho lo es, y al mismo tiempo, es más. No solamente puede igualarse desde el punto de vista tecnológico, científico, sino en el plano cultural; posee lo que Europa perdió: el sentido de lo sagrado, la relación con la naturaleza que el negro y el indio han conservado.

Frente a la élite, blanca en su mayoría y aculturada en su conjunto, el negro primitivizado deviene el fermento y el garante de la autenticidad cultural americana. La obra de Carpentier obedece en buena medida a esa estrategia. Retrata una confrontación cultural entre dos mundos bien distintos como en *El reino de este mundo* (Ogún Badagri vs. Diosa Razón) o a través de dos individuos (*Concierto barroco*), que muchas veces significa ventaja para el negro, no percibido en su raza sino en su americanidad. Por ejemplo, el rey Christophe, quien padece el complejo del colonizado, perderá la faz en el enfrentamiento manteniéndose fiel a las creencias ancestrales (*El reino de este mundo*). El amo reconoce sus errores (*Concierto barroco*). Lo que resulta de ello es la búsqueda del mestizaje, la necesidad absoluta de revisitar la vieja cultura dominante inyectándole dosis de la cultura dominada del negro. Al propio tiempo, se trata de otorgar derecho de ciudadanía a esta última, de hacerla salir del *ghetto*, del cimarronaje obligado, y llevarla a la escena. A la vista y a sabiendas de todo el mundo. Sólo de esta manera se llegará al mestizaje saludable, parece decir el escritor. Eso intentan, según Carpentier, Vera y la revolución (*La consagración de la primavera*). Y si la sirvienta de la tía de Enrique se incorpora a la revolución, no por eso deja de usar la ropa que requiere tal o cual canon de la santería.

En esta confrontación cultural el negro siempre tiene una condición social desfavorecida, evidente en los personajes de Ti Noël y de Filomeno, muy distantes del modelo cultural europeo. Es como si su condición social los protegiera de cualquier riesgo de alienación presentándolos de cierta manera como los garantes de la americanidad. Una vez que empiezan a ascender en la escala social, se alejan de sus raíces, de los verdaderos valores de la americanidad. Cuando Henri Christophe pasa de la condición de cocinero a la de rey, se convierte en un coloso con pies de arcilla e impone a su corte las costumbres europeas –ridiculizadas por el narrador– que acaban por precipitar su caída.

En suma, Carpentier se apoya en la alteridad del negro para elaborar un discurso identitario capaz de unificar un doble caos interno y externo. En el primer caso, la hipótesis se confirma en *La consagración de la primavera* con la idea del doble narrador que de un solo tajo corta las ideas realistas que los demás personajes plantean. Podemos leer igual simpatía en la de un blanco que busca su propia identidad y que se proyecta en el otro para hacerlo fermento de esa identidad. En el aquí y ahora de la realidad americana –y éste es el segundo aspecto de la problemática– la ideología carpenteriana hace del negro bárbaro esa extremidad de sí mismo, uno de los componentes esenciales de su identidad americana. Bien mirado, semejante visión lo fija en algo casi definitivo, esencial (en el sentido literal del término) que le sería específico. No estamos muy lejos del estereotipo.

No obstante y apesar de ser contradictorio respecto del objetivo perseguido, incluso negativo, la imagen del negro no es otra cosa que síntesis en la ideología carpenteriana. Intenta conciliar dos, varios contextos situados en oposición. De hecho, coloca al negro en una doble temporalidad; una histórica, evolutiva; otra definitiva, permanente, esencial, en una palabra. Ahí notamos una clara tendencia que toca a algo de evasivo, de inaccesible, no obligatoriamente en el sentido de positivo y negativo, sino de una transformación en algo distinto, que sería la americanidad.

3. Un discurso ético

La alteridad negra sirve asimismo de pretexto para un discurso ético que abarca las nociones de justicia, de bien y de mal, y una meditación sobre la humanidad en general. De ahí la importancia del concepto de "maniqueísmo" en Carpentier, concepto que, por lo demás, se toma el cuidado de definir personalmente como si quisiera evitar cualquier ambigüedad hermenéutica de su propia obra:

> [...] el maniqueísmo [...] puede enfocarse de dos maneras.1 De modo general. El mundo es el teatro de una perpetua lucha entre el Bien y el Mal, la Luz y las Tinieblas, Ormuzd y Archiman (concepto que hallamos en casi todas las religiones del globo); 2 Hay un maniqueísmo, de lucha individual, entre el Bien y el Mal, situado dentro del hombre lo que hace que el "personaje maniqueo" no sea el personaje tallado de una sola pieza [...], sino el personaje complejo, alternativamente dominado por pasiones contradictorias. (*La novela* 27-8)

Esta noción de maniqueísmo, vinculada a las de "compromiso polìtico" y de "melodrama", participa de la propia ideología del escritor como cronista, historiador de su tiempo. Para Carpentier, la historia no es sino la crónica de una lucha interminable entre el bien y el mal , entre opresores y oprimidos. Y en esa lucha hay que elegir de qué lado estar.

Por su parte, instintivamente, "[sus] simpatías van siempre hacia la causa de los oprimidos". Entonces se entiende el interés que representa la alteridad negra en su visión del mundo. Le aporta a la vez una cosmogonía que viene a corroborar su concepción de la vida como teatro de una lucha permanente entre el bien y el mal, e ilustra por su cuerpo, por su propia historia, esa visión de las cosas. Le permite así desarrollar un discurso sobre la noción de justicia en la historia y la evolución de la humanidad.

La ideología colonialista ha hecho del negro un ser congénitamente inferior. Sería en su papel de esclavo donde tendría que estar. Pero Carpentier lo ve como víctima. La estrategia carpenteriana, sin lugar a dudas, se define a partir de un imaginario social generador, en gran medida, de representaciones negativas de la alteridad negra. Por eso para el escritor cubano se trata de combatir esas representaciones produciendo lo que podríamos llamar contra-representaciones positivas. Para ello, el autor se apoya en procedimientos como la teatralización, la utilización "especular" de los estereotipos, la explosión del marco espacial –que, por desgracia, no tenemos oportunidad de abordar aquí. Muestra una imagen plural del negro que, en un primer tiempo, se coloca en la categoría de las representaciones utópicas, puesto que viene a impugnar la representación del negro que transmite el imaginario social. Se trataba para Carpentier de reparar los errores de la historia, de sustituir la ideología colonialista por otra cuyo objetivo fuera construir sobre nuevas bases el grupo impugnado, con el aporte del otro rechazado históricamente y que ahora se convierte en una de sus piedras angulares.

Esa idea se expresa en *Concierto barroco* y más claramente en *La consagración de la primavera*. Cuando regresa a Cuba, a raíz de la revolución, el personaje de Enrique, feliz de ver que a los negros se les admite en todas partes, hace la siguiente reflexión: "Era tiempo ya de que nuestros burgueses pagaran una larga deuda pendiente con los nietos de quienes habían cimentado su fortuna bajo la tralla de los mayorales..." (435).

Al propio tiempo, al hacer justicia al negro, Cuba retoma su lugar en el concierto de las naciones. A ese nivel, el autor ya no rechaza el modelo europeo, y más específicamente parisimo: no encontramos en él –escribe– barberías para negros; una pareja mixta puede casarse allí frente al señor alcalde... No solamente la esclavitud en sí ha sido una negación de la humanidad, sino que ese período ha terminado de una vez por todas. Se trata para Cuba de voltear la página al reparar la injusticia, lo cual, de todos modos, no le puede ser más que beneficioso: "Jamás este país podría avanzar al ritmo de la época, si seguía arrastrando el peso muerto de un enorme caudal de energía inutilizada" (435).

Cuba y, de rebote, la América entera, deben alinearse adoptando los "códigos de comportamiento [...] universal" que hacen adultas y civilizadas a las naciones. Ése es el sentido primero de la justicia racial. De pronto, el novelista reintegra al negro, animalizado, reificado por la esclavitud, a la humanidad.

Y dicho esto, Carpentier se niega a atenerse a la sola noción de raza. Su humanismo marxista no se aleja demasiado del criterio de Sartre que veía en los negros al proletariado mundial. En Cuba, antes de la revolución castrista, eso no era un simple punto de vista, sino una realidad. La noción de justicia social permite al autor cubano llegar al concepto asociado de clase/raza para finalmente trascenderlo cuando toma en cuenta a los desposeídos, los oprimidos de los que habla en *La novela latinoamericana en vísperas de un nuevo siglo,* mezcladas todas las razas. En este sentido, el discurso de Carpentier es político. De ahí, en *La consagración de la primavera,* el anhelo de revolución como lo único capaz de cambiar el *statu quo.* De cambiar, pero no en el sentido de "cambiar de casaca", sino de reorganizar un mundo caótico, de restablecer el equilibrio social, de dar a todos y a cada uno la posibilidad de afirmarse en la sociedad. En *La música en Cuba* Carpentier insiste mucho en la proscripción que golpea al negro, en cierta etapa de la historia de Cuba, y que le impide ascender en la escala social. Semejante injusticia es lo que vendría a reparar el verdadero espacio utópico que para él es la revolución. De ahí, la busqueda de Ti Noël, el anhelo de Filomeno y la acción de Calixto.

El discurso de Carpentier no es sólo ético y político. De manera general, se inscribe en una reflexión más amplia sobre la humanidad, a la que la alteridad negra sirve de "soporte". Si en *La consagración de la primavera,* Vera, Gaspar y Enrique se cuestionan los códigos de comportamiento social que deben adoptar respecto del negro, la actitud justa para ellos no ofrece lugar a dudas. Sostienen un discurso que trasciende no solamente el marco de su microcosmos social, sino también el de Cuba. De hecho, se preguntan acerca de cómo vivirían juntos negros y blancos, y cómo el hombre ha de aceptar su diversidad. De la mutua aceptación surgiría una humanidad enriquecida, crecida. Ahí está todo el sentido del discurso carpenteriano: el mestizaje para una humanidad otra.

Por último, si vamos a concentrarnos en los personajes negros, la lucha de Ti Noël, la búsqueda de Filomeno, ¿dan acaso a Carpentier la oportunidad de cuestionar el sentido de la vida en el reino de este mundo, como se pregunta Ti Noël en relación con otras gentes a quienes no va a conocer? Algunos han creído ver en esta pregunta metafísica que figura al final de *El reino de este mundo* una respuesta pesimista de Carpentier. Pero, ¿no querría el autor, por el contrario, subrayar la nobleza de la naturaleza humana en su capacidad o en su voluntad de luchar para mejorar la especie y un planeta que de todas maneras tendrá que abandonar? Esa "gratuidad" de la lucha es lo que distingue al hombre del animal. No es un simple combate por la supervivencia personal, sino por la grandeza de la especie humana.

Por su parte, Filomeno en *Concierto barroco* se plantea preguntas similares: ¿qué le quedará al hombre cuando haya explorado toda la galaxia? La luna ya visitada por los humanos no es más que un montón de piedras que remiten al hombre a sí mismo. A fin de cuentas, poco importa que el hombre luche por gente que nunca conocerá. Eso no es lo esencial. Lo esencial es tratar de mejorar la parte que le tocó en el reparto, la propia condición de la especie. Es en este sentido que el dicurso de Carpentier es humanista. Doblemente humanista porque reivindica, porque proclama la humanidad del negro a la par que remite al hombre a sí mismo, a lo esencial. Como para decir: "Quizás sería bueno visitar la luna, pero no olvidemos al hombre".

La utilización de una alteridad negra constituye un elemento bisagra en la ideología carpenteriana. Es a la vez apuesta y pretexto. Pretexto para un discurso identitario, político y humanista. De él se desprende una imagen reflexiva y una "primitivización" del negro que le permiten ser al hombre Carpentier. La temática recurrente de la teatralización, por ejemplo, remite a una real puesta en escena de un personaje pretexto que necesita el novelista para reflexionar a la vez sobre su identidad y sobre el destino. En un segundo tiempo, la alteridad negra le ofrece la oportunidad de proponer una meditación sobre la humanidad, sobre los límites del hombre y el sentido de la vida. Es a ese nivel que Carpentier hace intervenir la historia como identidad. Desde 1492, como la relación con la raza está socialmente determinada en tierras de América, el negro presentado por la historia en primer lugar como víctima, se convierte después en libertador no sólo de sí mismo, sino de los demás. De manera que va más allá de lo político. Asumido en una reflexión acerca del destino, es el nuevo Cristo que asume todas las cargas de los hombres. En resumidas cuentas, entre mesianismo y revolución, es el abanderado de un nuevo humanismo, un humanismo mestizado como lo sueña Carpentier, quien simbólicamente se ha metido en la piel del negro, a quien confía una misión cultural y humanista.

Y dicho esto, pese a la riqueza documentaria que proporciona la obra de Carpentier sobre la alteridad negra, no es menos cierto que sólo representa una visión del escritor. La alteridad, como escribe Moura "ne peut [pas] être cernée par l'écriture, mais seulement approchée par des récits qui en captent les bribes étranges, sans jamais les rassembler en une cohérence signifiant sa clôture".

Traducido del francés por Lourdes Arencibia Rodríguez

Bibliografía

I. Primaria

Carpentier, Alejo. *Écue-Yamba-Ó* [1933]. La Habana: Letras Cubanas, 1977.

_____ *La música en Cuba* [1946]. La Habana: Letras Cubanas, 1988.

_____ *Concierto barroco* [1974]. La Habana: Letras Cubanas, 1975.

_____ *La consagración de la primavera* [1978]. La Habana: Letras Cubanas, 1987.

_____ *La novela latinoamericana en vísperas de un nuevo siglo y otros ensayos*. Madrid: Siglo XXI, 1981.

II. Secundaria

López, François. "Afirmation polémique de l'americanité dans l'œuvre de Carpentier: un noyeau générateur et un systeme de pensée esthétique". *Hommage à Alejo Carpentier.* Jean Lamore, ed. Bordeaux: Presses Universitaires de Bordeaux, 1985.

Mannoni, Octave. *Prospero et Caliban. Psychologie de la colonisation*. París: Seuil, 1950.

Marinello, Juan. *Literatura hispanoamericana.* México: Universidad Nacional, 1957.

Morrison, Toni. *Playing in the Dark*. París: Bourgois, 1993.

Moura, Jean-Marc. *L'Image du tiers monde dans le roman français contemporain.* París: P.U.F., 1992.

Pageaux, Daniel H. *La littérature générale et comparée*. París: Armand Colin, 1994.

Savarese, Erick. "La femme noire en image. Objet érotique ou sujet domestique". *L'Autre et nous: "Scènes et types". Anthropologues et historiens devant les représentations des populations colonisées, des "ethnies", des "tribus" et des "races" depuis les conquêtes coloniales.* Nicolas Bancel, Pascal Blanchard, Stéphane Blanchoin *et al.* París: Syma/Achac, 1995.

La consagración de la primavera y la guerra de España

Julio Rodríguez Puértolas

Como es bien sabido, ya antes de la Guerra Civil (1936-1939), Alejo Carpentier había visitado España en varias ocasiones y había hecho amistad y compañerismo con escritores, artistas e intelectuales, por lo general progresistas.[1] Viajó de nuevo a España en plena contienda, en julio de 1937, como participante en el II Congreso Internacional de Escritores en Defensa de la Cultura, o más sencillamente, de Escritores Antifascistas (día 4, Valencia; 5-8, Madrid; 10, Valencia; 11, Barcelona; 16-18, París).[2] Federico García Lorca había sido fusilado en su Granada ya en agosto de 1936. Carpentier llegó a Barcelona el 3 de julio, con un grupo de escritores en que figuraban Pablo Neruda, Octavio Paz, Carlos Pellicer, Juan Marinello, Félix Pita Rodríguez, André Malraux y Stephen Spender, entre otros muchos. El programa incluía diversos actos en la capital catalana, la inauguración oficial en Valencia el día 4 de julio y una visita al Madrid asediado y a sus defensas. Fue precisamente en Madrid y el día 8 de dicho mes cuando Carpentier escribió un saludo a las Juventudes Sociales Unificadas, publicado, junto con otros semejantes de varios congresistas, en *Ahora*, periódico de dicha organización: "¡Vivan las juventudes españolas, que ofrecen al mundo, actualmente, el más hermoso espectáculo de dignidad y fuerza, de abnegación y heroísmo!"

---

[1] Sobre estos viajes, *cf. Bajo el signo de la Cibeles* y *Crónicas de España (1925-1937)*. También mi introducción a *La consagración de la primavera* y Rodríguez Puértolas.

[2] *Cf.* Carpentier. *Crónicas* II, 205-44; *Bajo el signo*, 133-76; mi introducción, 20-3. También Carpentier. *Entrevistas*, 459-60; Aznar y Schneider: *II Congreso Internacional, passim.*

Este viaje a la España en lucha de 1937 habría de marcar la vida y la obra de Alejo Carpentier; así lo recuerda él mismo cuarenta años después:

> En 1937 volví a España también, pero en circunstancias muy distintas, como ya dije. Había estallado la Guerra Civil. Se peleaba en las calles de Madrid. *La Maison de la Culture*, que dirigía Louis Aragon, convocó a un congreso de escritores en Madrid. Integraban la delegación cubana Marinello, Nicolás Guillén, Pita Rodríguez, Leonardo Fernández Sánchez y yo. Yo viajo desde París con César Vallejo, Malraux, Marinello y Pita. En Valencia recibimos nuestro bautismo de fuego la misma noche que llegamos; la aviación fascista bombardeó la ciudad; las bombas estremecían el hotel. Mi compañero de cuarto dormía en la cama sin hacer caso de las bombas. "No va a pasar nada", me dijo, y volvió a meterse debajo de la colcha. Era el escritor Lukács. Madrid estaba cercada por los moros, se combatía en la Ciudad Universitaria y todos los campos que rodeaban la capital estaban atrincherados. Los bombardeos eran diarios; tres veces al día, indefectiblemente, venía a bombardear la aviación de Franco. Bajo ese clima se efectuó el Congreso, que fue un llamado a la defensa de España, a la libertad y a la lucha contra el fascismo. Los intelectuales del mundo intentamos alertar la conciencia del hombre contra el peligro que se avecinaba. (Leante 65-6)

Los congresistas se desplazaron por carretera –la famosa "carretera de Valencia" de los romances de la guerra– hasta Madrid. Antes de llegar, la expedición se detuvo en el pueblo de Minglanilla, en la provincia de Cuenca, donde, según Carpentier y otros, como Corpus Barga, tuvieron una de las más emotivas experiencias del viaje. Fue primero un espontáneo e improvisado coro de los niños de la escuela, en su mayoría refugiados de guerra. En la plaza del pueblo, los campesinos fraternizaron con los intelectuales antifascistas; véase una de las escenas narradas por Carpentier:

> Una anciana, arrugada en grado increíble, con un pañuelo oscuro plegado sobre canas bien peinadas, se me acercó, y me dijo estas palabras que no olvidaré jamás: // –¡Defiéndannos, ustedes que saben escribir!... // ¡Nunca me sentí tan humillado como en aquel instante, dándome cuenta de lo poco que significaba el "saber escribir" ante ciertos desamparos profundos, ante ciertas miradas de fe, ante el oscuro anhelo de mundos mejores que palpita en el alma de estos campesinos castellanos, para quienes –debo afirmarlo categóricamente– su adversario cobra figura de Anticristo...!

Una vez en Madrid, Carpentier recorre la ciudad asediada y bombardeada:

> ¡Por fin en Madrid!... ¡Ciudad querida, ciudad acogedora como brazos de mujer amada! [...] ¿Cómo penetrar en tus entrañas martirizadas sin sentir el gran nudo de la congoja atravesándose en nuestra garganta? [...] El cañoneo es constante. Se vive perennemente en el filo de la muerte. En cualquier instante los obuses enemigos pueden penetrar en vuestra casa, llevarse vuestro balcón, abrirle un nuevo hueco a la torre de la Telefónica –llamada por los madrileños "el colador"–, matar al pobre empleado que sale de una estación

> de metro, echar abajo una iglesia, llenar vuestra sopera de cristales rotos... En tales circunstancias, los madrileños han optado por la más heroica resolución: *viven como si nada ocurriera.* Han abolido el luto. ("España")[3]

El comienzo mismo de *La consagración de la primavera* nos lleva ya a la guerra de España, una realidad con la que Vera, la protagonista, se encuentra en verdad a bocajarro. En efecto, en el túnel que al salir de Francia se abre al otro lado de la frontera –túnel de obvio significado simbólico– se escuchan las explosiones y se siente incluso la onda expansiva de las bombas arrojadas por aviones italianos, al servicio del general Franco, que operan desde la isla de Mallorca. En una pared de la desvencijada estación española de Port-Bou, "había un olvidado cartel del turismo internacional donde un kanguro se perfilaba, como presto a saltar, en una vasta pradera ornada de flores amarillas: *Pase sus vacaciones en Australia.* Otro, con presencia de máscaras, gigantes y cabezudos: *Le Carnaval de Nice*" (102). Ese cartel, cuando más tarde sale Vera de España hacia París, ha sido sustituido por otro "que ahora mostraba un cadáver de niño: *Defended Madrid*" (289).[4] Y, ya en el exterior de la estación,

> mujeres vestidas de negro, hombres vestidos de negro, varios enfermeros, soldados o milicianos, no sé...–, que corren, gritan, se afanan, en torno a un cráter abierto en roca gris, entre casas destruidas, de paredes rajadas, humeantes aún –ignoro si de cales o de fuegos– largando una teja, todavía, por los aleros medio desplomados. Hay heridos –o muertos– ya que varias camillas levantan cuerpos cubiertos de sábanas, de frazadas, de manteles. Y, detrás de las camillas, los que sacan cosas del hoyo: una silla de mimbre, un retrato en marco dorado, un santo descabezado, un caballito de balancín, una cómoda que llegó, casi intacta, al fondo... [...]
>
> Miro nuevamente hacia el cráter donde empiezan a vomitar sus aguas turbias los rotos caños del alcantarillado. Detrás: "*La mer, la mer, toujours recommencée*"... Y yo no sé por qué me parece ahora que el mar no es ya, aquí, el que dejamos atrás en Cerbère: "La muerte, tan fácil y tan difícil", creo que dijo alguna vez Paul Éluard.[5] Al borde de la hoya, de la herida hundida en el suelo, un caballo despatarrado, de vientre abierto, saca una cabeza agónica, relinchante en vagidos, mostrando una enorme dentadura que parece pedir ayuda –desesperada ayuda– a quienes por tanto tiempo lo domaron, montaron y espolearon. Al fin muere, braceando en sus tripas derramadas. Es el caballo de Guernica. El caballo de Picasso que acabo de ver en París, junto a la *Fuente*

---

[3] Carpentier. "España bajo las bombas", III, *Carteles*, (10 octubre 1937). *Crónicas* II, 225-235.

[4] *Cf.* nota 14 de mi edición. El cartel australiano lo menciona Carpentier en una conferencia de 1939 como visto en España en uno de sus viajes anteriores, y no en Port-Bou, sino en Dueñas, provincia de Valladolid.

[5] La cita pertenece al poema "La victoire de Guernica" (*Cours Naturel*, 1938). En breve espacio, el texto va desde una evocación literaria, a una realidad (el caballo muerto), a una evocación pictórica y, por fin, a la Exposición Universal de París (1937) y algunos de sus contenidos.

> *de Mercurio* de Calder, en un Pabellón de España impresionante, lo reconozco, por su desnudez, su altiva pobreza, junto a los declamatorios alardes de un Pabellón de Italia, rastacuero, fanfarrón y operático, centrado en una estatua ecuestre de Mussolini, vestido de clámide, con ceño de Julio César y gesto de tenor que en La Scala rematara, en do de pecho, un final de acto con coro de centuriones y gran despliegue de figuración... Aquí empiezo a entender mejor el caballo de Picasso, ahora que me hallo donde se vive en su contexto de Apocalipsis.

Poco después, Vera, camino de Benicassim (en la costa de Castellón, hacia donde se dirige para encontrarse con su amante francés, Jean-Claude), hace noche en Valencia. Tras una extraordinaria descripción de la ciudad y del bombardeo de ésta, Vera se refugia en un teatro en que se está representando una obra de García Lorca, *Mariana Pineda*. El hecho es histórico, y tuvo lugar en la noche del 4 de julio de 1937, en el Teatro Principal de Valencia, con la asistencia de los participantes en el Congreso de Escritores Antifascistas –Carpentier entre ellos– y sin que faltara el acompañamiento de los aviones franquistas. Luis Cernuda hacía el papel de Don Pedro, el amante de la heroína; Mariana Pineda era Carmen Antón; la dirección corría a cargo de otro poeta, Manuel Altolaguirre (109-12 y 143). Carpentier incluye algunos fragmentos del texto de Lorca, como las estrofas finales de la obra, de tan evidente actualidad en el momento novelado:

> ¡Yo soy la Libertad porque el amor lo quiso!
> ¡Pedro! La Libertad, por la cual me dejaste.
> ¡Yo soy la Libertad herida por los hombres!
> ¡Amor, amor, amor y eternas soledades!
> ¡Oh, qué día triste en Granada,
> que a las piedras hacía llorar,
> al ver que Marianita se muere
> en cadalso por no declarar!

Será esa extraña noche cuando Vera se encuentre con el cubano Enrique; los destinos de ambos acabarán uniéndose con el triunfo de la Revolución Cubana. Enrique, brigadista internacional –como Jean-Claude, convaleciente en Benicassim– proporciona a Vera y al lector diversos *flashes* de la guerra de España, como la batalla de Brunete (julio de 1937; nótese que la cronología no es estrictamente ortodoxa). Asimismo, el cubano explica a la rusa algunas cosas acerca de España, la Madre Patria:

> "Demasiado insisten algunos en hacernos reverenciar una 'Madre Patria' que, como tal, tiene sus altibajos. Porque, como madre, puede quererse si se llama Mariana Pineda; no, si se trata de Doña Perfecta. Madre, si se me casa con Don Quijote o con Pedro Crespo; no, si se me abre de piernas ante cualquier General Centellas... Pero tú, seguramente, nunca has oído hablar de Pedro Crespo ni de Doña Perfecta"... Protesto, recordándole que en Benicassim me

espera un hombre que a fondo conoce la literatura española y me enseñó a amarla [118].

Enrique utiliza grandes personajes de la literatura española para ejemplificar su concepto de Madre Patria, de manera positiva en el caso de la Mariana Pineda de García Lorca o de las hipotéticas esposas de Don Quijote y de Pedro Crespo (el calderoniano alcalde de Zalamea), y de manera negativa en el caso de la Doña Perfecta de Galdós o de la que se entregue al "General Centellas" de turno. Será también Enrique quien más adelante mencione cómo le llegó,

> un 17 de julio, la noticia del levantamiento de la legión española en Marruecos, bajo el mando de un –para mí obscuro– general Franco. Luego los acontecimientos de Madrid: la toma del Cuartel de la Montaña; el pueblo armado que marcha sobre Alcalá y Toledo. Sublevaciones militares (¡decididamente la Madre Patria se nos estaba latinoamericanizando!...) en Canarias y las Baleares. Resistencia en Asturias. Un tal Queipo de Llano –nombre ayer desconocido– alzado en Sevilla, desde donde nos hacía saber, en emisión cotidiana, que si ayer había bebido cognac, hoy tomaría manzanilla. Se organiza la resistencia en la capital. Los facciosos se apoderan de Málaga [Málaga no cayó en manos fascistas hasta el 8-2-1937] y de Córdoba. Y, ante el horror del mundo, el asesinato de Federico García Lorca. No era sino la muerte de un poeta –es decir: del más inerme, del más inofensivo, del menos peligroso de todos los seres humanos. Y sin embargo, las balas sobre él disparadas penetraron también en las carnes de millones de hombres y de mujeres en el mundo, como un aviso de próximos cataclismos que a todos nos afectarían por igual. Se supo de los mil ochocientos republicanos ametrallados en Badajoz y de los siete dirigentes fusilados en plaza de toros, ante un público de tres mil personas que sólo hubiesen necesitado alguna música de pasodoble, de rondalla o de colmado cañí, para que el contento se le rebosara de las gradas. Y, el 12 de octubre, llamado Día de la Raza, el apóstrofe arrojado por Millán Astray al rostro de Miguel de Unamuno: "¡Abajo la inteligencia! ¡Viva la muerte!" Toda una España negra, de autos de fe, túnicas azufradas, sambenito, tablado mayor y garrote –suplicios del Berruguete, betunes macabros de Valdés Leal, *El miedo* de Goya...– resurgía de pronto tras del drama que se estaba representando tras de los Pirineos [...] Para mí, cubano, el Madrid de la República –anti-Burgos, anti-Queipo de Llano– era la España que había amado José Martí, aun cuando combatía su inepto gobierno, en tanto que Burgos quedaba en la España de Valeriano Weyler, aquel que, durante la Guerra de Independencia del 95, había creado en mi patria unos puntos (o lugares) llamados "de *re-concentración*" –palabra que pronto, con una sílaba menos, habría de cobrar una tremebunda actualidad en Europa... [197-198 y 200].

Por otro lado, en un extraordinario y cinematográfico *flash-back* (219-20), Enrique imita a Gaspar Blanco, músico cubano residente como él en París (Julio Cueva en la realidad histórica; se tratará de este personaje más adelante) y ambos se incorporan a la lucha por la República Española integrándose en el famoso *Batallón Lincoln* de las Brigadas Internacionales. Terminado el *flash-back*, vemos de nuevo a Vera, que llega por fin a Benicassim para reencontrarse con Jean-Claude, también luchador internacionalista, y que asimismo le ofrece a ella, y a nosotros, nuevas referencias relativas a episodios de la guerra de España. Así la defensa de Madrid en los peores –o mejores– momentos de noviembre de 1936:

> "En febrero, estuve en la batalla del Jarama; en marzo, en Guadalajara. Y antes, en la defensa de Madrid. Sí. Batallón Comuna de París. Y te aseguro que a nosotros, los de las Brigadas, nos tuvieron siempre en la línea del fuego. No porque fuésemos mejores que los españoles. Pero nosotros todos éramos disciplinados, sabíamos marchar y obedecer a nuestros superiores –cosa que demasiado tardaron en hacer los benditos anarquistas". Sí. Había estado en la defensa de Madrid. En los peores tiempos. Los de la Ciudad Universitaria. Cuando el Comuna de París ocupó Filosofía y Letras, y se hicieron parapetos con libros: de Kant, Goethe, Cervantes, Bergson... y hasta Spengler. Pero mejor cuando eran autores de muchos tomos, porque a Pascal, a San Juan de la Cruz, a Epicteto, los hubiesen traspasado con una sola bala de fuerte calibre. Lo que allí servía eran los setenta y cuatro tomos de Voltaire, los setenta de Victor Hugo, las obras completas de Shakespeare, la Biblioteca de Autores Españoles de Rivadeneyra, empastados y en papel de mucho cuerpo... –"Ahí supe, de bruces entre bibliotecas transformadas en parapetos, que las letras y la filosofía podían tener una utilidad ajena a la de su propio contenido... Ahí, metiendo el cañón de mi fusil entre tomos de Galdós –otro autor muy apreciado, por prolífico, en tales momentos–, pude decir como Mallarmé: *La chair est triste, hélas! et j'ai lu tous les livres...* (238-9)[6]

Vera, Jean-Claude y el cubano Enrique coinciden en Benicassim, formando así una suerte de trío internacional, que terminará con la muerte del francés más adelante. Al poco, lo que hasta entonces habían sido experiencias y recuerdos individuales, se convierten en una sinfonía, o mejor dicho, coral, en que los heridos y convalecientes de las Brigadas Internacionales cantan en sus respectivas lenguas canciones revolucionarias y antifascistas. El episodio lo inicia el conocido cantante y actor estadounidense Paul Robeson, de raza negra, que, en efecto, luchó en España; después aparecen canciones en alemán, francés, ruso, italiano, catalán y castellano. El episodio culmina con una *Internacional*

---

[6] La Facultad de Filosofía y Letras, así como otros edificios de la Ciudad Universitaria de Madrid, fueron puntos neurálgicos en la defensa de la capital en el otoño-invierno de 1936. Las tropas franquistas llegaron al sector el 7 de noviembre. Cf. Longo: *Las Brigadas Internacionales*, 90. "Los del batallón 'Comuna de París' entran en el pabellón de Filosofía y Letras, se acercan rápidamente a las ventanas y construyen ahí parapetos con todo lo que encuentran: mesas, bancos, libros. Las obras de Kant y de Goethe, de Voltaire y de Pascal, de Cervantes y de Dante, de Shakespeare y de Platón, toda la cultura antigua y moderna, es utilizada para cerrar el paso a las hordas fascistas" (Longo 90).

plurilingüe, iniciada por Paul Robeson en inglés y "dirigida" después por él mismo: en alemán, italiano, francés, creole, castellano y, de nuevo y para terminar, en francés.

Pocas páginas después encontramos a Vera descubriendo, con asombro, el extraordinario mundo de las revistas publicadas por las diferentes unidades de las Brigadas Internacionales (276-7), y de modo especial otras dos de diferente carácter: *El Mono Azul. Hoja Semanal de la Alianza de Intelectuales Antifascistas*, de Madrid, y más en particular *Hora de España*. De esta última dice Vera: "Me asombro de que, en época como la que aquí se vive, pueda mantenerse activa una publicación como ésta, consagrada a los más cabales valores de la cultura" (277).

En violento anticlímax, el distendido ambiente de Benicassim terminará bruscamente no mucho después, cuando Vera, de regreso en París, reciba en cierto momento la fría y burocrática notificación de la muerte en combate (en la batalla del Ebro) de Jean-Claude:

> "Don Félix de los Santos Martínez, capitán jefe de la sección administrativa de las Brigadas Internacionales en la Subsecretaría del Ejército de Tierra. // certifico que D. Jean-Claude Lefevre, afecto a la xiv Brigada Internacional, falleció a consecuencia de heridas recibidas defendiendo al Gobierno de la República, en el sector de Coll del Cosso" (305).[7]

El ya mencionado fusilamiento de García Lorca en 1936 había señalado el amanecer de la *Nueva España*. Después, el horror habrá de continuar, tras la victoria del general Franco y del fascismo español:

> Volvería España al "¡Vivan las *caenas*!", al "Líbranos, Señor, de la peligrosa manía de pensar", en una apoteosis de corozas y sambenitos, charoles de la Benemérita de San Fernando, tabores marroquíes, gorras de cuartel llevadas

---

[7] El documento transcrito tiene todo el aspecto de estar basado en otro auténtico, lo que no tendría nada de extraño sabiendo cómo montaba Carpentier sus novelas. Por lo demás, la XIV Brigada Internacional, a la que pertenecía Jean-Claude, estaba integrada en la División 35, del XV Cuerpo de Ejército de la República, al mando del teniente coronel Manuel Tagüeña. Dicha unidad participó en los violentísimos combates de la batalla del Ebro (25 de julio-16 de noviembre de 1938), hasta que sus componentes internacionales –como los de otras agrupaciones– fueron retirados del frente a finales de septiembre. La División 35, encargada de las misiones más difíciles, había tenido para entonces cerca de cuatro mil caídos. Entre ellos, sin duda, Jean-Claude, en el sector del Coll del Cosso, que aparece citado una y otra vez en las crónicas de la batalla del Ebro. Destaca lo escrito por Tagüeña (164-7) el 22 de septiembre de 1938, la XIV Brigada pierde la cota 356, y la División 35 la cota 287, junto al "sector llamado del Coll del Cosso" (165): parece claro cuándo murió Jean-Claude. El Coll del Cosso es una elevación próxima a la Carretera Nacional 420, que une Gandesa con Mora de Ebro, no lejos de la Venta de Camposines, lugares todos de durísima lucha. Para todo esto, *cf.* Reverte.

> con sesgo entre castrense y flamenco, el suntuoso penacho llorón de Valeriano Weyler, y tras de una represión feroz llevada por los ahora triunfantes matadores de García Lorca, habría gran Fin de Fiesta –fin de República– [...] Algún nuevo García Lorca volvería a ser asesinado; se pudriría en prisión algún Miguel Hernández. (323)

Mas antes de ello la novela se ocupa también de la disolución de las Brigadas Internacionales, en un gesto del gobierno de la República que pudiera servir para que la Sociedad de Naciones (las Naciones Unidas de la época) forzara al general Franco a renunciar a la ayuda italiana, alemana y portuguesa. No fue así. De vuelta a París, Enrique evoca los combates: Jarama, Guadalajara ("Guadalajara no es Abisinia..."), Belchite, la defensa de Madrid, la carretera de Valencia... Lugares terribles y épicos en que cayeron tantos luchadores de la Libertad:

> Oliver Law, Gustav Regler, Charles Donnelly, Alec McDade... y Pablo de la Torriente Brau, de penetrante mirada, rápidos gestos, palabra incisiva y verbo convincente cuando de su boca brotaba la voz del comisario político, y muy criollo, amigo de la guasa, dotado de una risa abierta y contagiosa. ¿Y cómo era? ¿Y cómo era? –insistían mis oyentes–. Pero poco más tenía que decirles, pues habíamos pertenecido a distintas unidades.[8] Quien hubiese podido hablar mucho de él era Gaspar Blanco, presente en aquel trágico día de Majadahonda donde un último discurso suyo se hubiese roto en puntos suspensivos de metralla... Pero..., ¿dónde estaba el magnífico trompeta cubano en estos días de diezmos y dispersiones? ¿Dónde, los temerarios combatientes de la Centuria "Antonio Guiteras", ahora dispersos, borrados de mi mundo, cuando no yacentes, para siempre en tierra española?... De quien nada sabía, tampoco, era de Miguel Hernández, acaso caído en la retirada final, acaso encarcelado por los franquistas, acaso fusilado (375).

Pero Gaspar Blanco había sobrevivido "a la gran *débâcle* que hubiese sido *nuestra guerra*", como dice Enrique (386). Los dos viejos compañeros se vuelven a encontrar en La Habana ya en 1941. Gaspar había luchado en España hasta el final; había cruzado la frontera francesa "con los últimos soldados de la República" (386). Una vez en Francia

> entraron en escena unos senegaleses que, culata en alto, a la voz de "*reculez, reculez, reculez*", cada vez que un fugitivo se apartaba en algo del camino, condujeron el rebaño de harapientos, heridos y maltrechos, al abominable campo de concentración de Argelès-sur-Mer. Allí hubo que dormir en fosas

---

[8] Pablo de la Torriente murió el 19 de diciembre de 1936 en Majadahonda, en las cercanías de Madrid. A este aspecto de la novela, se refirió Carpentier: *Entrevistas*, 374 (*cf.* además 195, 215 y 406) y *Conferencias*, 145: "No le he hecho intervenir directamente como personaje, pero actúa indirectamente, porque personas que lo conocieron, en mi novela, hablan de él, de su muerte, de su trayectoria ejemplar".

> cavadas en la arena. Comida: una lata de sardinas, al día, para cuatro prisioneros. Triple alambrada de púas. Y, como no había letrinas ni lugar dónde habilitarlas, los hombres tenían que desahogarse a lo largo de la playa, confiando en el reflujo de las olas para clarear las aguas. Pero como ocurría todo lo contrario, vivíase –contaba Gaspar– ante un mar de excrementos, cada vez más ancho, espeso y hediondo. Y a poco empezó la multiplicación de las sarnas, pulgas y liendres. Y vinieron la disentería, los vómitos, las fiebres. Y, a pesar de todo, en aquellos horribles días había encontrado Gaspar el ánimo necesario para componer un *son* que ahora cantaba, acompañándose de la percusión de un lápiz en una azucarera: "*Allez, reculez, reculez, reculez / de la frontière a Argelès*", marcando por tres veces el estribillo de "*Libertè, Égalitè, Fraternitè*" con el muy criollo gesto consistente en alzar el dedo medio de la mano derecha, doblando el índice y el anular. (386-7)

La canción compuesta en el campo de concentración francés por Gaspar (esto es, por el músico cubano Julio Cueva, como ya se dijo) se conserva completa en al menos dos ejemplares.[9] El texto publicado ofrece alguna variante con respecto al de *La consagración de la primavera,* además de la peculiaridad de castellanizar una palabra tan francesa como *allez* y la que le sigue: "alé, alé, réculé" [*sic*]. Añadamos que el campo de Argelès-sur-Mer, en el Rosellón, fue instalado en unas dunas, junto a la playa, ya en enero de 1939. Existen numerosos testimonios acerca del funcionamiento de este campo y del trato recibido por los internados. Existe también una "Canción de los refugiados" con música de *La cucaracha*: "En el campo de Argelès, / durmiendo sobre la arena, / estamos los refugiados / consumiendo las lentejas /... / La cucaracha, la cucaracha, / esto no puede durar, / porque queremos, porque queremos, / paz, trabajo y libertad".[10]

---

[9] Uno de esos ejemplares, en la "Papelería" de Carpentier de la Biblioteca Nacional de Cuba, "La guaracha de Julio Cueva" (en la novela, como se ha visto, es un son). El otro ejemplar ha sido publicado recientemente por Ramírez Hernández 165-6 (Ramírez Hernández fue el locutor de Radio París en las emisiones para España durante la dictadura de Franco.) En ese libro, el encabezamiento de la canción dice: "Alé. Alé. Reculé. Letra y música de Julio Cueva. Estrenada en el campo de concentración de Argelès-sur-Mer. Abril de 1939".

[10] En *España Republicana*. Buenos Aires (17 julio 1939). El *alé, alé* se hizo muy popular y pasó a prosas y poemas. Así el titulado "Campos", de Melitón Bustamante Ortiz (citado en Ferrer Mir 31-2). Señala Jorge M. Reverte que "el capitán Cuevas [*sic*] logrará sobrevivir a la batalla y pasará un largo tiempo en el campo de Argelès-sur-Mer, esperando su repatriación. Las órdenes de los soldados senegaleses que les vigilan, le inspirarán una canción, también adaptada a un ritmo tropical, que se hará famosa en el campo: 'Alé, alé, reculé, reculé'" (339-40). Véase *Cuba* 51-3. Para otros brigadistas cubanos, véase Reverte: 211-2; 220; 238-9; 267; 321; 334; 537; 586; 595. Cierto número de cubanos permanecían después de la guerra civil en cárceles y campos de concentración franquistas; sobre su suerte, véase Moral Roncal.

En sus declaraciones acerca de Gaspar Blanco, Carpentier siempre se mostró algo misterioso: "hay un personaje completamente verídico, aunque aparece con nombre cambiado; murió hace poco [en 1975]"; "No me gusta inventar personajes por sí solos. Todos esos músicos que aparecen (incluso los lugares donde tocan) en *La consagración* tienen nombre y apellido". En otro lugar dice Carpentier refiriéndose a su época parisina:

> llegó una orquesta donde tocaba un trompeta extraordinario llamado Cueva, que después fue trompeta de una Brigada Internacional durante la guerra de España. En efecto: "Gaspar Blanco" es Julio Cueva (1897-1975), quien en París, en 1934, fue contratado para un cabaret típico cubano, al cual se le llamó, en su honor, "La Cueva" [...] Al estallar la guerra civil española, se encontraba en Madrid, poniéndose enseguida al servicio del gobierno republicano y dirigiendo, en los campos de batalla, la banda de la 46 División. Derrotada la República salió rumbo a Francia donde, inexplicablemente, fue internado en un campo de concentración 78 días. En 1940 está de nuevo en Cuba. (Orovio 109)[11]

Tras el desastrado final de la guerra de España, la Segunda Guerra Mundial. En Cuba, la larga sombra de Batista y después, el Triunfo de la Revolución. España parece haber desaparecido de *La consagración de la primavera*. Pero no es así. De pronto, Playa Girón. Enrique, ya con cincuenta años, se presenta voluntario. Declara tener conocimientos sobre el uso de morteros y otras armas, y ante las preguntas de su teniente instructor, explica dónde lo aprendió:

> "En la Guerra de España, donde peleé en todos los frentes. Primero con la Brigada Abraham Lincoln. Y después de que las brigadas fueron licenciadas, pasé a una unidad española, como hicieron otros cubanos a quienes los españoles no miraban como a extranjeros". Y, dándome una palmada en la pierna izquierda: "Aquí tengo una marca que me hicieron en Brunete". –"¿Y por qué no lo dijo antes?" –"Porque no vengo presumiendo de nada. Soy uno más. Un poco más viejo". –"Es que usted no es 'uno más'. Tiene mucho que enseñar a los otros. Voy a señalar su presencia aquí al capitán José Ramón Fernández, responsable de las Escuelas de Milicias de Managua y de Matanzas". (740-1)

El capitán mencionado, ascendido después de Playa Girón a comandante, popularmente conocido como "el gallego Fernández", llegó a tener un escaño contiguo al de Alejo Carpentier en la Asamblea Nacional del Poder Popular. El novelista, a la hora de preparar los materiales para su narrativa de lo sucedido en Playa Girón (17-19 de abril, 1961), hizo a su compañero de escaño, y por escrito, varias preguntas de tipo técnico. Una de ellas, de distinto carácter, era la siguiente, que en ese momento es la que aquí interesa, y su respuesta:

---

[11] Véase mi mencionada introducción, 65-6. El cabaret aludido figura en la novela como "La Cabaña Cubana".

Supongamos que al comienzo de las operaciones se te hubiese acercado un miliciano maduro (unos 45 años, fuerte y sólido) diciéndote: "He combatido durante dos años en la Brigadas Internacionales (guerra civil española), Batallón Abraham Lincoln... Soy particularmente experto en morteros". ¿Lo hubieses utilizado? Mucho habría dependido de la confianza que me hubiese inspirado [...] ¡Lo habría aceptado y estimulado! No hay derecho a privar a nadie de su deber de luchar por la libertad, por su pueblo, contra la injusticia, contra la opresión. (739-0)[12]

Y después, ya en plena batalla, el encuentro definitivo de Enrique y de Gaspar Blanco:

–¡Gaspar! –¡Sí! ¡Aquí! ¿Y tú? –¡Aquí! –Como en Brunete. –Pero allá la perdimos. –¡Aquí la ganaremos! –¡Patria o muerte! –¡Patria o muerte! –Nos vemos después. –Nos vemos después –repite la voz de Gaspar que ya se aleja. (Y, como para exorcizar al Dios de los Ejércitos, acaso enojado por el desafiante optimismo de ese "*nos veremos después*", junto al meñique y el índice de ambas manos en gesto de conjuro gitano.). (753)

"Aquí la ganaremos". La ganaron, ciertamente. Con lo cual, la derrota en España se transforma en victoria en Cuba.

La guerra de España, como dijera Carpentier, "tuvo, en su momento, una influencia inmensa en el proceso de universalización de la cultura latinoamericana, por cuanto significó una reconciliación con una España que jamás habíamos combatido en el pasado (y ahí está José Martí), y el hecho de que en las brigadas internacionales, con gran mayoría de combatientes cubanos y mexicanos, militaran hombres de todas las nacionalidades latinoamericanas, sin excepción" (*Ensayos* 153).

Compárese lo anterior con este fragmento de *La consagración de la primavera*:

Después de tenerla muy olvidada –de verla en suntuoso pretérito de Lepantos y campos de Montiel–, España, la que sentíamos nuestra, la que nunca habíamos combatido realmente en América aunque echásemos de nuestras tierras a sus procónsules, esa España, muy tenida a menos desde hacía más de un siglo, volvió a hacerse carne de nuestra carne. Y, por ello, cuando empezaron los bombardeos sistemáticos de Madrid, cada obús nos retumbó en las entrañas. (413)

En el primero de sus artículos de "España bajo las bombas" (septiembre de 1937), escribió Carpentier:

Pascal decía que existían dos lógicas: una lógica del pensamiento, y otra del corazón. Y ante espectáculos tan humanos –tan pletóricos de sangre y alma, de lágrimas e intensidad– como los que hemos presenciado en estos veinte

[13] Véase mi introducción, 43.

> días de viaje a una tierra sometida a imperativos telúricos y agentes de muerte, a fuerza de terror y fuerzas de júbilo y amor a la vida, nuestra 'lógica del pensamiento' se ha roto ante nuestra "lógica del corazón".

Una "lógica del corazón" que de nuevo se abrió paso en la historia, y esta vez con éxito, años después: en la "realidad maravillosa" de la Revolución Cubana. Pues la historia es, en efecto, dialéctica, más bien que espiriforme.

Bibliografía

I. Primaria

Carpentier, Alejo. *Crónicas.* Tomo II. La Habana: Arte y Literatura, 1976.
_____ *La consagración de la primavera* [1978]. Julio Rodríguez Puértolas, ed. Madrid: Castalia, 1998.
_____ *Bajo el signo de la Cibeles.* Julio Rodríguez Puértolas, ed. Madrid: Nuestra Cultura, 1979.
_____ *Ensayos.* La Habana: Letras Cubanas, 1979.
_____ *Entrevistas.* La Habana: Letras Cubanas, 1985.
_____ *Conferencias.* La Habana: Letras Cubanas, 1987.
_____ *Crónicas de España (1925-1937).* Julio Rodríguez Puértolas, ed. La Habana: Letras Cubanas, 2004.
_____ "España bajo las bombas III". *Carteles* (10 octubre 1937); *Crónicas* 225-35.

II. Secundaria

Aznar Soler, Manuel y Luis Mario Schneider. *II Congreso Internacional de Escritores por la Defensa de la Cultura.* 3 vol. Barcelona: Laia, 1978.
Cuba y la defensa de la República Española, 1936-1939. La Habana: Editora Política, 1981.
Ferrer Mir, J. *Los españoles del Winnipeg. El barco de la esperanza.* Santiago de Chile: Cal Sogas, 1989.
Leante, César. "Confesiones sencillas de un escritor barroco". *Recopilación de textos sobre Alejo Carpentier.* Salvador Arias. ed. La Habana: Casa de las Américas, 1977. 57-70.
Longo, Luigi. *Las Brigadas Internacionales en España.* México: Era, 1966.
Moral Roncal, Antonio M. *Cuba ante la guerra civil española: la acción diplomática de Ramón Estalella.* Madrid: Biblioteca Nueva, 2003.
Ramírez Hernández, Julián A. *Ici Paris. Memorias de una voz de libertad.* Madrid: Alianza, 2003.
Orovio, Helio. *Diccionario de la música cubana.* La Habana: Letras Cubanas, 1981.
Reverte, Jorge M. *La batalla del Ebro.* Barcelona: Crítica, 2003.

Rodríguez Puértolas, Julio. "Consideraciones sobre Alejo Carpentier y la literatura española del siglo XX". *Alejo Carpentier y España.* Santiago de Compostela: Universidade de Santiago de Compostela, 2005. 479-516.

Tagüeña, Manuel. *Testimonio de dos guerras.* Barcelona: Planeta, 1978.

La estructura mítica de *Écue-Yamba-Ó*

Jean-Pierre Paute

En 1985, prolongando los estudios de Carlos Santander y de Klaus Müller-Bergh, Michèle Guicharnaud-Tollis sostenía con razón que la primera novela de Alejo Carpentier, *Écue-Yamba-Ó*, lejos de limitarse a una descripción realista-documental del mundo afrocubano de los años veinte, anunciaba ya una visión más personal del mundo, "rica en arquetipos míticos" (101). El reciente centenario del gran novelista cubano –un siglo/ciclo perfecto– me parece una buena ocasión para volver sobre esta dimensión, enfocando desde una perspectiva "mitocrítica" el imponente material metafórico, simbólico y arquetípico que sirve de fundamento estructural a la novela. La abundancia misma del tema me obliga sin embargo a centrarme sobre dos de sus componentes, ya explorados incluso por M. Guicharnaud-Tollis: la oposición de mundos y el tiempo mítico como parte del periplo iniciático que la novela genera.

1. La oposición de mundos

Fue Claude Lévi-Strauss quien resaltó "la perfección y la violencia de las oposiciones estructurales" como uno de los rasgos distintivos del mito (véase Sellier). Este criterio es particularmente operativo cuando se estudian las relaciones entre mito y literatura. Basta en efecto con hojear las primeras páginas de *Écue-Yamba-Ó* para constatar que la novela se abre sobre una vigorosa dualidad contrastiva que opone el mundo del Central azucarero norteamericano al mundo negro del bohío. Este antagonismo, que queda subyacente en casi toda la novela, se establece masivamente en los dos primeros capítulos *Paisaje [a]* y*[b]*. Por el simbolismo nutrido que contiene, esta sola oposición justifica una lectura mitocrítica de *Écue-Yamba-Ó*.

Al desequilibrio textual de los dos capítulos corresponde un desequilibrio espacial: el Central azucarero extiende su dominio en detrimento de las tierras aledañas. Usebio Cué, el abuelo de Menegildo, fue testigo, al filo del tiempo, de "las conquistas de espacio realizadas por la fábrica" (17). Desde el principio pues, está en marcha un proceso fatal que se irá precisando, para la familia Cué, en el capítulo 6 donde se lee: "Hacía tiempo ya que una obscura tragedia se cernía sobre los campos que rodeaban el Central San Lucio" (28). Queda creada la atmósfera: de esa "obscura tragedia" será Menegildo el héroe y la víctima. Se entiende así por qué Carpentier inaugura su relato por la descripción del Central, que, respecto de la estructura novelesca, pertenece al espacio del caserío, es decir sobre todo a la segunda parte: se trata de caracterizarlo desde el comienzo como una plaga mitológica.

Encarnación del imperialismo tentacular, el Central San Lucio aparece en el primer capítulo bajo los rasgos de un monstruo mítico que tiraniza la comarca circundante. A través de la evocación vanguardista (futurista) de un universo de acero y concreto, de bielas y émbolos en movimiento, se asiste a la progresiva animación, mediante una metaforización apropiada, de una especie de bestia bíblica. El propósito es animalizar la máquina dotándola de una serie de funciones fisiológicas. Por ejemplo, el inicio de la zafra se traduce por "acoplamientos grasientos del hierro con el hierro" (20); luego el monstruo la emprende a dentelladas con sus presas: "las trituradoras cierran rítmicamente sus mandíbulas de tiburón" (21); más adelante "los conductos y bielas tienen sacudidas y contracciones de intestinos metálicos" (ibid.). Por último, con motivo de un nuevo despertar de la bestia, se lee: "De pronto el ingenio se estremeció. Escupió vapor, vomitó agua hirviente y todas sus sirenas –carillón de cataclismo– se desgañitaron en coro" (57), donde la referencia cataclísmica crea un vínculo interesante entre el monstruo del capítulo 1 y otro motivo mítico, el ciclón, que cierra la primera parte de la novela.

De paso se ha ido precisando la naturaleza de este monstruo. Las múltiples alusiones a sus exigencias insaciables, a sus "apetitos", acaban asimilando claramente el San Lucio a un Minotauro de los tiempos modernos, un monstruo andrófago al que le hace falta su lote diario de víctimas sacrificiales: "La bebida templa los nervios de los que entrarán cotidianamente en el vientre del gigante diabético" (20).

Se conocen las múltiples significaciones simbólicas del monstruo tragador. Más que sus relaciones con los ritos de pasaje, nos interesa aquí su simbolismo de la resurrección: "traga al hombre a fin de provocar un nuevo nacimiento" (Chevalier y Gheerbrant 644). El caso es que Menegildo nace en el capítulo 3 (*Natividad*) y su muerte física será seguida, como lo veremos, de un renacer simbólico.

Sin embargo, si nos atenemos a la descripción inaugural de la novela, esta interpretación optimista no se justifica. Además de la imagen del monstruo, otro aspecto del simbolismo vehiculado por el ingenio se impone con fuerza. El San Lucio es el lugar de la alienación absoluta, la gehena bíblica donde los hombres padecen tormentos sin fin: "Ella los devuelve extenuados, pringosos, jadeantes" (21). Una escena característica hunde al lector en el universo dantesco de la *Metropolis* de Fritz Lang, una película que Carpentier, en el momento en que redacta *Écue-Yamba-Ó*, ha visto:[1] "Los hombres, asexuados, casi mecánicos, trepan por las escaleras y recorren plataformas, sensibles a los menores fallos de los organismos atornillados que relucen y vibran bajo sudarios de vapor" (21).

El Central baña en una atmósfera subterránea y nocturna: "una formidable batería de tambores redobla bajo tierra" (ibid.). Sus vínculos con la guerra, con el fuego y la noche ("por las noches arden en la oscuridad como un trasatlántico incendiado [ibid.]), con el tren y la locomotora –imagen moderna del dragón (Chevalier y Gheerbrant 962)– contribuyen a asociar el San Lucio con las fuerzas ctónicas y el mundo de los muertos.

El significado simbólico de esta segunda dimensión del capítulo liminar de *Écue* se deduce fácilmente: el Central figura el infierno, sugerido, por ejemplo, por los motivos recurrentes de la sed (20 y 58), del fuego y por la alusión a la sala de las calderas, precedida por el símbolo satánico del chivo (58).

Volviendo a nuestro punto de partida –la oposición de mundos–, cabe señalar por último la gran efectividad literaria del enfrentamiento ocasionado por el ingenio azucarero con lo que podríamos llamar el orden natural. Agresión ecológica (al paisaje, a la propia caña de azúcar), la actividad desorganizadora del San Lucio consiste también en una "des-naturalización"–de los productos del terruño, primero: "La locomotora arrastra millares de sacos llenos de cristalitos rojos que todavía saben a tierra, pezuñas y malas palabras. La refinería extranjera los devolverá pálidos, sin vida, después de un viaje sobre mares desconocidos" (27), pero también del propio paisaje social, trastornado, bajo el efecto del flujo migratorio causado por la zafra, como por una invasión bíblica ("Entonces comenzaba la invasión..." [19]). Una tercera agresión, de orden temporal ésta, no es menos interesante con respecto a nuestro tema. La idea de trepidación, reiteradamente asociada al Central San Lucio, viene a ser una clave para entender las relaciones simbólicas entre el ingenio y el mundo natural del bohío. Lo que los opone, al fin y al cabo, es una diferencia de ritmo, una concepción distinta del tiempo. Mientras que el ritmo de la naturaleza (el de la germinación, por ejemplo) es esencialmente armonioso ("Del limo a la savia

---

[1] Ver su artículo del 2 de julio de 1933 sobre el cine moderno publicado en la revista *Carteles*. *Crónicas* II, 535-41.

hay encadenamiento perfecto" [17]), el ritmo del San Lucio introduce un desequilibrio, una alteración de la vida de los hombres, de las bestias y de las plantas: "Los latidos de sus émbolos [...] podían alterar a capricho el ritmo de vida de los hombres, bestias y plantas, imprimiéndole frenéticas trepidaciones o inmovilizándolo de modo cruel..."(ibid.); finalmente, tiranía suprema, el monstruo mecánico impone su *tempo* a la naturaleza: "Nadie contraría sus caprichos. Todos los relojes se ponen de acuerdo cuando suenan sus toques de sirena" (21).

El resultado es una vida a golpes, enteramente dictada por las exigencias del Central (a nivel referencial es el ritmo zafra/tiempo muerto) y desacordada con los ritmos cósmicos y naturales. Esta alteración temporal se traduce en las primeras páginas de la novela por cambios brutales en el ritmo narrativo como se observa pasando de *Paisaje[a]* a *Paisaje[b]*.

Al contrario del presente de la modernidad eficaz y alienante que preside la evocación del frenesí azucarero, el imperfecto iterativo del capítulo 2, dedicado al mundo negro del bohío, hunde al lector en un tiempo primordial, lánguido y repetitivo que contribuye a crear en torno a este lugar una atmósfera idílica. La escena retoma una estampa bien tradicional cuyos protagonistas, unos carreteros, detienen sus bueyes frente al bohío de los Cué para saludar a la comadre Salomé: "Cuando las lentas carretas de cañas, pesadas, renqueantes, llegaban al bohío del viejo Cué, las picas se alzaban, y se descansaba un instante al amparo del gran tamarindo con sombras de encaje" (22).

Que dicho espacio esté amenazado por la presencia invisible del Central puede inferirse del texto mismo. Se observa, al nivel metafórico, una clara contaminación del mundo natural por el de la máquina y de la industria: los mansos bueyes que marcan simbólicamente la entrada en el universo natural figuran unos "motores recalentados", las palmeras "crepitan en sordina" mientras "hay huelga en el aserradero de los grillos" (ibid). Esto no impide ver en este procedimiento una ilustración suplementaria del antagonismo existente entre ambos mundos, ya que a la animalización de la máquina se opone, de modo simétrico, la mecanización de los animales y las plantas.

Por lo demás, con respecto al cuadro del Central, el mundo representado aquí no es en principio un Jardín de las Delicias. Es también un mundo del trabajo: los hombres son vistos en el cumplimiento de una tarea cotidiana, visiblemente penosa: los guajiros llevan en la frente "un lodo de sudor y polvos rojizos", Salomé se afana lavando la ropa. No importa, un punto común une todos los ejemplos citados: humanos, animales y vegetales postulan espontánea y unánimemente una pausa dentro de la actividad.

Es esta unanimidad sin obligación la que confiere a esta otra escena inaugural una atmósfera general de pureza y de armonía, de mundo preservado en el que hombres, plantas y bestias viven en simbiosis, en el que los ritmos esenciales son respetados, y en el que las relaciones humanas han conservado su carácter ritual; en suma, un mundo de plenitud, simbolizado por ese sol inmenso: "Al mediodía el sol era tan grande que llenaba todo el cielo" (ibid.).

Sería muy largo enumerar todas las oposiciones internas que participan, a nivel del significado como del significante, de la construcción de cada capítulo como la imagen invertida del otro. La pareja Minotauro/bueyes mansos no es la menos llamativa y puede leerse como la oposición frenesí/lentitud, o desmesura/armonía... Esta última oposición es perceptible en dos escenas de contenido parecido pero de signo contrario que se hacen eco entre uno y otro capítulo. Se trata por un lado de los hombres-robots a lo Fritz Lang entrevistos en el capítulo 1 ("Los hombres, asexuados, casi mecánicos, trepan por las escalas y recorren plataformas...") cuya ascensión sugiere un calvario. He aquí la misma escena, vista por el lado del bohío: "Los carreteros trepaban nuevamente por las escalas redondas de las ruedas" (22), donde el simbolismo circular –veremos más adelante la estrecha relación que tiene con el mundo negro y con el tiempo en *Écue*– procura una especie de agilidad al gesto de los carreteros.

Ya es tiempo de sacar la lección de conjunto de ese antagonismo de mundos dentro de la perspectiva mitocrítica que nos ocupa. Frente al mundo industrial trepidante y mortífero del Central, el mundo negro del bohío aparece como un lugar de vida (Menegildo nacerá en el capítulo siguiente), un universo primordial, acordado a la naturaleza y a sus ritmos esenciales. Si el decorado industrial y urbanizado del Central representa el infierno, no cabe duda de que el paisaje armonioso y apacible del bohío ofrece una visión guajira del paraíso. El rico simbolismo de ambos mundos autoriza también a hablar de dos espacios-tiempos contradictorios sobre cuyo antagonismo se organiza la novela toda. Es este antagonismo espaciotemporal el que determina en efecto el periplo mítico del héroe.

2. El periplo iniciático

Un simple vistazo a los títulos de capítulos: *Hallazgo, Rieles, Viaje,* o al de la tercera parte: *La Ciudad,* invita al lector a considerar la historia de Menegildo Cué desde la perspectiva del viaje, en el cual Carlos Santander ve, con toda razón, "el motivo literario estructurante" (135) de las novelas de Carpentier. Por otro lado, los tres capítulos cíclicos *Iniciación [a], [b] y [c],* que puntúan cada una de las partes de *Écue,* parecen hacer de este viaje el periplo iniciático reservado a los héroes míticos. A las tres partes de la novela corresponden en efecto, prácticamente, tres espacios (el bohío natal, el caserío y la ciudad) asociados ellos mismos a las tres edades de la vida (la infancia, la adolescencia, la edad adulta), o sea tres espacios-tiempos que el héroe Menegildo irá recorriendo, por círculos concéntricos, desde su nacimiento hasta su muerte.

Como lo mostró muy bien Santander, el impulso inicial del viaje –sea real o mítico– proviene de una tensión, de una oposición originaria entre dos mundos antagonistas, la cual provoca en el héroe, a nivel consciente o no, una insatisfacción que origina una "llamada" (134). Acabamos de estudiar este enfrentamiento de mundos a través de los dos primeros capítulos de *Écue*. En cuanto a la insatisfacción del protagonista, sus primeras manifestaciones conscientes, causadas por la frustración social, se verifican en la adolescencia, edad transicional propicia a esas experiencias.

Habida cuenta de "la obscura tragedia" que se cierne sobre la familia Cué, se presiente pues desde su nacimiento que Menegildo Cué es destinado a una búsqueda indeterminada pero susceptible de sustraerlo a los efectos mortíferos del Central. A través del desplazamiento espacial concreto que emprende entre el bohío materno y la ciudad –comprendemos ahora su relativa indeterminación geográfica– se dibuja un periplo simbólico de tipo laberíntico cuyo final será la revelación de lo sagrado alcanzada en el círculo mágico del ritual abakuá. Sus grandes etapas serán la exploración del perímetro familiar y natural del bohío, la incursión en el caserío y el descubrimiento de la ciudad a través de su cárcel. Porque comporta pruebas iniciáticas, encuentros simbólicos, zambullidas en lo maravilloso, porque está puntuado por manifestaciones cataclísmicas, el itinerario de Menegildo es sin lugar a dudas un periplo mítico. Lo es sobre todo porque se efectúa en un espacio-tiempo mítico que me veo en la obligación de escindir arbitrariamente en sus dos componentes por necesidad de exposición. Para no alargar este estudio, me limitaré a la dimensión temporal del periplo.

3. El tiempo mítico

Al igual que el espacio, el tiempo novelesco de *Écue* se caracteriza por una relativa indeterminación debida a la escasez de hitos cronológicos precisos. Carpentier da la impresión de querer desvalorizar el tiempo histórico en provecho de otra dimensión temporal que no sea la de los relojes.

La repetición de ciertos títulos de capítulos, la misma estructura novelesca, dejan aparecer una dimensión cíclica del tiempo de la que estudiosos como Mircea Eliade han mostrado las profundas afinidades con el tiempo del mito. La fórmula del historiador de las religiones según la cual "viviendo los mitos, se sale del tiempo profano, cronológico, y se accede a un tiempo cualitativamente distinto, un tiempo sagrado, a la vez primordial e indefinidamente recuperable" (*Aspects* 30) encuentra, por muchos aspectos, una ilustración en *Écue-Yamba-Ó*.

De hecho, el tiempo de *Écue* está basado principalmente en los ritmos biocósmicos. La intriga novelesca da mucha importancia, por ejemplo, a la más cotidiana de las manifestaciones cíclicas del tiempo: la alternancia día/ noche. Hemos visto anteriormente el efecto de contraste producido en *Paisaje [a]*y *[b]* por el tránsito de la atmósfera nocturna del primero a la plenitud solar del segundo. En *Écue* en general, no pocos episodios son exclusivamente nocturnos. Otros, recalcan con cierta insistencia la alternancia del día y de la noche, por ejemplo el del ciclón (*Temporal [a], [b], [c]*) o el de la iniciación de Menegildo al ñañiguismo (capítulos 35, 36, 37). El caso más significativo es el episodio de la agresión sufrida por Menegildo (cap. 24-25), donde la evolución del herido es objeto de una cronología extremadamente minuciosa ("por la madrugada", "al mediodía", "por la tarde", "ya caída la tarde" [81-82]), que concluye en la noche (83).

Esta insistencia en la dialéctica del día y de la noche se presta a varias interpretaciones ligadas al periplo mítico efectuado por Menegildo. La alternancia de ambos momentos puede representar el tránsito de las tinieblas a la luz del conocimiento, propio del recorrido iniciático; puede figurar el paso de la vida a la muerte, inherente también a la iniciación, la cual, se sabe, comporta una muerte y una resurrección ritual (Eliade, *Le mythe* 98). Esta primera manifestación de la ley del devenir cíclico se halla reforzada, en varios episodios nocturnos de nuestra novela, por la presencia del astro lunar, símbolo arquetípico de los ritmos biológicos.[2]

Hay más: Gérard Genette ha mostrado que los momentos nocturnos de una novela son episodios "marcados" que cobran, por el simple hecho de que la noche no es el exacto contrario del día, una especie de valor añadido (106). Así, explica Genette, si en virtud de la oposición genérica entre ambos términos, el día y la noche forman una pareja, es *sobre todo* a causa de la feminidad de la noche. La asociación de la noche con la mujer es interesante para el estudio de una novela en que los personajes femeninos ocupan un lugar importante (ver al respecto el encuentro –nocturno– entre Menegildo y Longina). Pero, siguiendo a Genette, es con la madre con la que la noche mantiene su vínculo simbólico más estrecho. La noche como origen de la vida pero también como espacio materno, he aquí una clave posible para interpretar el recorrido sinuoso de un Menegildo, marcado por regresos cíclicos hacia espacios matriciales (bohíos de Salomé, del viejo Beruá...).

Retengamos pues el carácter ambivalente del simbolismo nocturno: si la noche remite al caos previo a la creación, a "lo indeterminado donde se mezclan pesadillas y monstruos", evoca también "las tinieblas donde fermenta el porvenir [...] la preparación del día, de donde ha de brotar la luz de la vida" (Chevalier y Gheerbrand 692). Este doble aspecto implica, obviamente, una concepción cíclica del tiempo.

---

[2] Véase, por ejemplo, 34, 60, 93, 120.

Después de la alternancia día/noche, conviene examinar las alusiones al ritmo de las estaciones y a determinados momentos simbólicos del año, como reveladoras de la temporalidad cíclica de *Écue*. Siete son las notaciones temporales –explícitas o implícitas– que permiten situar ciertos episodios de la novela dentro del año cósmico. Se enumeran a continuación dentro de sus respectivos capítulos:

cap. 1: otoño (p.18)
cap. 3: Navidad (¿?)[3]
cap. 13 y sg: 31 de diciembre
cap. 20: primavera (p.70)
cap. 40: otoño (p. 142)
cap. 41 y sg: Navidad
cap. 43: primavera[4]

Dos constataciones previas: por un lado los siete periodos del año se suceden en su orden cronológico –lo que es normal a partir del 31 de diciembre pero no antes.[5] Por otro lado, si se nos permite fusionar las dos fechas Navidad y 31 de diciembre de los capítulos 3 y 13 bajo el rubro único "fiestas de fin de año", a fin de equipararlas con la Nochebuena de los capítulos 41y 42, vemos aparecer una estructura binaria perfecta que podría enunciarse así:

otoño – fiestas de fin de año – primavera
otoño – fiestas de fin de año – primavera

De lo que se puede colegir que en *Écue-Yamba-Ó* las referencias temporales "estacionales" organizan el tiempo mítico según un ritmo cósmico ficticio –ajeno a la cronología real– cuyo carácter bienal aparente sólo sirve para resaltar la estructura cíclica.

La elección de las estaciones y fechas se inscribe en la misma estrategia narrativa. No sólo son todas portadoras de un simbolismo transicional manifiesto (incluso la Navidad: ¿qué es el nacimiento sino un "tránsito"?), sino que ilustran de una forma u otra un episodio del periplo mítico efectuado por el héroe.

Estaciones de transición antagónicas, la primavera y el otoño aparecen representadas en *Écue* bajo una luz bastante tradicional. La primavera que preside la iniciación sexual de Menegildo (cap. 20) es una brutal explosión de vida en sus manifestaciones más físicas e instintivas: "Una peculiar vibración

---

[3] Según la cronología interna, es muy probable que esta Natividad sea también una Navidad.
[4] El capitulo final de *Écue* termina en la primavera a causa de "Tres meses después, Menegildo tenía un mes" (153), formulación curiosa pero necesaria para que apareciera una segunda primavera en la novela.
[5] Ya que, a partir del cap.13, los acontecimientos narrados se suceden sin solución de continuidad.

de la atmósfera denunciaba la llegada de la primavera, con su destilación de savias, su elaboración de simientes..." (70).

En cuanto al segundo otoño de la novela (cap. 40), que sobreviene cuando la guerra entre potencias ñáñigas se ha encendido otra vez: "Los truenos del otoño habían velado el cielo aquella tarde, enfundando el sol y dejando luz de eclipse en la ciudad..." (142), está cargado de todas las amenazas que pesan sobre el héroe: la luz de eclipse que reina sobre la ciudad prefigura el regreso al caos de la última noche de Menegildo.

De las pocas fechas simbólicas que jalonan la aventura del joven negro, el 31 de diciembre es una de las que más justifican la noción de tiempo mítico. Aquella noche en efecto es cuando Menegildo se aventura por el espacio del caserío donde lo espera un encuentro determinante para su porvenir. Las circunstancias de esta nueva experiencia (la fecha, la hora, así como la fiesta que está en su apogeo) distan mucho de ser fortuitas. Se sabe que la celebración del Año Nuevo estriba en una concepción mítica del año como ciclo, o sea en la idea de una regeneración cíclica del tiempo (Eliade, *Aspects* 57).

Que el Año Nuevo reedite la cosmogonía puede verificarse en el texto de nuestra novela. Si se examina con detenimiento el episodio del 31 de diciembre (cap.13-14), se constata que Carpentier no se contenta con ilustrar con él el paso de su personaje a una nueva vida. Ahonda al contrario en el mito del Año Nuevo y hace del conjunto del caserío el lugar de una reedición de los momentos míticos del paso del caos a la cosmogonía. Entre los "escenarios mítico-rituales" del Año Nuevo, Mircea Eliade menciona, entre otros, "la expulsión de los demonios, enfermedades y pecados" en los siguientes términos:

> Expulsión de los "demonios" mediante ruidos, golpes (dentro de las viviendas), seguidos de su persecución en medio de gran estruendo por todo el pueblo; esta expulsión puede practicarse bajo forma del despido ritual de un animal (tipo "chivo expiatorio" o de un hombre [...] considerados como el vehículo material mediante el cual las taras de la comunidad entera son transportadas fuera del territorio habitado... (*Le mythe* 68)

Resulta que este escenario está reproducido sin ambigüedad alguna en un pasaje del capítulo 15 (*Fiesta[b]*) que describe la repentina animación del caserío: "Entonces la multitud pareció amotinarse, se golpearon cazuelas, se hicieron rodar cubos. Se gritaba, se chiflaba con todos los dedos metidos en la boca. Un chivo huyó por una calle, haciendo saltar una lata llena de guijarros..." (58).

Este pasaje es particularmente interesante porque, por así decirlo, un mito se abre a otro mito, africano éste. La tradición a la que alude Carpentier no es otra en efecto que la supervivencia en Cuba de una versión yoruba del escenario mítico del Año Nuevo citado por Eliade. Fernando Ortiz, que estudió esta tradición, la cita entre los ritos de purificación vigentes en las Antillas:

> En Cuba se conservan creencias análogas de origen negroide. Tales son las "limpiezas" o ritos expurgatorios de los negros yoruba; las abluciones con que en nuestros barrios populares se despide el año, el 31 de diciembre, fregando suelos, paredes y objetos de la casa y arrojando a la calle el agua sucia que se llevara consigo la "salación" o mala suerte; y otras prácticas de igual fundamento. (171)

No olvidemos, para concluir sobre esta fecha simbólica, la idea subyacente en este tipo de ritual: la de la "perfección de los comienzos" (Eliade, *Aspects* 68), la de una beatitud anterior a la actual condición humana que se podría recuperar por la abolición del tiempo transcurrido. Esta posibilidad de restaurar el tiempo mítico y primordial, de reintegrar el "paraíso perdido", no es ajena al universo mental sugerido por *Écue-Yamba-Ó*.

Una última fecha simbólica invalida el tiempo histórico en *Écue*: la Navidad. Si, como es probable, el título del capítulo 3 (*Natividad*) posee un valor temporal, se observa primero que la existencia del personaje principal se inscribe en un ciclo perfecto: nacido el día de Navidad, Menegildo muere degollado un 25 de diciembre en casa de Cristalina Valdés (cap. 41, *Nochebuena*). Pero la Navidad no es una fecha cualquiera y se puede ir más allá del aspecto cíclico. Al hacer que nazca su personaje el día del nacimiento de Jesucristo, Carpentier introduce implícitamente el mito cristiano en la novela, lo cual viene corroborado por otros pasajes. Pensemos en esa natividad guajira del capítulo 3, que tiene por marco una "choza de guano", una "cabaña" (23) en la que no faltan los animales. Pero sobre todo la expresión "un nuevo cristiano" aplicada al recién nacido, así como este detalle del decorado del nacimiento: "la escena era presidida por un Sagrado Corazón de Jesús [...] que mostraba la divina herida descolorida por la luz", nimban al niño del aura del Redentor. Michèle Guicharnaud–Tollis está en lo cierto cuando aplica a la historia de Menegildo Cué la expresión de "Pasión negra" (106) en la medida en que *Écue* relata no sólo el nacimiento, sino la vida atribulada, la muerte e incluso la resurrección simbólica del personaje.

Varios son los capítulos de la novela que comportan al menos en su título referencias a la tradición judeocristiana; uno de ellos merece una atención especial, el capítulo 39 (*La decapitación del Bautista*), donde Menegildo, convertido en feriante, se dedica a representar en una barraca el suplicio de San Juan Bautista. Entre los interrogantes que plantea este episodio, uno sería preguntarse si, al decapitar teatralmente al precursor del cristianismo, Menegildo no ensaya su propia decapitación (recordemos que se le encontrará desangrado con "una ancha herida que le hendía el cuello" [139]). El notable ardor con que se dedica a su tarea diaria, el curioso deslizamiento que opera el texto entre el verdugo del profeta y el responsable de la muerte de Cristo ("Medio Pilatos, medio actor..." [139]), autorizan tal hipótesis. Entonces se podría ver en esta escena el equivalente, dentro de un registro cristiano, de la profanación del ritual ñáñigo en la que incurrirán los músicos durante la fiesta en casa de Cristalina Valdés ("Entonces los músicos profanaron un ritmo sagrado y toques que sólo corresponden a los tambores religiosos se hicieron escuchar en instrumentos de juerga" (147). Como en muchos relatos míticos, sería una profanación –en este caso cristiana y "africana"– la que causaría la muerte del héroe.

Entre los numerosos motivos cíclicos presentes en *Écue-Yamba-Ó*, los cataclismos cósmicos que puntúan el periplo de Menegildo contribuyen fuertemente en estructurar el relato según una temporalidad mítica, confiriéndole además una atmósfera casi sobrenatural. Nos referimos, claro está, al ciclón (cap. 8, 9,10, 11), al incendio (cap. 22 y 23), pero también, por razones que se expondrán más adelante, a la "catástrofe" final del capítulo 41 que determina la muerte física del héroe.

Antes de exponer su dimensión mítica, puede ser útil, sin embargo, observar los diferentes niveles de significado que cobran dichos motivos tanto con respecto al referente cubano como al de la lógica ficcional, prueba de su gran coherencia novelesca.

Al nivel referencial el ciclón es un elemento de las condiciones climáticas cubanas dotado de cierta periodicidad. Algunos ciclones han sido famosos al punto de acceder a la categoría literaria; el de la novela, teniendo en cuenta la cronología interna, podría ser el ciclón devastador de 1926, mencionado por Miguel Barnet en dos de sus novelas.[6] Motivo cíclico a la segunda potencia, es un círculo en movimiento como lo recalca en el texto la destrucción por el viento del anuncio lumínico (40).[7] En cuanto a su significado simbólico, dada su situación entre las dos primeras partes de la novela, pueden figurar los trastornos físicos y morales que supone la irrupción de Menegildo en la adolescencia.

Como lo ha mostrado Alfred Melon, el incendio de los cañaverales es en Cuba un motivo literario también corriente que remite a una realidad sociohistórica, la "tea, el gesto revolucionario por antonomasia, estrechamente ligado al recuerdo de la epopeya mambí..." (64)[8] Su carácter subversivo, en la novela de Carpentier, podría ser sugerido por los insultos que dirige el viejo Luí a los supuestos autores del siniestro.

---

[6] En *Canción de Rachel* y *Gallego*.

[7] De los dos anuncios lumínicos azotados por el viento sólo quedan las letras CI.....C.LO y finalmente una O muy simbólica, tras el paso del huracán.

[8] Véase también Le Riverend 82.

Simbólicamente, el fuego vehicula un gran número de significados. Uno de ellos se impone por sí solo tras el episodio de la iniciación sexual de Menegildo, que precede al incendio. Si recordamos que, en su primer encuentro, Longina había "encendido" simbólicamente al muchacho procurándole fuego para su tabaco, no nos debe extrañar que una vez consumada su unión carnal, un incendio venga a significar el fuego de su pasión juvenil. La lluvia que sigue al incendio y ayuda a apagarlo es una lluvia benéfica: "las nubes se desgarraron en franjas transparentes y la tierra roja estertoró de placer bajo una lluvia breve y compacta" (79). Como el incendio, se ajusta al ritmo del amor de los muchachos cuya unión, "colocada bajo el signo del agua y del fuego" (Guicharnaud-Tollis 110), subraya la simbiosis de los personajes negros con la naturaleza.

Último motivo cataclísmico, la pelea nocturna que devasta la casa de Cristalina Valdés al final de la novela se basa también en una realidad histórica: las rivalidades entre sectas ñáñigas que marcaron la vida de los barrios populares habaneros desde mediados del siglo XIX hasta comienzos del XX. Varias veces, por lo demás, el autor ha ido preparando a sus lectores para este final trágico: después de la o las profanaciones de las que se hicieron culpables Menegildo y sus amigos, sólo la muerte podía tocarles en esa noche de regreso al Caos. Ahí es donde se da nuevamente con el mito, y el análisis del contenido mítico de ese episodio fatal es aplicable, como se verá, a los otros dos cataclismos.

Varios elementos de la escena en cuestión: la fecha, la extinción de las lumbres por los asaltantes ("las luces fueron pisoteadas" [150]) y su posterior encendimiento ("...un vecino que traía un quinqué [151]), la presencia de los espíritus de los muertos materializada en la posesión espiritista de Cristalina Valdés, la propia pelea y la violencia que acarrea, todos estos elementos figuran entre los llamados "escenarios mítico-rituales del Año Nuevo" de los que Mircea Eliade enumera una parte como sigue: "Las peleas rituales entre dos grupos de participantes, la presencia de los muertos, las saturnales y las orgías, tantos elementos que significan [...] que al término del año y en espera del Año Nuevo se repiten los momentos míticos del tránsito del Caos a la Cosmogonía" (*Le mythe* 69).

Que las diferentes manifestaciones apocalípticas de *Écue* sean la ilustración reiterada del mito del fin del mundo es particularmente evidente en el caso de las dos primeras. El término de "cataclismo", asociado con el ciclón ("la noticia adquiría relieves de cataclismo en la mala boca de Paula" [37]), no tiene por qué sorprender cuando se sabe que la mayoría de los mitos de fin del mundo atribuyen el aniquilamiento de la humanidad a una catástrofe natural. Es en el capítulo 9 (*Temporal [b]*) donde el autor, mediante procedimientos de escritura apropiados, expresa mejor la dimensión mítica del fenómeno: "Un vasto terror antiguo descendía sobre el océano con un bramido inmenso. Terror de Ulises, del Holandés errante, de la carraca y del astrolabio, del corsario y de la bestia presa en el entrepuente" (39).

Con el incendio, es más bien el mito judeocristiano de la destrucción por el fuego el que se pone de manifiesto. Aun si, dentro de esta perspectiva, en tanto que elemento del misterio mesiánico, se supone que el fin del mundo tiene que suceder una sola vez, el texto muestra que el carácter cíclico triunfa: el fuego purificador prepara un nuevo nacimiento simbolizado por una lluvia fertilizante.

Sin lugar a dudas esta visión optimista nos indica cómo han de interpretarse las diferentes calamidades cósmicas evocadas en *Écue* y, más allá, la aventura mítica de Menegildo Cué. No más que por su carácter cíclico, estas diferentes representaciones del fin del mundo suponen la idea –reconfortante– de una renovación periódica del mundo, la certidumbre de un nuevo comienzo. En el origen de todas estas creencias en la necesidad del regreso al Caos, está, como ya se ha dicho, la idea de la "perfección de los comienzos".

Esta idea –constantemente presente en el universo mítico de *Écue-Yamba-Ó*– encuentra tal vez su mejor ilustración en el más notable de los elementos cíclicos de la novela: la circularidad del relato. Efectuando un típico "regreso a los orígenes" –a la vez que un simbólico *regressus ad uterum*– Longina emprende en el último capítulo el camino de regreso al bohío de los Cué para dar a luz a un segundo Menegildo. Al final de la novela el círculo del tiempo se cierra y Menegildo renace en el espacio originario del bohío de Salomé. Esta recuperación del paraíso perdido se afirma como el modo fundamental de estar en el tiempo de los personajes negros de *Écue*: la nostalgia de los orígenes.

Dos observaciones se imponen a la hora de concluir. Primero esa insistencia en desprender al negro del tiempo de la historia plantea al nivel de las relaciones significante/significado un problema de coherencia. Se comprende que el autor haya querido dotar al negro del privilegio, que sólo procura la fe, de acceder a lo sobrenatural y a lo maravilloso, aunque sea a modo de refugio. Pero esto no impide que la mitificación del relato pueda parecer contradictoria con un aspecto de su contenido: la crítica social y política. En ningún momento, en *Écue*, el antagonismo entre el optimismo del mito y la amargura de la historia encuentra un esbozo de solución. Si es verdad que la arquitectura de *Écue* presenta grandes similitudes con la de *El reino de este mundo*, saltan a la vista inmediatamente las diferencias que oponen las dos primeras novelas de Carpentier desde el punto de vista del tratamiento del mito. Mientras que en *El reino*, el mito, asumido por el negro como una fuerza social, se integra en la historia hasta el punto de orientarla e impulsarla, en *Écue*, la perfecta circularidad del relato excluye a los negros del dominio en que se decide su destino de hombres.

En segundo lugar, pasando por alto los pocos casos en que el mito entra en el mito (limpieza yoruba, mito ñáñigo de Sicanecua), se constata que la estructuración mítica de *Écue* remite a modelos más bien "occidentales" o universales que propiamente "africanos". Aquí también puede plantearse un problema de coherencia tratándose de una "novela afrocubana". Lo que no se puede cuestionar en cambio es que, al acercar, gracias a la mitificación del relato, mitos al parecer alejados unos de otros, Alejo Carpentier ha querido "dar a los valores cubanos y a su realizaciones, una significación universal" (Guicharnaud-Tollis 105). A este respecto, mostró su adhesión a la transculturación cara a Fernando Ortiz, y reaccionó precozmente contra el realismo estrecho de la literatura regionalista.

Bibliografía

I. Primaria

Carpentier, Alejo. *Crónicas*. 2 v. La Habana: Arte y Literatura, 1976.

_____ *Écue-Yamba-Ó* [1933]. La Habana: Editorial Arte y Literatura, 1977.

II. Secundaria

Chevalier, Jean y Alain Gheerbrant. *Dictionnaire des symboles*. París: Robert Laffont-Jupiter, 1982.

Eliade, Mircea. *Aspects du mythe*. París: Gallimard, 1963.

_____ *Le mythe de l'éternel retour*. París: Gallimard, 1969.

Genette, Gérard. *Figures II*. París: Seuil, 1969.

Guicharnaud-Tollis, Michèle. "Réflexions autour du thème noir dans *Écue-Yamba-Ó* de Alejo Carpentier". *Hommage à Alejo Carpentier*. Burdeos: P.U.B., 1985.

Le Riverend, Julio. *Breve historia de Cuba*. La Habana: Editorial de Ciencias Sociales, 1980.

Melon, Alfred. "L'exploitation poétique du thème de la canne à sucre dans la littérature cubaine, jusqu'en 1926". *Caravelle* 16 (1971).

Müller-Berg, Klaus. "Reflexiones sobre los mitos en Alejo Carpentier". *Homenaje a Alejo Carpentier*. H. F. Giacoman, ed. Nueva York: Las Américas, 1970.

Ortiz, Fernando. *Contrapunteo cubano del tabaco y el azúcar*. Barcelona: Ariel, 1973.

Santander, Carlos. "El tiempo maravilloso en la obra de Alejo Carpentier". *Novelistas hispanoamericanos de hoy*. Juan Loveluck, ed. Madrid: Taurus, 1976.

_____ "Lo maravilloso en la obra de A. Carpentier". *Homenaje a Alejo Carpentier.* H. F. Giacoman, ed. Nueva York: Las Américas, 1970.

Sellier, Philippe. "Récits mythiques et productions littéraires". *Mythes, images, représentations.* Actes du XIVè congres de la Société Française de Littérature Générale et Comparée (Limoges, 1977). *Trames.* Limoges: Université de Limoges, 1981.

El mito americano en *Los pasos perdidos*

Margarita Mateo Palmer

Los discursos habían sustituido a los mitos; las consignas a los dogmas. Alejo Carpentier

EL MITO ZODIACAL, VINCULADO EN SUS ORÍGENES CON LAS LEYENDAS ASTRALES Y con la posibilidad de conocer el destino del hombre prediciendo el *fatum* fijado por el movimiento de los cuerpos celestes, ha perdido su sentido primigenio. En el mundo contemporáneo, la lectura del horóscopo, al igual que algunos rituales que se tornan cotidianos, está basada en un simbolismo, ignorado hoy por quienes interrogan las estrellas o realizan mecánicamente ademanes que ya han perdido su sentido original. En 1952, un año antes de la publicación de *Los pasos perdidos,* Carpentier publicó en "Letra y Solfa" un brevísimo artículo, "El horóscopo y la conciencia", donde describe diversas supersticiones de inusitada vigencia en las civilizaciones modernas, a pesar de estar ya totalmente desasidas de los sistemas mitológicos que les dieron origen. En un trabajo posterior afirmó el narrador cubano:

> Porque el hombre de este siglo repite automáticamente una serie de gestos cuyo verdadero significado ignora. Es asombroso pensar que hoy damos la mano al saludar, arrojamos puñados de arroz a los recién casados, pagamos arras en el altar nupcial [...] sin saber, en modo alguno, a qué práctica, a qué simbólica ritual, obedecen esos actos. (*Letra* 36)

En *Los pasos perdidos,* el mito zodiacal, asociado principalmente a la figura de Mouche, cuyo oficio es interpretar los mapas del destino, desempeña una importante función desmitificadora, encaminada a enfatizar, sobre todo, la inautenticidad de estas búsquedas y lo errónea que puede resultar la interpretación de los signos que en otras civilizaciones parecían regir el devenir de los hombres. Al inicio de la novela, Mouche está decorando su estudio con algunas constelaciones, que serán leídas de diferentes modos en el transcurso de la obra. A partir de la noticia de la posibilidad de un viaje, este personaje, que ha adquirido su competencia astrológica leyendo "los bellos nombres de las constelaciones en el espejo de los libros" (33), afirma con toda seguridad: "Este viaje estaba escrito en la pared [...], señalando las figuras del Sagitario, el Navío Argos y la Cabellera de Berenice" (41), pintadas en la habitación.

Según esta interpretación, Mouche se identifica a sí misma con Berenice, la princesa egipcia que dedicó su cabellera a Venus para propiciar el seguro retorno de su marido de la expedición a Siria. Aunque en la novela no son leídas directamente las otras constelaciones, no es difícil relacionar el Sagitario –símbolo cósmico que representa al hombre completo, amante de la libertad y que busca el cambio a través de los viajes– con el protagonista, y el navío Argos con la idea misma del viaje. Este último personaje, sin embargo, al contemplar los signos astrales, no los interpreta sino que reflexiona acerca del desamparo del ser humano que trata de descifrar su destino apelando a señales desprovistas de una verdadera significación:

> Muy asustados de su tiempo debían estar los hombres –pensaba yo a veces– para interrogar tanto a los astrólogos, contemplar con tal aplicación las líneas de su mano, las hebras de su escritura, angustiarse ante las borrajas de negro signo, remozando las más viejas técnicas adivinatorias, a falta de tener modo de leer en las entrañas de bestias sacrificadas o de observar el vuelo de las aves con el cayado de los arúspices. (33)

Sin embargo, cuando el destino del protagonista se torna más incierto y la posibilidad de regreso a Santa Mónica de los Venados se dilata más allá de lo previsto, éste comienza a descubrir señales y augurios en todas partes. Su búsqueda se convierte en un continuo y desesperado cuestionar que sólo conduce, finalmente, a un encuentro indeseado:

> Y llega a tanto mi imposibilidad de no pensar en nada que no sea mi regreso a lo que allá me espera, que veo, cada mañana, presagios en las primeras cosas que me salen al paso: la araña es de mal agüero, como la piel de serpiente expuesta en una vitrina; pero el perro que se me acerca y se deja acariciar es excelente. Leo los horóscopos de la prensa. (234)

Y es justamente cuando hojea un tratado de interpretación de los sueños para descubrir el sentido de la cárcel soñada la noche anterior, que vuelve a encontrarse con Mouche en la gran ciudad. Al contemplar de nuevo las constelaciones pintadas en el estudio, no podrá evitar otra interpretación de esas figuras:

> Ahora, el sentido agorero de todo aquello –en caso de que lo tuviera– cobraba una sorprendente claridad en mi espíritu: la Cabellera de Berenice era Rosario,

> con su cabellera virgen, jamás cortada, mientras Ruth se asimilaba a la Hidra que cerraba la composición, amenazadoramente plantada detrás del piano que podía tomarse como el instrumento de mi oficio. (237)

Nuevamente, sin embargo, la lectura de los signos astrales es fallida. Rosario, con su larga cabellera, no es Berenice en espera de su esposo, ni la nave de Argos podrá llevar al protagonista al rencuentro con el vellocino de oro. No hay, en ese mundo civilizado al que ha regresado el protagonista, mitos auténticos, instalados en el contexto de esa cultura, ni una conciencia mitológica afirmada en la tradición. Desorientado, buscando a tientas una ruta ya difuminada, volviendo una y otra vez sobre sus propios pasos, perdidos en la travesía de regreso, el protagonista no puede encontrar un verdadero sentido en los signos que interroga. Su errática búsqueda de señales se contrapone radicalmente con la meridiana claridad de otros mitos, que son los que desempeñan un papel principal en la urdimbre mitológica y simbólica del texto.

Los mitos prehispánicos

Tan fuerte es el prestigio de los mitos clásicos que en ocasiones se olvida la existencia de mitos surgidos en diversos contextos geográficos, bajo la égida de muy disímiles coordenadas culturales, y que repiten, sin embargo, similares esquemas narrativos y simbólicos. A estos mitos suele adjudicárseles, para identificarlos, nombres ya fijados por el mundo de la antigüedad clásica. Mitos originales de América, nacidos espontáneamente a partir de experiencias locales, son nominados a partir de sus similares del mundo greco-latino, lo cual podría hacer pensar a los no entendidos que su presencia en América depende de la influencia europea traída por los conquistadores. Este proceso, que se advierte claramente desde el *Diario de navegación* del Almirante, contribuye a velar y deformar los rasgos originales de las culturas americanas.

En su relato "Los advertidos", Carpentier aborda esta temática al contrapuntear diferentes versiones del mito del diluvio. Para recrear la tradición americana narra el mito de Amalivaca, figura también asociada con las imágenes rupestres talladas en los elevados paredones de granito de la gran sabana. En este relato, cuando Noé comienza a leer los mandatos de Iaveh, el viejo indígena se cuestiona: "¿Así no lo hice yo?, preguntábase el anciano Amaliwak hallando que aquel extranjero resultaba harto presuntuoso con sus Revelaciones que eran semejantes a las de todas las demás" (*Cuentos* 56). Más adelante, cuando ya son varias las barcas que se han encontrado sobre las aguas, se afirma:

> Los Capitanes cenaron silenciosamente. Una gran congoja –inconfesada, sin embargo, guardaban en lo más hondo del pecho– les ponía lágrimas en las gargantas. Se les había venido abajo el orgullo de creerse elegidos –ungidos–

por divinidades que, en suma, eran varias, y hablaban a sus hombres de idéntica manera. (59)

En *Los pasos perdidos* también se subrayan las coincidencias entre la versión bíblica del diluvio y la del mito americano cuando se narra la siguiente anécdota sobre el hijo del Adelantado:

> ...un día al regresar de un viaje –cuenta el Fundador–, su hijo Marcos, entonces adolescente, lo dejó atónito al narrarle la historia del Diluvio Universal. En su ausencia, los indios habían enseñado al mozo que esos petroglifos que ahora contemplábamos, fueron trazados en días de gigantesca creciente, cuando el río se hinchara hasta ahí, por un hombre que, al ver subir las aguas, salvó una pareja de cada especie animal en una gran canoa. (180)

Una problemática similar es comentada por Alejandro de Humboldt en *Del Orinoco al Amazonas* al referirse a los mitos sobre los garamantes, los arismaspes y los hiperbóreos, que circulaban entre los misioneros españoles: "Se cometería una injusticia atribuyendo pura y simplemente a los misioneros el origen de estas fábulas desorbitadas que, en su mayor parte, tomaron de las leyendas indias" (390). Más adelante, el sabio alemán, que ya había escuchado las historias sobre un pueblo de hombres sin cabeza, cuya boca estaba situada en el ombligo, relata cómo un viejo indio, que se jactaba de haber comido carne humana, le aseguró que había visto, "con sus propios ojos" (422-3) a aquellas gentes sin cabeza.

En *Los pasos perdidos* se mencionan mitos locales que fácilmente pueden ser identificados con los europeos. Las similitudes entre las coordenadas básicas de esos relatos son una muestra más del modo en que pueden confluir culturas diferentes: "Las canciones ribereñas cantaban, en décimas de romance [...] la fidelidad de una zamba que durante diez años esperó el regreso de un marido a quien todos daban por comido de hormigas en lo más remoto de la selva (141).

La leyenda de Penélope, como muchas otras, encuentra su similar en los mitos locales, que guardan, a veces, curiosas coincidencias, incluso en detalles menores, como el tiempo de espera de la esposa fiel.

Los mitos americanos anteriores al descubrimiento del nuevo mundo, desempeñan una importante función en *Los pasos perdidos*, aunque por lo general hayan sido poco atendidos por los estudios críticos. Al iniciarse el tercer capítulo de la novela, una cita, tomada de uno de los textos sagrados de los mayas, *El libro del Chilam Balam*, presidirá como exergo la narración de los hechos de una etapa de la travesía que comienza en Los Altos y culmina con la partida hacia lo profundo de la selva, luego de la exclusión de Mouche. El fragmento, tomado de la "Rueda profética de los años un Katún 5 Ahau", constituye la sexta de las predicciones recogidas en esta sección del libro del profeta Tigre: "...será el tiempo en que tome camino,// en que desate su rostro y hable y vomite //lo que tragó y suelte su sobrecarga" (77). La cita del *Chilam Balam* viene a enfatizar al lector, en primer lugar, las anteriores referencias que se han hecho al mito de Sísifo que, como es sabido, desempeña una importante función en la novela. La mención en la cita maya a la acción de *soltar la sobrecarga* permite una rápida identificación con la leyenda del héroe griego condenado a cargar, eternamente, una piedra sobre sus hombros. Es importante, sin embargo, analizar las características básicas que, desde el punto de vista de la inserción en su propio contexto mítico –mucho menos conocido que las tradiciones griegas– presenta esta referencia. En primer término, resulta interesante conocer que la "Rueda profética de los años un Katún 5 Ahau", elaborada por los sacerdotes mayas encargados de predecir el futuro y el destino de su pueblo, abarca las profecías de un *katún*, es decir, de un período temporal constituido por veinte años (*tun*) de 360 días. Como es sabido, el calendario maya alcanzó una asombrosa exactitud. No sólo llegó esta civilización, en la minuciosidad de sus cálculos matemáticos, a idear el cero, "una de las hazañas intelectuales del hombre, [que] precedió en varios siglos al del sistema decimal nuestro, [...] que realizaron los hindúes y transmitieron por conducto de los árabes a la cultura occidental" (89), sino que, como afirma Alberto Ruz Lhuillier acerca de su calendario solar: "Los cálculos de los sacerdotes mayas llegaron a tal grado de precisión que su corrección calendárica resulta un diezmilésimo de día más exacta que la que se hace con la intercalación del año bisiesto en nuestro calendario" (91).

Las profecías de los hombres de maíz eran realizadas a través del calendario sagrado o *tzolkin*, que combinaba los veinte días del mes (*uinal*) con números del 1 al 13 (entre los mayas el zodíaco constaba de trece "casas"), repetidos sin interrupción, independientemente del calendario solar (90). Este calendario sagrado tenía una importancia enorme "ya que servía de base a los horóscopos que regían todos los actos de la vida maya" (90):

> La armonía del mecanismo celeste, la recurrencia de los astros en su continuo andar, debió sintetizar para los sacerdotes el orden cósmico y la eternidad. Pero las observaciones astronómicas los condujeron al conocimiento preciso de las estaciones del año y con ello, a la regulación de las labores agrícolas. El sacerdote, conocedor del curso de los astros, [...] podía predecir eclipses y demás fenómenos celestes, y anunciar el principio de las aguas [...]. En una civilización esencialmente agrícola en que el sustento de los hombres dependía en última instancia de las condiciones atmosféricas, una religión que contaba con la ayuda de la astronomía y del calendario, tenía que alcanzar un dominio ilimitado. El sacerdote, además, no sólo predecía lo que las observaciones del cielo realmente anunciaban sino que creó una verdadera astrología que también se tomaba en cuenta para todos los actos de la vida, empezando por la agricultura. (81-2)

Puede recordarse, a la luz de estas explicaciones acerca del genuino valor de la lectura de los astros para una civilización cuyo destino, incluso en términos de supervivencia, dependía de las informaciones que sobre la naturaleza le brindaban los astros, la actitud superficial y esnobista mostrada por Mouche en sus afanes horoscopales. No sólo el personaje es incapaz de reconocer las estrellas observando directamente el firmamento, como ya se ha comentado, sino que, en uno de los pasajes de este capítulo, después de haber descansado frente a un paisaje particularmente impresionante a la orilla de un río donde hay un antiguo velero abandonado, el personaje permanece ajeno al hecho de que

> estábamos en un lugar cuyos elementos componían una de esas escenografías inolvidables que el hombre encuentra muy pocas veces en su camino. El mascarón, las llamas, el río, los barcos abandonados, las constelaciones: nada de lo visible parecía emocionarla. Creo que fue ése el momento en que su presencia comenzó a pesar sobre mí como un fardo que cada jornada cargaría de nuevos lastres. (105)

La intérprete del firmamento celeste, la improvisada astróloga que vive de las lecturas zodiacales, ignora por completo las fuerzas profundas y elementales que se hallan en la base del mito zodiacal.

Por otra parte, es interesante notar cómo las profecías que preceden al texto citado del *Chilam Balam* han vaticinado, sin excepción, malos agüeros y acontecimientos muy desesperanzadores. Sirva de ejemplo un fragmento de las predicciones para el año anterior: "Será el tiempo en que se amontonen las calaveras y lloren las Moscas en los caminos vecinales y en los descansaderos de los caminos vecinales. Cuando se alce su poder, llorará *Cuy*, Lechuza, llorará *Icim*, Búho, llorará *Ah I*, cuclillo" (81-2).

La profecía citada en *Los pasos perdidos*, por el contrario, establece una ruptura en el ciclo de catástrofes anunciadas previamente. Una etapa de renacimiento y afirmación de la vida llegará con el año tun 5 Muluc (Inundación), en el que regirá el poder del agua y la fecundidad:

> Entonces será el tiempo en que hay pan de maíz aun más allá de la provincia [...] Entonces saldrán de su pozo y su gruta. Así acontecerá a los Itzales, Brujos del Agua, cuando se alcen del rigor de su miseria y salgan por las tierras boscosas y los pedregales a decir su palabra a la justicia del Sol, a la justicia de Katún. (Sodi 34)

El epígrafe de Carpentier, entonces, tiene una significación principal, al menos en un doble sentido. Por una parte, se contrapone claramente con el oficio de Mouche, acentuando una vez más no sólo la esencial falsedad del personaje, sino también el gesto inútil de aquellos que en el mundo occidental intentan conocer su destino a través de los horóscopos. Por otro lado –y ésta es su función dominante–, quedará asociado con la trayectoria del héroe de la novela en una nueva etapa de su viaje espiritual. Es en este momento que, luego del encuentro con los Reyes Magos en Los Altos, el protagonista responde a un segundo llamado a la aventura, que le llega a través de la música del arpista ciego, un pagador de promesas que tañe su instrumento "con la gravedad de quien oficia un rito" (75).

Otro texto sagrado del mundo prehispánico, el *Popol Vuh*, es citado al inicio del capítulo cuatro, cuando comienza el viaje hacia la selva: "¿No habrá más que silencio, inmovilidad al pie de los árboles, de los bejucos? Bueno es pues, que haya guardianes" (148). Este fragmento pertenece a la primera parte del libro sagrado de los mayas-quichés y narra el momento en el cual Tepeu y Gucumatz, después que hacen surgir la tierra del fondo de las aguas, deciden crear a los animales: "Luego hicieron a los animales pequeños del monte, los guardianes de todos los bosques, los genios de la montaña, los venados, los pájaros" (Sodi 35). Según aclara Adrián Recinos, su traducción de "los genios de la montaña" significa, literalmente, "el hombrecillo de los bosques". Más adelante añade: "Los antiguos indios creían que los montes estaban habitados por estos seres guardianes, espíritus de los montes, especie de duendes, semejantes a los *alux* de los mayas" (*Popol-Vuh* 6-7).

La referencia a los genios de la montaña en *Los pasos perdidos* evoca la presencia de deidades que, como la india Mapiripana en *La vorágine* o el dios de un solo pie mencionado por Rosario, cuidan la entrada al espacio sagrado del monte. Estos guardianes, como se verá más adelante, ofrecen importantes claves relacionadas con la evolución espiritual del protagonista y con las fuerzas naturales que, finalmente, han impedido a Mouche penetrar en la selva. Mas también están relacionadas con la entrada secreta al monte a través de un túnel de vegetación, oculto para los no iniciados. El cruce de este umbral protegido por los espíritus del bosque puede ser considerado un rito de pasaje, que tiene lugar cuando el personaje ha adquirido una calificación que le permite asumir retos mayores. Como afirma Joseph Campbell, una vez atravesado el umbral de lo desconocido, el héroe mítico se mueve en un paisaje de sueño, poblado de formas curiosamente fluidas y ambiguas, donde debe pasar una serie de pruebas (81). Del mismo modo, el protagonista de la novela, al franquear esta frontera, se enfrentará a un mundo nuevo –a un paisaje muy similar al descrito por Campbell– e igualmente deberá vencer diversas pruebas para poder llegar al sitio deseado.

Por último, otra referencia directa al *Popol Vuh* aparecerá cuando Fray Pedro reflexione sobre un pasaje particularmente intenso del *Libro del Consejo*: "En ese texto sagrado de los antiguos quitchés [...] se inscribe ya, con trágica adivinación, el mito del robot; más aún: creo que es la única cosmogonía que haya presentido la amenaza de la máquina y la tragedia del Aprendiz de Brujo" (187). El mito mencionado por Fray Pedro narra la destrucción de los hombres de madera por los animales y los objetos que les habían servido hasta entonces. La rebelión de los comales, las ollas y las piedras del hogar es devastadora y a ella se suman, como una venganza más de los excesos cometidos por los hombres de palo, las fuerzas de la naturaleza: "Desesperados corrían de un lado para otro; querían subirse sobre las casas y las casas se caían y los arrojaban al suelo; querían subirse sobre los árboles y los árboles los lanzaban a lo lejos; querían entrar en las cavernas y las cavernas se cerraban ante ellos" (Campbell 16-17). Este mito, interpretado por fray Pedro desde la perspectiva del mundo moderno, permite otras asociaciones con la sociedad de la que huye el protagonista. En su rechazo al mundo de la gran ciudad, del que cree haber escapado, el personaje menciona los motivos principales de su fuga: "Huyo de los oficios inútiles, de los que hablan por aturdirse, de los días hueros, del gesto sin sentido, y del pavoroso Apocalipsis que sobre todo aquello se cierne" (241). La mención de un "pavoroso Apocalipsis" permite establecer un nexo con el relato de la destrucción de los hombres de madera como metáfora de los excesos a los que ha llegado el mundo civilizado. El mito maya, entonces, puede interpretarse como un terrible vaticinio acerca de los peligros que acechan a una sociedad donde los objetos, su desmedido consumo y las agresiones a la naturaleza están cada vez más ligados a la vida y al destino de los seres humanos.

El mito de "El Dorado"

Uno de los mitos que mayor importancia tiene en *Los pasos perdidos* es el de El Dorado. Aunque la búsqueda de riquezas y, en particular, la del áureo metal, ha estado presente en diferentes mitos y leyendas de la cultura occidental, puede decirse, con todo rigor, que este mito es propio de América. Enrique de Gandía, como afirma Beatriz Pastor, "sitúa las primeras noticias de El Dorado en 1534, pero señala 1538 como el momento decisivo en la formulación y propagación del mito" (355). Según él, fue a partir del encuentro entre Ximénez de Quesada, Benalcázar y Ferdeman que "la fama del Dorado voló por todo el norte de la América Meridional, descendió al Perú y de allí pasó algunos años más tarde al río de la Plata". Juan Gil, en su enjundioso volumen sobre la leyenda dorada afirma que fue en 1539 cuando por primera vez se recogió el término, utilizado por Sebastián de Benalcázar para designar

> una provincia cuyo cacique, según se decía, se lavaba todos los días desnudo y al salir del agua, ungido con trementina, se rociaba polvo de oro, su único vestido, por lo cual era cosa maravillosa el resplandor que despedía su cuerpo; después, a tan pintorescos detalles, se añadió la piscina, necesaria para las abluciones doradas, que pronto [...] vino a convertirse en lago.

El mito de El Dorado, de tan asombrosa persistencia y arraigo en tierras americanas, se articuló, esencialmente, en torno a estos dos elementos: el indio dorado y la laguna de las ofrendas; mas con el transcurso del tiempo su estructura inicial fue variando e incorporando otros componentes. Pueden distinguirse, así, dentro de este complejo mitológico, distintas variantes, tanto de su ubicación geográfica como de la forma precisa que adopta la comarca del oro. Como escribió Humboldt: "Si se estudian cuidadosamente los mapas de estos países y la historia de los errores geográficos, se comprueba que el mito de El Dorado se va corriendo gradualmente hacia el oeste junto con las fuentes del Orinoco..." (Gil 65).

Mito móvil, trashumante, El Dorado fue buscado en todas las regiones aún desconocidas por los conquistadores, mudando progresivamente de nombre, lugar y forma. Baste mencionar la mítica ciudad de Manoa –con sus fantasmales alcázares, divisados por Felipe de Hutten desde un cerro–, la portentosa laguna de Parima o los sitios fabulosos como Meta, Guayana, Candire, Catanuapo, Cunucunuma, Paititi, Mojos, y muchos otros (Humboldt 457). Muy cerca de la maravillosa mina suelen existir, además, seres mitológicos, capaces de figurar en cualquier bestiario, que aparecen como guardianes del tesoro: gigantes, arismaspes, hipogrifos, esciápodes, pigmeos, amazonas. Estas últimas, identificadas por primera vez en el nuevo mundo por Colón, estarán después tan asociadas a la leyenda doradista que funcionarán como elemento identificador de riquezas. No debe olvidarse, sin embargo, que el mito de las amazonas, en su forma americana original, fue narrado al Almirante por los indígenas de la región del Caribe, del mismo modo que en tierra firme también se recogieron posteriormente diversas versiones acerca de prodigiosas mujeres, lo cual alimentó el mito: "Las noticias indígenas que parecían confirmar la existencia de las amazonas se referían, a veces, a la organización y las costumbres matriarcales de algunas de las tribus del interior y, en la mayoría de los casos, a las vírgenes incas dedicadas al culto del Sol o a las llamadas Mujeres del Inca" (Gil 11). En *Los pasos perdidos*, Montsaltvaje ofrece otra explicación de esta leyenda cuando le asegura al protagonista que "las amazonas habían existido: eran las mujeres de los varones muertos por los Caribes, en su misteriosa migración hacía el Imperio del Maíz" (136).

Por otra parte, existen muy variadas historias relacionadas con los buscadores de El Dorado, algunas de las cuales se mantienen vivas hasta la actualidad. Entre los esquemas narrativos y los tipos humanos que más se repiten y que, con diferentes variantes, se integran al mito central, pueden distinguirse algunas expresiones particulares. Una de ellas es la del eterno buscador de tesoros, que no puede desoír el llamado de la selva. Este personaje está nítidamente representado por la figura del *pork-knocker*, personaje típico del interior de Guyana, en torno al cual se han tejido prodigiosas fábulas que le otorgan una estatura peculiar. En la base de las leyendas elaboradas en torno al buscador de diamantes puede advertirse un peculiar sentido de la vida que lo distingue: su carácter aventurero y el afán de ruptura con el mundo civilizado. Más allá de la búsqueda de riquezas que su itinerario implica, el *pork-knocker* rechaza el bienestar material como un don permanente que pueda conducir a una vida estable y sosegada. Su divisa ante las riquezas es gastar en poco tiempo lo ganado en un golpe de suerte para poder regresar al reto incesante de búsqueda, que es lo que otorga un verdadero sentido a su existencia. Las aventuras míticas de estos seres legendarios son frecuentemente recordadas y enaltecidas, tanto en las canciones que se entonan en la costa como en la obra de varios artistas guyaneses. Una clara recreación de ese mito puede hallarse en *Black Midas* (1958) de Jan Carew y en *Palace of the Peacock* (1960) de Wilson Harris.

En la novela de Carpentier se ofrece una visión del buscador de tesoros que contrasta notablemente con el fulgor del mito. La visita que se realiza a la mina de diamantes de los griegos, cuya sola mención había provocado tanto alborozo a Mouche, lejos de acercarlos a "una caverna maravillosa, rutilante de gemas", muestra un lodazal escarbado y revuelto por las palas que han regresado

> veinte veces al lugar del hallazgo primero, con la esperanza de haber dejado en el barro [...] la portentosa Piedra de la Riqueza [...]: El más joven de los buscadores de diamantes me habla, por el camino, de las grandes miserias del oficio, de las desesperanzas de cada día y de la rara fatalidad que siempre hace regresar al descubridor de una gran gema, pobre y endeudado, al lugar de su encuentro. (138)

Esta rara fatalidad está muy relacionada con la propia euforia del hallazgo, que motiva a gastar en pocos días lo que ha tardado años en ser encontrado: "Llegan los vencidos, pero llegan también los que arrancaron al barro una mirífica gema, y, durante ocho días se hartarán de hembras y de música"(177).

Pero la figura que con mayor nitidez encarna el mito del buscador de tesoros es Yannes, quien, a lo largo de la obra cumple el esquema narrativo clásico de búsqueda, hallazgo y retorno, característico de esta variante del mito doradista. Cuando el personaje, ya en el interior de la selva, se separa del grupo siguiendo el rumbo del oro, el narrador reflexiona: "Solitario ha de ser el minero que no quiere compartir su hallazgo, avaro en sus manejos, mentiroso en sus decires, borrando el camino detrás de sí como el animal que barre sus huellas con la cola" (174).

Estos rasgos negativos, asociados con la codicia que guía los pasos de los buscadores de riquezas, son descritos con mayor detenimiento cuando el protagonista, luego de su regreso a la gran ciudad, vuelve a encontrarse con el griego. En ese momento, el narrador advierte el cambio operado en el personaje:

> Pero noto que hay algo cambiado en los rasgos del griego: sus ojos, de mirada tan penetrante y segura, están como inquietos, desconfiados, no acabando de descansar en nada. Parece nervioso, impaciente, y es difícil tener con él una conversación hilvanada. Cuando narra algo, se atropella o vacila, sin detenerse largo tiempo sobre una idea, como hacía antes. (248)

Trastornado, temeroso, consumido por la fiebre del oro, Yannes es ahora otro hombre, para quien todo lo que no sea su propio hallazgo ha perdido sentido. El protagonista a duras penas puede conversar con él pues "sólo piensa en sus diamantes, y cuando calla es por no hablar de ellos, temiendo que [...] lo escuchen" (249). Su encuentro con el tesoro buscado, lejos de conducirlo a una plenitud, lo ha transformado en un ser huraño y alienado.

El mito del buscador de tesoros se expresa también en las historias de aquellos que no regresaron nunca porque murieron en el infierno verde. Esta variante está representada en *Los pasos perdidos* a través de Nicasio, el leproso, un personaje que, a pesar de su carácter episódico, cumplirá una importante función en una de las pruebas que el protagonista no puede cumplir: ajusticiar al enfermo por haber violado a una niña de la comunidad de Santa Mónica, una tarea finalmente ejecutada por Marcos. Nicasio, que no regresará jamás al mundo civilizado, vive en una caverna esperando la muerte y es también un buscador de oro que ha sido tocado por el signo de lo fatal.

Por otra parte, en un importante pasaje donde se ofrecen al lector las claves principales del mito de El Dorado, Montsalvatje –"narrador junto al fuego, como debe ser" (134)– describe las repercusiones de la alucinada visión de los alcázares de Manoa por Felipe de Hutten:

> Desde entonces había corrido la noticia, y durante un siglo había sido un tremebundo tanteo de la selva, un trágico fracaso de expediciones, un extraviarse, girar en redondo, comerse las monturas, sorber la sangre de los caballos, un reiterado morir de Sebastián traspasado a dardos. [...] las crónicas habían olvidado los nombres de quienes, por pequeñas partidas, se habían quemado al fuego del mito, dejando el esqueleto dentro de la armadura, al pie de alguna inaccesible muralla de rocas. (135)

Como para corroborar las palabras de Montsalvatje, el Adelantado muestra una segur de forja castellana, con una fecha de la conquista inscrita en la madera. El arma, hallada por él en lo profundo de la selva, "revuelta con osamentas humanas, junto a un lúgubre desorden de morriones, espadas, arcabuces..." (135), forma parte de un paisaje desde el cual comienza a tejerse la leyenda. Cuando el protagonista sostiene el arma entre sus manos, siente cómo "la frialdad de la segur ponía el prodigio en la yema de nuestros dedos". Fantasía y realidad se unen en las aventuras narradas junto al fuego: las más disímiles leyendas se cuentan sobre los hombres que no regresaron nunca de sus expediciones, aquellos a los que puede aplicárseles la frase lapidaria referida a Arturo Cova y sus compañeros: "se los tragó la selva".

Resulta interesante comprobar cómo, en pleno siglo XXI, siguen surgiendo nuevas variantes míticas en torno a los buscadores de El Dorado que no regresaron nunca de su viaje. Una de ellas está relacionada con un personaje real, mencionado por el protagonista cuando vienen a rescatarlo de Santa Mónica de los Venados: "Se ha creado una novela en torno a mi persona, que incluye la insidiosa hipótesis de que yo haya sido torturado. Se repite conmigo el caso de Fawcett, y mis relatos, publicados en la prensa, están reactualizando la historia de Livingstone" (213). Percy Harrison Fawcett fue un militar inglés, contratado en 1906 por la Royal Geographical Society para dirigir una expedición a la selva amazónica, encargada de delimitar las fronteras entre Bolivia y Brasil. Al terminar el contrato el coronel continuó realizando expediciones, financiadas por él mismo y por algunos periódicos, movido por el interés principal de hallar una antigua ciudad perdida, que él ubicaba en la selva brasileña. Su última expedición, en la que sólo fue acompañado por su hijo Henry y un amigo de éste, Raleigh Rimell, fue un viaje sin regreso:

> El 29 de mayo de 1925, desde el campamento bautizado *Caballo Muerto* en el Mato Grosso, Fawcett enviaría un postrero mensaje a su esposa. Despidieron [...] a los porteadores que les habían ayudado hasta allí y se adentraron solos en territorio desconocido. Eso fue lo último que se supo de ellos, ya que desaparecieron en la selva y nadie más les volvió a ver de nuevo. (Pastor 349)

La desaparición de Fawcett se convirtió en un suceso ampliamente comentado por la prensa y durante muchos años se organizaron expediciones en su búsqueda. A partir de entonces comenzaron a circular diversas leyendas que daban nueva vida a los mitos de El Dorado. Hubo quienes, por ejemplo, afirmaron que el expedicionario inglés era un anciano blanco que andaba errante por la selva; circuló también el rumor de que los exploradores eran prisioneros de una tribu indígena; otros creyeron encontrar en los indios blancos a los descendientes de los viajeros perdidos. El delirio llegó a tan alto grado que

> [e]n 1951, el brasileño Orlando Vilas Boas dijo que un cacique calapo aseguraba haber asesinado a los exploradores y conocer el lugar donde estaban sus restos. Vilas Boas se llegó a fotografiar con un cráneo –que afirmaba era el de Fawcett–, para terminar con una nueva historia que sugería que el coronel en realidad había encontrado un fabuloso reino perdido al estilo de El Dorado y se había quedado allí, bien por la fuerza, bien por propia voluntad. (Moscardó)

Como dato de interés puede mencionarse que la última expedición en busca de las huellas de Fawcett se realizó en una fecha tan cercana como 1996, dirigida por René Delmotte y James Lynch. Esta expedición fue un fracaso y con ella se perdió un equipamiento valorado en treinta mil dólares.

Por último –y ahora sí el desenfreno mítico alcanza ribetes alucinantes–, mucho después de su desaparición algunas personas afirman que han recibido mensajes telepáticos del explorador inglés, comunicándoles que se encuentra bien. Según se expresa en una sesión con Ron Hubbard, celebrada el 26 de junio de 2004, publicada en *Libertalia*, Fawcett y sus dos acompañantes habrían atravesado una abertura dimensional, que les permitió penetrar en una civilización que floreció hace cientos de años y allí decidieron quedarse. El hijo de Fawcett se casó con una nativa y creó una familia (Moscardó).

Finalmente, dentro de este abanico de posibilidades en que se desgaja el mito de El Dorado, están los que encuentran el tesoro anhelado, pero no regresan a la civilización para disfrutar de ese poder material, ya que junto con las riquezas han hallado un sentido más valioso desde el punto de vista espiritual.

Tanto el Adelantado como su hijo Marcos representan con nitidez esta variante del mito. La historia del personaje real del cual surge el Fundador de Ciudades de la ficción carpenteriana es narrada en la crónica "El último buscador de El Dorado", publicada en *Carteles* en 1948. Se trata de los acontecimientos protagonizados por Lucas Fernández Peña, un farmacéutico valenciano que, siguiendo la leyenda del oro, llegó hasta el pie del Roraima y allí levantó la primera ciudad de la gran sabana. La asombrosa evolución espiritual de este buscador de tesoros, según la crónica carpenteriana, está vinculada con el hallazgo real de los yacimientos de oro y diamantes, pero sobre todo, con su renuncia a estos bienes materiales cuando "comprendió cuáles son las verdaderas riquezas del hombre" (*Crónicas* 279). Dueño de su "propia e íntima Utopía", el valenciano alcanzó la plenitud de su realización como ser humano en otras esferas de la vida alejadas de la posesión del oro:

> Con todo esto, el Fundador de Ciudades, el descubridor de diamantes, el iluminador de vetas, no se enriquecía, por haber descubierto algo situado más allá de cualquier vulgar apetencia de oro: la inutilidad del oro para todo individuo que no aspira a regresar hacia una civilización que no sólo inventa la bomba atómica, sino que halla, además, justificaciones metafísicas para su empleo. (Moscardó)

La historia de Lucas Fernández Peña, al igual que las peripecias del Adelantado narradas en *Los pasos perdidos*, confluyen en el anhelo del hombre por hallar un espacio incontaminado donde desarrollar su existencia al margen de las leyes de la civilización: sitio proyectado una y mil veces en las viejas utopías de la cultura occidental. También en su crónica Carpentier asocia el mito doradista con muy antiguos y reiterados anhelos del viejo mundo. En efecto, al terminar su crónica sobre el buscador de tesoros, el narrador cubano expresa: "'Sólo serán dignos de hallar el secreto de la transmutación de los metales, aquellos que no saquen provecho del oro obtenido' reza una de las leyes fundamentales de la alquimia –ley oculta que es, probablemente, el verdadero gran secreto de El Dorado".[1]

El mito doradista, entonces, es asumido por Carpentier en el sentido de una búsqueda espiritual –proceso de aprendizaje y purificación, que conduce al hombre a un estado superior de la conciencia de sí mismo y del mundo. No es superfluo recordar que desde el punto de vista simbólico, el oro es un elemento fundamental del motivo del tesoro escondido, que es, a su vez, imagen de los bienes espirituales y de la iluminación suprema (*Crónicas* 281). A su vez, según la alquimia, el oro "simboliza todo lo superior, la glorificación o 'cuarto estado', después del negro (culpa, penitencia), blanco (perdón, inocencia), rojo (sublimación, pasión). Todo lo que es de oro o se hace de oro pretende transmitir a su utilidad o función esa cualidad superior" (Cirlot 344).

Desde esta perspectiva el mito de El Dorado, no sólo en la concepción general de la evolución del protagonista, sino en términos de narratividad, desempeña un papel fundamental en *Los pasos perdidos*. No debe olvidarse que el propio narrador se identifica explícitamente con los buscadores de tesoros en un revelador pasaje de la obra, muchas veces pasado por alto en los estudios críticos:

> Me divierto con un juego pueril sacado de las maravillosas historias narradas, junto al fuego, por Monstsalvaje: somos Conquistadores que vamos en busca del Reino de Manoa. Fray Pedro es nuestro Capellán, al que pediremos confesión si quedamos malheridos en la entrada. El Adelantado bien puede ser Felipe de Urre. El griego es Micer Codro, el astrólogo. Gavilán pasa a ser su Leoncico, el perro de Balboa. Y yo me otorgo, en la empresa, los cargos del trompeta Juan de San Pedro, con mujer tomada a bragas en el saqueo de un pueblo. (148)

En un juego de imaginación, el protagonista atribuye diferentes roles a los miembros de la tripulación. La identificación con conocidos personajes de la conquista española, que abarca hasta el perro de Balboa, pone de relieve la importancia del mito de El Dorado en la novela. Numerosas son las relaciones

---

[1] Desde esta perspectiva, por ejemplo, es comentado por el protagonista el mito griego de los lotófagos: "En ese mito veo como un reflejo de la irritación que causan siempre a la sociedad los actos de quienes encuentran, en el amor, en el disfrute de un privilegio físico, en un don inesperado, el modo de sustraerse a las fealdades, prohibiciones y vigilancias padecidas por los más" (183).

intertextuales que se establecen, en términos narrativos, con el mito. Más adelante, vuelve sobre la misma idea al escuchar la primera misa celebrada en Santa Mónica de los Venados, pero ahora como corroborando con la propia realidad sus anteriores fantasías: "Yo me había divertido ayer en figurarme que éramos Conquistadores en busca de Manoa. Pero de súbito me deslumbra la revelación de que ninguna diferencia hay entre esta misa y las misas que escucharon los conquistadores del Dorado en semejantes lejanías" (164).

No solo el protagonista se identifica explícitamente con los buscadores del mítico reino de Manoa, sino que su aventura en la selva y el regreso a la civilización para cumplir la misión que le ha asignado el Curador y buscar los medios necesarios para desarrollar su obra creadora, implican un recorrido que coincide con el de los buscadores de tesoros y con el esquema general de la aventura del héroe mítico sistematizada por Joseph Campbell.

El dueño de la selva

Otro sistema mitológico que desempeña un importante papel en la novela es el del dueño de la selva, mencionado por Rosario cuando conversa con el protagonista en el comedor de la posada donde se alojan. En ese pasaje, Rosario, después de la comida, saca de una especie de armario diversas yerbas y comienza a estrujarlas en la palma de su mano, identificándolas por sus perfumes:

> Esa mujer se refería a las yerbas como si se tratara de seres siempre despiertos en un reino cercano, aunque misterioso, guardado por inquietantes dignatarios. Por su boca las plantas se ponían a hablar y pregonaban sus propios poderes. El bosque tenía un dueño, que era un genio que brincaba sobre un pie, y nada de lo que creciera a la sombra de los árboles debía tomarse sin pago. Al entrar en la espesura para buscar el retoño, el hongo o la liana que curaban, había que saludar y depositar monedas entre las raíces de un tronco anciano, pidiendo permiso. (83)

El estrecho vínculo de Rosario con concepciones ancestrales, pero aún vigentes en algunas culturas, que consideran a las plantas dotadas de una espiritualidad propia, sorprende al protagonista. Las explicaciones de la viajera surgida de la niebla, su conocimiento de las propiedades de las yerbas y la visión animada que ofrece del bosque, recuerdan diferentes tradiciones míticas, entre ellas la de la india Mapiripana, diosa vengativa, protectora del silencio, que habita en el riñón de la selva y camina sobre un solo pie, recreada por José Eustasio Rivera en *La vorágine* (Cirlot 344). La creencia en los poderes del monte y en los espíritus guardianes que defienden ese espacio sagrado –de cuya hostilidad o benevolencia dependen quienes traspasen su umbral– también es subrayada por la cita ya comentada del *Popol Vuh*. Del mismo modo, es difícil no asociar la deidad mencionada por Rosario, con Osain, orisha de un solo pie y yerbero mayor en las leyendas afrocubanas, tan cercanas a Carpentier, quien ya por esta época es un profundo conocedor de esa mitología. Es notable la estrecha semejanza que guardan los ritos descritos por Rosario con las ceremonias que, según la tradición cubana, es necesario cumplir para utilizar una planta sin que sus poderes se malogren. Como explica Lydia Cabrera en "El tributo al dueño del monte":

> Un yerbero u *odisain* [...] lo primero que hace al entrar en un monte o matorral es saludar y pagarle tributo al Dueño de Ewe, de las yerbas, de Egún, de todas las yerbas y los palos de la tierra. [...] un chorro de aguardiente de caña [...], un tabaco y unas monedas, es el pago concertado, obligatorio, y la ofrenda más grata a esta encarnación del monte que es el dios Osain, y en general, a todos los dioses montunos de la índole de Osain.[2]

Por otra parte, como ha advertido Lázara Menéndez (Cabrera 107), en la ropa que viste Rosario esa noche, cuidadosamente descrita por el narrador, predomina el color azul, tanto en la tela del vestido como en lazo de terciopelo que adorna su corpiño. Este detalle, que pudiera pasar inadvertido para quien no sea un conocedor del profundo simbolismo cromático de las tradiciones cubanas, sugiere, según esta investigadora, una identificación de Rosario con Yemayá, la diosa de la maternidad que, a su vez, está estrechamente vinculada con la figura de Osain. No debe olvidarse que en una dimensión simbólica, el monte equivale a la Tierra, relacionada en distintas mitologías con el concepto de madre universal. El carácter fundador y maternal de Rosario es un rasgo del personaje que ya ha sido comentado en diferentes estudios.

Quisiera, entonces, llamar la atención sobre un breve acontecimiento no advertido por la crítica, hasta donde conozco, y que, sin embargo, desempeña un importante papel en la trama de *Los pasos perdidos*. Durante el diálogo sostenido esa noche, Rosario, sin que se expliquen los motivos de su conducta, lanza al fuego un puñado de yerbas, en un gesto similar al de Yannes, cuando echa en la hoguera algunas cerdas de la cabeza de la danta sacrificada, en un rito al que el narrador le atribuye un sentido propiciatorio (146). Ahora, junto al hogar de la posada, el protagonista, por primera vez, se siente atraído por la belleza de Rosario, inadvertida por él hasta entonces. En sus palabras: "No sabría decir por qué esa mujer me pareció muy bella, de pronto, cuando arrojó a la chimenea un puñado de gramas acremente olorosas, y sus rasgos fueron acusados en poderosos relieves por las sombras" (83).

---

[2] No debe olvidarse la referencia del protagonista a una novela que, a todas luces, puede ser identificada con la obra de José Eustasio Rivera: "Tengo en mi maleta una novela famosa, de un escritor suramericano, en que se precisan los nombres de animales, de árboles, refiriéndose leyendas indígenas, sucedidos antiguos, y todo lo necesario para dar un giro de veracidad a mi relato" (221).

El gesto de Rosario no parece ser casual, sino todo lo contrario. Por una parte, las yerbas que enigmáticamente lanza al fuego no son cualquier tipo de plantas, sino que, como precisa el narrador, se trata de un puñado de gramas que exhalan un olor acre. Esta planta es considerada por Lydia Cabrera como una "yerba brujísima", que "trabaja mucho y es de cuidado" (Menéndez). Por la eficacia e intensidad de sus poderes, es utilizada en diversos amuletos, bilongos e instrumentos mágicos, pues posee una virtud principal: la de servir para realizar "amarres", un embrujo dirigido a "impedir la fuga o abandono de alguien por quien se siente particular afecto" (Cabrera 431). Este tipo de hechicería, también comentada por Fernando Ortiz, es una práctica usada en el rejuego de las relaciones de pareja.

Resulta interesante advertir cómo, a partir de este extraño ritual, asociado con el espíritu guardián de la selva, cuyos umbrales serán traspasados poco después, Rosario comienza a ejercer una atracción cada vez mayor sobre el protagonista. Sin embargo, la acción realizada por ella no solo influye en la trama amorosa, como se analizará más adelante, sino que también parece otorgar al personaje la fuerza que le permite enfrentar su pasado y comenzar a reconocer una parte de sí –mutilada, enferma, muerta–, ahora que se acerca la posibilidad de un renacimiento. Para ello éste deberá encarar una etapa de su historia personal marcada por la desilusión y el desengaño de un viaje, fallido en su búsqueda esencial. Es como si el rito realizado por Rosario le hubiese dado la fuerza necesaria para iniciar una búsqueda interior, dirigida al reconocimiento de las partes más dañadas de su ser, como paso imprescindible para liberarse de la carga del pasado. Significativamente, al marcharse Rosario esa noche, comienza a escucharse en un radio la *Novena sinfonía* de Beethoven, pieza que viene a representar el anterior fracaso del protagonista: la travesía que, lejos de conducirlo al mundo utópico recreado por su padre, lo condujo al horror de una guerra mundial.

No es superfluo recordar ahora que, en los inicios de la novela, el protagonista se refugia de la lluvia en un teatro, sin saber qué obra va a ser interpretada. Cuando comienzan a sonar los primeros acordes de la orquesta y el personaje reconoce esa sinfonía de Beethoven, huye apresuradamente del teatro, carente de fuerzas para enfrentar ese símbolo de su fracaso, asociado por él con la enfermedad y la muerte:

> Me levanté con disgusto. Cuando mejor dispuesto me encontraba para escuchar alguna música, luego de tanto ignorarla, tenía que brotar esto que ahora se hinchaba en *crescendo* a mis espaldas. [...] Porque de saber que era la *Novena sinfonía* lo que presentaban los atriles, hubiera seguido de largo bajo el turbión. Si no toleraba ciertas músicas unidas al recuerdo de enfermedades de infancia, menos podía soportar el *Freunde, schoner Gotterfunken* [...] que había esquivado, desde *entonces*, como quien aparta los ojos, durante años, de ciertos objetos evocadores de una muerte. (25)

Ahora, luego del encuentro con Rosario y de sus experiencias en esta nueva travesía, puede el personaje confrontar ese símbolo de su derrota y alcanzar la *Novena sinfonía*, causa de su viaje anterior, aunque no ciertamente, donde su padre la hubiera situado (94).

No es casual tampoco que después de esa profunda meditación, tan intensa que ha conducido al personaje al olvido de sí mismo, su primer gesto, luego de apagar el radio, sea buscar un acercamiento físico –sensorial– con los vegetales que encuentra sobre la mesa y con las yerbas del armario. El contacto directo con los elementos naturales –propiciado por los espíritus invisibles que pueblan la selva– parece anticipar el nuevo rumbo que tomarán sus elecciones a partir de ese momento:

> Mi mano busca un cohombro cuya frialdad parece salirle detrás de la piel; la otra sopesa el verdor de un ají que rompe el pulgar para bañarse en zumo que luego recoge la boca con deleite. Abro el armario de las plantas y saco un puñado de hojas secas, que aspiro largamente. En la chimenea late aún, en negro y rojo, como algo viviente, un último rescoldo. [...] En la noche ha caído un fruto. (95)

Si la forma en que se desarrolla este pasaje resulta esclarecedora de las diferentes fuerzas que mueven el argumento, más revelador resulta aún, en términos narrativos, el modo en que se produce el primer acercamiento amoroso entre los personajes. Ese encuentro iniciático tiene lugar en la choza de Montsalvatje, el Herborizador –un personaje que actúa muy claramente como fuerza ayudante del protagonista–, y resulta sobresaliente la participación de las plantas (actantes) en el plano de la acción. En ese momento Rosario, al recordar su desagradable incidente con Mouche, se altera tanto que el protagonista teme una nueva irrupción de la violencia. Entonces:

> Agarro a Rosario por las muñecas, para tenerla quieta, y, con la brusquedad del gesto, mi pie derriba una de las cestas en las que el Herborizador guarda sus plantas secas, entre camadas de hojas de malanga. Un heno espeso y crujiente se nos viene encima, envolviéndonos en perfumes que recuerdan, a la vez, el alcanfor, el sándalo y el azafrán. (142)

Justamente a partir del despliegue de las yerbas en el santuario de las plantas sagradas se conforma el lecho donde yacerá por primera vez la pareja. El mismo pie del personaje es el que, en su torpeza, motiva la caída de la cesta que contiene las plantas que cubrirán la tierra, formando el tálamo nupcial. Este hecho es enfatizado en la narración cuando más adelante se afirma: "Yacemos sobre las yerbas esparcidas, sin más conciencia que la de nuestro deleite" (143). Si el dios de la selva aparece en este pasaje como propiciador de esta unión, más evidente resulta aún su participación en la derrota definitiva de Mouche. En efecto, la amante del protagonista cae "picada por un insecto que la eligiera a ella, la menos apta para soportar la enfermedad", determinando su exclusión del viaje: "En pocos días, una naturaleza fuerte, honda y dura, se había divertido en desarmarla, cansarla, afearla, quebrarla, asestándole, de pronto, el golpe de gracia. Me asombraba ante la rapidez de la derrota, que era como un ejemplar desquite de lo cabal y lo auténtico" (140). Desde el punto de vista narrativo, todo este largo pasaje, que culmina con la partida hacia la selva luego que Mouche (principal fuerza oponente al desarrollo de la travesía) ha sido vencida, está presidido por el espíritu de la selva, evocado inicialmente por Rosario. Es esta deidad americana, indisolublemente ligada a la naturaleza, la que ha guiado, desde el punto de vista mítico, las coordenadas principales del texto.

Nuevamente, al finalizar el capítulo, las yerbas del monte, esparcidas por el piso de tierra, sirven de lecho a la pareja recién fundada, y enardece sus sentidos con el inquietante aroma que ahora perfuma, otra vez, la choza del herbolario: "Me llevo a Rosario a la cabaña, donde nos abrazamos una vez más sobre el piso de tierra, que Montsalvatje, al ordenar sus colecciones, ha dejado cubierto de plantas secas, exhaladoras del acre y enervante perfume que conocimos ayer" (146).

Uniendo sus cuerpos sobre las yerbas del monte antes de iniciar la última y más difícil jornada de la travesía, los personajes parecen dar cumplimiento a un ritual imprescindible para la buena fortuna del viaje. Asimismo, el baño del protagonista en las aguas del río para desprender las yerbas secas que el sudor ha pegado en su espalda, remeda un rito de purificación e iniciación que fortalece al héroe y le permitirá enfrentar las nuevas pruebas que le aguardan en el camino, ahora que está muy cerca de traspasar el umbral de la aventura.

No es superfluo recordar, por último, que cuando el personaje, ya casi al finalizar la novela, logra retornar a estos parajes después de su estancia en Nueva York, vuelve a pensar, fallidamente, en el zodíaco, ante la certeza del encuentro inminente con su amante:

> Sonrío, pensando que escapé de la Hidra, tomé el Navío Argos y que quien ostenta la Cabellera de Berenice debe estar al pie de las rúbricas del Diluvio, ahora que cesaron las lluvias, recogiendo las yerbas que tanto hacía macerar en jarras de burbujeantes remedios, ennoblecidos por el sereno de luna. (241)

Vinculada con la tierra madre, con los espíritus y las yerbas del monte maceradas en una alquimia secreta, Rosario, sin embargo, se ha convertido en un bien inalcanzable, protegida ahora en su hallazgo de la maternidad por los guardianes del bosque que cierran al protagonista las puertas de entrada al espacio sagrado de la selva.

Bibliografía

I. Primaria

Carpentier, Alejo. *Los pasos perdidos* [1953]. La Habana: Letras Cubanas, 1979.

_____ *Crónicas*. Tomo II. La Habana: Editorial Arte y Literatura, 1976.

_____ *Cuentos*. La Habana: Letras Cubanas, 1977.

_____ *Mito e historia*. Raimundo Respall Fina, ed. *Letra y solfa*. Tomo V. La Habana: Letras Cubanas, 1997.

II. Secundaria

Bolívar, Natalia. *Los orichas en Cuba*. La Habana: Unión, 1990.

Cabrera, Lydia. *El monte*. La Habana: SI-MAR, 1996.

Campbell, Joseph. *El héroe de las mil caras: psicoanálisis del mito*. México: FCE, 1993.

Cirlot, Juan Eduardo. *Diccionario de símbolos*. Barcelona: Labor, 1969.

Gil, Juan. *Mitos y utopías del descubrimiento. El Dorado*. Madrid: Alianza, 1989.

Humboldt, Alexander von. *Del Orinoco al Amazonas*. 2 tomos. F. Payarols, trad. La Habana: Instituto Cubano del Libro, 1971.

Menéndez, Lázara. Ponencia en mesa redonda sobre *Los pasos perdidos*. Facultad de Artes y Letras, Universidad de La Habana, noviembre de 2003.

Moscardó, Juan Pedro. "La historia conocida I". <www.libertalia.iespana.es/libertalia>

Pastor, Beatriz. *Discurso narrativo de la conquista de América*. La Habana: Casa de las Américas, 1984.

Popol-Vuh. La Habana: Casa de las Américas, 1972.

Ruz Lhuillier, Alberto. *La civilización de los antiguos mayas*. La Habana: Ciencias Sociales, 1974.

Sodi, Demetrio. *La literatura de los mayas*. México: Joaquín Mortiz, 1964.

Carpentier: deshacedor de mitos en *El arpa y la sombra*

Emilia Yulzarí

EXISTE UNA GENERALIZADA CONSIDERACIÓN DE LA CRÍTICA RESPECTO DE QUE LOS elementos míticos o la inserción de lo mítico hispanoamericano constituye un rasgo emblemático de gran parte de la narrativa de Alejo Carpentier. Fama, para poner un ejemplo, opina al respecto: "Las novelas de Carpentier constituyen un espacio dialógico donde los mitos, los ritos, las creencias, etc., como parte del comportamiento social, forman parte del vasto sistema de significación que informa la obra" (142).[1] El escritor cubano ya lo había proclamado reiteradamente en su obra ensayística: "América reclama su lugar dentro de la universal unidad de mitos" (*La novela* 69).

Al escribir en el prólogo de *El reino de este mundo*:

> lo maravilloso comienza a serlo de manera inequívoca cuando surge de una inesperada alteración de la realidad (el milagro), de una revelación privilegiada de la realidad, de una iluminación inhabitual o singularmente favorecedora de las inadvertidas riquezas de la realidad, de una ampliación de las escalas y categorías de la realidad. (xi)

Carpentier no sólo elabora la teoría de *lo real maravilloso* sino, como estipula posteriormente la crítica, abre la brecha por la cual la nueva novela hispanoamericana –propicia a cierta obsesión por los mitos– empieza a manifestar una actitud de cuestionamiento del discurso histórico oficial en cuanto a los mitos se refiere. Es decir, se subvierten aquellos mitos que condicionalmente podrían denominarse tradicionales y se recrea una nueva

---

[1] Véase también Mazziotti.

mitología hispanoamericana, o como dijera Barthes: "the best weapon against myth is perhaps to mythify it in its turn, and to produce an *artificial myth*: and this reconstituted myth will in fact be a mythology" (135). Esta nueva *mitología* encuentra su expresión en la incorporación de elementos míticos *novomundistas* a la textura narrativa, partiendo de la interrogación retórica "¿Pero qué es la historia de América toda sino una crónica de lo real maravilloso?" (*El reino* xv)

Asumiendo que con la poética de *lo real maravilloso* Carpentier establece un binomio *sui generis* entre historia y mito,[2] por un lado, y entre mito y realidad, por otro, me parece pertinente recordar a Eliade, quien afirma que en las sociedades arcaicas "el mito designa [...] una 'historia verdadera', y lo que es más, una historia de inapreciable valor, porque es sagrada, ejemplar y significativa" (*Mito y realidad* 13). Más adelante el mismo autor postula: "el mito se considera como una historia sagrada, y por lo tanto, una 'historia verdadera', puesto que se refiere siempre a *realidades*" (19).

Se hace necesario, especialmente en relación con la última novela del autor cubano, abordar la cuestión de la mitificación de las personalidades históricas. Considero apropiado el juicio de Eliade quien afirma al respecto que durante dicho proceso se anula la personalidad histórica y su biografía es reconstruida según normas míticas: "El personaje histórico es asimilado a su modelo mítico (héroe, etc.), mientras que el acontecimiento se incluye en la categoría de las acciones míticas (lucha contra el monstruo, hermanos enemigos, etc.)" (*El mito* 48), o dicho en otras palabras: "Myth is the last –not the first– stage in the development of a hero" (Chadwick 762).

No es mi propósito agotar aquí un tema tan extenso como el de la mitificación; es, sin embargo, imprescindible señalar que, como segundo elemento de una correlación dicotómica, emerge el proceso de signo contrario –cuando los mitos son desacreditados o denigrados y se llega a su desvalorización, es decir a la desmitificación.

En el presente estudio me propongo mostrar cómo en *El arpa y la sombra*, en un hábil juego dual de contraposiciones, entre la aplicación de procedimientos míticos, por un lado, y la de procedimientos antitéticos, por otro, Carpentier se desempeña también como deshacedor de mitos. Con este propósito analizaré las manifestaciones desmitificadoras que presenta el texto a) a nivel de personajes; b) a nivel espacio-temporal; c) a nivel escritural.

---

[2] Vale asimismo anotar el sagaz juicio de Roberto González Echevarría al respecto: "Su contribución decisiva fue demostrar [...] que la fábula más original y trascendente para la ficción latinoamericana era la historia del Nuevo Mundo, el único relato capaz de parangonarse con los grandes mitos de la tradición occidental desde Homero y la Biblia" ("Versiones" 68).

Nivel de personajes

Aparte del principal actor protagónico que es Cristóbal Colón, en el texto de Carpentier aparecen también otros personajes históricos, que son sometidos a desvalorización en cuanto a su imagen tradicional o canónica. Empezaré por ellos.

La primera parte del texto –"El arpa"– constituye un relato heterodiegético, formulado por un narrador omnisciente. Este presenta como personaje central de la misma a Su Santidad Pío IX, autor del *Syllabus*, promotor de la canonización del descubridor del nuevo mundo.

Después de un blanco que visualiza una ruptura temporal (20), la voz narradora presenta a Giovanni Maria Mastai-Ferreti, el futuro Papa Pío IX, como el hijo menor de la noble familia de los condes Mastai-Ferreti, muy venida a menos a raíz de la campaña napoleónica. En los revoltosos años del segundo decenio del siglo xix, la familia lleva una "existencia de miseria altiva" (21), y el texto subraya esta condición al apuntar con burla: "lo que más apreciaba el joven en las recepciones [...] era el llamado del mayordomo al comedor donde, a la luz de los candelabros, sobre bandejas de plata entrarían las abundantes viandas que apetecían sus hambres atrasadas" (22-3).

El futuro Sumo Pontífice, como señala irónicamente la voz narradora, es una persona "que, por su grande habilidad en manejarse con el pensamiento adverso, ascendería al pontificado con la reputación de hombre sumamente liberal y amigo del progreso" (37-8). Más adelante el texto insinúa que el joven Mastai, camino de vuelta a Europa, muestra mayor inclinación por los razonamientos prácticos y terrenales y ve en la fe más que nada el elemento unificador para aparear el nuevo mundo con el viejo, para no permitir a las jóvenes repúblicas latinoamericanas alejarse demasiado del viejo continente. Es entonces y únicamente con este propósito, cuando se le ocurre la idea de "inventar" un santo americano[3] que "tuviese un pie asentado en esta orilla del Continente y el otro en los finisterres europeos [...] universal en su prestigio" (43); y éste podría ser sólo el descubridor de América –un San Cristóbal americano.[4]

El desprestigio con respecto al papa, que emana de la primera parte y se capta a nivel personal, se expande e intensifica en la tercera –"La sombra". Esta constituye el relato sobre el proceso de la beatificación, que transcurre después de la muerte de su promotor: "Pío IX murió antes de que transcurrieran

---

[3] Anota al respecto González Echevarría con quien coincido: "Colón es el mito moderno que Mastai quiere ungir como tal" ("Carpentier" 163).

[4] Estimo interesante apuntar que San Cristóbal, cargador de Cristo, es el santo patrón de La Habana.

los diez años exigidos por la Sacra Congregación de Ritos para proceder al examen de los documentos y testimonios justificativos" (154). La incisiva ridiculización de la ceremonia, caricaturizada hasta la farsa, viene a potenciar el efecto de desvalorización no sólo del rito en cuestión, sino del mismo Vaticano.

No escapan a la burla demoledora los Reyes Católicos Fernando e Isabel, cuyo Gran Almirante fue Cristóbal Colón. Los juicios de éste, emitidos en primera persona, no son nada halagadores: "El aragonés me pareció un memo, blandengue y sin carácter, dominado por su mujer" (77); ésta, a su vez, según el yo-narrador, es una "soberana muy pagada de sí misma, afanosa de mostrarse leída" (77). Más adelante y obedeciendo al subyacente propósito bipolar del texto, Colón ofrece un retrato adulador de la que le había parecido "poco menos que odiosa" (81) para magnificar su personalidad y reiterar que es la reina quien gobernaba de verdad; no obstante, al introducir el sobrenombre de *Columba*, con la irónica carga semántica que este apodo implica, vuelve a provocar la desestabilización.

Se captan asimismo como manifestación desmitificadora a nivel de personajes los retratos colectivos que el texto ofrece –tanto de los de *acá*, como de los de *allá*–: a los ojos de los españoles, según el despreciativo discurso del descubridor, los *indios* "deben ser miserables, muy miserables, tremendamente miserables, puesto que andan todos en cueros" (100); son las suyas "Cortes de monarcas en pelotas" (109), cosa inconcebible para un europeo; son los suyos "reyes que, en vez de lucir púrpuras imperiales, traían, por toda gala, un exiguo tapacojones" (111).

No difieren, en cuanto apreciación negativa, los juicios y opiniones de los *indios* con respecto a los conquistadores: sienten repulsión por su comida, la leche les da asco, rechazan la cecina y el pescado salado. Al soberbio discurso de superioridad del conquistador, originario de *acá*, el texto opone un largo párrafo de contradiscurso *novomundista*, no exento de sorna, proveniente de Dieguito, el único de *allá* que quedó vivo:

> esos hombres ni nos querían ni nos admiraban: nos tenían por pérfidos, mentirosos, violentos, coléricos, crueles, sucios y malolientes [...] Decían que nuestras casas apestaban a grasa rancia; a mierda, nuestras angostas calles; a sobaquina nuestros más lúcidos caballeros [...] No pensaban que la total desnudez fuese algo indecente: si los hombres, *allá*, usaban unos taparrabos, era porque el sexo [...] debía defenderse [...] no veían por qué el Mal era representado por la Serpiente [...] Además, lo de una serpiente con manzana en la boca les hacía reír enormemente porque –según me explicaba Dieguito –"culebra no come frutas". (126-8)

Si asumimos que la intencionalidad que traspasa *El arpa y la sombra* es "bajar a Colón de su pedestal" (Barrientos 45),[5] la segunda parte, intitulada "La mano", constituye sin duda su muestra más fuerte. Sin embargo, vale señalar que ya anteriormente, al ostentar la conducta dubitativa de Pío IX, el texto desestabiliza la firmeza de sus motivaciones para la beatificación y la posterior santificación del Gran Almirante ("Su Santidad tomó la pluma, pero la mano empezó a sobrevolar la página, como dubitativa", 18), para explicitar un poco después que el caso del Descubridor de América sería un caso sin precedente en los anales del Vaticano "porque su expediente carecía de ciertos respaldos biográficos, que, según el canon, eran necesarios al otorgamiento de una aureola" (18-9). Obviamente lexemas como "canon" y "aureola" apuntan de modo categórico al supuesto proceso de mitificación, que culminaría con la veneración de la imagen del nuevo santo. Pero el irónico comentario de la voz narradora "imagen harto imprecisa hasta ahora, ya que no se tenían retratos suyos" (19) instala de nuevo la incertidumbre. Corrobora dicha desestabilización de la totalidad histórica, de "la verídica historia de Cristóbal Colón" (46), escrita por el conde Rosselly de Lorgues, la ineludible necesidad "de introducir la postulación 'por vía excepcional'" (18); la reiteración del sintagma "por vía excepcional" en la página 45 coadyuva a patentizar este efecto. (Posteriormente la tercera parte, insertando la parodia y la sátira, se solaza en confirmar cuán infundado ha sido el proceso de beatificación.)

Enmascarada como un análisis mental, anterior a la confesión, la segunda parte constituye un relato de narrador homodiegético, en el cual Colón, a la espera del confesor en su lecho de moribundo, rememora, desde una posición sumamente autocrítica, el episodio más trascendente de su vida –el correspondiente al descubrimiento. Deviene así el yo-narrador en el gran deshacedor de los mitos petrificados de la historia oficial, el principal promotor de su propia desmitificación.[6]

En el subsiguiente balance de conciencia –una dramatización de la memoria, objetivada a su vez por los amarillentos borradores de diarios, relaciones y cartas–, prevalece un juicio autorreferencial poco halagador: "cuando me asomo al laberinto de mi pasado en esta hora última, me asombro ante mi natural vocación de farsante, de animador de antruejos, de armador de ilusiones" (142), o según reitera el texto en tono reprobador, de embustero: valiéndose de embustes y mentiras obtiene por fin la benevolencia de los reyes

---

[5] Señala asimismo Barrientos que Carpentier coincidió en ese propósito con Blasco Ibáñez, quien escribió la novela *En busca del Gran Khan* (1929), aunque con motivos diferentes.
[6] Fama apunta al respecto: "La narración constituye un proceso desmitificador del descubridor de América, el héroe que la historia había mitificado por haber realizado uno de los más grandes acontecimientos históricos de la humanidad" (554).

de Castilla y Aragón; para calmar los ánimos de los marineros desesperados recurre al "perenne embuste" (89); sus cartas y relaciones representan sólo un "vasto Repertorio de Embustes" (101-2). Hasta su última acción, como esclarece el final de esta parte, deviene en un embuste –a pesar de la supuesta intención de "decirlo todo. Todo, pero todo" (49), a la hora de la verdad el yo-narrador decide decir sólo lo que *"pueda quedar escrito en piedra mármol"* (150, énfasis original).

Y es que el principal actor protagónico de este "retablo de maravillas" muestra conciencia de su gran predestinación de "nuevo marino" que descubrirá "nuevo mundo" (69), textualizada esta naturaleza providencial en los versos sustraídos de la *Medea* de Séneca. Identificándose con el Jasón de la antigüedad, el futuro descubridor necesita antes que nada de "una mitología destinada a olvidar la taberna de Savona" (78-9), o, como apunta irónicamente el texto, debe hacerse gente –con un tío almirante, estudiante graduado de la Universidad de Pavía, amigo de reyes, piloto distinguido. Activando intrigas, chismes, rumores y mentiras, es el mismo Colón el agente de la mitificación, el configurador de la verdad mítica, que sería recogida por la historiografía oficial. A la vez, en un despiadado autoexamen de conciencia, se desempeña como el agente de su denigración, porque es él quien desacredita y desvaloriza su propio mito.

La autodesmitificación de que hace gala el narrador homodiegético abarca todas sus actividades. Confiesa que fue hombre de poca moral y un gran pecador: "De los pecados capitales, uno solo me fue siempre ajeno: el de la pereza" (53). No niega que vivió en lujuria hasta que se enamoró de la reina Isabel. Fue embustero y mentiroso en sus empresas y los móviles que lo empujaron a realizar el descubrimiento fueron la vanidad y la ambición relativa a su gloria personal: "En cuanto a la gloria lograda por mi empresa, lo mismo me daba que ante el mundo con ella se adornara este u otro reino" (72).

El texto no escatima las burlas en cuanto a las cualidades de navegante del Gran Almirante: "empezaban a propalar que no sabía valerme del astrolabio –lo cual acaso era cierto" (90). Según la opinión de los otros capitanes, Colón "era marino de mera baladronada y ambición, navegante de recámaras palaciegas, enredador de latitudes, trastocador de millas marinas" (101). Lo confirma el hecho de que navegando de vuelta a España, las carabelas estaban en serio peligro de naufragar porque "con mi poca pericia en las cosas del mar, había olvidado lastrar las naves de modo conveniente" (116).

No obstante, siguiendo el juego dual de contraposiciones, el discurso de Colón opone a sus contrincantes la *docta ignorantia,* "opuesta a la lógica escolástica [...] que pone mordaza, venda y orejeras [...] a los Portadores de la Idea" (91). Y su opinión sobre los marinos españoles dista mucho de la apreciación y la alabanza: "¡qué jodido me tenían ya con su propensión a fraccionarse, dividirse, formar grupos en perenne desacuerdo...!" (115).

Estando ya en las tierras recién descubiertas, el narrador confiesa que por encima de inculcar los Evangelios y la fe cristiana en el nuevo mundo estaba, "como endemoniada obsesión" (103), su interés por encontrar oro, "el oro que en lo adelante, sería nuestro guía, la brújula mayor de nuestras andaduras" (*ibid.*). Dominado por la codicia, tampoco entregó la prometida renta de diez mil maravedíes a Rodrigo de Triana, ni cumplió la promesa hecha a Santa María de Guadalupe en un momento de gran peligro.

En este empeño de autoinculpación, el más grave cargo de conciencia que el agente desmitificador se reprueba es, sin lugar a dudas, la instauración de la esclavitud en el nuevo mundo, acusando para ello a los inocentes e inermes indígenas de ser *caníbales*. Pero inesperadamente lo que el narrador con mucha sorna denomina "el único negocio fructífero" (136) es prohibido por los reyes y su fracasado promotor es "arruinado, desacreditado, desautorizado, desaprobado" (*ibid.*) –una cadena de calificativos que potencia la desvalorización. Y remata este episodio la dolorosa conclusión, de la cual otra vez emerge implícita la antítesis *acá* vs. *allá*: "virgen como virgen y desconocedora del Mal del Oro fue la tierra que abrí a la codicia y lujuria de los hombres de acá" (138).

La señalada oscilación bipolar entre la construcción del mito y su deconstrucción se capta asimismo en la tercera parte, "La sombra". Aquí Colón aparece como sombra invisible para asistir a su propio auto sacramental, donde se determinaría "si podía ser considerado como un héroe sublime [...] o como un simple ser humano" (153). Esta controversia de fundamental importancia domina todo el fragmento, relatado por un narrador omnisciente. Se entablan y entrecruzan varias discusiones: entre el conservador de la lipsonoteca y su ayudante, entre el postulador y el abogado del diablo, donde interviene León Bloy; entre León Bloy y Víctor Hugo, con la intervención de Julio Verne; entre Fray Bartolomé de Las Casas y León Bloy, apoyado por los impugnadores de la leyenda negra de la conquista española. Durante todas ellas el espíritu del Invisible, con sus inaudibles comentarios en primera persona, fluctúa entre la euforia de la victoria –"(¡Oh, grande, grande, grande Christophoros, ganaste la partida, tu aureola está en puertas, habrá Consistorio, tendrás altares en todas partes...", 162)– y la desesperación del fracaso –"(¡Me jodí! – gime el Invisible–: Ahora sí que me jodí", 166).

La última parte del texto confirma que Colón no merecería en el futuro "algo más trascendente y universal que una imagen de bronce, piedra o mármol parada en medio de una plaza pública" (154). No obstante, por encima de la autoinculpación, tendiente a la desmitificación, en la segunda parte se manifiesta la conciencia de grandeza y magnificencia mítica que muestra el actor protagónico: "En la historia de América –y por mía la tengo, aunque lleve el nombre de otro…" (179).

El relato ostenta dicha autoestimación, por un lado, a través de la aguda crítica, llena de sarcasmo, que el Invisible dirige a los que denegaron la postulación –"esos feroces observantes del canon reunidos para condenarme, clérigos helados, vaticanos de prebenda y poltrona" (175), "*esos* que me juzgaron, pulverulentos magistrados, empachados de derecho canónico" (176-7). Y por otro, al enfatizar, una vez más, su incuestionable misión histórica, por haber "rasgado el velo arcano para penetrar en una nueva realidad que rebasaba mi entendimiento porque hay descubrimientos tan enormes –y sin embargo posibles– que, por su misma inmensidad, aniquilan al mortal que a tanto se atrevió" (181).

NIVEL ESPACIO-TEMPORAL

Las manifestaciones desvalorizadoras con respecto de lo *real maravilloso* como elemento mítico *novomundista* se captan más que nada en la contraposición de espacios, donde se patentiza la dicotomía *acá* vs. *allá*. Ésta incluye implícitamente las oposiciones "propio" <-> "ajeno", y por consiguiente, "viejo" (mundo) <->"nuevo" (mundo). Éstas, sin embargo, no son unívocas y mantienen la ambigüedad del juego dual.

Cabe señalar que en la presentación del nuevo mundo, el texto subvierte el orden cronológico convencional: primero expone la visión del joven Mastai Ferreti quien emprende su viaje en 1823 (siglo XIX) y posteriormente aparece la del descubridor (siglos XV-XVI).

Durante su recorrido, el enviado al nuevo mundo manifiesta, con relación a lo circundante, una percepción europea, de "ajeno", su tono es francamente despectivo: a "la suntuosa escenografía" de Génova, a "la urbe de palacios rojos y palacios blancos, cristalerías, balaustradas" (29) la voz narradora opone, refiriéndose a Montevideo, su "impresión de hallarse en un enorme establo, porque allí no había edificio importante ni hermoso, todo era rústico, como de cortijo" (*ibid.*). Asimismo "Buenos Aires ni siquiera tenía puerto, sino una mala bahía […] La primera impresión de Mastai fue desastrosa" (*ibid.*). Y añade con sorna: "ese matadero de tal importancia, al parecer, en la vida de Buenos Aires, que llegaba Mastai a preguntarse si, con el culto del Asado, el Filete, el Lomo, el Solomillo, el Costillar […] el Matadero no resultaría, en la vida urbana, un edificio más importante que la misma Catedral" (30). Sin duda, las mayúsculas empleadas aquí sólo sirven para fortificar el efecto de ironía. A su vez, Santiago de Chile, hasta a los ojos de sus habitantes, es una ciudad "bastante gris y melancólica" (36), mientras Valparaíso "era entonces un destartalado villorrio de pescadores" (39).

No obstante, fiel a la estrategia de oponer sistemas de valores diferentes, la narración muestra una visión antitética con respecto del espacio natural: el paisaje se impone "por una razón de escalas" (32). Abundan los calificativos que apuntan a lo desmesurado: "la pampa *infinita*", "por su *vastedad*, por su cabal imagen de *infinito*", "figuración de lo *Ilimitado*" (32, énfasis mío). Y cuando reaparecen cosas, semejantes a las de *allá*, "el infinito horizontal se transforma en un infinito vertical" (32), al lado del cual "los Montes Dolomitas [...] le parecieron montañas de paseo y adorno" (32-33). La conmoción que experimenta el protagonista se potencia por la irrupción de un discurso de carácter *novomundista*:

> revelándosele, de pronto, la desmesura de esta América que ya empezaba a hallar fabulosa a pesar de que sus hombres, a menudo, le parecían incultos, brutales y apocados, dentro del ámbito que poblaban. Pero una naturaleza así no podía sino engendrar hombres distintos –pensaba– y diría el futuro qué razas, qué empeños, qué ideas, saldrían de aquí, cuando todo esto madurara un poco más y el continente cobrara una conciencia plena de sus propias posibilidades. (33)

Dicho discurso se reitera más adelante: "Y luego había sido la revelación de América, de una América más inquieta, profunda y original" (40). Pero ahora la nueva visión no se limita únicamente a la naturaleza: "Por encima de todo ello, había una humanidad en efervescencia, inteligente y voluntariosa [...] generadora de un futuro que, según pensaba Mastai, sería preciso aparear con el de Europa" (41).

El relato de Colón también cuestiona creencias y leyendas con respecto del espacio: por mediación de Maestre Jacobo la narración llega a rechazar el mito de que Islandia sea la Última Thule, "el límite de la Tierra" (62) para sustituirlo por otro –el de Vinlandia, la *Tierra del Vino*. Es cuando el actor protagónico experimenta una fuerte desestabilización: "Todo lo aprendido a lo largo de mis viajes, toda mi *Imago Mundi*, todo mi *Speculum Mundi* se me viene abajo... ¿Así que, navegando hacia el Oeste, se encuentra una inmensa Tierra firme, poblada de monicongos, que se prolonga hacia el Sur como si no tuviese término?" (67).

Al llegar, por fin, a la nueva tierra –isla o continente– el Gran Almirante muestra ignorancia o premeditada indiferencia con respecto de su exacta ubicación geográfica: "'¿A dónde hemos llegado, Señor Almirante?', me pregunta el Martín Alonso, con el veneno oculto bajo la máscara risueña. 'La cuestión es haber llegado', le respondo" (100).

Por otro lado, el contraste ya señalado entre elementos autóctonos, o sea *novomundistas*, y europeos se enfatiza a raíz de la impotencia que experimenta el descubridor para nombrar la desconocida realidad circundante: "Había que describir esa tierra nueva. Pero, al tratar de hacerlo, me hallé ante la perplejidad de quien tiene que nombrar cosas totalmente distintas de todas las conocidas" (104).

A nivel temporal la narración ostenta desajustes y cruces que subvierten la linealidad cronológica del discurso histórico. Cotejando atentamente el relato, se descubre un desfase cronológico en los "pseudo-referentes reales" (Solotorevsky) con respecto del viaje de Mastai, e. g., "el 5 de octubre de 1823, leva anclas el navío *Heloísa*" (28); "a mediados de enero de 1824, los clérigos salieron al camino" (31), de Buenos Aires para Santiago de Chile, donde llegaron "después de un viaje de nueve meses, a contar desde la partida de Génova" (34), o sea en julio de 1824, pero "En eso llegó la Semana Santa" (36).

Desestabilizan asimismo la coherencia temporal citas anacrónicas, como la mención de Jauja[7] por un marinero alemán, citado por Maestre Jacobo en su conversación con Colón antes del descubrimiento; o la notoria referencia intertextual al romance "La casada infiel" de Federico García Lorca: "que cuando yo me la llevé al río por vez primera, creyendo que era mozuela [...] no me impidió [...] recorrer el mejor de los caminos, en potra de nácar, sin bridas y sin estribos" (78).

Cuestiona la validez del verosímil histórico la mención del "tinglado de maravillas" (74) que, como señala González Echevarría ("Últimos"), establece una relación intertextual con el *Retablo de las Maravillas* cervantino, confirmándose dicha alusión anacrónica por la posterior citación: "desplegué, una vez más, mi Retablo de Maravillas" (82), y hacia el final: "Fui trujamán de retablo, al pasear de trono en trono mi Retablo de Maravillas" (142).

Nivel escritural

El juego intertextual, señalado anteriormente, constituye uno de los procedimientos escriturales que en *El arpa y la sombra* funcionan a favor de la desvalorización de mitos. Al introducir referentes extratextuales, pertenecientes a otros niveles espacio-temporales, el texto subvierte la linealidad temporal y la configuración espacial, provocando desplazamientos y cisuras en el discurso oficial del canon histórico, al cual opone un contradiscurso, impregnado de humor, burla, ironía e incluso sarcasmo. De este modo, las digresiones intertextuales, al enfatizar una temporalidad y una espacialidad trastocadas, funcionan como una especie de aberración especular y ridiculizan los caducos mitos de la historia convencional.

---

[7] Ciudad del Perú que por su clima agradable y la riqueza del territorio dio origen a la expresión *vivir* o *estar en Jauja*.

A la desacralización de la historiografía oficial contribuye una reescritura paródica de hechos supuestamente incuestionables. Así lo evidencia el siguiente párrafo, donde la ironía y la burla convierten la ceremonia de toma de posesión en parodia:

> Y ante tales reyes, si es que rey se puede llamar a quien anda poco menos que con las vergüenzas de fuera, hacía yo mis ceremonias acostumbradas: alzaba la bandera de mis monarcas cristianos, cortaba algunas ramas y hojas con mi espada, proclamaba por tres veces que tomaba posesión de la tierra en nombre de Sus Altezas [...] pero [...] después de mis genuflexiones, proclamas y arrogantes retos [...] todo quedaba igual que antes. [...] Nadie combatía. Nadie parecía hacer gran caso de nuestras ceremonias, actas y proclamas. [...] Y quedaba yo en posesión de sus tierras sin que ellos se enteraran de nada. (109-110)

El mismo *ethos* irónico coadyuva a la desfiguración caricaturesca al presentar el proceso de beatificación como una farsa paródica. La causa de Colón ha devenido juego de azar: "En la timba que tienen los alabarderos suizos [...] las apuestas a favor de Colón están, hoy en la mañana, a una contra cinco" (155). La confusión en cuanto a la tumba y los restos del Almirante pone en cuestión su pretendida santidad ("Esto es una Lipsonoteca seria [...] y no voy a pararme entre dos ataúdes para jugar el juego de: *Tin-Marín-Dedó-Pingüe-Cúcara-Mácara-Títere-Fue*", 158). Y la hipótesis de ser Colón un judío converso añade énfasis a la denigración del canon eclesiástico: "mis padres y abuelos, fueron fieles observantes de su Ley" (51); "¡Marrano soy! – grité a mi vez–: ¡y nadie puede saberlo mejor que tú, que me conoces en lo que soy y en lo que fui!" (85). Alude a ello irónicamente su nombre derivado de "*Christo-phoros*, pasador de Cristo, cargador de Cristo" (97).

El discurso desmitificador que ostenta el texto con respecto del descubrimiento se revela en el sarcasmo con que se expresa la propia reina Isabel: "Para serte franca, se dice, se dice, que para traer siete hombrecitos llorosos, legañosos y enfermos, unas hojas y matas que para nada sirven [...] y un oro que se pierde en el hueco de una muela, no valía la pena haber gastado dos millones de maravedís" (124).

El humor que subvierte el discurso unívoco del canon historiográfico se manifiesta de modo enfático en los comentarios entre paréntesis o guiones que se reiteran a lo largo de la narración. Impregnados de un temple burlesco, a veces hasta sarcástico, dichos apartes funcionan como un contradiscurso de eficaz valor desmitificador. He aquí algunos ejemplos: "estaba el legajo –¡el famoso expediente!– en espera desde el año anterior" (17); "En cuanto a su renta de diez mil maravedíes (y esto sí habré de decirlo al confesor) podrá anotarla en hielo" (94); "Y a los que nos quedaban tenía engañados (seguían los embustes) negando que tuviese intenciones de llevarlos a España" (108);

"y no llegaba el *buen golpe de oro* –¡qué lenguaje de cambista, qué lenguaje de banquero lombardo!...–" (138); "(Pero incumplida quedó mi promesa, como tantas otras que hice...)"(145).

Sin disentir por completo del juicio de Fama, según el cual "la intencionalidad de la narración es desmitificar las hazañas del Almirante que llevaron al descubrimiento del Nuevo Mundo" (557), estimo importante añadir que la presencia manifiesta de un juego bipolar, que se solaza en la oscilación entre construir y deconstruir un mito, permite decodificar una intencionalidad no unívoca, un propósito ambiguo y dual.

Al deshacer el mito del descubridor idealizado por el Conde Rosselly de Lorgues en su *Historia de Cristóbal Colón*, en la cual "el historiador católico había magnificado las virtudes que agigantaban la figura del insigne marino genovés, señalándolo como merecedor de un lugar destacado en el santoral" (19) y al presentar una imagen muy distante de la de un santo, *El arpa y la sombra* configura un personaje sumamente complejo.

Si es bien cierto que éste, por un lado, se somete a una despiadada autoinculpación, por otro muestra plena conciencia de su perpetuidad histórica y así lo afirma: "es la gloria de Descubridor que tengo en mayor precio que cualquier otra honra" (70). Vale recordar asimismo que los lexemas "mármol" y "piedra mármol", que se reiteran –primero en el inicio ("inscriben un nombre en el mármol de los siglos", 49) y después hacia el final de la segunda parte ("diré lo que, acerca de mí, *pueda quedar escrito en piedra mármol*", 150, énfasis original),– constituyen una patente metáfora de la intransitiva *gloria mundi*; la gloria que, según el descubridor de Carpentier, no obstante la desvalorización del mito, le deparara la historia.

Bibliografía

I. Primaria

Carpentier, Alejo. *El reino de este mundo* [1949]. La Habana: Unión, 1964.

_____ *El arpa y la sombra* [1979]. Madrid: Alianza, 1998.

_____ *La novela latinoamericana en vísperas de un nuevo siglo y otros ensayos*. Madrid: Siglo XXI, 1981.

II. Secundaria

Barrientos, Juan José. "Colón, personaje novelesco". *Cuadernos Hispanoamericanos* 437 (1986).

Barthes, Roland. *Mythologies.* Nueva York: Hill & Wang, 1995.

Chadwick, H. Munro y N. Kershaw Chadwick. *The Growth of Literature*. Tomo III. Cambridge: Cambridge UP, 1932-1940.

Eliade, Mircea. *El mito del eterno retorno*. Buenos Aires: Emecé, 1968.

_____ *Mito y realidad*. Madrid: Guadarrama, 1968.

Fama, Antonio. "Ficción, historia y realidad: pautas para una teoría de la novela según Carpentier". *Revista Iberoamericana* LVII/154 (enero-marzo 1991): 135-49.

_____ "Historia y narración en *El arpa y la sombra* de Alejo Carpentier". *Revista Iberoamericana* LII/135-136 (abril-septiembre 1986): 547-57.

González Echevarría, Roberto. "Carpentier y Colón: el arpa y la sombra". *Dispositio* XI, 28-29.

_____ "Últimos viajes del peregrino". *Revista Iberoamericana* LVII/154 (enero-marzo 1991): 119-34.

_____ "Versiones y perversiones de Alejo Carpentier". *Encuentro* 14 (1999): 65-8.

Mazziotti, Nora, comp. *Historia y mito en la obra de Alejo Carpentier*. Buenos Aires: García Cambeiro, 1972.

Solotorevsky, Myrna. "Referentes ficticios y 'pseudo-referentes reales' en *Santa María de las Flores Negras* de Hernán Rivera Letelier". *Hispamérica* 97 (2004): 17-28.

El ojo de Alejo

Graziella Pogolotti

I

CONTABA MI PADRE QUE, ALLÁ POR LOS AÑOS VEINTE, AL CRUZAR POR EL PARQUE Central de una Habana todavía aletargada, observó desde la distancia a su amigo Alejo Carpentier, quien avanzaba a grandes trancos agitando una revista en mano, mientras gritaba: "Juan Gris ha muerto". La anécdota revela el ingenuo despertar de una generación a las radicales rupturas de las vanguardias en las primeras décadas del siglo XX, célula generadora de un compromiso con el arte y con la vida que habría de marcar, a pesar de tantas estremecedoras experiencias por venir, el sentido de su existencia, de sus proyectos y de sus búsquedas. En un contexto indiferente y, con frecuencia adverso, donde el pragmatismo y la euforia de la modernización implicaban desdén por los asuntos de la cultura, los artistas –minoría exigua– constituían un pequeño falansterio de complicidades compartidas.

Desde fecha muy temprana, el vínculo íntimo con la música se complementó, en Alejo Carpentier, con un intenso ejercicio de la visualidad adquirido por diversas vías que incluyen su vocación por la arquitectura, su cercanía al cotidiano trabajo de taller de los artistas y su participación en la batalla cubana por la vanguardia, muy focalizada en el terreno de las artes plásticas. Música y visualidad constituyen códigos fundamentales del teatro al que siguió con regularidad inducido por su práctica de periodismo bisoño, como preparación necesaria para sus búsquedas personales junto a sus coetáneos compositores. En ese tránsito por el universo de la plástica y el teatro, se le fue configurando una mirada que, paradójicamente, no se manifestaría en la zona de su creación en el campo de las artes escénicas. Articulada a una visión del mundo, devendría recurso expresivo eficaz en su narrativa, modalidad sintética de representación y de diálogo con el lector. En el escenario del gran teatro del mundo, el hombre, soldado del tiempo, se debate, atrapado por esa, su condición esencial.

II

La cercana relación de Carpentier con los renovadores de las artes plásticas cubanas, forjada en el taller donde los tanteos del oficio se debaten en el forcejeo de radicales cambios conceptuales, revela los vasos comunicantes entre las distintas manifestaciones artísticas, colocadas en la segunda década del siglo XX ante la inminencia de un viraje decisivo. Bajo el signo del cubismo, la vanguardia europea quebraba brutalmente los códigos establecidos desde el renacimiento. Los cambios que entonces cristalizaban se remitían a un replanteo de la función del arte. En el caso cubano, el desafío de la época multiplicaba las interrogantes. En un ambiente aldeano, inmerso en un proceso de descolonización, la revolución de las formas se inscribía en la reivindicación de los valores nacionales. Los pintores abandonaban las fórmulas académicas, asumían la violencia del color. Pero no renunciaban a la referencia anecdótica. Plantaban sus caballetes al aire libre y buscaban rincones olvidados de las ciudades. El camino emprendido era similar al de los compositores del nacionalismo musical, Amadeo Roldán y Alejandro García Caturla. Tenía puntos de contacto con el Carpentier de *Écue-Yamba-Ó*, encabalgado entre giros vanguardistas y un acercamiento sociológico a la condición del subalterno.

Mucho más tarde, casi en vísperas de su muerte, Alejo Carpentier evocará en *La consagración de la primavera* el conflicto entre la destrucción de la anécdota y el retorno a la narratividad. Enrique, su protagonista, después de haber descifrado los nuevos códigos gracias a sus lecturas de *L'esprit nouveau*, viaja a México y descubre el despliegue de la obra de los fundadores del muralismo. En esa aparente contradicción está implícito el debate entre lo local y lo universal, hilo conductor de su ensayo *Tristán e Isolda en tierra firme*, testimonio de las reflexiones que acompañaron la escritura de *El reino de este mundo*, de *Los pasos perdidos* y de los relatos de *Guerra del tiempo*.

Los vínculos con los pintores iniciados en La Habana de los años veinte no se interrumpirán durante la prolongada estadía del escritor en París. Todos ellos coinciden en la capital francesa en la misma etapa. Comparten la humedad y el frío de los hoteles baratos y el ambiente cosmopolita de Montparnasse. Carpentier sigue paso a paso el trabajo del taller. Induce a Eduardo Abela a fijar la imagen en movimiento de las comparsas habaneras. Relata en sus crónicas los trabajos de los artistas en un tiempo de aprendizaje y da cuenta de sus primeras exposiciones.

Escritas para dos importantes revistas habaneras, *Social* y *Carteles*, como un modo de ganar el sustento, las crónicas parisinas de Carpentier constituyen un revelador cuaderno de bitácora. Desde un observatorio privilegiado, el escritor intenta contribuir a la desprovincianización de sus lectores, en un país donde la modernización acelerada se acompaña de un pragmatismo esterilizador del verdadero crecimiento espiritual. Los temas son variados. Incluyen apuntes de viaje y comentarios acerca de la vida cultural en la capital francesa, considerada al margen de las estratificaciones jerárquicas tradicionales desde las zonas más experimentales hasta el circo, el *music-hall* y la música popular. Acarrean una materia prima utilizada luego por el novelista en *La consagración de la primavera*.

En ese conjunto, las artes plásticas ocupan un lugar fundamental, aunque Carpentier rehúya –lo hará siempre– asumir la posición del crítico. Su punto de vista se revela, como ocurrirá con Roland Barthes mucho después, en su método de selección y descarte. En gran medida aleccionador e instructivo, su propósito es el de proponer una lectura desprejuiciada de lo que todavía entonces se consideraba "arte nuevo". Describe exposiciones. Picasso ocupa un lugar preferente, fascinado por el carácter proteico de la obra del malagueño, sin dejar por ello de prestar atención a Kandinski o al menos conocido Kupka. El juicio del comentarista se sumerge tras el empeño por trasladar la imagen en palabras.

El cubismo dinamitó el concepto tradicional de anécdota y, con ello reivindicó la autonomía del arte. El surrealismo rompió la frontera entre lo real y lo imaginario y proyectó una radical ruptura de la distancia que separa vida y cultura. Desde su llegada a París, Carpentier conoció de cerca la aventura del movimiento dirigido por Breton. Siempre ajeno a cualquier sujeción doctrinaria, rechazó –como otros seguidores de la primera hora– la obediencia a los dictados del maestro tanto como la aplicación mecánica y reduccionista de ciertos procedimientos –la escritura automática, la fabricación artificial de lo insólito–, pero no pudo sustraerse a la marca de una herencia de indiscutibles repercusiones en el siglo XX. Entre el sueño y la vigilia, en una particular disponibilidad del espíritu, los mejores textos de Breton acogen la trasmutación de lo cotidiano en insólito. Con el despertar del amor, el poeta recorre, de Montmartre a los grandes mercados, hoy desaparecidos, las calles siempre transitadas en la cotidianeidad. Pero la ciudad nocturna se vuelve fantasmagórica mediante un inesperado desplazamiento de la mirada, documentada por las fotografías que acompañan el texto de *El amor loco*.

Para Carpentier, el surrealismo no fue doctrina, sino experiencia de vida, una iniciación al desplazamiento de la mirada. La obra de Man Ray le ofrece una lección decisiva. Comprende desde entonces que, en el caso de la fotografía, medio mecánico, poco importa la mano en el disparador. El artista se manifiesta en el ojo que observa y sorprende, en su capacidad para manipular el revelado y de trascender la falsa objetividad, para descubrir el sentido de la atmósfera y sumergir los contornos de la realidad en una dimensión cercana a lo onírico.

El protagonismo de la mirada se revela en los apuntes del viajero al andar, con la inveterada perspectiva del caminante, por ciudades europeas. Lo insólito se descubre en el barrio judío de París y en el mercado de las pulgas. Opta por las callejuelas de Rouen y soslaya la celebérrima catedral. Se abandona al extravío en las callejuelas de Cuenca. La mirada se somete a un voluntario ejercicio de selección. Parecería que el arquitecto frustrado se refugia en la escritura. Algo de eso hay, sin dudas, avivado por la lectura de los renovadores de la construcción en el siglo XX y por su ambivalente vínculo respetuoso con Le Corbusier. Pero, el narrador en germen está apuntando. La ciudad se manifiesta como un entorno enmarcado por lo edificado por el hombre, portador de la imagen de un hacer historizado, memoria transfigurada de funciones desaparecidas –véase la huella de los antiguos gremios en la descripción de Bruselas–, vigente en el vocerío y en los cantos de los seres humanos que la siguen configurando.

La ciudad no es suma de monumentos arquitectónicos. No es tampoco un mero despliegue de estilos diversos. En ella, los tiempos, el presente y el pasado se solapan, animados por una humanidad viviente en la práctica de acciones que refuncionalizan y dan sentido al entorno. De ese modo, las crónicas europeas del viajero entrenan la mirada para el redescubrimiento de La Habana, definida treinta años más tarde como "ciudad de las columnas", cuando la arquitectura se sumerge en una visión urbana con espacios fluyentes en el rejuego del sol y la sombra, entre el adentro y el afuera, a la vez abiertos y protegidos, de naturaleza esencialmente barroca.

Colaborador de *El Nacional* de Caracas en la posguerra, Carpentier observaría desde la distancia, atento a la publicación de libros y revistas, las señales de otro tiempo. El ojo siempre alerta advierte las modificaciones de la trama urbana, impuestas por un mundo de progresiva concentración poblacional. Los móviles de Calder modifican la concepción del espacio, mientras la vanguardia de otrora se instala en los museos. Las obras se convierten en objeto de especulación en el desenfrenado crecimiento del mercado del arte. La era del diseño se reconoce en las exposiciones consagradas a los productos industriales destinados al uso cotidiano. La factura en serie coexiste con las supervivencias de la mano artesana. En la trama urbana, la expansión de la publicidad, en conjunción polifónica, carga de sentido los códigos visuales. Como sucede con el verde y el rojo de las luces de los semáforos, el color se constituye en lenguaje universal. Voz del silencio, el signo de la visualidad se integra a los múltiples rumores de la ciudad. Conforma un imaginario y promueve nuevos hábitos de lectura donde la palabra cede su histórico predominio autoritario. El discurso de la narrativa se articula, en este nuevo contexto, a la necesidad de mostrar las cosas.

III

Mostrar y narrar definían para Aristóteles la diferencia entre la tragedia y el poema épico. Portadora de significados, la imagen visual muestra, sintetiza para constituirse en factor dialógico de un entorno complejo, tal y como pueden integrarlo, en un conjunto de códigos concurrentes y contrapuestos, las artes escénicas. Suponía entonces la existencia de una oralidad sustentada en el acompañamiento musical. El gesto apoyaba la palabra en un espacio público donde los oyentes se convertían en espectadores. En el universo letrado, el oyente se ha hecho lector, progresivamente entrenado para descifrar y traducir en imágenes los intersticios entreabiertos por las palabras. De ese modo, la distancia entre el mostrar y el narrar se difumina gracias al canibalismo de un género literario inventado para borrar las fronteras tradicionales, concebido para derribar cánones, para asimilar la complejidad característica de la ciudad naciente y para edificarse construyendo un destinatario dispuesto a entrenarse como partícipe en un ejercicio supremo de la libertad individual. Siempre autoritaria, la imagen visual descrita o evocada se sumerge en la subjetividad del lector para movilizar resonancias, recuerdos, asociaciones. Así , un lugar de la Mancha de nombre olvidado cobra cuerpo y se multiplica.

El ejercicio del periodismo hizo de Carpentier un asiduo espectador teatral desde fecha muy temprana. La Habana de los años veinte se mantenía como plaza teatral importante, dado que el puerto, como en tiempos de la colonia, se encontraba en el cruce de caminos entre Europa y América. A la ida o a la vuelta, en su recorrido por las tierras del sur, siguiendo la ruta de los barcos, las compañías se detenían en la ciudad para hacer temporada con mayor o menor fortuna. Aunque alguna se ocupara del teatro dramático, con sus Echegaray y Benavente, se atenían por lo general al repertorio zarzuelero que contaba con un público de probada fidelidad. En cualquier caso, el atractivo del espectáculo, la música y el colorido de los telones, dominaba sobre el valor literario de los guiones, vinculados a una tradición que ya comenzaba a periclitar.

Otras experiencias impondrían al escritor la necesidad de plantearse los problemas de la realización escénica. En lo que pudieran considerarse los primeros esfuerzos con vistas a la formulación de las bases de un teatro nacional popular, concibió proyectos para óperas y ballets destinados a sus amigos compositores.

La estancia parisina le ofreció las posibilidades de un aprendizaje decisivo en este aspecto. En los ballets rusos de Diaghilev convergían los más connotados representantes de la vanguardia. Stravinski contribuyó a la renovación musical. El nombre de Picasso encabezaba un conjunto de ilustres pintores de la época. Jean Cocteau animaba la renovación de las ideas. De ese modo, los códigos de la escena, sin perder la indispensable complementariedad adquirían una jerarquía nunca antes alcanzada, conjugados al valor expresivo del gesto y del movimiento. Con el montaje de la *Numancia* de Cervantes por Jean-Louis Barrault, Carpentier pasaba de espectador a partícipe. Su análisis de la representación de la obra revela el conocimiento de los recursos de la maquinaria teatral, su visión de una escenografía que ha dejado de ser mero decorado, sus concepciones de musicalizador consciente de que la puesta en escena implica mucho más que la corporeización de un texto literario escrito previamente. Diseño visual y sonoro establecen un juego de correspondencias que contribuye a colocar la obra cervantina en el contexto de la guerra civil española.

De vuelta a Cuba, el aprendizaje ha concluido. Incorpora la experiencia acumulada a su trabajo de sonidista en colaboración con el director Ludwig Chajowicz cuando transcurren los días iniciales de Teatro Universitario. Pero, lo que se ha modificado sustancialmente es su modo de leer cuanto sucede en la escena. Inmerso otra vez en el periodismo, sin asumir el papel crítico, interviene como observador perspicaz, capaz de descifrar los lenguajes de la escena como no alcanzó a hacerlo ninguno de sus coetáneos. En *Crónicas del regreso*, su comentario sobre el teatro chino de La Habana es revelador:

> Se trataba de una trágica con cara de gato [...] tenía la ciencia de los gestos sintéticos, reducidos a su máximo sentido lírico o expresivo [...] Con una sola mano dibujaba una tempestad en el aire, esbozaba un movimiento de terror, ilustraba la ondulante inconstancia del mar. Y cuando bailaba, rodeada de genios y de diablos, lo hacía con una dignidad, un hieratismo que Baudelaire [...] hubiese amado [...] Un personaje subido a una silla, con la mano puesta sobre los ojos a modo de visera, se halla en la cumbre de una montaña oteando el paisaje distante. Cuando un héroe entra en la escena llevando en la mano una varilla cubierta de lacitos, se supone que viene a caballo [...] La música también desempeña un papel simbólico [...] crea el ambiente sonoro de las escenas. La música para el chino es un elemento de inteligibilidad –ilustración y explicación del texto que declaman los actores [...]. (26-7)

Según cuenta Carpentier en esta crónica sobre el teatro chino de La Habana, fechada en 1940, acostumbraba asistir al lugar quince años antes con su amigo, el crítico José Antonio Fernández de Castro. Una colonia china muy solvente invitaba actores renombrados procedentes de Los Ángeles a ofrecer temporadas en la ciudad. El descubrimiento de un arte de indiscutible carácter narrativo, sustentado en su expresión escénica por un diseño sonoro y visual tan sintético como lo era el trabajo actoral deslumbró a los cubanos. Dejó –así lo atestigua el tono vivaz de páginas que parecen escritas con el calor de un presente inmediato– una huella profunda en la memoria del escritor.

Por vías diferentes, en época semejante, una zona del teatro europeo se había acercado al sistema de representación oriental. Deseoso de renovar la comunicación con el espectador desde una perspectiva no aristotélica, Brecht intentó movilizar, junto a la palabra, todos los códigos de la escena. La concepción narrativa de su teatro épico se apoyaba en la refuncionalización de la música y en la diversificación de los signos visuales. La síntesis expresiva de la gestualidad de los actores chinos llevaba a la búsqueda de lo que habría de definir como el "gestus" social. En todos estos aspectos, la revelación de instancias más complejas de la realidad, lo llevaron a descartar el empleo de un verismo descriptivista, detenido en la reconstrucción ilusionista de la apariencia de las cosas.

IV

El salto producido en la narrativa carpenteriana de *Écue-Yamba-Ó* a *El reino de este mundo* sobrepasa en mucho las derivaciones de su definición de lo "real maravilloso". Para acompañar al lector en la aventura del descubrimiento de una realidad compleja, el mostrar y el narrar han de articularse para alcanzar una mayor densidad narrativa.

Rica y dúctil, en el extenso y variopinto universo de la lengua hispana, la palabra dispone de un enorme registro, inclusivo de lo culto y de lo popular, del amplio fondo lexical recogido por los diccionarios y de las sabrosas expresiones locales, muchas veces perecederas. Informa y significa, evoca y sugiere para desencadenar en el lector imprevistos mecanismos de asociación favorecedores de procesos de participación creativa en textos considerados siempre como partituras. Partiendo de esas premisas, la prolijidad descriptiva heredada del realismo, propia de una estructura cerrada sobre sí, puede sustituirse por imágenes sintéticas polifuncionales. Así, en Carpentier, de *Écue-Yamba-Ó* a *El reino de este mundo* se produce el salto definitivo. En su obra juvenil, el personaje aparecía definido por un entorno preciso, condicionado por un contexto que reafirmaba su historicidad y las circunstancias locales que conformaron su destino. La configuración de Ti Noël no renuncia a la historicidad, pero la trasciende en la conciencia de un lector venido de todas partes y de todos los tiempos.

> Mientras el amo se hacía rasurar, Ti Noël pudo contemplar a su gusto las cuatro cabezas de cera que adornaban el estante de la entrada. Los rizos de las pelucas enmarcaban semblantes inmóviles, antes de abrirse, en un remanso

> de bucles, sobre el tapete encarnado. Aquellas cabezas parecían tan reales –aunque tan muertas, por la fijeza de los ojos– como la cabeza parlante que un charlatán de paso había traído al Cabo [...] por una graciosa casualidad, la tripería contigua exhibía cabezas de terneros, desolladas con un tallito de perejil sobre la lengua, que tenían la misma calidad cerosa, como adormecida entre rabos escarlata, patas en gelatina [...] Sólo un tabique de madera separaba ambos mostradores, y Ti Noël se divertía pensando que, al lado de las cabezas descoloridas de los terneros, se servían cabezas de blancos señores en el mantel de la misma mesa [...] Había abundancia de cabezas aquella mañana, ya que, al lado de la tripería, el librero había colgado de un alambre, con grapas de lavandera, las últimas estampas recibidas de París. En cuatro de ellas, por lo menos, ostentábase el rostro del rey de Francia, en marco de soles, espadas y laureles. Pero había otras muchas cabezas empelucadas, que eran probablemente las de altos personajes de la corte... (*El reino* 25-7)

De abominable convite califica Carpentier la espectacular naturaleza muerta. La voz narrativa acota intencionalmente para subrayar la transformación de valores latente en la mirada de Ti Noël, que subvierte el regodeo hedonista de un asunto frecuente en la pintura dieciochesca. Ahora, la imagen de la naturaleza muerta adquiere carácter premonitorio. Anuncia las cabezas cortadas en la guillotina por la revolución francesa, la matanza provocada por la rebelión de los esclavos en la isla de Saint Domingue. El color escarlata sugiere la sangre que había de correr en los acontecimientos convergentes de ambos lados del Atlántico y la que habrá de consolidar los cimientos de la fortaleza construida por Henri Christophe. La síntesis remite al lector avisado a un referente histórico subyacente en el relato. A la manera de la composición de una sinfonía, las señales premonitorias intervienen en los inicios como un motivo recurrente que tomará cuerpo y se agigantará en el curso de la novela, sin dejar de traslucir cierta ironía juguetona en el detalle realista del perejil implantado en la boca de la cabeza de ternero.

Similar modo de componer se advierte en "El camino de Santiago". Dos imágenes poderosas se imponen desde el primer momento. Venidos de lejanas tierras exóticas, desembarcan en el puerto de Amberes los naranjos rutilantes, destinados a satisfacer caprichos placenteros de los poderosos. Tras el despliegue del oro de los naranjos, llegan, sugiriendo una alegoría medieval, las ratas portadoras del horror de la peste, de la enfermedad y de la muerte. Víctima del contagio, Juan de Amberes delira, atormentado por la fiebre y por el terror. En sus pesadillas, aparece una y otra vez el retrato de Juan de Austria, representación del poder y la intolerancia impuesta por las armas. Hombre de múltiples oficios, músico y soldado, arrepentido de sus pecados, Juan de Amberes se vuelve peregrino de Santiago, para sucumbir, al cabo, a la tentación de América, reconocible en el teatral retablo de maravillas, portado por indianos al regreso del nuevo mundo.

Juego ilusionista de feriantes, el retablo de maravillas, con su carga prefabricada de un muestrario exótico sugiere, en otro registro, la visión utópica de las tierras distantes aludida por el relumbre dorado de los naranjos. Ese espejismo convierte a Juan el romero en Juan el indiano. Como la de tantos otros, su aventura se constituye en sucesión de equívocos. Embarranca en Cuba, sin poder alcanzar en México o el Perú los territorios de El dorado. En poco gloriosa pelea de taberna, cree haber dado muerte a otro. Escapa por temor a la persecución de la justicia y encuentra refugio, junto a otros excluidos –el luterano, el judío converso, las negras cimarronas– en un plácido ambiente natural, donde se ha hecho posible la utopía de la tolerante convivencia.

Eterno perseguidor de espejismos, el hombre termina por sucumbir a tentaciones engañosas. En el camino de regreso a España, el luterano y el converso son capturados. Sin haber salido de la miseria, Juan el indiano mostrará su retablo a otros juanes, dispuestos a proseguir idéntica aventura ilusoria. Es la misma ronda infernal, la reiteración ritualizada, como en "Semejante a la noche", de los mismos gestos.

Cabezas cortadas, carnicería y rojo escarlata de la sangre constituyen, desde la mirada de Ti Noël, en las páginas iniciales de *El reino de este mundo*, el anuncio premonitorio del acontecer revolucionario conformador de la existencia del personaje. Contrapunteado con la aparición de las ratas y con el retrato del poderoso Don Juan de Austria, el oro de los naranjos sintetiza la noción de la utopía perseguida, encarnada por la saga legendaria de El dorado.

Para el personaje, ahora, se trata de elegir, mediante la capacidad de discernir entre lo falso y lo verdadero. El error fatal, cuando se produce, desemboca en un cíclico e interminable girar en redondo. La imagen desempeña papel similar en ambos relatos, pero su carácter difiere. En *El reino de este mundo*, se remite, en complicidad con el lector, a la certidumbre de los sucesos de una historia apenas aludida. También premonitoria, la visión de los naranjos ilumina el sentido de la conducta de un personaje que aspira, en medio de los avatares de la historia, a tomar las riendas de su existencia personal.

V

Mostrar y narrar contrapuntean en la obra madura de Alejo Carpentier. De manera elíptica, la imagen evoca el trasfondo histórico sobre el cual se proyectan las peripecias de personajes incapaces de interrogarse acerca del sentido de su devenir. El apremio de la historia, sin embargo, estremece a un escritor que ha transitado por los grandes conflictos del siglo XX y que, en su travesía entre Europa y América, las circunstancias lo han situado en el entorno de los terremotos devastadores. Después de conocer en Cuba, en un contexto neocolonial, la represión machadista, asiste en París al declinar de la euforia posbélica y al surgimiento del nazismo, alentado por la pasividad cómplice de las potencias continentales. El acontecer de la historia ha adquirido un trágico protagonismo que involucra, en dimensión empequeñecida, a la persona humana.

Algunos estudiosos han insistido en la influencia determinante ejercida sobre Carpentier por la lectura de *La decadencia de occidente* de Spengler. Introducido por la *Revista de Occidente*, el libro alcanzó amplia repercusión en América Latina al amparo del prestigio de las publicaciones patrocinadas por José Ortega y Gasset. La prosa del pensador español sedujo a una generación intelectual y su presencia se constituyó en puente para la circulación de ideas.

Después del deslumbramiento inicial se produjo el inevitable distanciamiento. Por lo demás, resulta reduccionista absolutizar el influjo de algunas lecturas. Cada lector recicla a su modo una experiencia de lectura que no puede separarse de una experiencia de vida. La obra de Carpentier se interroga acerca del vínculo entre Europa y América. Pero el énfasis se coloca en las relaciones históricas y culturales entre una y otra. Así, el tiempo de la historia invade el tiempo mítico.

VI

Casi siempre, en Carpentier, el ensayo se engarza con una reflexión surgida del proceso de la propia creación narrativa. Después de haber escrito *El siglo de las luces*, advierte que el tema de la ciudad constituye, a la vuelta de los sesenta, el desafío mayor para el novelista latinoamericano. Las urbes se han precipitado a un crecimiento desbordante. Heterogéneas y proliferantes, carentes de estilo, atestiguan una invención desordenada impensable en las europeas. En su multiplicidad de planos, la ciudad es también el ámbito privilegiado de una historia movediza, en permanente transición, como ocurre con la adolescencia en las edades del hombre, ese instante fugaz en la existencia de Sofía, Carlos y Esteban, punto de arrancada de la novela. El mundo fascinante de lo transitorio exige la multiplicidad de puntos de vista, el rejuego entre planos diferentes, el cruce de las miradas en el espacio fluido de la teatralidad. En el "gran teatro del mundo", la narración irrumpe en el tiempo de la eternidad, el de las estrellas evocadas una y otra vez por los viajeros, entre el alzarse y la caída del telón.

Contradictorias y complementarias, las miradas de Esteban y Sofía contemplan, desde ángulos distintos *Explosión en la catedral*, el cuadro manierista de un casi desconocido pintor francés, telón de fondo en el prólogo y en el epílogo de la novela. Esteban siente la fascinación ante el precario equilibrio de las columnas resquebrajadas en un mundo a punto de derrumbarse. Apremiada por la acción, Sofía rechaza la imagen inquietante. "Hay que hacer algo", repite ella en los momentos decisivos, cuando la enfermedad de Esteban hace crisis –capítulo 1–, cuando en el desenlace se sumerge en los combates de Madrid. Entonces, después de haber atravesado el océano, la tela aparecerá definitivamente desgarrada, oscurecida en el apagón final. Como en breve acotación de un texto teatral, las miradas contrapuestas han definido un rasgo esencial en el comportamiento de los personajes.

En el principio y en el final, prólogo y epílogo, la ciudad, La Habana y Madrid, constituye un entorno escenográfico. La síntesis asociativa latente en la imagen visual no ha sido descartada del todo.

El color de la sangre, como en *El reino de este mundo*, anuncia la revolución inminente. Sobre la cubierta del Arrow, el barco de las grandes escapadas, la matanza de los tiburones, brutal y vengativa, deja regueros de sangre. El aceite mancha el cuerpo de Sofía, subraya el término de la infancia y señala su compromiso con la acción. Pero, antes, la imagen visual se ha vuelto más compleja.

En las páginas iniciales del libro, la noticia de la muerte del padre precipita el regreso de Carlos a la ciudad. En sucesión de planos cinematográficos, la escena de los dolientes contrapuntea con la visión panorámica de La Habana. El espacio privado y el espacio público alternan, porque la muerte del pasado apresura el nacimiento del porvenir. Los tiempos, sin embargo, se solapan en más de un sentido:

> [. . .] el adolescente miraba la ciudad, extrañamente parecida, a esta hora de reverberaciones y sombras largas, a un gigantesco lampadario barroco, cuyas cristalerías verdes, rojas, anaranjadas, coloreaban una confusa rocalla de balcones, arcadas, cimborios, belvederes y galerías de persianas –siempre erizada de andamios, maderas– [...] Era una población eternamente entregada al aire que la penetraba, sedienta de brisas y terrales, abierta de postigos, de celosías, de batientes, de regazos, al primer aliento fresco que pasare... (15-6)

El anacronismo consciente subvierte la historicidad de la novela. La visión de La Habana desde la perspectiva de Carlos coloca el texto literario sobre otro texto, esta vez pictórico, bien distante de la configuración de la ciudad según los apuntes de viajeros. Ahora, la memoria del narrador parece rescatar los colores de Amelia Peláez y la línea juguetona de los paisajes urbanos pintados por René Portocarrero en los años cincuenta del siglo XX. De esa manera, una ambigüedad particular diluye la distancia entre dos siglos –el XVIII y el XX–, sacudidos ambos por poderosos movimientos revolucionarios.

Si el abordaje inicial del primer capítulo sugiere un juego de planos cinematográficos, la entrada de Carlos en la casa paterna sitúa al lector en el ámbito de la representación escénica:

> En el Gran Salón, ojerosa, desfigurada –envuelta en ropas de luto que, por ser de talla mayor que las suyas la tenían como presa entre tapas de cartón– esperaba Sofía, rodeada de monjas clarisas que trasegaban frascos de agua de Meliza, esencias de azahar, sales o infusiones, en un repentino alardear de afanosas ante los recién llegados. En coro se alzaron voces que recomendaban valor, conformidad, resignación a quienes permanecían acá abajo, mientras otros conocían ya la Gloria que ni defrauda, ni cesa [...] Dieron las siete en el campanario del Espíritu Santo. Sofía hizo un gesto de despedida que los demás entendieron, retrocediendo hacia el vestíbulo en condolido mutis... (20)

El vestuario prestado de Sofía tiene algo de disfraz correspondiente al desempeño de su papel de doliente, mientras el coro, en alternancia de voces con la palabra del albacea subraya una escena ficticia, representación de las convenciones impuestas por el luto. Después del gesto de despedida de la joven, los figurantes se retiran haciendo mutis, movimiento típicamente teatral. Para Sofía, Carlos y Esteban ha llegado el tiempo de iniciar, con el ensayo general, los preparativos de la representación de la vida. Es la hora del juego –*jeu*, en francés, equivale a pieza teatral, como *jouer un rôle* significa desempeñar un papel. Comienza la transformación del decorado de la casa. Cajas a medio abrir y muebles en desorden sugieren la acumulación de objetos heteróclitos en la trastienda de un teatro. Perdida la funcionalidad, lo real se trasmuta en representación ilusoria de otra realidad:

> Por lo pronto, no se resolvían a acabar de abrir las cajas y fardos, y colocar los muebles nuevos [...] Tal montón de cajas en trance de derrumbarse era "La Torre Inclinada"; el cofre que hacía de puente, puesto sobre dos armarios, era "El Paso de los Druidas". Quien hablara de Irlanda se refería al rincón del arpa; quien mencionaba el Carmelo designaba la garita, hecha con biombos a medio abrir... (34-5)

Todo está listo para el comienzo del gran ensayo. Sólo faltan los aldabonazos estremecedores, efectos de indudable carácter teatral, que habrán de dar inicio a la función. Con la entrada de Víctor Hughes, los objetos encontrarán su sitio en el ordenamiento de la escena y cada cual se reconoce en el papel asignado. Hay que empezar por definir el punto de vista. En un desván aparecen los ropajes olvidados:

> Poco después, en el gran salón transformado en teatro, alternando en representar y adivinar, los cuatro se dieron, por turnos, a interpretar papeles diversos: bastaba con trastrocar las prendas, modificar sus formas con alfileres, admitir que una dormilona era un peplo romano o una túnica antigua, para caracterizar a un héroe de la historia o de la novela, con ayuda de alguna escarola transformada en corona de laurel, una pipa a modo de pistola, un bastón al cinto remedando la espada. Monsieur Hughes, evidentemente afecto a la antigüedad, hizo de Lucio Scévola, de Cayo Graco, de Demóstenes –un

> Demóstenes prestamente identificado cuando se le vio salir al patio en busca de piedrecitas... (45)

Los ropajes olvidados y polvorientos se convierten en vestuario de teatro. Para cada uno de los personajes, la selección del traje implica una definición de futuro. Víctor Hughes asume el gusto de los animadores de la revolución francesa por los héroes de la antigüedad grecolatina y, a la vez, manifiesta su vocación de político. Esteban afirma su perfil de intelectual. Carlos será el músico aficionado, el flautista acompañante de la aventura de todos, mientras Sofía adopta los rasgos de las mujeres célebres de las casas reinantes en España. A través del juego, en la despedida de la adolescencia, todos están entrando en la historia. Como suele suceder en el teatro, las máscaras no intervienen en función de ocultamiento. Por lo contrario, el disfraz revela lo que las apariencias disimulan.

Porque ya, sin saberlo, los jóvenes han establecido su perspectiva. En el desorden de la casa, entre muebles y cajones dispersos, cada cual tiene su rincón favorito. Esteban se coloca en las alturas, con la mirada distante que le permitirá descubrir, más allá de la fascinación por las luces y por el saber científico, el anuncio del despertar romántico en las páginas de Chateaubriand. En una zona intermedia, Sofía concilia los arranques de la acción con la lucidez necesaria. Más apegado a la tierra, comprometido con las exigencias del negocio paterno, adscrito a la francmasonería en la Cuba colonial, Carlos también hace del presente un eslabón del futuro. A punto de entrar en la vida adulta, están ingresando en el universo marcado por las coordenadas de la historia.

En el tránsito de las edades del hombre, el vestuario y el punto de vista definen el destino de Carlos, Esteban y Sofía. Más allá del comportamiento de los personajes, el novelista ha eludido con toda intención precisar sus rasgos físicos. Sabemos a Esteban frágil, crucificado por la enfermedad y por los tormentos de su espíritu crítico, anhelante en la búsqueda de vías para la redención humana. Sofía será impaciente, sensual, movida por los impulsos afectivos de la maternidad. Situado en un plano más distante, Carlos no tiene perfil reconocible.

En cambio, el rostro, la voz, la gestualidad, el porte de Víctor Hughes se descubren a través de las miradas sucesivas y complementarias de los tres jóvenes. La versatilidad del personaje, un verdadero actor, se manifiesta en los cambios de conducta, de vocabulario, de actitudes, en su capacidad para acomodarse a los cambios en el pensamiento y en la ideología política, a las tendencias dominantes en cada momento. Esa imagen mutante se traduce en el modo de encarnar papeles diferentes, caracterizados, en cada caso, por el vestuario que sintetiza la postura asumida por el actor. Los cambios de identidad de Víctor Hughes conducen a Esteban y Sofía a la toma de conciencia de una perspectiva crítica, a una anagnórisis, reveladora del sentido de la historia y definitoria del destino personal. Por eso, en los juegos iniciáticos, Víctor Hughes buscará su vestuario en la antigüedad grecolatina y mostrará su preferencia por Licurgo, orador y hombre de estado y legislador. Define con ello un proyecto de vida esencial, desplegado en múltiples facetas al paso de los acontecimientos.

Después de haber probado fuerzas en el juego con los trajes descubiertos en un rincón olvidado, Hughes interviene en su primera representación inscrita en el curso de la narración. El papel que ahora le toca es el de justiciero protector de los huérfanos, Sofía, Esteban y Carlos:

> [...] pero el otro subiendo siempre la entonación, proseguía el alegato, sudoroso y terrible, como acrecido en su estatura. Se había zafado el cuello con gesto tan brusco que las dos puntas sueltas le caían por encima del chaleco, liberando una garganta de cuerdas tensas, toda entregada al esfuerzo final de una estentórea peroración. Por vez primera, Sofía lo hallaba hermoso, con aquella apostura de tribuno, con aquel puño que caía sobre la mesa, marcando el paroxismo de un período. De pronto retrocedió hacia la pared del fondo, adosándose a ella. Cruzó los brazos con gesto amplio, y, después de una brevísima pausa que el otro no supo aprovechar, concluyó tajante y seco, con altanera entonación de desprecio: Vous êtes un miserable, Monsieur. (77-8)

Escenario primordial, el ámbito de la casa ha pasado del espacio de representación de la muerte al de un juego para la construcción y el reconocimiento inicial de cada uno de los personajes. La selección de un disfraz implica, en la hora decisiva del tránsito de la adolescencia, la necesidad de asumir un papel en el teatro de la historia y de la vida. Marino y comerciante, aventurero y mutante, portador del mensaje de los nuevos tiempos, Víctor Hughes, convertido en acusador adopta el comportamiento de un fiscal. Su palabra y su gesto se corporeízan. Con su movimiento escénico transforma el ámbito cerrado de la sala en escenario teatral. El ensayo general está a punto de terminar. Los acontecimientos se precipitan. Al huracán de la naturaleza sucederá el huracán de la historia. Perseguidos por la represión colonial de los francmasones, los personajes escapan hacia lo desconocido para irrumpir en el ancho escenario del planeta.

El proceso de construcción de los personajes –Esteban, doliente crucificado; Sofía, sorprendida por el despertar de la sensualidad– transcurre en el paulatino definirse de una mirada, articulada a un contexto donde el paisaje natural se diluye en la configuración de un panorama histórico. El huracán, la lluvia, los caminos enlodados, los rigores del sol, el esplendor del mar desaparecen bajo la sangre de los tiburones sobre la cubierta del barco donde huyen Sofía, Esteban y Víctor Hughes. La escapatoria, entonces cambia de signo. Se constituye en punto de partida para la arrancada de la acción, para la inmersión de los personajes en la existencia. En ella, sus miradas, expresión de la conciencia, irán adquiriendo espesor y complejidad crecientes. El primer capítulo de *El siglo de las luces*, primer acto de un drama clásico, ha concluido. Establecidas las coordenadas de la situación dramática, todos habrán de crecer entre las sacudidas de las peripecias.

VII

La mirada de Esteban construye el cuerpo central de la novela. Diseña las escenografías que configuran los paisajes sucesivos. El París de la revolución se despliega como un panorama exótico, ajeno a los personajes y a los espacios consagrados por la historia oficial, invadido por el griterío, la conversación, la atmósfera de los cafés. Embriagado de fervor ante los acontecimientos, los contempla, sin embargo, desde una distancia que oculta a los protagonistas fundamentales. El propio Víctor Hughes, su compañero en el jolgorio inicial, desaparece entre bambalinas. A partir de este viraje, el amigo se transforma en el representante del poder.

Su nombre se borra con frecuencia, sustituido por el título que expresa los papeles que adopta sucesivamente, el "investido de poderes", el "agente del consulado". Su imagen física también se difumina con breves pinceladas, evocadoras de un cuerpo que se acomoda a las nuevas circunstancias y va cobrando anchura y peso. Pero lo acompaña desde ahora, la casaca, el atuendo representativo de la investidura del poder.

Extranjero en el ámbito de la revolución con cuyo proyecto fundamental se identifica, Esteban se involucra con otros extranjeros en los vericuetos de las conspiraciones masónicas, participa en el sueño de extender la revolución a otras tierras, a España en primera instancia y a América después. Vagabundo en París, ha topado un día con el camino de Santiago, el de las peregrinaciones de antaño, en uno de esos guiños, frecuentes en la obra de Carpentier, a sus textos precedentes. Para Juan, el romero, como se sabe, el camino de Santiago había sido camino de América. En la distribución de papeles que ahora se define, Víctor Hughes habrá de ser el político. En la sombra, a Esteban le corresponderá ocuparse de escribanías. Será, cada vez más, el testigo crítico para quien el sueño de la revolución encarna en la utopía de América.

En los largos capítulos dominados por la mirada de Esteban, el término "teatro" aparece de manera reiterada, asociado al escenario parisino de la revolución y llega a ser, en los momentos de mayor colorido, "teatro de la ópera", para remitirse al cabo al "gran teatro del mundo". Los escenarios se multiplican y agigantan: París y la vertiente de los Pirineos, el mar de las constelaciones y los zargazos, la Guadalupe y el espacio del Caribe, Cayena y Paramaribo. Apenas vista de costado en su función principal, la guillotina se trasmuta en elemento escenográfico, destinado a remarcar el carácter de los tiempos sucesivos, los días de la sangre en las batallas primeras, seguidas del empacho de bienestar en los tiempos de acomodo, arrumbada entonces como objeto inservible, sustituida en la plaza de la victoria por los festejos en torno a la anacrónica representación de la obra de Rousseau cuando en la Guadalupe el clímax revolucionario ha cesado.

Es también en ese momento cuando el ciclo de Esteban está llegando a su término.

Nuevo punto de partida, el ciclo de Sofía comienza con el regreso al ámbito original de la casona habanera. La escenografía es similar, aunque modificada por las huellas de la época. El antiguo desorden ha desaparecido y cierto gusto clasicista apunta al influjo de las ideas revolucionarias. De la mano del capitán del Arrow, los aldabonazos anuncian el viaje de Sofía, su personal descenso al infierno, también mediado por la travesía del Caribe. El nuevo orden impuesto en Cayena precede a la reinstalación de la esclavitud, el regreso de las cimarronadas y, como en "El camino de Santiago", la infección del "mal egipcio", vale decir, la aparición de la peste, tiene función alegórica. En el principio del fin, el vestuario de Víctor Hughes, apenas entrevisto, muestra los entorchados del uniforme empenachado. Son las vísperas de la revelación definitiva, de la escena obligatoria precursora del desenlace. Enfermo, la ceguera completa la imagen alegórica. Quien fuera poderoso investido de poderes, vacila tanteante, incapaz de reconocer su entorno inmediato. Los ojos parecen sangrar bajo los trozos de carne fresca destinada a su curación. De esa máscara sangrienta, evocadora de Edipo, emerge la anagnórisis, el reconocimiento de la verdad. Sometido a la mirada lúcida e implacable de Sofía, el personaje se sacude, por primera vez, de su vestuario de actor.

Víctor, cada vez más hundido en su butaca, buscando objetos en la noche de la ceguera, hablaba ya en lenguaje de los moribundos: "Quiero que me entierren –decía– con mi traje de comisario de la Convención". Y lo sacaba del armario, a tientas, mostrándolo a Sofía, antes de echarse la casaca sobre los hombros y de colocarse el sombrero empenachado encima de las vendas de su frente:

> En menos de diez años, creyendo maniobrar mi destino, fui llevado por los demás [...] a mostrarme en tantos escenarios que ya no sé en cual me toca trabajar. He vestido tantos trajes que ya no sé cuál me corresponde [...] Me faltaba representar un papel: el de ciego. En él estoy ahora [...] panadero, negociante, masón, antimasón, jacobino, héroe militar, rebelde, preso, absuelto por quienes me mataron a quien me hizo, Agente del Directorio, Agente del Consulado... (398-9)

Ante la revelación de las máscaras, Sofía afirma la lucidez conquistada: "La revolución ha trastornado a más de uno", dijo Víctor. "Es esto, acaso, lo magnífico que hizo la Revolución: trastornar a más de uno –dijo Sofía, empezando a descolgar sus ropas. Ahora sé lo que debe rechazarse y lo que debe aceptarse" (400-1).

Por tercera vez, los aldabonazos anuncian la arrancada de la acción, vista ahora en retrospectiva, cuando Carlos –su mirada había marcado el inicio del relato– acude a la madrileña casa de Fuencarral para desentrañar el secreto de la desaparición de Sofía y Esteban. Apremiada por incorporarse a una revolución en la que nuevamente se reconocía, Sofía arrastra a Esteban a la vorágine de un movimiento de rebeldía popular animado por el rechazo a la opresión y a la invasión extranjera. En ella, el llamado imperativo a la acción había encontrado cauce en el reverdecer de su impulso original, al margen de los rejuegos del poder. Por un breve y luminoso instante, la existencia encontraba razón de ser. Entonces, su entrega se justificaba. En un gesto de suprema teatralidad, Sofía y Esteban se lanzaban al combate con armas de utilería. Cerrada la casa y apagadas las luces del teatro, la imagen simbólica de *Explosión en la catedral* desaparecía en el silencio y la obscuridad. Con ello se cerraba un episodio inscrito en la interminable secuencia de la historia del hombre sobre la tierra.

VIII

La inmersión del discurso narrativo de *El siglo de las luces* en la urdimbre de la teatralidad ofrece claves imprescindibles para desentrañar las intenciones de Carpentier en una de sus novelas de mayor aliento.

Como ya lo había experimentado en *El acoso*, la dimensión real del transcurso de la vida se inscribe en el tiempo ficticio de la representación. Así se dinamita el proyecto implícito en la novela histórica tradicional. No se trata de emprender una reconstrucción arqueológica del pasado, sino de colocar en la dimensión ilusoria del juego escénico el punto de intersección de las instancias del tiempo y del espacio. La naturaleza efímera del acto teatral, ejercicio de una reiteración, similar en el diseño y, sin embargo, siempre única e irrepetible, se corresponde con la efímera condición humana articulada a la duración infinita de la historia. Las luces y la escenografía, el conjunto de los códigos visuales rompen los límites físicos del escenario, se abren al ancho horizonte planetario, a las islas y a los continentes, al océano, al ámbito restringido de la casa, a la ciudad y a la selva.

Lejos de reconstruir la historia mediante el rescate erudito del dato preciso, la novela privilegia la visión subjetiva, centrada en el entrecruzamiento de las miradas de dos personajes, caracterizados por un origen común y por rasgos de personalidad contrastantes. Desde La Habana periférica y colonial, construyen un relato de la revolución francesa que elude las figuras protagónicas, diluyen en un somero telón de fondo el debate entre girondinos y jacobinos. Observadas desde lejos y desde abajo, la sucesión de los acontecimientos se articula en torno a la abolición de la esclavitud y a su posterior restitución. Esa lectura subversiva trastrueca los ejes del ordenamiento histórico tradicional y proyecta a un primer plano el sueño emancipatorio de la gran cimarronada. La toma de la Bastilla, el proceso que conduce de la caída de los jacobinos a la ascensión napoleónica, se revela a través de las sucesivas máscaras de Víctor Hughes y se retrotrae a su dimensión local. El alcance planetario de su repercusión se manifiesta en el plano social con el quebrantamiento de las columnas que sustentan, como en *Explosión en la catedral,* el equilibrio de la arquitectura. De esa manera, el panorama histórico se transfigura en una reflexión acerca de las revoluciones y trasciende la estricta referencia epocal.

Toda representación teatral incluye al espectador como participante activo en un diálogo implícito. Algo similar puede suceder con el lector de una novela cuando la narración está salpicada de interrogantes provocativas. El escritor, Carpentier en este caso, es un intelectual del siglo XX, atravesado por los debates de su tiempo, vuelto hacia un lector de hoy y mañana.

La astucia del escritor, acucioso investigador de los datos de la historia, se manifiesta en el empleo consciente y sutil de los anacronismos. En el siglo XVIII, la utopía independentista y la reivindicación del abolicionismo no habían madurado en América y mucho menos en Cuba, donde estaba a punto de comenzar el desbordamiento de los grandes tratantes. Observador, hombre de letras reflexivo, nunca volcado hacia la entrega total, Esteban comienza a tomar distancia una vez sobrepasado el vértigo de los días iniciales, cuando advierte que la defensa de la revolución en un solo país suplanta el gran sueño liberador planetario. Carpentier pertenecía a la generación intelectual que conoció el amanecer de la revolución rusa y que vivió el drama de la guerra civil española. *El siglo de la luces* se publicó en medio de la eclosión de la revolución cubana, coincidente con el despertar de la presencia planetaria de los reclamos descolonizadores tercermundistas. Sus lectores de hoy han vivido el derrumbe del campo socialista y la gran crisis del pensamiento de izquierda.

De Francia a La Guadalupe y a la gran aventura del descubrimiento del Caribe, la aventura de Esteban parece conducirlo a un nuevo punto de partida en el infierno de Cayena, donde la miseria y la naturaleza implacable devoran a los hombres.

Perdidas las ilusiones, ya en el camino de la casa habanera, contempla en Paramaribo, súbitamente deslumbrado, los rasgos aparentes de una sociedad del bienestar y la tolerancia. Las calles arboladas, la apacible libertad de las costumbres, la convivencia de iglesias de denominación diversa contrastan con la miseria y los rencores acumulados en Cayena, donde los valores del antiguo régimen recobran su espacio al amparo de los supervivientes de la revolución. Allí, sin embargo, había topado con la imagen solitaria de un Cristo crucificado frente al mar insondable y eterno, tan parecida a la suya en sus días agónicos de adolescente asmático. Traspasando los tiempos y las circunstancias, el llamado a la redención humana perdura. Y en Paramaribo, bajo el encantamiento del buen vivir, se revela el horror de la ciencia al servicio de la opresión de los hombres. En el hospital, los esclavos esperan su turno para someterse a la amputación de los miembros a manos de un cirujano que cumple indiferente su tarea de verdugo.

En Cayena había terminado para Esteban el descenso a los infiernos. A la pérdida de las ilusiones se añadía la asunción de la inutilidad de su trabajo de escritor, de la práctica de un oficio destinado, junto a la tarea de los tipógrafos –emblema de la ilustración–, a asumir el rol de mensajeros de las ideas redentoras. En Cayena, la degradación física de los revolucionarios se constituía en imagen concreta de la pérdida de sentido de los discursos sostenidos ahora por Collot d'Herbois y Billaud Varenne, de aquellos que, en el remolino de la acción olvidaron los propósitos fundamentales del proyecto. La visión de la violencia ejercida con mano enguantada en Paramaribo, restituye la necesidad de rescatar una utopía siempre perseguida. La letra impresa, antes lanzada al vacío, encuentra un destinatario posible en los remeros que avizora desde el barco que lo conduce de regreso a la Habana.

El ciclo de la gran aventura no se cierra del todo. Subsiste una apertura y, con ella, la perspectiva de un recomienzo.

Sofía abre otro ciclo, tomando como punto de partida la Cayena abandonada por Esteban. Su mirada configura el progresivo desenmascaramiento de Víctor Hughes. En el instante supremo de la anagnórisis, la casaca vacía del antiguo comisario de la convención se constituye en representación simbólica del abandono de la utopía, lacerada por concesiones sucesivas. Pero el reconocimiento lúcido de la realidad implica para ella la decepción ante el personaje que animara su despertar de mujer, sin arrastrar en el desplome las ideas convertidas desde entonces en razón de ser. La mirada de Sofía ha dibujado una imagen esperpéntica y, por tanto, deshumanizada de Víctor Hughes. Inseparables ayer, el amante y el revolucionario se derrumban juntos, en un mismo gesto, en una misma síntesis visual escénica. La muerte del espíritu arrastra, al cabo de muchas concesiones, la destrucción de la carne, la pérdida del sentido de la vida, la fractura de un destino, la traición al proyecto utópico. Ante la derrota patética de quien contribuyera a forjar sus sueños juveniles, la silueta de la mujer, ahora definitivamente emancipada, se agiganta. En el territorio revolucionario puede discernir entre lo vivo y lo muerto, entre lo que ha periclitado por torpeza de los hombres y lo que se mantiene vigente como germen de sueños futuros. A la desilusión del intelectual Esteban, opone la perspectiva crítica de quien no sucumbe a la impotencia y opta por la acción, sostenida por su sempiterno. "Hay que hacer algo". Libre de rencores, dueña de una implacable lucidez, vuelve la espalda al infierno de Cayena, como quien echa a un lado una pesada carga, lista ya para abrir un nuevo ciclo, preludio de la independencia de América, al fundirse con la insurrección madrileña en las jornadas de mayo.

En el teatro, la caída del telón siempre es provisional. Mañana habrá otra función, aparentemente igual y, sin embargo, diferente. El ojo de Alejo traspasa la visualidad para introducir recursos escénicos. Las peripecias se inscriben en el "gran teatro del mundo", al modo del dramaturgo francés Paul Claudel. Rompen las prisiones del tiempo y el espacio. En el desempeño de sus papeles, los personajes multiplican el rejuego de las perspectivas y reclaman la complicidad del lector, sometido al choque entre las aguas dulces y saladas en la desembocadura del Orinoco, porque la generación de Carpentier, como la nuestra, ha vivido los flujos y reflujos de la historia.

Bibliografía

Carpentier, Alejo. *El reino de este mundo* [1962]. México: E.D.I.A.P.S.A., 1949.
_____ *El siglo de las luces*. La Habana: Ediciones R, 1963.
_____ *Crónicas del regreso*. La Habana: Letras Cubanas, 1996.

Teatro y *performance* en el mundo cultural de Alejo Carpentier[1]

Vicky Unruh

EN LA ESCENA INICIAL DE *LOS PASOS PERDIDOS* (1953) DE ALEJO CARPENTIER, EL narrador-protagonista contempla una gran casa en una calle estilo Nueva Orleans. Ornamentan el lugar magnolias enanas, un rosal trepador y una "verja enrevesada en garabatos" (67). Sólo cuando el protagonista da un paso fuera de la escena y se encuentra entre un grupo de actores esperando sus apuntes confirma el lector que esta calle forma parte del decorado de una pieza teatral: "Al tiempo salí de la luz, pues sonó el disparo del cazador y un pájaro cayó en escena desde el segundo tercio de bambalinas. El miriñaque de mi esposa voló por sobre mi cabeza, pues me hallaba precisamente donde le tocara entrar, estrechándole el ya angosto paso" (68). La curiosa posición del narrador es el elemento más llamativo de esta escena. Como el reacio espectador de un escenario dramático, pasea por el espacio ficticio y se detiene en la frontera entre tablas y bastidores, ni actor participante ni constituyente de un público convencional. Esta incierta posición anticipa su dilema ontológico a lo largo de una novela que cuenta su búsqueda por la inmediatez participatoria de un mundo primordial como antídoto a la vida moderna. Esta escena de lo liminal destaca, además, el papel fundamental del *performance* en la sostenida indagación carpenteriana sobre la subjetividad, su exploración de cómo los seres humanos se imaginan dentro de un mundo cultural concreto y contingente.

---

[1] Este ensayo es una versión revisada de mi artículo "The Performing Spectator in Alejo Carpentier's Fictional World".

El *performance* constituye un motivo duradero en el universo ficticio de Carpentier, un mundo cuyos narradores y personajes atestiguan o participan en una amplia gama de espectáculos: actos de circo, ritos ñáñigos, bailes pastoriles, piezas dramáticas y representaciones de ballet y ópera. Aníbal González propone que en la novela *El arpa y la sombra*, el teatro metaforiza la textualidad auto-referencial que genera una serie de conflictivas posiciones éticas.[2] Al examinar el *performance* en Carpentier, me dirijo aquí también a posiciones móviles y conflictivas, aunque de índole tanto cultural como ontológica. A semejanza de los más destacados innovadores teatrales de su siglo, Carpentier utilizaba el concepto de *performance* como punto de partida para la pesquisa teórica, especialmente sobre las cambiantes nociones del espacio dramático y la recíproca acción entre escena y espectador. Con el término "*performance*" me refiero a maniobras de cuerpo y de voz (o de sus suplentes: títeres o instrumentos musicales, por ejemplo), realizadas en un espacio y tiempo apartados aunque sea mínimamente de lo cotidiano y ante un público real o imaginado, que actualizan algún guión, implícito o escrito, culturalmente adquirido o improvisado.[3] Al subrayar la capacidad del *performance* para "desenmascarar los términos de la representación," Herbert Blau deletrea el parentesco entre el teatro y la teoría, un "modelo de pesquisa" para el cual la idea del *performance* ofrece un "centro epistemológico" (*Blooded* 30). Barbara Freedman subraya las características performativas del teatro idealmente acomodadas a "repensar, reorganizar, alterar identificaciones" y "ver nuevamente" (73). Así la atención de Carpentier al *performance* apuntala la posibilidad de repensar el mundo de acuerdo con una nueva posición de identidad. Aunque mi enfoque es el interés de Carpentier en la movilidad cultural, étnica y del poder, también demostraba amplia conciencia del nexo entre el *performance* y género sexual. Realizó, por ejemplo, su propio *performance* travestido como la Jacqueline que firmaba los artículos sobre moda femenina publicados en la revista habanera *Social* entre 1925 y 1927, la misma época de su temprana actividad teatral crítica y artística.[4]

Esta actividad teatral y performativa de los años veinte y treinta ofrece claves del universo narrativo de Carpentier. Con sus reseñas críticas de experimentos parisinos y sus propias composiciones dramáticas, Carpentier teorizaba sobre el *performance*, en particular sobre las cambiantes relaciones

---

[2] Para otras aproximaciones a la teatralidad en Carpentier, véase Bost, Collard, González Echevarría (cap. 3), Harvey, Hughes, y Ortega (136-45).

[3] Mi definición de *performance* parte del sentido teatral del concepto, por ejemplo en la obra de Blau. En su enfoque sobre guiones (o discursos) culturales, también incorpora elementos del concepto antropológico del performance (como en Schechner) y el concepto discursivo o lingüístico ejemplificado en Butler.

[4] Sobre el travestismo en la serie Jacqueline, véase Pancrazio; Sifuentes-Jáuregui.

del espectador con el espacio teatral. Los conceptos que surgen de esta obra temprana resuenan en la teatralidad de sus novelas, tanto en los episodios de *performance* que los infiltran como en el juego de posiciones narrativas y de personajes. En el universo ficticio de Carpentier, las distintas culturas se caracterizan según los espectáculos que elaboran, las identidades se definen por las cambiantes relaciones entre espectadores y acontecimientos que atestiguan y tanto narradores como personajes habitan la mercurial frontera entre la acción y el público de un *performance*. Aunque esta incierta posición produzca ansiedad, también ofrece un modo de repensar la cultura y la identidad. De hecho, en la obra de Carpentier, la vocación del espectador se convierte en una actividad dinámica que da cuerpo a modos alterables de experimentar el mundo.

Entre 1928 y 1939 en París, como corresponsal para las revistas habaneras *Social* y *Carteles*, Carpentier publicó numerosas reseñas de teatro y otros espectáculos artísticos y culturales. Estos textos revelan un candente interés en las estructuras profundas del *performance*, en particular la intrincada relación entre espectador y espacio performativo. Durante la misma época, múltiples innovadores desafiaban las normas de la relación entre espacio dramático y público. Los artículos de Carpentier sobre Bertolt Brecht, Jean Cocteau, Luigi Pirandello, Max Reinhardt, Vsevolod Meyerhold, el teatro Kabuki, y el arte titiritero italiano testimonian su meticulosa observación de estos cambios. También revelan su perspicacia sobre la conceptualización arquitectónica del espacio teatral, su entendimiento de cómo se altera la perspectiva del espectador y su interés en el acto de mirar. Llaman la atención tanto la variedad de acontecimientos teatrales que presenció Carpentier como su transformación en un observador de espectadores. Carpentier notaba escrupulosamente el impacto que las manipulaciones de configuración espacial pueden tener en la percepción del público, por ejemplo en una reseña de *La ópera de los pobres* de Brecht y Kurt Weill: "un sistema de tres barreras horizontales, que se cierran y abren a la vista del público. [...] De este modo, la pieza se desarrolla con una rapidez cinematográfica, ante una variación continua del 'fondo'" (*Crónicas* 379).

Carpentier hallaba la labor teatral de Meyerhold aún más sugestiva, ya que sus puestas en escena manipulaban al espectador para vencer la "eterna barrera" del proscenio y enfocarse sobre un punto específico. Meyerhold, según Carpentier, reducía el campo de acción de los actores a "un paralelógramo de madera no mayor de un *ring* de boxeo" y sustituía el telón con un tabique móvil (372). "Bajo la luz violenta de cuatro focos," notaba Carpentier, los artistas se movían "sobre una suerte de zócalo inclinado" en medio de una mueblería tan reducida, que los actores crecían en comparación. Esto concentraba la atención del espectador:

> *se obtiene en el público una suerte de concentración de miradas sobre un punto único, equivalente al* close-up *cinematográfico.* Los intérpretes parecen enormes. Sus menores gestos –gestos calculados hasta el detalle más ínfimo– adquieren un relieve increíble. No se pierde un matiz, una sílaba del texto... *No hay manera de pensar en otra cosa... Todo ocurre en una indescriptible atmósfera de violencia poética* (373; énfasis mío).

Estos comentarios recalcan la fascinación de Carpentier con la frontera proscénica entre escenario y espectador, preocupación que compartía con Piscator, Brecht, Antonin Artaud y Pirandello. Más brechtiano que artaudiano, el Carpentier espectador se distanciaba reflexivamente de la escena. Pero sus comentarios sobre la "violencia poética" de Meyerhold al controlar el enfoque del espectador revelan que le atraía por igual la posibilidad de cruzar la frontera proscénica en dirección contraria. Esta tentación de una posible "clausura de la representación" –la frase derridiana para designar la teoría de Artaud– revela lo atractivo para Carpentier de la "mística de la participación", fenómeno que impregna el espíritu de su época.[5] Así notaba la capacidad del teatro de aturdir y absorber al público, como un fin inesperado de Meyerhold: "*el espectador se siente completamente anonadado por la emoción y la admiración*... Estamos bajo el efecto de una suerte de *estupor invencible*" (374; énfasis mío). Estas anotaciones revelan el discernimiento de Carpentier de la capacidad del teatro para lo perverso. Así, aunque no era un aficionado de Pirandello, se confesaba cautivado por la violenta virtuosidad técnica de su obra, tal como un enemigo del boxeo puede ser pervertido por el poder de una pelea real: "la atmósfera electrizada en que se mueven sus personajes, transforma en contendientes a los actores y espectadores" (398).

Vemos aquí que Carpentier se percataba de la paradoja del *performance*: el efecto extrañador sobre el público de la desenfadada teatralidad de un espectáculo y la simultánea capacidad de seducir. Las estilizadas marionetas del *Teatro deli Piccoli* resumían esta tensión para Carpentier:

> durante los primeros momentos de una representación, experiment[a]mos cierta extrañeza ante ellos, pero luego, el automatismo de sus movimientos, la naturalidad de sus expresiones que sólo varían según el ángulo en que los enfoca la luz, nos convencen del todo. Los miramos como si fueran actores hechos del mismo limo que nosotros. (238)

Con el enfoque sobre la identificación del espectador con el personaje, estas palabras ostentan el interés de Carpentier en la construcción de la subjetividad por medio de la percepción del espectador, la encarnación en el *performance* de una "identidad auto-percibida".[6] Sus observaciones sobre

---

[5] Sobre la "mística de la participación", véase Blau, *The Audience* (cap. 4).

[6] Esta frase de Cohan y Shires es su definición provisional de la subjetividad.

Pirandello acentúan esta preocupación: "su talento está en mostrarnos cómo un mismo individuo, bajo la acción de los núcleos humanos que atraviesa, puede poseer un sinnúmero de personalidades" (404). Implícita en estos comentarios está la idea de que la manipulación del espacio teatral y la frontera proscénica colaboran no sólo en la caracterización del personaje, sino también en la formación identitaria del espectador que experimenta el mundo en las tablas desde una posición concreta.

A través de sus propios experimentos teatrales, Carpentier encaminó estos conceptos hacia los encuentros de la diferencia cultural. Era un espectador instruido de música, danza, teatro y cine, y un perito teatral por derecho propio. Sus obras dramáticas de esta época –los ballets afrocubanos *El milagro de Anaquillé* (1927) y *La rebambaramba* (1928) y la ópera bufa *Manita en el suelo* (1931)– se desenvuelven en dirección paralela a su labor crítica. Mientras ésta examina los problemas teóricos del espacio escénico y de la posición del espectador, aquéllas dan forma a estas ideas en una puesta en escena del encuentro entre las conflictivas visiones del mundo implícitas en la diferencia cultural. Si Brecht y Artaud radicalizaron la relación entre escenario y público, la teoría reciente encamina esta relación a su contexto cultural. Todo acto performativo, como propone Richard Schechner, implica la creación de un espacio y un tiempo apartados de lo cotidiano (10-6). A base de esta separación y sobre el terreno común del teatro y la antropología, Schechner ofrece una amplia concepción del *performance* que abarca el rito tradicional, una representación de Shakespeare o Calderón, y una pieza del actual arte del *performance*. En todos estos fenómenos, sea visible o imaginado el deslinde entre la actuación y el mundo cotidiano, tanto los espectadores como los actores comparten la reconfiguración espacial. Estas convenciones, además, son culturalmente adquiridas y compartidas. Así, Charles Lyons afirma que un dramaturgo o director puede adscribir sentido al *mise en scène* por medio de "la percepción y mediación de las imágenes", cimentadas en la agencia de personajes que "dan voz a sus percepciones del ambiente en que existen" (31) y que encarnan cierto modo concreto de "pensarse en el mundo" (34).

En el teatro moderno que Carpentier atestiguaba y quería crear, se reconfigura constantemente esta relación entre personaje, espectador y espacio. Austin Quigley arguye que, por medio de límites traslapados, el teatro moderno ostenta "mundos pluralistas con valores pluralistas" (9). Estos entrecruces, podemos añadir, proporcionan un campo fértil para elaborar identidades radicalmente diversas. Quigley afirma, además, que un pluralismo social "basado en variaciones geográficas o del tiempo" resulta en un "pluralismo psicológico en un sólo lugar, en un sólo momento", o, para ampliar sus palabras, en una subjetividad móvil. Quigley sostiene que las imágenes de mundos traslapados animan al público a enfocarse en los horizontes en vez de los centros de dominios discretos (13). Sin embargo, si es cierto como postula Lyons, que la percepción vocalizada del personaje mediatiza la concepción del público del espacio teatral, entonces las cambiantes relaciones con el espacio realizadas en escena también provocarían en el espectador variables modos de "pensarse en el mundo", es decir, variaciones culturalmente conjugadas de la identidad autopercibida.

Las piezas carpenterianas de esta época emprenden un juego radical con el espacio teatral y la posición del espectador. Todas presentan personajes-espectadores que atestiguan acontecimientos metateatrales, todas hacen borroso el lindero entre espectador y *performance*, todas postulan una conexión entre *performance* e identidad cultural, y todas sugieren que la condición de ser espectador construye una identidad cultural encarnada en un modo singular de percibir el mundo. El hecho de que ninguna de las tres piezas emplee el diálogo convencional ostenta el acto de mirar. Sin embargo, en estas piezas altamente imaginistas, los personajes expresan sus "percepciones vocalizadas" del mundo (frase de Lyons) por medio del lenguaje corpóreo o la mímica.

El milagro de Anaquillé, un "misterio coreográfico afrocubano" en un acto, ofrece una exposición sencilla de estos conceptos con la contraposición, ante un grupo de guajiros-espectadores, de dos espectáculos culturales: la grabación dirigida por un "Business Man" estadounidense de una película salpicada de estereotipos –una bailarina española, un torero– y, bajo la dirección de un Iyamba, un rito de iniciación ñáñiga. Los conflictivos espacios metateatrales manifiestan visiones del mundo distintivas, y las relaciones culturalmente moduladas a los espacios performativos dan voz –a través de intrincados actos de mirar– a distintas visiones del mundo. La inestable posición observadora de los guajiros, además, da cuerpo a las alteraciones de percepción y distancia crítica adscritas al público implícito de la obra total.[7]

La rebambaramba presenta una interacción recíproca más sutil de posiciones de personaje y espectador y de los modos en que éstos se "piensan en el mundo" por medio de las cambiantes relaciones performativas de personajes españoles, afrocubanos y estadounideneses en una celebración carnavalesca del Día de Reyes situada en La Habana colonial esclavista. Sin embargo, *Manita en el suelo* presenta la elaboración carpenteriana más compleja del espacio teatral y genera una reflexión matizada sobre las orientaciones culturales que encarnan las variables posiciones de un espectador. Aquí, en un canto declamatorio, personajes folclóricos cubanos cuentan cómo Manita ha desinflado la luna. En esta bufonesca pieza de títeres, el único personaje representado por actor humano es el narrador, Papá Montero, quien mueve su boca en pantomima,

[7] Sobre esta pieza, véase mi *Latin American Vanguards* (61-68). Sobre las tres piezas, véase Janney (cap. 1).

mientras cantantes fuera de escena ejecutan la letra musical. La compleja interacción entre múltiples espacios y públicos socava cualquier narración directa. El elemento más llamativo es la concentración de la mirada del espectador por la misma reducción del espacio teatral que Carpentier había comentado en la obra de Meyerhold. *Manita en el suelo* produce un *mise en abîme* de espacios performativos que encauza la mirada en un espacio cada vez más reducido y enlaza variadas posiciones culturales por medio de personajes y espectadores que encarnan modos distintivos de "pensarse" en el mundo.

El escenario principal evoca un pueblo cubano en día de fiesta. El narrador Papá Montero dirige la atención del público hacia un pequeño teatro en el centro del escenario, un bohío carente de la cuarta pared. En un ambiente de teatro de carpa, los títeres representan la historia que cuenta Papá Montero. Estos a su vez observan, en un espacio aún más pequeño, un rito ñáñigo. Aquí una figura sagrada, el Gallo Motoriongo, hechiza a los títeres-espectadores con su canto. Con estos entrelazados niveles de representación, la pieza construye múltiples posiciones culturalmente declinadas. El espacio pueblerino donde narra Papá Montero abarca un público local y extranjero. Por su parte, el pequeño teatro estilo bohío postula un público que abarca tanto al narrador y a los espectadores de la ópera bufa como a la gente que Papá Montero entretiene. Así tres públicos distintos observan el rito ñáñigo en el espacio más adentro del espectáculo: Papá Montero y su público, los espectadores pueblerinos de la pieza de títeres, y los personajes-títeres en cuyo mundo canta el gallo sagrado.

Cada una de las discretas posiciones de públicos encarnan un grado distinto de identificación con cada nivel performativo, y cada público observa los espectadores que habitan el siguiente nivel de representación. Al recordar que Carpentier redactó esta pieza en París, podemos conjeturar que su público principal implícito experimenta una distancia cultural del minúsculo espacio ñáñigo, mientras los habitantes del mundo titiritesco divisan un escenario en cuya visión del mundo participan. Pero la secuencia de niveles de representación reduce el enfoque tan agudamente que aun el espectador principal de la ópera bufa se econtraría envuelto en el escenario ñáñigo. Complicando aún más las identificaciones de personajes y espectadores, los espacios de representación se entremezclan. Manita, el protagonista de la pieza tititítesca, irrumpe en el escenario donde Papá Montero narra y comenta la acción de la pieza que él mismo protagoniza. Suspendido al igual que el narrador de *Los pasos perdidos* en los intersticios de la participación y la reflexión, Manita se transforma en un observador por turnos distanciado y comprometido ante un mundo en que él mismo actúa.

La única pieza dramática convencional de Carpentier, *La aprendiz de bruja* (1956), dramatiza el papel de la Malinche en la derrota del mundo cultural de

Moctezuma. De conformidad con el interés del autor en el encuentro cultural, la pieza yuxtapone incompatibles visiones del mundo y ostenta la dinámica de los malentendidos transculturales. Pero como teatro la obra es abultada, debido a su diálogo embarazoso y la ausencia de la viva dinámica visual que caracteriza las piezas tempranas. Tampoco en la narrativa se destacó Carpentier por el diálogo. Sin embargo, el dialogismo de su mundo ficticio se fundamenta en una conversación de percepciones, una estrategia profundamente teatral tanto para contar historias como para construir posiciones de sujetos culturalmente conjugados. En base a los tempranos escritos de Bakjtin, Michael Holquist demuestra los enlaces entre su concepción dialógica de la narrativa y su singular concepto del ser.[8] Holquist argumenta que para Bakjtin, los papeles desempeñados por el yo "siempre ejectuan un drama *que contiene más de un actor*" (18; énfasis original). Así el dialogismo se vuelve no sólo un intercambio verbal sino también un drama interactivo entre observador y observado.

En las novelas de Carpentier la subjetividad se forja por medio de este tipo de dramático diálogo de percepciones, una indagación en el proceso de ser espectador que depura los conceptos de su crítica y obra teatrales. Esta dinámica del espectador articula la búsqueda de un lugar en el mundo emprendida por casi todos sus protagonistas novelescos. En la primera novela de Carpentier, *Écue-Yamba-O* (1933), la búsqueda de lo autóctono idealiza el rito afrocubano como un *performance* de la participación que envuelve a los actores en su esfera sagrada. Sin embargo, por medio de la focalización variable lograda con el discurso indirecto libre, un teatralizado diálogo de perspectivas altera la posición del lector-espectador implícito ante los acontecimientos novelescos. Así, ante los actos performativos de su propia cultura, el protagonista autóctono Menegildo Cué experimenta cierta distancia análoga a la del etnógrafo, mudanza concebida teatralmente. Cuando cruza el bohío de su nacimiento a gatas se produce su primer descubrimiento prodigioso: el altar familiar. Rendido por la "mística de la participación", Menegildo experimenta este lugar como un "mágico teatro" cuya frontera proscénica anhela cruzar (28). Más tarde, Menegildo experimenta la inciación al sagrado ritual ñáñigo como una mudanza proscénica desde la distancia del espectador hasta la inmersión total en el *performance*: "traspuso la frontera del círculo mágico" (172). Sin embargo, su extrañamiento ante la vida moderna en La Habana también se constituye teatralmente, cuando se autopercibe como un mero espectador del constante movimiento callejero, y, con gran auto-conciencia brechtiana, ejecuta el papel de San Juan Bautista en un espectáculo carnavalesco.

---

[8] "Discourse in the Novel" presenta la más detallada exposición bakjtiniana sobre el dialogismo.

Estos cambios entre las posiciones de espectador y de partícipe transminan cualquier dicotomía tajante entre una participatoria autoctonía no-occidental y un mundo moderno enajenado. La teatralidad de *El reino de este mundo* refuerza esta subversión. Aquí el afrohaitiano Ti Noël da cuerpo a posiciones cambiantes ante el mundo narrado, análogas a las variaciones de focalización experimentadas por el lector.[9] Una escena habitualmente citada, la ejecución en la hoguera de Mackandal, líder de una rebelión de esclavos, caracteriza en oposición binaria la cultura europea, esclavista, y la autóctona, afrohaitiana, en base a las contrastantes relaciones espectador-*performance* que construyen. El narrador forja esta escena como un espectáculo con dos públicos entrelazados, los esclavos que se identifican con Mackandal y las familias esclavistas que observan a los esclavos y la ejecución. Se ha propuesto que el narrador revela su eurocentrismo al insinuar que Mackandal muere (Chanady). Sin embargo, por medio del diálogo de percepciones –cuando su cuerpo se desprende de la estaca, los esclavos lo ven ascender al cielo y los esclavistas lo ven caer en las llamas– la narración desestabiliza la relación del lector con lo narrado y genera una posición cambiadiza ante el *performance* como base de una identidad cultural móvil. Aquí la teatralidad occidental encarna la imitación y el artificio, motivo reiterado en las novelas maduras de Carpentier. Esta imagen se proyecta en el histrionismo de Mademoiselle Floridor y en las teatrales ostentaciones de poder del tirano afrohaitiano, Henri Christophe. Es de notar, sin embargo, que el *performance* también genera la transformación del protagonista Ti Noël de mero observador de acontecimientos que lo rodean en agente autoconsciente. Éste habita un mundo cuya dicomotía artificial, entre los decadentes europeos esclavistas y los personajes autóctonos dotados de una fe autopresente en lo maravilloso, se desintegra. Después de participar en el saqueo del palacio de Sans-Souci, Ti Noël regresa a la hacienda de su juventud y con los despojos construye un escenario en que se viste y desviste de múltiples identidades. Dando forma a una subjetividad cultural móvil, Ti Noël es el espectador de un drama que simultáneamente dirige y actúa. Toma conciencia de su posición intersticial cuando emplea las maniobras aprendidas de Mackandal para transformarse en ganso y sumergirse en la cultura de la bandada. Tal como el etnógrafo que se vuelve nativo, Ti Noël aprende dolorosamente que, no obstante la "mística de la participación", el cruce de la frontera proscénica para asumir un nuevo papel no asegura la experiencia de comunidad: "Como Ti Noël sólo era un disfrazado, que en modo alguno se consideraba solidario de la Especie, se refugió, solo, debajo de su mesa" (139).

En la busca infructífera por el narrador de los orígenes, *Los pasos perdidos* elabora esta problemática. Aquí la equiparación del teatro con la falsedad apuntala una oposición binaria entre el artificio y la autenticidad, notablemente

---

[9] Sobre los cambio de focalización en *El reino de este mundo* véase Chanady.

en la representación de la mujer. Así el protagonista abandona a su esposa Ruth, cuya condena en una "prisión de tablas y artificio" (68) encarna la tiranía de lo mimético, y luego a su amante Mouche, quien también da cuerpo a la imitación, en este caso, de la vida intelectual europea.[10] Aunque el narrador se enamora de Rosario, caracterizada como mujer menos reflexiva y más "auténtica", en su búsqueda de la unidad primordial halla sólo teatro y mímesis. Así, lo que interpreta como la invención de la música –el *performance* en instrumentos primitivos de un lamento funerario– resulta ser, más que un instante de unidad, un diálogo de canto y contracanto (244). Pero el enfoque de esta novela en la teatralidad de la doble voz es más temático que estructural, ya que la narración en primera persona limita el juego de perspectivas que caracteriza otras novelas de Carpentier.[11]

La noción del *performance* como espacio de transformación –postulada por la actuación de Ti Noël en *El reino de este mundo*– reaparece más claramente en *El siglo de las luces* (1962), novela de más variada focalización y saturada por el *performance*: celebraciones del carnaval, teatros rodantes y exposiciones teatralizadas del poder. Aquí también se ostenta la perspicacia de Carpentier ante la paradójica condición del *performance* como lugar abierto tanto a la liberación como a lo perverso. En las escenas iniciales, los protagonistas –primos o hermanos– Esteban, Sofía y Carlos, consuman su manumisión del dominio paterno al transformar el espacio que los rodea y adoptar una variedad de personajes. Muchos han notado la importancia de esta escena para la iniciación de los protagonistas a la edad adulta, pero es fundamental además para el vestir y desvestirse de múltiples identidades[12] que caracteriza a Esteban, y hasta cierto punto a Sofía, en toda la obra. Las meditaciones de Sofía sobre los efectos de estas metamorfosis recalcan la imagen de un sujeto en formación a través del *performance*: "sentíase ajena, sacada de sí misma, como situada en el umbral de una época de transformaciones" (48). Que los jóvenes sean simultáneamente actores y espectadores de estos dramas caseros anticipa la posición intersticial de Esteban en los acontecimientos que siguen. Como personaje de papel secundario en la revolución francesa, Esteban se imagina fugitivo del margen lanzado a un enorme espectáculo: "tenía la impresión –luego de tanto vivir en lo retirado y recoleto– de haber caído en una enorme feria, cuyos personajes y adornos hubiesen sido ideados por un gran intendente de espectáculos" (95). Pero la perspectiva cambia cuando Esteban asume la

---

[10] Sobre la teatralidad y lo falso en la caracterización de mujeres en *Los pasos perdidos* véase Harvey 117-24.

[11] Pérez Firmat demuestra que esta novela construye un proceso implícito del *double voicing* por medio del lenguaje elusivo de su redacción (138-57).

[12] Blau describe el *performance* como un "vestir y desvestirse de ideas" (*To All Appearances* 41).

posición del espectador, al contemplar, como Menegildo Cué ante el altar familiar en *Écue-Yamba-O*, una escena que lo seduce: "Cada tienda le resultaba un teatro, con el escaparate-escenario" (96). Esteban también experimenta el chocante reconocimiento de su paradójica identidad como testigo partícipe: "Nada era tan semejante a una pesadilla como aquel escenario donde se contemplaba a sí mismo, durmiente despierto, juez y parte, *protagonista y espectador*" (188; énfasis mío).

La tensión entre la autorreflexión y la inmersión participante en *El siglo de las luces*, encarnada en las relaciones de Esteban y Sofía con los acontecimientos históricos, evocan las luchas de Carpentier –notadas por varios críticos– con su identidad de intelectual que pocas veces se comprometió directamente con los dramas históricos que atestiguaba, entre ellos la guerra civil española y la revolución cubana.[13] No obstante la inmersión de Esteban y Sofía al final de la obra en la rebelión antinapoleónica del pueblo español, la novela ostenta una simultánea ambivalencia ante la posible absorción total en la escena histórica. De hecho, la obra expone la potencial perversidad de la "mística de la participación" y la búsqueda utópica del espectáculo comunal, destacando el peligro de abolir la fronteriza distancia crítica entre público y actuación. Tal es la danza macabra comunal desencadenada por la llegada de la guillotina a Guadalupe, escena anticipada por la violencia de la total inmersión del espectador que Carpentier había discernido en las manipulaciones escénicas de Meyerhold:

> Aquí no se tenía nada semejante; nunca habíase visto un escenario abierto a todos, y por lo mismo descubrían las gentes [...] la esencia de la Tragedia. El Fatum estaba ya presente con su filo en espera, inexorable y puntual, acechando a quienes, por mal inspirados, habían vuelto sus armas contra la Ciudad. Y el espíritu del Coro se hallaba activo en cada espectador, con las estrofas y antiestrofas que brincaban y rebrincaban por encima del tablado. (154)

Resulta igualmente revelador el hecho de que el personaje para quien la novela guarda tanto su mayor fascinación como su crítica más severa, sea Víctor Hugues, quien, desprovisto del *gestus* brechtiano[14] o el perspectivismo bakhtiniano que caracteriza a Esteban, reiteradamente confunde teatro con vida, su *performance* con su persona. Comenta Hugues: "fui llevado por los demás [...] a mostrarme en tantos escenarios que ya no sé en cuál me toca trabajar. He vestido tantos trajes que ya no sé cuál me corresponde" (342). Aunque lucha

---

[13] Véanse González Echevarría (276-88), Harvey (135-9), o Shaw (108-10).

[14] Me refiero aquí a la promoción por Brecht de una separación consciente entre el actor y el personaje, en la que se exige que aquél enuncie las palabras de éste "como una cita" (138).

con el dilema del compromiso histórico, la novela se desvía de la tentadora "clausura de la representación" (término de Derrida) que motiva la búsqueda en *Los pasos perdidos*, y opta más bien por la irónica proclividad del *performance* a desenmascarar sus propias negociaciones. Al destacar la experiencia de Esteban y las vacilaciones de Sofía ante el modo performativo de Víctor, la obra valoriza tácitamente la reflexión activa que caracteriza al espectador carpenteriano.

El recurso del método (1974) refuerza esta dinámica entre la autocontemplación y el activismo en su dictador-protagonista, tan versado en el cambio de papeles como Víctor Hugues, pero tan propenso a reflexionar sobre su propio *performance* como Esteban. Novelas subsiguientes de Carpentier como *La consagración de la primavera* (1978) y *El arpa y la sombra* (1979) también elaboran varios aspectos del terreno temático de *El siglo de las luces*. Sin embargo, más que cualquier otra obra, *Concierto barroco* (1974) celebra la indagación carpenteriana en el *performance* como la labor de toda una vida. Aquí la ansiedad ante el compromiso político parece eclipsarse brevemente con una reafirmación del papel de la creatividad y de la reflexión en cualquier proyecto histórico. Esta obra presenta un encuentro a principios del siglo XVIII en la Venecia del carnaval entre un acomodado criollo mexicano, su criado cubano negro y los compositores europeos Vivaldi, Scarlatti y Haendel. El resultante concierto barroco (una *jam session*, según Donald Shaw) se postula como la encarnación de la hibridez cultural que Carpentier le atribuye al nuevo mundo y de un arte innovador en que el nuevo mundo contamina fructíferamente al antiguo (González Echevarría 267).

Esta obra también puede leerse como la historia de dos acontecimientos performativos y de los espectadores que los atestiguan. En el encuentro musical, los actores y espectadores de múltiples orígenes se unen, no en un frenético baile de la muerte, sino en una celebración suntuosa y procaz de la música y el baile. La puesta en escena de la ópera *Montezuma* de Vivaldi constituye el segundo acontecimiento central de la novela, un *performance* narrado desde la perspectiva de dos espectadores: el criollo mexicano y su criado cubano. El mexicano –haciéndose eco de las reseñas parisienses de Carpentier– expresa una gama de reacciones ante los acontecimientos desplegados en las tablas. A veces los percibe como representaciones falsas de la historia de su propia patria, y otras, se deja seducir por lo que ve. El criado articula percepciones del escenario a veces muy distintas. De un modo análogo a *El reino de este mundo* y los tempranos experimentos dramáticos de Carpentier, aquí dos espectadores, con marcadas diferencias culturales y de clase social, experimentan el mismo espectáculo de modos desemejantes, y dan voz a distintas percepciones del mundo teatral que observan o habitan en la imaginación.

Concierto barroco se desvía en dos aspectos de las indagaciones de Carpentier sobre el *performance*. Mientras el criollo y su criado observan un *performance*, la novela sitúa sus diferencias, no en una oposición tajante sino en una conversación en tiempo presente, un diálogo ya no silencioso sino vocalizado de distintas percepciones culturales. En una discusión sobre el teatro, además, el criollo subraya su importancia, aun en la plena falsedad, para la participación cultural y la autodefinición:

> Ante la América de artificio del mal poeta Giusti, dejé de sentirme espectador para volverme actor [...] Me parecía que el cantante estuviese representando un papel que me fuera asignado, y que yo, por blando, por pendejo, hubiese sido incapaza de asumir [...] A veces es necesario alejarse de las cosas, poner un mar de por medio, para ver las cosas de cerca. (198)

Esta representación de la experiencia teatral deja a un lado la dicotomía carpenteriana, reiteradamente socavada en su obra, entre el artificio teatral occidental y una utópica clausura de la representación atribuida a la cultura no occidental. Al contrario, esta obra abraza la teatralidad por su riqueza conceptual y su poder de transacción efectiva entre culturas desemejantes. Aquí el *performance* y la actividad del espectador se caracterizan como actividades distintas pero no incompatibles o mutuamente excluyentes, y la labor del espectador se convierte en una meditación sobre la vida efectivamente representada. Aun como un emblema del artificio, el teatro –y el *performance* que lo concretiza– se convierten en espacios de múltiples maniobras: comunicar, indagar, crear, celebrar, y repensar de modo matizado un lugar propio en el mundo.

Bibliografía

I. Primaria

Carpentier, Alejo. *Écue-Yamba-Ó* [1933]. Barcelona: Bruguera, 1979.

_____ *El reino de este mundo* [1949]. Barcelona: Seix Barral, 1983.

_____ *Los pasos perdidos* [1953]. Roberto González Echevarría, ed. Madrid: Cátedra, 1985.

_____ *El siglo de las luces* [1962]. Barcelona: Seix Barral, 1964.

_____ *Concierto barroco. Obras completas* [1974]. México: Siglo XXI, 1983. IV: 145-214.

_____ *Crónicas 1: Arte, literatura, política. Obras completas* Tomo 8. México: Siglo XXI, 1983.

II. Secundaria

Bakjtin, M.M. "Discourse in the Novel". *The Dialogic Imagination: Four Essays*. Caryl Emerson y Michael Holquist, trads. Michael Holquist, ed. Austin: U of Texas P, 1981. 259-422.

Blau, Herbert. *The Audience*. Baltimore: Johns Hopkins UP, 1990.

_____ *Blooded Thought: Occasions of Theatre*. Nueva York: PAJ, 1982.

_____ *To All Appearances: Ideology and Performance*. Nueva York: Routledge, 1992.

Brecht, Bertolt. *Brecht on Theatre: The Development of an Aesthetic*. John Willett, ed. y trad. Nueva York: Hill and Wang, 1964.

Bost, David. "The Operatic World of *Concierto barroco*". *Cincinnati Romance Review* 7 (1988): 113-24.

Chanady, Amaryll. "La focalización en *El reino de este mundo*". *Actas del Congreso Internacional sobre Semiótica e Hispanismo*. Miguel Ángel Garrido Gallardo, ed. Madrid: Consejo Superior de Investigaciones Científicas, 1986. 485-92.

Cohan, Steven y Linda M. Shires. *Telling Stories: A Theoretical Analysis of Prose Fiction*. Nueva York: Routledge, 1988.

Collard, Patrick. "La máscara, el traje y lo teatral en *Los pasos perdidos* de Alejo Carpentier". *Actas del IX Congreso de la Asociación Internacional de Hispanistas*.Sebastian Neumeister, ed. Frankfurt am Main: Vervuert, 1989. II: 507-14.

Derrida, Jacques. "The Theater of Cruelty and the Closure of Representation". *Writing and Difference*. Alan Bass, trad. Chicago: U of Chicago P, 1978. 232-50.

Freedman, Barbara. "Frame-Up: Feminism, Psychoanalysis, Theatre". *Performing Feminisms: Feminist Critical Theory and Theatre*. Sue-Ellen Case, ed. Baltimore: Johns Hopkins UP, 1990. 54-76.

González, Aníbal. *Killer Books: Writing, Violence and Ethics in Modern Spanish American Narrative*. Austin: U of Texas P, 2001.

González Echevarría, Roberto. *Alejo Carpentier: The Pilgrim at Home*. Edición revisada. Austin: U of Texas P, 1990.

Harvey, Sally. *Carpentier's Proustian Fiction: The Influence of Marcel Proust on Alejo Carpentier*. Londres: Tamesis, 1994.

Holquist, Michael. *Dialogism: Bakhtin and His World*. Nueva York: Routledge, 1990.

Hughes, Psiche. "The Visual and Performing Arts in the Work of Alejo Carpentier: *El siglo de las luces*". *Revista/Review Interamericana* 13/1-4 (1983): 126-37.

Janney, Frank. *Alejo Carpentier and His Early Works*. Londres: Tamesis, 1981.

Lyons, Charles R. "Character and Theatrical Space". *Themes in Drama. The Theatrical Space*. James Redmond, ed. Cambridge: Cambridge UP, 1987. IX: 27-44.

Ortega, Julio. *Una poética del cambio*. Caracas: Ayacucho, 1991.

Pancrazio, James. *The Logic of Fetishism: Alejo Carpentier and the Cuban Tradition*. Lewisburg: Bucknell UP, 2004.

_____ "El *performance* del travestí en los textos (des)conocidos de Alejo Carpentier". *Revista Iberoamericana* LXIX/205 (2003): 935-49.

Pérez Firmat, Gustavo. *The Cuban Condition: Translation and Identity in Modern Cuban Literature*. Cambridge: Cambridge UP, 1989.

Quigley, Austin. *The Modern Stage and Other Worlds*. Nueva York: Methuen, 1985.

Schechner, Richard. *Performance Theory*. Edición revisada. Nueva York: Routledge, 1988.

Shaw, Donald. *Alejo Carpentier*. Boston: Twayne, 1985.

Sifuentes-Jáuregui, Ben. *Trasnvestism, Masculinity, and Latin American Literature: Genders Share Flesh*. Nueva York: Palgrave, 2002.

Unruh, Vicky. *Latin American Vanguards: The Art of Contentious Encounters*. Berkeley: U of California P, 1994.

_____ "The Performing Spectator in Alejo Carpentier's Fictional World". *Hispanic Review* 66 (1998): 57-77.

Carpentier-Vivaldi, la ópera como alegoría de la historia

Roberto Méndez Martínez

El Indiano que asiste desde su palco en el Teatro La Fenice al estreno del *Moctezuma* de Vivaldi ignora que en realidad está contemplando un palimpsesto. El texto exterior, el más evidente, es una ópera veneciana, es decir, un género de reciente data en tiempos de Vivaldi: una representación dramática traspuesta al canto lírico, donde el argumento, el vestuario y aún las segundas partes del canto están subordinadas al virtuosismo de las estrellas principales. Poco importa el asunto que procure cohesionar la totalidad. La ópera, por entonces, es algo disperso, caótico, una parodia de la realidad, a la que no puede exigirse verosimilitud y que en última instancia funciona como una prolongación del carnaval veneciano. Recuérdese que Carpentier hace decir al propio compositor: "No me joda con la Historia en materia de teatro. Lo que cuenta aquí es la ilusión poética..." (*Concierto* 90). E ilusión aquí es juego, simulación, "carnavalización" bajtiniana.

Por debajo de ese texto, está otro, más resistente y peligroso: la historia como manipulación. El libretista Alvise Giusti ha tomado como fuente la *Historia de la conquista de México* de Don Antonio de Solís. Escritor culterano, dramaturgo fracasado, Solís elabora una especie de "refrito" o "bodrio" a partir de narraciones anteriores –Cortés, Gómara, Bernal Díaz. Como cronista oficial de Indias, su objetivo último es justificar, embellecer y acabar de legitimar la conquista del imperio azteca. Por otra parte, ya su labor es en gran medida escénica: él no estuvo implicado en los hechos, simplemente deriva de otros textos lo que le parece más atractivo, para hacer una *mise en scene*, donde lo que cuenta sobre todo es la gran tramoya barroca del lenguaje. La realidad es modificada, en último caso, para que quepa en los cánones historiográficos de occidente. No en vano un apologista de Solís, don Gregorio Mayans y Siscar ve como méritos fundamentales de esta crónica: "Remedó a Quinto Curcio sin procurarlo, especialmente en las oraciones, haciendo a los bárbaros menos bárbaros. Toda la contextura de esta preciosa obra es una tela finísima de oro puro, ricamente adornada de cristianas y políticas sentencias, que lucen como diamantes finísimos" (4-5). Por tanto, si ya don Antonio nos está dando en esta crónica la más notable de sus comedias o tragedias, Giusti coloca esta imagen manipulada ante el espejo deformante de los cánones del libreto operático, para satisfacer a otro Antonio, el compositor Vivaldi. De este modo, Moctezuma es homologado con Julio César, con Mitrídates, con Jerjes, con Aquiles, con Príamo, personajes habituales de los escenarios líricos y por tanto debe sufrir el mismo entramado de conspiraciones, sacrificios, delaciones, hasta su destrucción final. Lo llamativo en ambos casos, en la crónica y en la ópera, es la dignificación del vencido, no porque se acepte su problemática otredad ante los invasores, sino porque se ha acudido a un procedimiento que viene de la épica: la aceptación de la grandeza de los vencidos. Moctezuma se ha convertido en un héroe troyano.[1]

Pero todavía por debajo de esta capa de escritura puede rasparse y aparece otro texto: la historia de una porción de América, no como juego retórico sino como raíz y religación identitaria. Más allá de las tergiversaciones, de los absurdos y aun de un voluntario o involuntario trasvestismo que permite que Teutile, general mexicano, se convierta en hija del emperador que actúa como una Dido abandonada, más allá de todo esto, el Indiano puede emocionarse ante la batalla del Lago de Texcoco y gritar: "¡Bravo! [...] ¡Así fue!" (84). Si Solís es capaz de conciliar su papel oficial de historiador de los vencedores con sus ocios de humanista en los que procura emular a Tácito en eso de concebir la historia como una especie de representación moral, en la puesta en escena de Giusti-Vivaldi es posible todavía encontrar asidero para que el Indiano pueda descubrir que está "en el bando de los americanos", a punto como el Quijote de irrumpir en el retablo de Maese Pedro para socorrer a los perseguidos.[2] Aunque es Filomeno el que ofrece la clave: "¿Y qué se busca con la ilusión escénica, sino sacarnos de donde estamos para llevarnos a donde no podríamos llegar por propia voluntad?[...]Gracias al teatro podemos remontarnos en el

---

[1] Como ejemplo de lo que decimos, compárese el "Lamento de Moctezuma" que Carpentier transcribe parcialmente en *Concierto barroco* (34), con los discursos que pone Solís en boca de este monarca, especialmente en el Libro IV, capítulo III. La oratoria clásica del dramaturgo facilita enormemente la elaboración del entramado lírico por el libretista. El referente oculto en ambos casos es el héroe de la antigüedad grecorromana, habitual protagonista de las óperas serias barrocas.

[2] Esta alusión a un suceso del *Quijote* nos lleva de la mano otra vez a la ópera; se trata de *El retablo de Maese Pedro* de Manuel de Falla, ópera de cámara a la que Carpentier dedicaba con frecuencia líneas elogiosas; véase como ejemplo "*El Retablo* de Don Manuel".

tiempo y vivir, cosa imposible para nuestra carne presente, en épocas por siempre idas" (96).

La presencia de la ópera con un sentido alegórico es particularmente reiterativa en la obra narrativa de Carpentier: recuérdese en *El reino de este mundo* aquel café concierto del Tivoli donde los colonos franceses arruinados desafían toda convención social y se divierten representado óperas como *El desertor* de Monsigny, que les recuerdan tiempos mejores (111-3). En *Los pasos perdidos* es aquella escenificación de *Lucía de Lammermoor* de Donizetti en un teatro Segundo Imperio que viene a recordarnos la convivencia de todos los tiempos en el desplazamiento geográfico del protagonista hasta el mundo de los orígenes. Tanto los cantantes como el público encarnan una era romántica perdida ya en el ámbito de las ciudades modernas y, como acota Mouche, la función evoca "la *Lucía* vista por Madame Bovary en Rouen" (72).

En *El recurso del método* la función de *Peleas y Melisenda* de Debussy que el primer magistrado contempla en New York, es un signo de los nuevos tiempos, en la escena y fuera de ella, y el escándalo del dictador, que clama por *Manón, Carmen* y *Traviata,* subraya el anacronismo histórico de esta figura (46-50).[3]

Pero el género lírico había atraído a Alejo Carpentier desde su más temprana juventud. El 15 de mayo de 1923, apenas un semestre después de su debut como periodista en *La Discusión,* aparece su primer artículo dedicado a la ópera, titulado "La Bohème". En él se ocupa de una puesta en La Habana de esta obra de Puccini por un elenco excepcional encabezado por Titta Rufo, Giovanni Martinelli y Lucrecia Bori. A diferencia de los gacetilleros de su tiempo, no va a centrarse en el virtuosismo de los ejecutantes, aunque reconoce sus méritos, sino en el análisis del estilo de Puccini, en el que resalta lo esquemático de la construcción de sus partituras, el limitado desarrollo de algunos temas, el escaso poder descriptivo de su música. Todo ello resultaba demasiado audaz en una época en que se tenía al creador de *Tosca* como un genio absoluto. Posiciones semejantes encontramos en otros artículos de esos días como "El concierto de Lucrecia Bori", "La función en honor de Carmen M. Ferrer" y "La Tosca de antenoche".[4]

El Carpentier de esos días no sólo es un crítico agudo del repertorio verista italiano que se ha apoderado de los escenarios habaneros, sino que se erige en

[3] Las reacciones del dictador ante el extraño drama lírico de Debussy reproducen la actitud del público de la Ópera Cómica de París, cuando esta partitura se estrenó en 1902. La función de la novela tiene lugar en el Metropolitan Opera House, con la participación de Mary Garden, que fue la gran difusora de la obra en Estados Unidos. Carpentier dedicó a esta ópera el artículo "1902 –Peleas y Melisenda– 1952".

[4] Véase la recreación de aquellas temporadas de ópera fomentadas en La Habana por el empresario italiano Adolfo Bracale en *El recurso del método,* 215-32.

defensor de los que considera antídotos contra éste: el papel fecundante del clasicismo del siglo XVIII, de la mano de Gluck, Rameau y Lully,[5] la promoción de los dramas líricos de Richard Wagner[6] y la difusión de las creaciones de autores contemporáneos desde Debussy y Ravel, hasta Richard Strauss y Stravinski, cuyas obras conoce apenas fragmentariamente. Este ambiente está excelentemente retratado en el capítulo "La conjura de Parsifal", único publicado de su fallida novela *El clan disperso,* donde el protagonista repasa una partitura de la "Danza de los siete velos" de *Salomé* de Strauss encontrada de manera fortuita (25-30).

El texto quizá paradigmático de esa etapa es "Tendencias actuales del teatro lírico", donde el articulista desafía al público que se adormece escuchando siempre las mismas obras de Bellini, Donizetti y Meyerbeer mientras ignora las obras maestras de Wagner, Franck, Chausson, Debussy, sin olvidar el verismo de *Luisa* de Charpentier. El texto concluye con una afirmación que Carpentier va a fundamentar a lo largo de su vida: la ópera –en contra de lo que piensan los veristas– no debe ser una copia mecánica de la realidad, sino una realidad en sí misma, con la autonomía que le concede su condición de producto artístico, y todo intento de reproducir con exactitud lo cotidiano en ella termina en fracaso.

Una segunda etapa se inicia en su pensamiento hacia 1928, tras su espectacular fuga a París. En contacto con los ballets rusos de Diaghilev, próximo al mundo de la experimentación sonora de Stravinski, Carpentier tiene sus propias experiencias en el arte lírico. Colabora con el compositor Marius Francois Gaillard en la creación de la tragedia burlesca *Yambá O* y en el ciclo de nueve canciones *Poèmes des Antilles* y con Edgar Varèse al aportarle el texto para su *Canción de la niña enferma de fiebre,* para soprano y orquesta, y trabaja en el libreto de la ópera *The one all alone* para el mismo creador. Aunque quizá la experiencia más definitiva sea la composición del libreto de *Manita en el suelo,* ópera bufa en un acto y cinco escenas, dedicado al compositor Alejandro García Caturla, quien la dejó inconclusa. Se trata de una obra que aunque sigue la pista del Stravinski de *La historia del soldado,* vence muchos prejuicios al vincular arte lírico y folclor afrocubano y unir el espíritu demoledor de la vanguardia con el más sano nacionalismo musical.

---

[5] Véase "El Concierto de la Orquesta Filarmónica".

[6] Véase su entusiasta comentario de la ejecución del preludio de *Los maestros cantores* por la Orquesta Filarmónica de La Habana. Este concierto, al parecer el mismo al que se refiere en el artículo citado en la nota anterior, ocurrió el 10 de mayo de 1925, en el Teatro Nacional, la orquesta estuvo dirigida por Pedro Sanjuán y fueron ejecutadas la obertura de *Ifigenia en Aulis* de Gluck, la obertura de *Los maestros cantores* de Wagner, así como otras obras de Godard, Turina y Borodin.

En este período, marcado por el pleno contacto con lo más actual del género, Carpentier va a demostrar una especial intuición para discernir lo auténtico y renovador, de lo que sólo ostenta una modernidad aparente, de ahí su rechazo a *Johnny dirige el baile*, de Krenek, pues aunque la obra está llena de locomotoras, teléfonos y receptores de radio, su forma musical es "totalmente arcaica" (28). Se orienta hacia valores muy seguros, sea la promoción en Occidente de la ópera nacionalista rusa: *El Principe Igor, La doncella de las nieves, Boris Godunov*, o el estreno de obras fundamentales desde el *Wozzeck* de Alban Berg hasta el *Edipo* de Enescu. En ocasiones es capaz de discernir en un creador hasta dónde su obra es verdaderamente revolucionaria y cuándo simplemente comienza a repetirse o a perder el fuego de la novedad. Así, aunque es un gran admirador de la *Orestíada* de Darius Milhaud, pronostica con acierto el fracaso de su *Maximiliano* en la Ópera de París.[7] En este caso específico, Carpentier, que estuvo al tanto de la génesis de esta partitura, desconfía evidentemente de la autenticidad de la imagen de América que en ella se ofrezca.

Tras un obligado intermedio cubano entre 1939 y 1945, Alejo Carpentier se establece en Caracas. Comienza la madurez para un pensamiento que no excluye a la ópera de sus disquisiciones. Así lo demuestran decenas de artículos dedicados al género en la sección *Letra y solfa* de *El Nacional*, pero sobre todo, el ensayo *Tristán e Isolda en tierra firme.*

En octubre de 1948 se estrena en el Teatro Municipal de Caracas nada menos que *Tristán e Isolda*, de Wagner, que hasta entonces había sido patrimonio de escenarios europeos y norteamericanos. La ocasión resultaba excepcional. Conducía la representación un director eminente: Thomas Mayer, y encarnaba a la heroína de la saga Kirsten Flagstadt, considerada una de las más grandes intérpretes del rol de todos los tiempos.[8] El suceso mueve a reflexión al escritor: han pasado los años del ingenuo rechazo a Wagner por un público nutrido por las óperas románticas. Tras el auge del nacionalismo folclorista, América se renueva por el contacto con la savia que sube de sus raíces. Las páginas iniciales son una obertura monumental al modo wagneriano:

> Sobre los techos rojos de los barrios mantuanos vuela, de noche, la canción de la Doncella de Irlanda, ensayada por un coro de adolescentes que cantan a Isolda la Blonda, "Isolda de las Blancas Manos", de la vieja leyenda celta,

---

[7] "Los artistas nuevos y los *estabilizados*". *Maximiliano*, basado en un drama de Franz Werfel, adaptado por R.W.Hoffmann y traducido por Lunel, fue estrenado en la Ópera de París el 5 de junio de 1932. La extrema longitud del texto contribuyó mucho a hacer de la partitura algo difuso y fue el principal responsable de su fracaso.

[8] Días después –13 de noviembre de 1948– la proeza se repetía en el Teatro Auditórium de La Habana, esta vez con Clemens Krauss en el podio y la Flagstadt y Max Lorenz en los papeles protagónicos.

> ignorando tal vez que los negros de Barlovento cantan todavía la muy cercana gesta de Carlomagno, de Don Roldán, del Obispo Turpín, de los Doce Pares de Francia y de Ogier de Saboya, según las "crónicas francesas" invocadas por el Trujamán del *Retablo de Maese Pedro.*

Wagner, antecesor de Stravinski, devoto de mitos que pueden encontrarse de este lado del océano, contiene un potencial revolucionario para los jóvenes de América. Se ha roto la estrecha visión de "lo nacionalista", de "lo folclórico" como única posibilidad para hallar una imagen propia, oyentes y creadores pueden abrirse a una influencia europea sin perder los asideros locales, pues los nexos entre el "acá" y el "allá" son más sutiles de lo que puede pensarse: el asunto, al parecer exótico, del *Tristán* nació de una leyenda que nutrió muchos romances populares que por los vericuetos de la conquista llegaron al nuevo continente.

Si hacia 1921 los intelectuales de vanguardia eran antiwagnerianos, por defender a aquellos creadores europeos que les parecían más renovadores desde Debussy hasta Stravinski, una década después va descubriéndose el valor de la raíz romántica que lo mismo nutre la narrativa de Kafka que el atonalismo de Schönberg y los americanos se vuelven hacia la desmesura de sus tierras tan bien cantadas por sus poetas románticos y por los narradores al modo de Güiraldes o Rivera. Para él, que ha redescubierto América en sus textos fundadores, pero también visitando la Gran Sabana o remontando el Orinoco, es preciso reivindicar un romanticismo que tuvo la paternidad del nacionalismo: Herder, Nerval, Weber, y estimuló el culto al pasado local, el interés por el folclor y la avidez por el acento nacional. Un ejemplo muy caro para él es el de Mussorgsky, quien a pesar de estar formado en una atmósfera cosmopolita y gustar de las óperas de Verdi, supo demostrar con sus dramas líricos que sabía volverse hacia el eslavo antiguo, el ruso medieval y sus expresiones litúrgicas.

A partir de allí le es fácil enunciar la procedencia romántica del pasado y la historia latinoamericanos, tan evidente en su arte como en las características de sus grandes héroes. Y si bien América careció de un compositor de la talla de Berlioz por razones más bien sociológicas, reclama el desarrollo de un arte compositivo que aúne el rigor técnico con el poder de seducción de la emoción artística. Para él, romanticismo, más que etapa en la historia del arte, es una actitud ante la creación que encuentra en obras de épocas tan diversas como la música religiosa de Palestrina y Gabrielli, en la ópera *Armida* de Lully y en el propio *Tristán.*

Lo que precisamente le parece fecundador en la ópera es esa alianza de literatura y música, la subordinación de lo técnico a lo expresivo, la puesta en primer plano del contenido que disimula las más rígidas formas compositivas, como sucede con el *Wozzeck* de Alban Berg, en que el sombrío drama de Büchner sobrecoge de tal manera a los espectadores que éstos, como era un deseo expreso del compositor, olvidan que están escuchando una sucesión de fugas, invenciones, pasacalles, forjados según la más estricta tradición contrapuntística.

Carpentier destaca el poder de los dramas líricos wagnerianos cuyos argumentos conservan su vitalidad mucho después de que su escritura musical ha dejado de parecer agresiva, los ve como una suma artística, al modo de los autos sacramentales de Calderón o las grandes piezas de Claudel. Estas obras transforman la escena, convierten las representaciones en "misterios" o en "festivales litúrgicos" que revolucionan los teatros en que se representan, como mismo ha ocurrido con los grandes festivales folclóricos celebrados en México, Venezuela y Brasil. Los artistas de América deben producir obras que provoquen emociones semejantes.

La conclusión del escritor es esperable:

> Hay que realizar con lo latinoamericano algo semejante a lo que Wagner realizó con lo romántico y lo alemán. Esto, desde luego, muy lejos del monstruoso intento de construir Tetralogías indias o de escribir dramas líricos en que veamos cantar a Bolívar en dúo con San Martín en la famosa entrevista de Guayaquil.[9] Pero es indudable que Wagner se valió de sus mitos, de su patrimonio cultural, como nosotros, tarde o temprano, tendremos que valernos de nuestros mitos y de nuestro ubérrimo patrimonio cultural. (*Tristán*).

Esta obsesión por el mito y el rito le hizo escribir años después unas líneas sorprendentes, más cercanas a la novela que a la antropología: "Lévi Strauss me ha hecho entender que el camino que lleva de una ceremonia ritual de indios amazónicos a *Parsifal* no pasa necesariamente por el *Don Juan* de Mozart" ("La novela" 156).

A pesar de sus méritos indiscutibles, el propio Carpentier relegó *Tristán e Isolda en tierra firme* al olvido. Pero este ensayo fue un paso decisivo en el proceso de maduración de su ideario estético que por esos mismos tiempos quedó más precisamente delineado en el prefacio a *El reino de este mundo* con su definición de "lo real maravilloso americano". La visión que en él hay de la ópera y sus posibilidades continúa creciendo en su obra, desde entonces, especialmente en el terreno narrativo y nos conduce hasta el palimpsesto que

---

[9] Quizá Carpentier tenía noticias de que Milhaud había compuesto en 1936 la música incidental para el drama *Bolívar*, de Supervielle. Luego, en 1943, en el exilio nortamericano, Madelaine Milhaud escribió un libreto a partir del drama y se elaboró una versión operática, estrenada por la Ópera de París en 1950. Intencionalmente, Milhaud adoptó la forma de la ópera romántica, dividida en arias, dúos, concertantes, para darle carácter popular, pero la excesiva longitud de la presentación –cuatro horas y cuarenta minutos– conspiró contra su éxito.

involuntariamente forjara Vivaldi. La ópera, con lo que canta y lo que calla nos lleva hasta las más profundas raíces de nuestro ser.

Hacia 1923 se presentó el *Parsifal* de Wagner en La Habana. El barroco edificio del Teatro Nacional acogió esa única representación apenas concurrida, porque la mayoría de los que por entonces podrían pagar una localidad para tal suceso habían preferido asistir a una función de zarzuela en el vecino teatro Payret y los periodistas tenían asuntos más interesantes para esa noche, por eso quizá nunca sabremos quiénes fueron los intérpretes, ni siquiera el director invitado. Más aún, se ignora si la representación concluyó, porque algunos de los escasos asistentes descubrieron pronto que la música era llevada por el conductor a un ritmo el doble de lento que el exigido por la partitura, por lo que una representación que habitualmente duraba unas cuatro horas podría extenderse a más de ocho, y se fueron marchando gradualmente hasta vaciarse la sala. ¿Todo esto es cierto? Como tal lo ha contado alguna vez Alejo Carpentier, aunque los investigadores no han hallado rastros de esa noche wagneriana.

Quizá el novelista estaba haciendo una parábola de su propia obra entre nosotros: una larga ópera o, mejor, una especie de "festival sagrado" como reclamaba el compositor, llevada a escena a fuerza de voluntad y fantasía, pero siempre en el borde del imposible. La inocencia del héroe legendario transformada en la polémica inocencia del escritor que pide continuamente peras al olmo. Para mí, la verdadera grandeza de Carpentier ha estado allí, en el hecho de imponernos *Parsifal* donde otros reclaman *La verbena de la paloma.*

Bibliografía

I. Primaria

Carpentier, Alejo. *El reino de este mundo* [1949]. *Novelas y relatos.* La Habana: Unión, 1974.

_____ *Los pasos perdidos* [1953]. La Habana: Arte y Literatura, 1976.

_____ *Concierto barroco* [1974]. La Habana: Arte y Literatura, 1975.

_____ *El recurso del método.* La Habana: Arte y Literatura, 1974.

_____ *Ese músico que llevo dentro.* 3 v. Zoila Gómez, ed. La Habana: Letras Cubanas, 1980.

_____ *Tristán e Isolda en tierra firme.* La Habana: Ministerio de Cultura, 1990.

_____ "Tendencias actuales del teatro lírico". [*El Heraldo,* 19 y 28 octubre 1924]. Colección de recortes, Biblioteca Nacional "José Martí".

_____ "El concierto de la orquesta filarmónica". [*La Discusión,* 13 mayo 1925] Colección de recortes, Biblioteca Nacional "José Martí".

_____ "Los maestros cantores por la orquesta filarmónica de La Habana". [*La Discusión,* 19 mayo 1925] Colección de recortes, Biblioteca Nacional "José Martí".

_____ "Johny dirige el baile". [*Carteles*, 12 agosto 1928]. *Ese músico* II: 27-32.
_____ "Los artistas nuevos y los estabilizados". [*Social*, febrero 1932]. *Ese músico* II: 461-5.
_____ "1902 –Peleas y Melisenda– 1952". [*El Nacional*, 18 mayo 1952]. *Ese músico* II: 68-9.
_____ "El Retablo de Don Manuel". [*El Nacional*, 12 diciembre 1953]. *Ese músico* II: 86-8.
_____ "La conjura de *Parsifal*". *Revista de la Biblioteca Nacional José Martí* (enero-abril, 1975): 25-30.
_____ "La novela latinoamericana en vísperas de un nuevo siglo". *Ensayos*. La Habana: Letras Cubanas, 1984. 148-67.

II. Secundaria

Mayans y Siscar, Gregorio. "Vida de Don Antonio de Solís". Antonio de Solís. *Historia de la conquista de Méjico, población y progresos de la América Septentrional.* París: Casa Editorial Garnier Hermanos, s/f.

La polis y la ética en Alejo Carpentier

María Cecilia Graña

> Maestro, vamos a recorrer la ciudad. Llévenos donde quiera
>
> Jorge L. Borges, "El Congreso"

I

"¿Quién soy yo?" –pareciera preguntarse una rusa de Bakú en París y, más tarde, en La Habana. "¿Quién soy yo?" –remeda un habanero en París o en Caracas. "¿Quién soy?" –parecía repetírselo quien había dejado atrás una ciudad sin alma buscando las puertas de una ciudad recién fundada. "¿Quién soy?" –es como si se lo repitiera en su deambular, entre un aquí y un allá, el dictador de una nación americana.

Ser, sin embargo, se es siempre en la ciudad –por lo menos para los personajes o la voz que enuncia en los textos de Alejo Carpentier. Ser es siempre un errar, pero es un errar sin error pues se va o se vuelve de una ciudad a otra –París, Madrid, Nueva York, Caracas, Venecia, Buenos Aires, La Habana– a sabiendas de que se huye de algo o porque se está aceptando un destino. Y ese deambular por un espacio –que puede llegar a ser desorientador, como la Valencia de 1937 en la que la adjetivación parece anticipar las sombras que estaba arrastrando consigo la historia (CP, 107[1])–, es algo que comparten los

[1] Las citas de los textos de Carpentier siguen las siglas indicadas en la bibliografía con el número de página.

personajes de Carpentier con el *flâneur* del siglo XIX, porque como él buscan una epifanía, una experiencia sincrética –en este autor singularmente americana– que el "correr para algo" o la "experiencia de choque" ha borrado del escenario metropolitano de occidente. Se camina tratando de encontrar el misterio en la acumulación desordenada que encierra la vida de una calle – aunque ésta no posea ningún elemento arquitectónico que pueda ser considerado el decorado pintoresco para tal bullicio vital– o en busca de esos contrastes que dan origen a la poesía, y que acaban volviendo al caminante propietario de su ciudad: "...andando, andando, andando siempre (no me cansaba de andar por mi ciudad, con derecho de propiedad sobre cuanto en ella veía)..." (CP, 332).

II

Si La Habana es un argumento poderoso en la estrategia discursiva de Alejo Carpentier, cabe preguntarse, ¿cómo representa el escritor su ciudad? La experiencia de decir lo que ha visto, leído y vivido en ella, es lo que el autor ha puesto en práctica por medio de su escritura durante toda su vida, y lo ha hecho recorriendo real y literariamente diversas ciudades de América y de Europa: poniendo en juego una escala de valores ha ido comparando lo visto y vivido para plasmarlo, luego, en descripciones, reflexiones e impresiones.

Sus textos se abren, pues, al espacio –hasta cierto punto fantasmal– que nace de la experiencia del que no está *aquí* porque se piensa en el *allí* y que no está *allí* porque se piensa en el *aquí*; el espacio del nómade, del marinero o del exiliado, en el que Carpentier trata de eliminar lo innombrado por medio de una palabra totalizante y con un impulso abarcador que inscribe su escritura dentro de una línea esencializadora y universalista, en la que el individuo desaparece para mostrar al hombre.

Sin embargo, el escritor cubano busca, asimismo, un límite que imponga lo sedentario, y la ley que de esta elección deriva: una diferencia en una serie de ciclos de errancia. Algo que "la rusa de Bakú" –rusa y de Bakú, como la madre del escritor cubano– de *La consagración de la primavera,* expresa al rememorar una leyenda oída en la infancia:

> [...] los hombres del Caballo y de la Rueda, cansados de errancias de sol a sol, de luna a luna, en praderas de nunca acabar, vieron erguirse una cordillera enorme, al cabo de un andar de muchos años entre horizontes idénticos, del solsticio del trébol al solsticio del cierzo –y vuelta al trébol y vuelta al cierzo–, prorrumpieron en sollozos y se prosternaron, atónitos y maravillados, ante lo que sólo podía ser morada de los Amos de todo lo Visible y lo Invisible, creadores del Yo y del Todo. Y detuvieron los mil carros de un viaje de siglos al pie de breñales cargados de nubes, y, sintiendo en sus venas el pálpito de

los augurios primaverales, procedieron a la invocación de los ancestros. (CP, 97)

Reflexionar sobre el momento en que se abandona el nomadismo o se deja una gran metrópolis para detenerse en un límite y fundar como Caín la "primera" ciudad de un territorio vacío o desconocido; situarse en un espacio en el que existe una frontera, porque en ella "se habrá llegado a alguna parte", es lo que elige de manera conciente el hijo de un francés y una rusa emigrados a Cuba.

Al adquirir conciencia de "haber llegado a alguna parte" –concretamente a su vuelta de Europa en 1939– Carpentier busca nombrar y definir la especificidad del nuevo mundo, y su esfuerzo tiene menos que ver con las dicotomías decimonónicas (como la sarmientina) –de las que, más de una vez el cubano invierte los términos–, para acercarse a una propuesta "modernista", en el sentido dado hoy por García Canclini.[2] Así pues, en los textos carpenterianos, la frontera –si no es el tradicional pasaje entre dos espacios– está dada por la historia americana y sus contextos y, en particular, por la propia tierra; patria situada en la periferia de la metrópolis y en un cruce de rutas que acoge al viajero; "...zona de contacto cultural, de conflicto y de intercambio al mismo tiempo" (Herlinghaus 36).

Buscar la coherencia y lo inédito de la diversidad americana es lo que Carpentier intentará durante toda su vida; comienza a hacerlo en *Tientos y diferencias* (lo encuentra en "una nueva disposición de elementos, texturas" o en los "acercamientos fortuitos", las "alusiones de cosas a 'otras cosas'" TD,16) y en *La consagración de la primavera* lo vuelve a hacer, recogiendo toda su experiencia anterior. En realidad, su trayectoria evidencia el complejo pensamiento de cualquier intelectual latinoamericano que para definir lo "mismo" –es decir lo propio– debe recurrir a lo "otro" –la cultura europea, la cual siempre ha pensado con estos términos invertidos.[3] Aunque en su elaboración o definición de lo propio cada escritor hispanomericano lo ha hecho a su modo (Borges quiere, por ejemplo, provocar "vacilación e inquietud" en la práctica milenaria de lo mismo y lo otro del pensamiento europeo[4] y Lezama

---

[2] García Canclini habla del "modo en que las élites se hacen cargo de la intersección de las diferentes temporalidades históricas y tratan de elaborar con ellas un proyecto global" (71). El paso siguiente que va de "ser moderno" a "ser globalizado" y que será adoptado por las sociedades hispanoamericanas aparece analizado por *La modernidad a destiempo* en Herlinghaus y Moraña, 277-83.

[3] Como ha sido señalado, "... un pensamiento que parte de lo "Mismo" (Foucault) –lo europeo y autocentrado– como criterio de orden para la lectura de realidades desconocidas e insólitas" (Herlinghaus, 26).

[4] Herlinghaus (27) cita a Foucault para referirse a Borges.

Lima ve en el barroco americano una innegable burla grotesca al barroco del conquistador), Carpentier busca en lo mismo una conjunción (fundar "el orden del desorden") que encuentra en el sincretismo cultural del Caribe o en lo que acomuna la propia ciudad a las de todo el continente ("el tercer estilo").

III

Carpentier, en efecto, encuentra una fórmula para caracterizar la realidad hispanoamericana –el remanido "real maravilloso americano", que une lo lejano en el tiempo y en el espacio en una epifanía–, pero halla mayor dificultad al nombrar y querer caracterizar las ciudades hispanoamericanas que están con la naturaleza siempre al acecho y en continua trasmutación y simbiosis. Así pues, el escritor cubano induce a otros literatos a detener la pluma en la descripción de la propia ciudad ("la gran tarea del novelista americano de hoy está en inscribir la fisonomía de sus ciudades en la literatura universal, olvidándose de tipicismos y costumbrismos." TD, 12), e intenta hacerlo él mismo.

Curiosamente, empieza por caracterizar las urbes del nuevo continente afirmando su peculiaridad por negación ("el tercer estilo es no tener estilo") o por el continuo parangón con lo otro, como "una copia", "un remedo" de ciudades europeas de estilo arquitectónico sedimentado por los siglos, y a definir el hombre americano a través de sus contextos "por repercusión y eco, por operación de *afuera-adentro*" (TD, 20).

Según González Echevarría el "nombrar" en la ciudad americana es, en realidad, un bautizar por segunda vez (224), porque los elementos que la constituyen provienen de otras partes. Carpentier advierte, sin embargo, que esos componentes de diverso origen han dado lugar a una cosa distinta: las columnas en La Habana ya no son como las del viejo mundo porque, además de su medio cuerpo dórico o corintio, recuerdan las palmeras –columnas naturales que, por simbiosis, transforman a las de mármol en "una selva de columnas" (TD, 64). Si queremos mezclar el juego de palabras ("the text is a context") utilizado por González Echevarría, con el concepto de texto utilizado por Lotman, llegamos a la misma conclusión de Carpentier: los diversos contextos americanos dan lugar a un texto –en el sentido de la semiótica de la cultura– inédito en la historia europea.

Si bien, en Carpentier, la ciudad americana comienza a representarse por lo que *no es* (*no es* una ciudad europea), el escritor quiere llegar a delinearla *por lo que es*: un poliglotismo semiótico resultado del mestizaje que él define como "tercer estilo"; una combinación abigarrada de razas, cosas heterogéneas y anacronismos. Conjunto que coincide con el concepto de modernidad periférica, en la cual el "atributo de *lo periférico* ya no señala un estado deficitario, sino específicas condiciones y necesidades de descentramiento".[5] Una coincidencia que "posmoderniza" el discurso carpenteriano, aunque, al mismo tiempo, lo haga entrar en conflicto con la tendencia esencializadora del escritor, que tiende a encontrar una fórmula para simplificar un todo complejo.

IV

En la fundación discursiva de sus ciudades, Carpentier se detiene temprana y particularmente en la descripción de La Habana –la cual, a su vuelta de Europa en 1939, luego de once años de ausencia, descubre "moderna" ("...tiene La Habana de hoy atmósfera y palpitación de gran capital moderna"AC, 32). Al escribir sobre ella, el escritor no sólo la compara constantemente con la que recuerda del pasado ("Pero son los detalles los que me interesan más profundamente. Aquellos, sobre todo, que *no había sabido ver* antes de mi partida"AC, 37) sino que, al elevar el espacio urbano a un nivel mítico, replica *discursivamente* lo que harán algunos de sus personajes –los fundadores de ciudades– en la realidad ficticia (PP).

Como señala Álvarez-Tabío Albo, en ese momento Carpentier construyó "un catálogo para el mito", y "colocó una a una las columnas de La Habana, que no existían antes de que él las enumerara, como no existía la niebla del *dark London* antes de que Dickens la describiera, ni los *boulevards* de la *Cité Lumière* antes de que Baudelaire los celebrara" (171).

Volver hacia atrás, recuperando esa Habana Vieja que hoy está en fase de restauro es una operación que avecina a Carpentier a Jorge L. Borges.[6] Sin embargo, Carpentier, aunque se complace en citar al escritor argentino en el recorrido de un personaje hacia un suburbio en el que, en vez del "pastito precario" del arrabal borgiano, ve las últimas descalabradas columnas transformarse en "la fastuosa columna de la Palma Real"(CP, 340),[7] se regodea

---

[5] "Modernidad no situada en medio de criterios y expectativas previamente racionalizadas, sino modernidad distinta como conjunto de experiencias de una nueva extensión cultural, señalada por medio de las topologías de lo heterogéneo, lo intercultural y de temporalidades anacrónicas, de nuevos cruces de lo político con lo cultural y de articulaciones múltiples entre lo masivo y lo popular" (Herlinghaus 28).

[6] El narrador de "El congreso" valoriza el haber fijado en la memoria una serie de objetos que documentan una modesta banalidad cotidiana y algunas situaciones o *performances* ("Algo de lo que entrevimos perdura –el rojizo paredón de la Recoleta, el amarillo paredón de la cárcel, una pareja de hombres bailando en una esquina sin ochava, un atrio ajedrezado con una verja, las barreras del tren, mi casa, un mercado, la insondable y húmeda noche" (Borges, 62).

[7] Dice Enrique: "[...], dejando de andar, andar hasta cansarme, por calles harto revisitadas, empecé a tomar autobuses [...] para alejarme cada vez más del centro de mi ciudad, buscando la íntima poesía de sus calles modestas, de sus urbanizaciones lejanas, donde hallaba los

en el hecho de que la atmósfera provinciana de la aldea decimonónica se haya perdido para siempre. Pero además, si ambos escritores, a su vuelta de Europa se acercan a la ciudad con el garbo del *flâneur* que espera en una revelación urbana, Carpentier, al hacerlo, deja atrás la banal cotidianeidad que le había vuelto opaca La Habana en sus años juveniles y empieza a mirarla, ahora, con otros ojos. Así, para definir lo mismo se vuelve turista en su propia ciudad ("La Habana vista por un turista cubano" AC), como si ésta no tuviese un propio punto de vista, algo que Lotman ve como característico de las ciudades periféricas.[8]

Años más tarde, Enrique, el protagonista de *La consagración de la primavera,* redescubre La Habana con esa misma actitud: por una parte, a través de su recorrido por ella llega a comprender algo que el largo deambular por el mundo había puesto en cuestión: su identidad. La urbe se vuelve, entonces, "Tabla de claves [...] para el entendimiento de mi esencia" (CP, 328), y se metaforiza en un libro lleno de citas de otros libros.[9] Sin embargo, por otra parte, al aplicar a su visión urbana un sentido amplio –como lo entendían los surrealistas–, la transforma en un museo ("Y como visitante que en un vasto museo transita de cuadro a cuadro, de testero a vitrina, andaba yo por esta Habana que, de pronto, se hacía recuento de mis raíces" CP, 328). Paradójico enfoque, en verdad, porque sólo al imaginar el espacio como un *no lugar* [10] –en el que se reducen las posibilidades de contradicción para el sujeto y desaparece el capital simbólico vinculado a un tiempo, a un sitio y a una comunidad específicos–, Enrique lo percibe como encuentro raigal.

---

tejados, acunados por el tiempo, de antiguos paradores carreteros, las casas de maderas cada vez más desteñidas por los aguaceros de mayo, los portales de horcones escorados que iban sucediendo –en Arroyo Apolo, El Calvario, El Cotorro, Jesús del Monte, Guanabacoa...—a las últimas columnatas, ya muy deslucidas, muy desconchadas, muy cansadas por el peso de sus capiteles [...]".

[8] Como San Petersburgo, por ejemplo, que para aparecer discursivamente tiene necesidad de construirse un espectador (*La semiosfera* 237).

[9] Citas con las que se acerca o se aleja de otros autores: así las piedras de un viejo palacio colonial le "hablan" al protagonista (CP, 326), como las piedras del palacio del Inca Roca le hablaban al Ernesto de *Los ríos profundos*; así las nubes del cielo habanero son "de otra raza" (CP, 334), muy distintas de las que el personaje ha visto en Europa, algunas de las cuales recuerdan las que ve Mallea, pero en el cielo argentino, un "cielo Tiépolo" (43). Para las citas literarias y los juegos intertextuales en Carpentier, véase, De Maeseneer, capítulo 4, "Carpentier, devorador".

[10] Como Marc Augé ha señalado, el "no-lugar" es "un mundo así prometido a la individualidad solitaria, a lo provisional y a lo efímero, al pasaje", un objeto nuevo "cuyas dimensiones inéditas conviene medir antes de preguntarse desde qué punto de vista se lo puede juzgar" (84).

V

El catálogo de los elementos constitutivos de La Habana (edificios, azoteas, miradores, particulares arquitectónicos u objetos de uso cotidiano) visto en diversos momentos de su historia, se repite en la obra de Carpentier y responde a su constante preocupación por nombrar el entorno. El que algo quede sin nombrar siempre impresionó al escritor porque el hecho significa que hay menos "experiencia humana"; por esto, no es casual que en varias ocasiones haya recordado las palabras de Hernán Cortés en sus *Cartas*: "Por no saber poner los nombres a estas cosas, no los expreso": el dar un nombre constituye una praxis de la que deriva la enumeración de lo bautizado y permite deducir que se está ante una forma de asociación, en otras palabras, la *polis*.

Cuando el inventario está constituido por edificios que son meras copias de algún estilo europeo, adquiere un simbolismo que será particularmente representativo de la ciudad burguesa y/o jactanciosa. Leer la descripción de una fiesta grandiosa en la que se reproducen, en pequeño y en el jardín de la casa, los edificios de un barrio de París (CP, 128),[11] no es sólo recuperar el "contexto burgués" de La Habana, sino también toda una ideología arquitectónica en la que un edificio, aunque posea una función denotativa –la de habitación familiar o lugar para negocios–, tiene, sobre todo, un valor que nace de "ser como" aquellos que están del otro lado del Atlántico o, más tarde, en los Estados Unidos. Esta obsesión llevada a un extremo por la burguesía, vuelve la ciudad construida y querida por esa clase en un gran escenario, un gran teatro del mundo, una vasta escenografía operística; algo que Carpentier hace derivar, en cierto modo, de la naturaleza misma de la ciudad,[12] pero que la arquitectura, en la Habana ficcionalizada de *El recurso del método*, sobreactúa:

> Y, por lo mismo, atendiendo a un viejo anhelo, hoy realizable, pensó el Primer Magistrado en la posibilidad de instalar la Opera dentro de la Ciudad-Opera, Capital de la ficción, ofreciendo a sus compatriotas un espectáculo semejante a los que se presentaban en Buenos Aires y Río de Janeiro –urbes de ojos siempre puestos en artes y refinamientos del Viejo Mundo. (195)

En un sentido opuesto, el catálogo puede ser un intento por rescatar lo que queda de auténticamente criollo en el espacio propio. Propósito que se evidencia, por ejemplo, cuando Carpentier vuelve de Europa en 1939 y nota,

---

[11] Parece que Carpentier se inspiró en una fiesta realmente sucedida en 1950 en la residencia de Chea Pedroso y Marcelino García Beltrán en Miramar. (Véase Alvarez-Tabío Albo, 183).

[12] Recuérdese cómo describe La Habana a su llegada en barco en 1939: "La Habana se dibuja, crece, se define, sobre el cielo luminoso del atardecer. Y con esta visión que se precisa, extiende y profundiza, se afirman los valores eminentemente espectaculares de la ciudad" (AC 28).

con alegría, que lo norteamericano ha dejado de tener un prestigio exagerado en la construcción arquitectónica cubana (AC, 34); o cuando advierte con horror que Batista y la mafia estadounidense están transformando la ciudad en una casa de juego (CP, 576).

Ese elenco de objetos habaneros –que construyen no sólo narradores sino también los personajes de la obra de Carpentier– da a las descripciones, de intención realista, una "fonction mathésique" (Adam y Petitjean 26-33), es decir, de trasmisión de un saber. En él hay objetos o elementos arquitectónicos que se reiteran y privilegian –la columna, la reja, la mampara, el medio punto–, en los que se rescata, más que una "ideología de la función", su función primera, utilitaria,[15] íntimamente vinculada con el trópico: las calles angostas para ser sombrías, las columnas, sostén de techumbres que protegen de los diluvios tropicales, el guardavecinos para ser "frontera decorativa puesta al límite de una casa" (AC, 11), la mampara y el medio punto para filtrar con sus colores los potentes rayos solares. Algo que un personaje evidencia cuando, en sus divagaciones y anhelos de modificación arquitectónica de la ciudad, manifiesta que:

> La angostura de las calles –calles suficientes, sin embargo, para dar paso a coches y carruajes– lejos de haber sido un error de urbanismo, respondía a la lógica preocupación de que las aceras del sol fuesen rápidamente alcanzadas por las crecientes sombras de las casas de enfrente. Además, las vías estrechas –casi todas las de La Habana Vieja– canalizaban, presionaban las brisas, haciéndose verdaderas mangas de aereación. Los interiores, en cambio, eran amplios, altos de puntal, con anchas salidas a los patios, y sobre puertas y ventanas se situaban los cristales polícromos, que llenaban las mismas funciones de los *brise-soleil* de Le Corbusier. Arquitectura perfectamente funcional, concebida por los alarifes de la Colonia, cuando aún de "funcionalismos" no se hablaba en el mundo. (CP, 436-7)

Se ha dicho, algo críticamente, que Carpentier en sus novelas no se detiene a describir la vida de La Habana posrevolucionaria. El autor habla del momento de explosión cultural y política cuando nace espontáneamente a nivel popular una voluntad de destruir todo aquello ideológicamente connotado por el dinero, el derroche y la explotación, en "–por una vez magnífico – auto de fe" (CP, 703). Pero, en efecto, no retoma su ritual catálogo ciudadano después de 1959, cuando cambia el perfil demográfico y racial de la ciudad[14] y se modifica la

[13] Para el uso de los conceptos de función primera o segunda en una semiótica de la arquitectura, véase Eco (189-249).

[14] "Il profilo demografico della capital cambiò con l'apporto della popolazione quasi esclusivamente povera e di colore che vi si riversò dalla regione rurale di Oriente" (Lightfoot 56).

dialéctica entre lo interior y lo exterior en los espacios urbanos. Un momento en el que, con la llegada a la ciudad de una población rural, en las casas que la burguesía había abandonado para huir del país o de las cuales había sido expropiada, pudo haberse asignado una nueva función a objetos y elementos arquitectónicos que se veían como símbolo del derroche y la desigualdad social.

VI

Alejo Carpentier ha sido siempre conciente de que todo acto de coleccionismo –vinculado con un impulso enciclopédico y dieciochesco– implica una conclusión y, por ende, un ineludible olvido, y todo álbum de coleccionista "deja de pertenecer al presente para perderse en el pasado" (AC, 64), al ser una operación que embalsama y fija. Pero como en muchas metrópolis hispanoamericanas no ha existido, desde un punto de vista arquitectónico, una ideología del habitar (porque una ideología constituye una sola lengua semiótica, y porque en estas ciudades nada perdura; todo se destruye para volver a construir sobre las propias ruinas, como consecuencia de una catástrofe natural [SL,60-1] o del afán de los *bulldozers* [CP, 613; RM, 147-8]), el catálogo de Carpentier es un archivo del cual pretende se mantenga la relevancia.

El "archivo" perdura, pero puede llegar a no trasmitir el espíritu de una ciudad o del tiempo; por eso, recuperar discursivamente las formas de vida urbana de un instante o proclives a cambiar con el pasar de los años, implica querer revivir un "repertorio", ya que, en la dialéctica entre lo fijo y lo variable, entre lo duradero y lo perecedero, es donde se puede atrapar el verdadero sentido de una ciudad.[15] Al notar que la misma Habana parece construida "por unos fabulosos coleccionistas de casas, avenidas, muelles, parques y edificios públicos", Carpentier trata de descubrir qué es lo que la vuelve vital y con una constante capacidad de renovación. Llega a la conclusión de que lo que encierra el germen de un nuevo comienzo es la imperfecta asimetría del todo o, incluso, el abandono de sus calles o edificios. Y dentro de esta "imperfección" incluye las manifestaciones urbanas que son perecederas, como los pregones, las representaciones en el teatro chino, los dioramas en el Teatro del Mar, los tipos que habitan cerca de los muelles de La Habana, las danzas tradicionales de los negros de Regla o la explosión revolucionaria.

Por eso, en 1959, el hablante carpenteriano asume toda su autoridad de conocedor de la propia ciudad para testimoniar que ha visto, en los primeros días de la revolución, una *performance* completamente inusitada:

---

[15] En esta diferencia se puede aplicar la distinción entre archivo (documentos, monumentos) y repertorio ("la memoria corporal que circula a través de las performances, [...] el saber efímero y no reproducible") que establece Taylor, 272.

> Puedo jactarme de tener un profundo conocimiento de La Habana; pero no tan sólo de su topografía e itinerarios interesantes. Vi crecer La Habana con el siglo. La he contemplado bajo sus más distintas iluminaciones. En cien oportunidades he escuchado sus voces, secretos, y he tomado su pulso... Pues bien: como entrañable conocedor de La Habana que soy, puedo afirmar que nunca he visto reinar en ella la alegría, la alegría multitudinaria, el júbilo colectivo, que hoy la animan. [...] La calle, la plaza pública, el ágora, ofrecen un espectáculo de entusiasmo, de fe, de participación en un Magno Acontecimiento, que yo nunca había visto en La Habana. [...] Vaya el visitante a las playas; vaya a los comercios, deambule por las calles, descanse en los cafés... Tendrá la impresión de hallarse en una Habana transfigurada. (AC, 94)

VII

En los diversos modos de representar La Habana en la obra del autor cubano se advierte una cierta variación de sentido que parece vincularse, por un lado, a lo contingente y por otro a lo trascendente de la misma. La Habana aparece representada como *urbs*, y cuando es así, se vincula con el interés de Carpentier por la arquitectura, se la ve de este modo en las reflexiones de personajes o narradores que intentan entenderla, mejorarla y transformarla "para que sea mejor ciudad".[16] Reflexiones que, si bien critican las grandes construcciones especulativas, no pasan de ser de un "didactismo digno de un manual para principiantes", una "extensa exposición de 'los fundamentos de una arquitectura personal'" –como ha señalado Álvarez-Tabío Albo (180).

Pero La Habana aparece, asimismo, como *civitas* –vocablo que, etimológicamente, se refiere a "un hecho físico, un recinto" (Jitrik 16), y se relaciona con la historia misma de la capital cubana, cuyos primeros ochenta años se caracterizaron por un alternarse de destrucciones y reconstrucciones. El hecho de que la ciudad desde los tiempos de la colonia se haya constituido como lugar de paso y escondite de las riquezas que de México iban al viejo mundo, la volvió punto de atracción de piratas y aventureros que, en cada incursión, la reducían a un montón de ruinas. Los primeros años de vida urbana son hasta 1600 –en que se acaban de construir una serie de fortificaciones y castillos protectivos–, una sucesión de momentos disfóricos y eufóricos en los que el lugar presenta una característica inmutable: la de constituir un emporio en el que se apilaban cajas y paquetes que, descargados de las naves, quedaban a la espera de ser estibados en otra –como se rememora en una de las escenas iniciales de *Concierto barroco*, cuando el indiano y su siervo deben esperar en la

---

[16] Jitrik recuerda que "El urbanismo es seguramente la menos inocente de las disciplinas, aunque hace más vivibles las ciudades; las ideas de mejora que concibe descansan sobre intereses de clase" (17).

Villa de Regla, con "cajas, baúles, fardos y guacales" (CB, 18), frente a una Habana infestada de fiebre amarilla.

El almacén, durante la colonia, es el recinto que encierra mercaderías de *allá* (productos europeos que entrarán a formar parte de la vida cotidiana de La Habana o que serán transportados a otras ciudades de América) y de *aquí* (mercancías que habrán de ser llevadas al viejo mundo). Sin embargo, cajas, toneles, fardos y sacos acumulados, constituyen también una serie de volúmenes que un imaginario sensible a la disposición espacial de los mismos,[17] organiza en un catálogo y articula en una sintaxis, convirtiéndolos en *otra cosa*:

> Tras de los escritorios y cajas fuertes, empezaban las calles abiertas entre montañas de sacos, toneles, fardos de todas procedencias. Al cabo de la Calle de la Harina, olorosa a tahonas de ultramar, venía la Calle de los Vinos de Fuencarral, Valdepeñas y Puente de la Reina, cuyas barricas goteaban el vino por todas las canillas, despidiendo alientos de bodega. La Calle de los Cordajes y Jarcias conducía al hediondo rincón de pescado curado, cuyas pencas sudaban la salmuera sobre el piso. Regresando por la Calle de los Cueros de Venado, los adolescentes volvieron al Barrio de las Especias, con sus gavetas que pregonaban, de sólo olerlas, el jenjibre, el laurel, los azafranes y la pimienta de Veracruz. Los quesos manchegos se alineaban sobre tablados paralelos, conduciendo al Patio de los Vinagres y Aceites en cuyo fondo, bajo bóvedas, se guardaban mercancías disparatadas: hatos de barajas, estuches de barbería, racimos de candados, quitasoles verdes y rojos, molinillos de cacao, con las mantas andinas traídas de Maracaibo, el desparramo de los palos de tintura y los libros de hojas para dorar y platear, que venían de México. Más acá estaban las tarimas donde descansaban sacos de plumas de aves –hinchados y blandos, como grandes edredones de estameña–, sobre los cuales se arrojó Carlos. (SL, 21)

Como se ve, a partir de la imagen de un recinto, Carpentier crea un texto que, a su vez, se refiere a muchos contextos y lo vuelve, en la imaginación de los personajes, en una ciudad que se recorre con los cinco sentidos dispuestos a saborear todo lo que provenga de ella.

Si esta imagen nace de pensar en los primeros años de La Habana, constituidos, además, por una serie de invasiones y destrucciones, hay que recordar que esos momentos, en los que se pierden todos los códigos y aún no

---

[17] Recuérdese lo que Enrique (CP, 153) dice a propósito de las pirámides de Teotihuacán en México: "Estaban de tal modo inscritas en un orden de formas; sus masas angulosas se asentaban con tal naturalidad entre las montañas-ready-made circundantes, que me parecieron engendros geométricos surgidos del suelo, engendros rigurosos y duros, concordantes con las voliciones profundas de un mundo –nuevo para mí– que me parecía organizado en volúmenes, combinado en sus elementos, dividido por sus más sutiles vertientes..."

se han instaurado otros, han siempre fascinado al escritor cubano (la misma fascinación que ejerce el cuadro "Explosión en la catedral" en los personajes de *El siglo de las luces*). Es que, cuando la guerra, el despotismo o la vida anónima en una gran ciudad anulan la condición humana de la experiencia, empezar a decir algo significa volver a nombrar, estableciendo una distinción entre valores positivos y negativos, tratando de encontrar una trascendencia que el presente de los hechos ha abolido.

En efecto, los momentos o espacios en los que prevalece el desorden son un estímulo porque en ellos se advierte que el mundo de los signos no siempre está cerrado en sí mismo.[18] Sin embargo, "la experiencia de lenguaje" que nace después de un período de ambigüedad semiótica en el que un signo puede llegar a significar una cosa y su opuesto (i.e.:"con la Libertad, llegaba la primera guillotina al Nuevo Mundo", SL 133) para Carpentier constituye, además, la instauración de un orden profundamente unido a un *ethos*. Así pues, en el escritor el orden de la forma aparece indisolublemente ligado a una ética, como lo deja entrever Enrique cuando ve a Diego Rivera en una labor que, luego de la revolución mexicana parece responder al deseo de "*dar forma* –de poner *en formas*– de modo inteligible, el espíritu de un gran acontecimiento histórico que había devuelto al Indio algo de su personalidad perdida en la colisión de dos mundos" (CP, 159).

Es decir, *dar forma* no es tan sólo poner en juego una dialéctica entre la destrucción y la construcción, entre la tradición y la modernidad sino, sobre todo, recordar que la lucha política se establece entre la parte subalterna y hegemónica del mundo. Por eso, al *dar forma* a su ciudad, el escritor rescata el sentido trascendente de la palabra *polis* –un espacio en el que se acumula lo humano– y que le permite diferenciar La Habana de Nueva York, por ejemplo, la cual, a pesar de su fuerza, "entrañaba siempre una realidad angustiosa" (CP, 429).[19] Ser cosmopolita, para Carpentier significa, en última instancia, saber establecer estas diferencias.

---

[18] Lotman dice que esos momentos cruciales abren ventanas en el estrato semiótico, porque en ellos el mundo de la semiosis juega con el espacio exterior a ella (*La cultura* 38).

[19] Las calles de un barrio de Nueva York tienen algo de funerario en la sucesión de maniquíes de sus vidrieras cuya mirada tanto se parece al atardecer a la de "los hombres [que] se lanzaban a la lucha con el vientre lleno de cereales, desembocando de los subways con ímpetus de futbolistas; pero de noche, cuando abandonaban sus oficinas, tenían la mirada vacía, los brazos caídos, de los boxeadores vencidos por puntos" (CP, 427-8).

Bibliografía

I. Primaria

Carpentier, Alejo. *Los pasos perdidos* [1953]. Barcelona: Barral, 1972. (PP)
_____ *El acoso* [1956]. Barcelona: Bruguera, 1983. (A)
_____ *El siglo de las luces* [1962]. Barcelona: Barral, 1970. (SL)
_____ *Tientos y diferencias* [1964]. Montevideo: Arca, 1967. (TD)
_____ *Concierto barroco* [1974]. México: Siglo XXI, 1975. (CB)
_____ *El recurso del método* [1953]. México: Siglo XXI, 1974. (RM)
_____ *La consagración de la primavera* [1978]. Madrid: Castalia, 1998. (CP)
_____ *El arpa y la sombra*. México: Siglo XXI, 1979. (AS)
_____ *El amor a la ciudad*. Madrid: Alfaguara, 1996. (AC)

II. Secundaria

Textos sobre Carpentier

Bockus Aponte, Barbara. "La creación del espacio literario en *El recurso del método*". *Revista Iberoamericana* XLII/96-97 (julio-diciembre 1976): 567-72.
Bueno, Salvador. "Alejo Carpentier y el fundador de ciudades". *Escritura* 17-18 (enero-diciembre 1984): 127-35.
Campuzano, Luisa. *Carpentier entonces y ahora*. La Habana: Letras Cubanas, 1997.
_____ "Relaciones/revoluciones de Europa y América en la narrativa de Alejo Carpentier: *El siglo de las luces*". *América, Europa. De encuentros, desencuentros y encubrimientos*. México: UAM, 1993. 144-51.
De Maeseneer, Rita. *El festín de Alejo Carpentier. Una lectura culinario-intertextual*. Ginebra: Droz/Romanica Gandensia 31, 2003.
Gaviria Álvarez, Germán. "Viaje y visión del ser en *Los pasos perdidos*". *Cuadernos Hispanoamericanos* 649-650 (julio-agosto 2004): 61-8.
González Echevarría, Roberto. *Alejo Carpentier: The Pilgrim at Home*. Ithaca: Cornell UP, 1977.
Jones, Julie. "París and 'el país': the Process of Representation in *El recurso del método*". *Romanic Review* 83 (enero 1992): 107-24.
Leante, César. "Cuba en dos obras iniciales de Carpentier". *Cuadernos Americanos* 5 (septiembre-octubre 1980): 55-60.
Millares, Selena. "Odiseas y anábasis: la constante del viaje en las ficciones de Alejo Carpentier". *Atenea* 477 (1988): 201-20.
Pellicer, Rosa. "El contexto urbano en las novelas de A. Carpentier". *Mester* 14/1 (1985): 29-40.
Segre, Roberto. "La dimensión ambiental en lo real maravilloso de Alejo Carpentier". *Casa de las Américas* 120 (mayo-junio 1980): 18-33.

Taylor, Diana. "El archivo y el repertorio". *Fronteras de la modernidad en América Latina.* Hermann Herlinghaus y Mabel Moraña, eds. Pittsburgh: IILI, 2003. 271-275.

Tovar, Paco. "Al compás de La Habana en la obra de Alejo Carpentier". *Celehis* 6/9 (1997): 209-32.

Vásquez, Carmen. "La Habana: exteriores e interiores en *El acoso* de Alejo Carpentier". *Historia, espacio e imaginario.* Jacqueline Covo, ed. Villeneuve d'Ascq: Presses Universitaires du Septentrion, 1997. 99-106.

Textos en general

Álvarez-Tabío Albo, Emma. *Invención de la Habana.* Barcelona: Casiopea, 2000.

Augé, Marc. *Los "no lugares". Espacios del anonimato. Una antropología de la sobremodernidad.* Barcelona: Gedisa, 1996.

Adam, Jean-Michel y André Petitjean. *Le texte descriptif.* Natham: Éditions Nathan, 1989.

Benjamin, Walter. "Di alcuni motivi in Baudelaire". *Angelus Novus. Saggi e frammenti.* Turín: Einaudi, 1995.

Borges, Jorge Luis. *El libro de arena.* Buenos Aires: Emecé, 1975.

Campra, Rosalba. "La ciudad en el discurso literario". *SYC* 5 (mayo 1994): 19-39.

Campuzano, Luisa. "La Habana de los 60". *Cittá reali e immaginarie del continente americano.* C. Giorcelli, C. Cattarulla y A. Scacchi, eds. Roma: Edizioni Associate Editrice Internazionale, 1998. 661-69.

Duno Gottberg, Luis. *Solventando las diferencias. La ideología del mestizaje en Cuba.* Madrid: Iberoamericana, 2003.

Eco, Umberto. *La struttura assente. La ricerca semiotica e il metodo strutturale.* Milán: Bompiani, 1968.

Graña, María Cecilia. "La nuova narrativa: una mitografia della speranza e il disincanto". *Storia della civiltà letteraria ispanoamericana.* Tomo 2. Dario Puccini y Saúl Yurkievich, eds. Turín: UTET, 2000.

García Canclini, Néstor. *Culturas híbridas. Estrategias para entrar y salir de la modernidad.* México: Grijalbo, 1990.

Jitrik, Noé. "Voces de ciudad". *SYC* 5 (mayo 1994): 7-18.

Herlinghaus, Hermann. *Renarración y descentramiento. Mapas alternativos de la imaginación en América Latina.* Madrid: Iberoamericana-Vervuert, 2004.

_____ y Mabel Moraña. *Fronteras de la modernidad en América Latina.* Pittsburgh: IILI, 2003.

Leal, Eusebio. "Il restauro di una capitale". *Latinoamerica* 8/26 (1987).

Lezama Lima, José. "Sucesivas o las coordenadas habaneras". *Lezama Lima.* Buenos Aires: Jorge Álvarez, 1968.

Lightfoot, Claudia. *L'Avana.* Pref. Danilo Manera. Milán: Mondadori, 2002.

Lotman, Jurij. *La cultura e l'esplosione. Prevedibilità e imprevedibilità*. Milán: Feltrinelli, 1993.

_____ *La semiosfera*. Venecia: Marsilio, 1985.

Mallea, Eduardo. *Historia de una pasión argentina*. Buenos Aires: Sur, 1937.

Reinstädler, Janett. "Mitos en quiebra: La Habana en la cuentística cubana finisecular". *Todas las islas la isla*. Janett Reinstädler y Ottmar Ette, eds. Madrid: Iberoamericana, 2000.

Riccio, Alessandra, "Palabras para decir la Habana". *La selva en el damero. Espacio literario y espacio urbano en América Latina*. Rosalba Campra, ed. Pisa: Giardini, 1989. 59-71.

Reflexiones sobre la arquitectura y la arquitextura en Alejo Carpentier. Teorema y melodía

Benito Pelegrín

MÚSICA, ARQUITECTURA

"AL PRINCIPIO FUE EL ALARIFE",[1] PONE, PROPONE Y REPITE CARPENTIER, horizontalmente, con la nitidez tajante y definitiva de una arista de frontón, de frontispicio de obra de mármol o de labor literaria. No habla el escritor del "Verbo al principio", ni del verbo cantado que le encanta. A no ser que se acepte la propuesta de Gœthe: "la música es arquitectura sonora y la arquitectura es música visual", que Carpentier atribuye a Madame de Staël, de manera aproximativa : "La música es la arquitectura de los sonidos" (Ese músico 111, 175).[2]

Añade: "el hombre de la plomada y del mortero". Vertical de la plomada, fundamento lineal (o literario) del equilibrio riguroso sobre el cual, piedra a piedra (frase a frase) ligadas por el mortero, tales líneas horizontales superpuestas de un contrapunto potencialmente infinito, se construye el edificio –o la edificación del libro, horizontalidad sintagmática y paradigma vertical:

---

[1] Primera frase del capítulo II de *La ciudad de las columnas*, 10, repetida en 20.

[2] "Reflexiones sobre la música", *El Nacional* (27 agosto1953). Se sabe que el "quadrivium" universitario de las cuatro artes liberales, de carácter matemático, comprendía la música al par de la aritmética, de la geometría y de la astronomía. El aspecto "arquitectónico" de la construcción musical siempre fue más o menos recalcado por su lado metafórico, pero viene remozado en nuestra época con los problemas de la espacialización de la música, efectivos en las obras de compositores como Stockhausen, Pierre Boulez (música aleatoria asemejada al plano de una ciudad en *Relevés d'apprenti*) y sobre todo en las del arquitecto músico y matemático Iannis Xenakis. Sobre esta relación espacio/música remito a mi ensayo "Gestes ...".

melodía horizontal y verticalidad de la armonía para la música. En este sentido, Carpentier –es decir, en francés antiguo– "carpintero", es un nombre que es destino, designio y diseño si lo remitimos a la decidida y sólida carpintería tan de armar de sus libros, de sus frases, trazadas a escuadra y a cordel, fundadas en figuras axiales, bisagras francas, simetrías internas nítidamente marcadas: cualquiera que sea la eflorescencia aparente de su fronda, el intrincamiento de las ramas de sus subordinadas, el tronco principal de su arborescencia sintáctica nunca resulta afectado, columna, vertebral, en este caso, de su arquitectura.[3]

Si resulta sensible (o mejor "audible") en sus textos que deja hablar, cuando no cantar[4] a *Ese músico que llevo dentro* –como confesaba en el título mismo que diera a sus crónicas musicales– me parece visible que Carpentier también deja expresarse al arquitecto que igual fue exteriormente por su primer estudio, doble herencia del padre, músico reprimido[5] pero arquitecto al final. La precisión, la minucia, la meticulosidad que demuestra por otra parte nuestro escritor tanto en lo que atañe la documentación como a la elaboración de sus libros, de sus descripciones, parece relevar, literalmente, de *alzados* de arquitecto, de la *ortografía*, pues confiesa: "Antes trazo una suerte de *plan* general que comprende *planos* de las casas, dibujos [...] de los lugares en que va a transcurrir la acción" (Chao 14).

Se puede apreciar con qué naturalidad este músico, escritor y arquitecto mezcla justamente aquí el *plan* –a la vez literario y arquitectónico: los "planos". Para él, nunca se cansa de repetirlo, escribir es *meter en forma*, fundamento de cualquier obra artística que pasa, volviendo a la verdad de la etimología, por el necesario estado artesanal:[6] "trato de trabajar como honesto artesano para dar forma a lo concebido, pues creo que no hay obra de arte ni de literatura sin forma".

---

[3] Remito a mis análisis "Sur le style..."; "De la Harpe..."; "Música literaria..."; y finalmente a mi libro, *Alejo Carpentier. "Écrire, décrire l'Amérique"*, cap. "Sur le style d'Alejo Carpentier, Mythes et limites d'un style 'musical'".

[4] En efecto, cabe distinguir entre lo que llamo "música literal", en que la frase es, hablando con toda propiedad "musical", expresada por su ritmo y su nivel fónico, hable o no de música, y la "música literaria" en la cual la música no es más que una referencia semántica, independiente del sonido; véase al respecto mi "Música...".

[5] Es conocido que su padre había estudiado el violonchelo con nada menos que Pablo Casals (quien lo recordaba con afecto), destinándose primero a la música antes de pasar a la arquitectura. Excelente músico y buen pianista, con bastante modestia, Carpentier nunca se detiene mucho sobre sus propias composiciones musicales.

[6] Recordemos que el héroe músico de *Los pasos perdidos* se había empeñado en vano, como sus colegas contemporáneos, en "encontrar la salud y la espontaneidad del arte artesanal", el de Bach sin duda (V, XXX, 223).

Añade esta sentencia que resuena cual una variación musical, cual un eco cuyo recuerdo pervive desde *Los pasos perdidos*: "La forma les da una importancia capital" (Chao 14).

Porque, si hay una "capital de las formas", es porque la forma es capital con toda certeza. En cuanto a ese deseo de "dar forma a lo concebido", evoca inevitablemente el proyecto conceptual de aquel otro arquitecto y músico genial de la frase y del libro, el barroco Baltasar Gracián, quien, en una terminología arquitectónica (visual) y musical (sonora) define así el "concepto", "lo concebido por el ingenio": "lo que para los ojos es la hermosura, y para los oídos la consonancia, eso es para el entendimiento el concepto" (51).[7]

Orden, desorden: tensión interna

Formalista por cultura, Carpentier se extrañaba del "raro hecho de que la novela sea uno de los muy pocos medios de expresión artística que suelen prescindir de toda disciplina formal". Al novelista, oponía el compositor, proponiéndolo por modelo, al que "ajustar sus ideas a una estructura determinada le parece natural y necesario" y encontraba, como Valéry, en las voluntarias coacciones formales, "las ventajas del orden, del equilibrio, de la claridad" (*Ese músico* 111, 213-4). Siempre predicó la disciplina, el rigor, condiciones necesarias "al mantenimiento de una cierta libertad de creación, que excluye todo desorden", compadeciendo los talentos "esterilizados por la indisciplina" (Chao 15-7), alabando al contrario a los artistas "adversos a todo desorden", incluso en su vida privada.

Entonces, no es de extrañar la pasión de Carpentier en hallar formas adecuadas a sus obras. Si resulta seguro que la música, arte abstracto en su elaboración, es particularmente apta para traducir concretamente el desorden, los afectos, lo irracional, no menos cierto es que sólo lo puede expresar de manera sabiamente concertada, concertante, discordante e incluso disonante, pero dentro de las reglas del arte: a desorden externo, racionalidad íntima. Pero sólo es de la arquitectura, arte concreto, traducido en la concreción misma de la piedra, el expresar el mayor sometimiento al orden, ya que obedece de manera ineludible a las leyes físicas de la gravedad, de la pesadumbre de los materiales sobre las estructuras portadoras. Un edificio clásico ostenta, como un manifiesto, el orden que lo rige, traduce y descubre a la mirada las reglas que le proporcionan el equilibrio que lo mantiene. Una construcción barroca afecta un desorden exterior, juego virtuoso de simulación, de un revoltijo que disimula la lógica interna impecable que le hace desafiar, al parecer, las leyes inexcusables de la pesadumbre.

---

[7] En su Discurso II también precisa, entre otras metáforas arquitectónicas : "la proporción entre las partes del visible es la hermosura ; entre los sonidos, la consonancia" (53).

En esta contradicción o tensión interna es, sin duda, donde hay que situar la obra de Carpentier, ebria de la efusión de la música, de su lirismo cálido, pero contenida en el rigor marmóreo de una arquitectura rígida: la tiesura y frialdad del mármol suavizadas de calor y color barrocos. Y así de sus héroes, del anónimo compositor de *Los pasos pedidos* a la Vera de *La consagración de la primavera,* fugitivos, tránsfugas, centrífugos frente a los centros de la ley, de los códigos, sociales o artísticos, pero que sólo los infringen para volver a ubicarse en otros centros, para darse otras leyes, empeñando toda su cultura, toda su ciencia en negarlos para rastrear una verdad, un primitivismo artístico que contradicen toda su vivencia y experiencia de artistas cultos: rechazando los artificios polvorientos de las tradiciones y negándose a las modas obligatorias del arte, van en busca de una espontaneidad artística que difícilmente vemos como el resultado de una obstinada y laboriosa investigación. Así, es su propia prodigiosa cultura la que Carpentier se da el lujo, a través de sus personajes, de negar, de querer al parecer aniquilar, hacer tabla rasa, para proponer una vuelta a la semilla tan virginal como utópica.

Orden y revolución: reglas y leyes

Estas potentes tensiones de la obra incluso obran en el Carpentier crítico y cronista de arte. Atento a la modernidad voluntarista de su tiempo, desde el *futurismo* italiano en pintura a las vanguardias musicales, de la escuela de Viena a la música concreta más actual,[8] de manera sintomática, siente una gran admiración por Varèse, genio musical, y por Le Corbusier, genial arquitecto, a quienes dedica dos largos artículos con cuatro años de intervalo.

Coherencia intelectual de Carpentier –pese a unas vacilaciones que subrayaré– nuestra primera frase, "Al principio fue el alarife", a cincuenta años de distancia, parece un eco de un artículo de 1931 en el que ya afirmaba:

> Las revoluciones profundas, en la evolución de un arte, se realizan siempre en función de la arquitectura. Bach halló la arquitectura contrapuntística; los románticos buscaron una arquitectura expresiva; Wagner se esforzó por encontrar una arquitectura dramática [...] El momento neoclásico[9] que conocimos hace cuatro años fue motivado por la necesidad de un regreso a la preocupación arquitectónica.

---

[8] Remito a mi libro sobre Carpentier en que se trata de Marinetti con motivo del primer manifiesto futurista (integrar la modernidad industrial en el arte), de Honegger, Schönberg, Pierre Schaeffer, etc.

[9] Movimiento antiexpresionista de vuelta a fórmulas "clásicas" o "barrocas", ilustrado entre otros por Stravinsky. Véase mi libro sobre Carpentier, nota 102. Duró mucho más de lo que auguraba nuestro crítico, ya que la ópera *Rakes's progress* (*El libertino,* en español) de Stravinsky fue creada en 1951 y Carpentier hará de ella una reseña entusiasta.

Se ve la constancia con la que Carpentier asocia la música, "arte terriblemente euclidiano", y la arquitectura, recalcando siempre los "teoremas", las "fórmulas geométricas" de Schönberg. Concluye este artículo sobre músicos y corrientes ("Personalidades...Tendencias..."), con estas palabras: "A pesar del lirismo de cada cual, a pesar de la diversidad de orientaciones, los problemas de *forma y arquitectura* –sinónimos en este caso– vuelven a ser tan apremiantes, en los tiempos actuales, como lo fueron en épocas de Josquin des Prés o de Buxtehude" (énfasis en el original).

Hablando de Varèse, amigo y colaborador, y dejándole hablar en su artículo de título revelador, "Un revolucionario de la música : Edgar Varèse",[10] Carpentier da como una evidencia esta necesidad de revolución artística ordenada por el rigor matemático, geométrico. Dando la palabra al compositor, transcribe:

> No hay reglas [afirma]; lo que hay son leyes a las cuales no puede escaparse. Hay leyes de acústica, leyes de equilibrio, leyes de matemáticas. Es en ellas donde hemos de buscar una disciplina; no en reglas que propician la pereza de los que no quieren buscar... Los clásicos trabajaron con líneas; su estilo, contrapuntístico-horizontal, es arte de líneas en movimiento. En época como la nuestra, caracterizada por la velocidad y la síntesis, debemos trabajar con masas, planos y volúmenes. Por ello creo estéril la tendencia neoclásica. (132-3)

Lo que nuestro futuro escritor musicólogo traduce muy naturalmente en idioma arquitectónico: "Lo que le interesa [a Varèse] es determinar el movimiento de sus masas, la importancia de sus planos, la dosificación de sus volúmenes, con precisión matemática. Sus arquitecturas musicales...". Y sigue así, sentenciando: "'Es cuestión de instinto, pero su fijación no debe dejarse al azar. La razón debe controlarlo, todo', opina Varese".[11]

Opinión de un maestro, revolucionario ciertamente, pero racionalista en su arte y ordenado en su manera. Su digno discípulo, nuestro cronista, no parece discrepar, y aún menos el futuro escritor, maniático formalista, que sin embargo hará del desorden una característica del barroco chapeado sobre la solidez estructural, clásica, de la forma.

---

[10] Carpentier había escrito para Varèse "un poema para voz femenina y orquesta", en suma, una cantata lo mismo que su héroe compositor de *Los pasos perdidos*. Lo anuncia al final del artículo citado (134).

[11] Carpentier añade: "(Principio de los planos, masas-volúmenes) [...] La posición de los timbres delimita los planos...Y a planos mayores, volúmenes mayores. [...] Cuando se piensa la música en volúmenes y no en líneas, cada idea, según su origen, según su fisonomía grácil o violenta, mecánica o sinuosa, idílica o feroz, trae consigo ritmos diversos" (133).

En el artículo dedicado a Le Corbusier ("Reflexiones sobre la arquitectura moderna"), quien no era todavía célebre, comienza Carpentier por situarlo en su tiempo, "reaccionando vigorosamente contra la atmósfera 1900" (que Carpentier no define), luchando a través de su revista de los veinte, *L'Esprit Nouveau.* Pues, pugnando contra lo que llamamos justamente *art nouveau,*[12] de curvas muelles y sensualmente lánguidas, femeninas.[13] Haré notar que este arte, en sus líneas elegantes, sus ondulaciones rítmicas, se inspiraba del mundo vegetal, tomaba sus modelos en el gótico y en el barroco.[14] Pero este Carpentier –joven cronista– anterior al Carpentier novelista –no parece, en aquel momento, sentir las potencialidades estilísticas barroquizantes que habrán de ser las suyas más adelante, siendo entonces el barroco un concepto ampliamente ignorado en Francia a pesar de los esfuerzos de Eugenio d'Ors en 1927 por restaurarlo.[15] En reacción a las voluptuosidades contorneadas del *art nouveau,* el *art déco* de los años veinte y treinta, anunciado por las vanguardias cubista, futurista y constructivista y el interés por los grafismos egipcios y precolombinos, volvía a las formas geométricas evidentes, a la estilización. Ahí radica sin duda en aquella época el origen de esa vuelta al rigor antidecadentista, antiimpresionista, antisimbolista que Carpentier, en sus años de formación, se complace en subrayar: "el ser humano, cansado de vaguedad, de impresiones fugaces, de paradojas, reaccionando vigorosamente contra la atmósfera del 1900, aspiraba a conocer las satisfacciones positivistas de una era matemática, lógica, en que nada fuera confiado al azar".

Sin embargo, en una como inflexión que anuncia futuras reflexiones, Carpentier denuncia las utopías excesivamente racionalistas de aquel tiempo: "Florecieron teorías. La música fue analizada por medio de la pintura; la arquitectura fue explicada por medio de la música".

Todo aquel hervor y afán renovador que se creía definitivo le aparece, en el umbral de los años treinta, "como un estado de transición, destinado a incubar

---

[12] Movimiento europeo entre 1895 y 1905; se denomina también *modern style, Jugendstil, Secessionstil, Liberty, arte joven, modernismo,* según los países… o *art nouille* ('fideos') o *métro* para sus detractores.

[13] Ilustrado entre otros, recordémoslo, por Gaudí en Cataluña, Guimard (metro de París), Gallé, Daum (cristalería) en Francia, Horta en Bélgica, Mucha en Praga, etc.

[14] Del estilo *ecléctico* o *histórico* de mediados a fines del siglo XIX (neogótico, neorrenacentista, neobarroco) o también llamado *sincrético* cuando los mezcla, el arte nuevo o modernismo no parece retener más que la elegancia lánguida de las figuras y la ornamentación barroca. Sobre el barroco, véase Pelegrín. *Figurations,* sobre las relaciones entre barroco y *art nouveau,* véase Portoghesi, Quattrocci y Quilici.

[15] Durante la famosa *Décade* de Pontivy. Hicimos el balance del barroco en Francia, como cincuenta años más tarde, en Cerisy, prolongamiento histórico y familiar de Pontivy véase *Figures.*

nuevas nociones [...] labor de depuración" (271-2) de todo lo cual se siente heredero, pero haciendo su elección entre la herencia global.

Me detuve sobre estos artículos porque me parecen reveladores y emblemáticos sin duda del fundamento teórico, formal y conceptual –música, arquitectura– de la obra de Carpentier: la fluidez musical como el suave difumino de los ángulos rectos de la rígida arquitectura de su prosa. Pero cabe subrayar que, sin abdicar jamás del rigor formal de esas dos disciplinas predilectas de la arquitectura y de la música, en el paso a los años treinta, se distancia un poco de esas teorizaciones demasiado manifiestas para tal vez delinear la que hará suya, conservándola a lo largo de toda su obra con una constancia patente. De modo que su ensayo *La ciudad de las columnas*, ilustrado con fotos sobre la arquitectura de La Habana, es una reflexión retrospectiva sobre sus propias teorías puestas en práctica en sus libros.

Lo natural y lo cultural

Paisaje cultural

Una larga cita de Humboldt –*Los pasos perdidos* saben a homenaje al gran viajero– abre la obra. El explorador geógrafo declara en ella su deseo de europeo que "trata de entender los elementos diversos de un vasto paisaje, contemplar esas fortalezas que coronan las rocas" (9).

Entonces, el paisaje, incomprensible a la primera mirada, como otra lengua desconocida, se plantea como materia a entender, a *comprender* literalmente, a "aprehender" y la arquitectura, aquí esas "fortalezas", resultan como una emanación, una continuidad del paisaje mismo, coronamiento humano de la roca natural bien entendida. Entonces, describir para inscribir, razonar la naturaleza para comprenderla, aprenderla para aprehenderla, poseerla:[16] mirada cultural, intelectual sobre el mundo a conquistar. Bajo el caos de la naturaleza, el sabio busca el orden, la forma, la formalización, depurando las formas brutas en volúmenes, los volúmenes en superficies, las superficies en líneas: las del escrito que la describe. Tras el árbol, que esconde el bosque, el arquitecto ya ve en el tronco el fuste de la columna y el carpintero, el futuro mástil del barco.

Humboldt, detrás de quien se esconde Carpentier, relata la "prodigiosa altura" de las palmas e intenta también descifrar "esta ciudad, medio oculta por una selva de mástiles y los velámenes de las naves..." (10), ciudad casi sepultada bajo esa silvestre arboladura que refiere, quiasmáticamente, al bosque

---

[16] Sobre esta apropiación por la descripción de los primeros exploradores, por la cartografía, véase mi *Figurations* 55-7.

original del cual es, en plena ciudad –que resulta también un claro en medio de ese bosque de mástiles– una metáfora "englobante".

El geógrafo amigo de Gœthe (el que se alegraba de la naturaleza domesticada de Europa, como lo lamenta varias veces Carpentier[17]) bien nota que, aquí, el paisaje de las Antillas no tiene "ni el lujo de vegetación", ni "la salvaje majestad de las costas rocosas" de la América del hemisferio austral. Paisaje intermedio, junta sin embargo la gracia, dice, "que en nuestros climas embellecen los paisajes de *naturaleza culta*" y "la majestad de las formas vegetales [y el] vigor orgánico que caracteriza la zona tórrida" (9).

Clima contra clima, naturaleza "culta" de un lado y naturaleza no exactamente "inculta" aquí pero de un majestuoso vigor. De esos elementos, Carpentier parece primero retener esa convivencia entre cultura y naturaleza en el seno de esa ciudad enroscada en medio de un bosque, de una columnata de mástiles en que la primera columna de piedra, con gracias vegetales, se le antoja crecer naturalmente cual otro árbol en medio de los patios umbríos: "columna interior, grácilmente nacida en patios umbrosos, guarnecidos de vegetaciones, donde los troncos de palmeras [...] convivieron con el fuste dórico" (21).

Primera columna, plantada como en tiesto en el patio interior, que se hace tronco natural de un linaje antes de llenar, con su proliferación de generosa planta, toda la ciudad:

> la *columna* [...] elemento de decoración interior [...] se arrojará a la calle y creará [...] una de las más singulares constantes del estilo habanero: la increíble profusión de *columnas*, en una ciudad que es emporio de *columnas*, selva de *columnas*, *columnata* infinita, última urbe en tener *columnas* en tal demasía; *columnas* que, por lo demás, al haber salido de los patios originales, han ido trazando una historia de la decadencia de la *columna* a través de las edades. (26)

Notemos de paso que el mismo estilo, típico de Carpentier,[18] expresa en esa frase el crecimiento de esa vigorosa y majestosa vegetación de piedra por la repetición musical de la palabra y de la noción de columna (que subrayo), *arquitextura*[19] colocándose sobre la arquitectura de la frase, cada ocurrencia de

---

[17] En *Los pasos perdidos:* Goethe cantaba la naturaleza domada, liberada para siempre de sus locas y febriles conmociones (I, VI, 60; II, VIII, 95). Lo que excluye a la europea Mouche, personaje absurdo de un mundo en que la maleza había sido reemplazada por las veredas trazadas a cordel (III, XVII, 151). Misma idea en *La consagración de la primavera*, en que siente la naturaleza peinada, domesticada, de Versalles y Schönbrunn.

[18] Véase la última parte de mi libro sobre Carpentier, "De la répétition généralisée", en que analizo todas las formas de repetición del escritor.

[19] Sobre estas nociones de arquitectura y arquitextura textual, remito a mi libro *Éthique* 39-53.

la palabra variada por adjetivaciones semánticas que la matizan. La Habana, de este modo, velada de velas y mástiles de navíos, reproduce en su mismo seno el bosque esquematizado que la estrecha, contagio, prolongación, como los castillos rocosos y roqueros, de una naturaleza culta que hace mástil y columna del tronco inculto del árbol : "troncos de selvas posibles" (84).

También se recalcará que la frase, circular, traza un circuito, un ciclo, el del nacimiento a la decadencia por el tiempo de esa arquitectura viva que conoce su fase ascendente, su apogeo sin duda, y por fin su lenta degradación a través de las edades: con la implícita nostalgia, siempre sensible en Carpentier, de los orígenes en su frescor y verdad primigenias, de vuelta a las fuentes, "Viaje a la semilla", hasta para la columna vegetal, al fin podrida, mas con la esperanza de retoños siempre renovados.

Clima y cultura

Si la mirada del hombre culto hace cultura de la naturaleza, Carpentier, tan erudito en lo que atañe a la naturaleza, en su militantismo americanista afecta invertir esta proposición: a la naturaleza europea domada por el hombre que loara Goethe, cuerdamente domesticada, opone la indomable naturaleza americana, inagotable y aun virginal reserva de formas y estilos, la que parece dictar o, al menos, sugerir sus leyes al hombre que halla en ella los formalismos artísticos preexistentes a su concepto.

Aquí va a oponer a los criterios arquitectónicos del "amigo de Goethe" (10), Humbolt, que deplora "el mal trazado de las calles" de la ciudad de las columnas, una justificación por la misma naturaleza, climática, de La Habana. Aprovecha la ocasión, con cierto mal humor ("Urbanismos" 10) que contrasta con la admiración anteriormente declarada a Le Corbusier y a su dogma de la arquitectura funcional, tomando ahora sus distancias con él, poniendo en paralelo y oponiendo el concepto científico de urbanismo teorizado por el arquitecto francés, desde la época de *L'Esprit Nouveau* y de un *instinct d'urbanisme,* con la práctica urbanística secular. Él, que la sacralizara en otra época, opone la regla, la ley, al empirismo primero: "Tanto se viene hablando de urbanismo, desde entonces, que hemos acabado por creer que jamás ha existido antes una visión urbanística, o al menos, un instinto del urbanismo".

Su texto se hace entonces una defensa y una ilustración del inmemorial instinto, sabio, contra la ciencia más avanzada, presumida. De ese modo, el mal trazado caprichoso de las calles que chocara a Humbolt, resulta un dictado de una lógica superior, climática y natural:

> llega uno a preguntarse, hoy, si no se ocultaba una gran sabiduría en ese *mal trazado* que aún parece dictado por la necesidad primordial –tropical–, de jugar al escondite con el sol, burlándole superficies, arrancándole sombras, huyendo de sus tórridos anuncios de crepúsculos, con una ingeniosa

multiplicación de aquellas *esquinas de fraile* que tanto se siguen cotizando, aún ahora, en la vieja ciudad de lo que fuera *intramuros* hasta comienzos del siglo.

Del mismo modo, los colores sombríos de las fachadas, que pueden desconcertar la estética urbanística académica, responden a las mismas necesidades climáticas sentidas ancestralmente y cuya moderna ausencia lleva su inmediato castigo sobre las pieles incautas de los estetas nuevos; novicios del sol:

> Hubo, además, mucho embadurno –en azafrán oscuro, azul sepia, castaños claros, verdes de oliva– hasta los comienzos de este siglo. Pero ahora que esos embadurnos se han quedado en los pueblos de provincia, entendemos, acaso, que eran una forma de *brise-soleil*, neutralizador de reverberaciones, como lo fueron también, durante tanto tiempo, los medios puntos de polícroma cristalería criolla.

Utilitarismo elevado al rango artístico como el arte se eleva al nivel de lo útil en ese perpetuo paso de la naturaleza a la cultura. Testimonian por ello los artistas que hacen motivo original de esos funcionales y delicados "medios puntos", esas impostas vidriadas sobre las puertas, con forma de abanico, esos "abanicos" en oscuras vidrieras filtrantes que, dice, "volvemos a encontrar como constantes plásticas definidoras, en la pintura de Amelia Peláez o René Portocarrero".[20]

El fallo cae evidentemente a favor de ese pragmatismo, ciencia inconsciente, funcional, sin teoría, que, espontáneamente, va más allá de la ciencia consciente de los urbanistas modernos planificadores: "Mal trazadas estarían, acaso, las calles de La Habana visitadas por Humboldt. Pero las que nos quedan, con todo y mal trazadas como pudieran estar, nos brindan una impresión de paz y de frescor que difícilmente hallaríamos en donde los urbanistas conscientes ejercieron su ciencia" (12-13).

Ajustadas las cuentas al desprecio de Humbolt por las tortuosas calles de La Habana, nuestro Carpentier las tiene ahora con Le Corbusier, tan encomiado antaño, sin nombrarlo más que por una perífrasis. Critica su incomprensión climática, solar, y da la preferencia a los modestos arquitectos insulares que supieron componer con el dato esencial del sol, creando ese "medio punto", mediador vital entre la sombra y la luz, el afuera y el adentro:

---

[20] Tales "abanicos", filtros del sol, como ya se ha visto en el caso de Peláez y Portocarrero, "explican ciertas características de la pintura cubana contemporánea. La luz, en los cuadros que esa pintura representa, les viene de adentro. Es decir: de fuera. Del sol colocado detrás de la tela. Puesto atrás del caballete" (79).

> El medio punto cubano –enorme abanico de cristales abierto sobre la puerta interior, el patio, el vestíbulo [...]– es el *brise-soleil* inteligente y plástico que inventaron los alarifes coloniales de Cuba, por seguro razonamiento, mucho antes de que ciertos problemas relacionados con la luz y la penetración de la luz preocuparan, en Río de Janeiro, a un famoso arquitecto francés.

El arquitecto europeo no sólo parece venir tarde en un mundo solar demasiado viejo sino que sus soluciones vienen ahora discutidas por nuestro americano militante que destaca en ellas una falta de adecuación con el medio ambiente, con la naturaleza, en suma:

> Pero cabe señalar aquí, de paso, que el *brise-soleil* de Le Corbusier no colabora con el sol, quiebra el sol, rompe el sol, aliena el sol, cuando el sol es, en nuestras latitudes, una presencia suntuosa, a menudo molesta y tiránica, desde luego, pero que ha de tolerarse en plano de entendimiento mutuo, tratando de acomodarse con él, de domesticarlo en cuanto sea posible. Pero, para entablar un diálogo con el sol hay que brindarle los espejuelos adecuados. Espejuelos que sirven al sol para ser más clemente con los hombres. (75-6)

(Señalo otra vez de paso que tenemos en esta cita un ejemplo de ese tipo de frase carpenteriana fuertemente estructurada en que la repetición –que sigue más allá de este extracto– teje y "musicaliza" la arquitectura sintáctica).

Así como ciertos estilos, en su opinión, preexisten en América aun antes de su formulación por el hombre, esos "abanicos", que ya definen según él unos rasgos de la pintura cubana, parecen anticipar también, por sus motivos esencialmente geométricos y sus colores puros, un arte abstracto todavía desconocido:

> Triángulos combinados, ojivas entrelazadas [...] despliegues de colores puros. A veces, en el medio punto se insinúa la figuración de una flor, de un motivo de heráldica, de algún penacho barroco. Pero nunca se llega ahí a la figuración. La construcción plana, de cristales traspasados por un sol mitigado, amaestrado, es de composición abstracta antes de que alguien pensara en alguna posibilidad de abstraccionismo sistemático. (77)

Del barroco "natural" al barroco urbano

"Medio punto" y rejas: sol y plantas

Urbanidad del barroco: arte urbano en su origen, resulta, en la adaptación que de él hace Carpentier, una manifestación espontánea de la naturaleza americana, de su vegetación antes de todo.

Así el "medio punto", "elemento fundamental del barroquismo cubano" (68) para Carpentier, evidente artificio artístico pero dictado por el clima cálido en exceso, *punto medio* precisamente entre un exterior apremiante y un interior adaptado a esa exigencia: guión entre la naturaleza y la cultura, entre la ley del mundo físico y la adaptación humana física y psicológica, florecimiento vidriado de exquisita flor tropical en el invernadero aclimatado de la casa.

Así las volutas de esas rejas vegetalizadas o voluptuosas vegetaciones de hierro que, a veces, rubrican caprichosamente la rigidez de la página plana de una fachada, que tejen con sus arácneos almozárabes el zaguán hondo y sombrío de una mansión, o "guardavecinos" que afectan dividir con sus espinosos garrapatos un rectilíneo balcón colectivo, mentida barrera metálica a través de la cual platica una charlatana población, eflorescencias perpendiculares al muro de las cuales brota, cuelga y se mece la flor, también de hierro forjado, de una lozana linterna : delicado tejido *arquitextural* sobre la sólida arquitectura de los edificios, ornamentos, *cadencias* en sentido musical, que suavizan con sus *fiorituras* los ángulos demasiado precisos de la rítmica demasiado geométrica, demasiado tiesa, de la escansión metronómica demasiado regular, sobre la rectitud del pentagrama, del compás regular de las retahílas de arcos de la ciudad de las columnas. Librando paso a la elocuencia de las fotos del libro, Carpentier se hace más elíptico sobre esos signos, esas líneas de hierro moldeable, como sensualmente ablandadas por la muelle humedad ambiental, sobre esos difusos garabatos con garbos herbiformes o asperezas montaraces, frondosos florecimientos sobre el despliegue de palma de la columna y de su arco: "también tendríamos que hacer un inmenso recuento de rejas, un inacabable catálogo de los hierros, para definir del todo los barroquismos siempre implícitos, presentes, en la urbe cubana" (42-3).

Anexionada también por Carpentier en su concepción del barroco, la reja cubana se evade de sus límites cronológicos para volver a brotar en el neobarroco de fines del siglo XIX y en ese *art nouveau* (que nuestro escritor no llega a nombrar), inspirados por el mundo vegetal como recordé antes, los que parece fustigar al par que el rigor geométrico de Le Corbusier. Esas rejas, dice, "responden a la más pura estética de Mucha y la Exposición 1900, con un indefinible sabor entre prerrafaelista y wildiano" (48).[21]

La ciudad metaforiza, pues, en vidrio, hierro, en lujo ciudadano, la lujuriante y majestuosa vegetación americana (tropical y ecuatorial, de hecho), introduce de ese modo al paisaje dentro de sus muros, según el deseo de Le

---

[21] Los "prerrafaelistas" son los pintores (Hunt, Millais, etc.) que obedecen a la estética del escritor, poeta y pintor inglés Dante Rossetti (1828-1882), que funda en 1848 la *hermandad prerrafaelista,* pregonando un *primitivismo* que buscaba sus fuentes en el *quattrocento* italiano (en los pintores calificados de "primitivos") interpretado de manera a la vez sensual, idealista y perversa que anuncia el simbolismo, el decadentismo finisecular del cual Oscar Wilde (aficionado a las paradojas, al parecer despreciadas por el Carpentier del artículo sobre Le Corbusier) será el más brillante representante.

Corbusier.[22] Bien es verdad que cuando uno se encuentra en la selva amazónica, asombra la abrumadora abundancia de bejucos, "proliferación" calificada de barroca por Carpentier en *Los pasos perdidos*, pero barroquismo que yo veo más en sus torsiones, contorsiones, en los como entorchados de sus enrollamientos, enroscaduras, lazos y entrelazos, en sus zarcillos de volúbilis estrechamente tejidos alrededor de los árboles, que prestan a los troncos, en las grandiosas naves de catedral del bosque, la pinta serpentina, entorchada, de las columnas salomónicas del Bernini: otra vez, en esto, el tejido, el trenzado de la arquitectura, la nutrida red en rededor de la imperturbable rectitud del árbol.[23]

Las columnas

Pero, naturalmente, la columna, metáfora del árbol, del cual saca sin embargo su origen,[24] es la que se gana la palma del barroco citadino según el novelista.

Crecida en jardín cerrado (un patio), coronada del penacho, de las palmas de sus arcadas, la columna, palmera (surtidor vegetal), pero palmera de piedra, íntima primero, vio la proliferación de su especie lanzarse a la conquista de la calle, de la ciudad, tan sombreada de pilares y arcos como otros tantos troncos de árboles coronados de umbrosas frondas. El patio de soportales, la arquería, que encierra en su centro un árbol columna resulta entonces algo como una sinécdoque, una *mise en abyme* de la ciudad de las columnas, una metáfora del bosque, una célula arquitectónica que se despliega, se desarrolla, o un compás musical que se orquesta, se amplifica en proporciones potencialmente infinitas.

De ese modo puedo traducir el pasaje siguiente en el que, siempre tan naturalmente, Carpentier pasa de la terminología musicológica ("modular" significa pasar de un tono a otro) a la gramática arquitectónica, cuando evoca el "modulus" clásico del latino Vitruvio, reempleado por Vignola, Palladio y

---

[22] El arquitecto consideraba que la Alhambra era ejemplo perfecto de integración del paisaje en la arquitectura, lo que explica los grandes vanos vidriados sin postigos de sus edificios, que se pueden admirar en su "cité radieuse" ("ciudad radiante") de Marsella.

[23] Haré notar que, en la polémica que llamaré "anti-barroca", para simplificar, que nace en Francia a la vuelta de los siglos XVII y XVIII sobre la arquitectura, los partidarios del orden nuevo (que desembocaría en el neoclasicismo hacia 1750) como Laugier en su tratado de arquitectura, azotan duramente el fuste de columna salomónica, tachado de antinatural, tan informe como las piernas y pies torcidos de los inválidos. Remito a mi *Figurations* 421-34. En ese mismo libro, sobre la selva amazónica y sus laberintos acuáticos, en piragua, expongo mi experiencia, algo distinta de la de Carpentier en cuanto a la interpretación estética (48-55).

[24] El templo griego es la traducción en piedra de la cabaña de palo: unos troncos de árboles para sostener una viga transversal sobre la cual se pone el triángulo de un techo (el frontón) para permitir la evacuación del agua de la lluvia por ambas laderas.

demás arquitectos durante el renacimiento y hallando sin duda la versión moderna en Le Corbusier, en ese "modulor" (¿módulo y "número de oro"?) de la proporción ideal que el arquitecto francés quiso simbolizar por un dibujo en cada uno de sus apartamentos. Carpentier escribe: "En cuanto a los millares de columnas[25] que modulan –es decir: que determinan módulos y medidas, un *modulor*...– en el ámbito habanero, habría que buscar en su insólita proliferación una expresión singular del barroquismo americano" (80).

El famoso "módulo", heredado de Vitruvio, el único arquitecto de la antigüedad cuya obra, aunque mutilada, haya llegado hasta nosotros, diminutivo de *modus* ("medida"), era el marco (medio diámetro del fuste de la columna) adoptado para establecer las proporciones ideales de un edificio. Se puede entonces apreciar con qué justeza arquitectónica, metaforizada por cierto, Carpentier emplea el término: la columna resulta pues el "módulo", da bien el compás (arquitectónico y musical) de "la ciudad de las columnas": el múltiple se mide al rasero del uno.

Pero no basta multiplicar la unidad por *x* ejemplares, no basta hacer proliferar el módulo para hacer de La Habana una ciudad barroca. Multiplicar la unidad por el múltiplo no equivaldría más que a repetir *lo mismo* hasta el infinito, imposible sueño de identidad en que se agota el clasicismo en su afán de asemejarse al modelo perfecto, único. El barroco, como pude demostrarlo a través de sus diversas expresiones artísticas, si parte de un modelo, nunca lo repite sino que lo varía, le aporta alteridad, diferencia: la *variación* (la "diferencia" musical española) es el género barroco por excelencia. Y aquí vuelvo a coincidir con Carpentier y su concepción de un barroco proliferante en la medida en que, implícitamente, muestra no la simple multiplicación o la acumulación de lo mismo sino que, a partir de lo *mismo*, sobre todo, de variación en variación, enseña la integración del *otro*, lo que llama, sabemos, la simbiosis, el mestizaje.[26]

Así, si en *Los pasos perdidos* hace de Nueva York la ciudad de la uniformidad para el desengañado protagonista, no ocurre lo mismo para el cronista Carpentier que no la ve ni "monótona" ni con dos calles "idénticas", al contrario dotada de barrios con estilos y colores diversos que les prestan una originalidad propia : una ciudad con "aspectos barrocos" según él. Lo único que deplora, es la uniformización causada por la vida y funcionalidad modernas de una

---

[25] Se refiere a La Habana, claro, pero Bolonia, que no es una ciudad particularmente barroca, cuenta con unos treinta kilómetros de arquerías.

[26] He definido el barroco como "art d'accueil", "arte de acogida", en mi libro, expresión que ya se ve repetida en muchas partes, para mostrar, a partir de sus invariantes, las variaciones (de tiempo, de lugar), su facultad de adaptación y de adopción de otros códigos integrados en una unidad en que el uno dice armoniosamente con el otro, el múltiple.

arquitectura que celebrara en su juventud en reacción contra un urbanismo más estético que práctico. Pero esa funcionalidad antes alabada, es ahora lo que hace que todas las ciudades tiendan a asemejarse desesperadamente, en el norte o sur de América: obsesión de lo "mismo" repetido en su frase reveladora de la repetición: mismos tipos de viviendas, de locales comerciales, de colores, de materiales, etc. ("La ville" 431).

Podríamos glosar y globalizar esa aguda observación de una "mundialización" cultural ya en marcha en aquella época, traducida ahí, en la larga frase que no cito, ya no en la repetición multiforme y variopinta sino en la clásica uniformidad monocorde y monocolor.

Frente a la implacable repetición ordenada, razonada y geométrica de lo *mismo*, que seguramente se podría cifrar en términos de eficiencia y rentabilidad económicas, que amenazan la individualidad y la originalidad, el desorden con sus caprichosas mezcolanzas de azar más que de necesidad lógica, que tanto criticara antaño en sus años de crítico de arte, le aparece ahora a nuestro teórico una sana virtud, una irónica revancha de la naturaleza, del clima que se desquitan del ordenamiento forzado y razonado de las acompasadas arquitecturas clásicas:

> Espíritu barroco [. . .], mestizo de cuanto se transculturalizó [...] que se tradujo en un irreverente y desacompasado rejuego de entablamentos clásicos, para crear ciudades aparentemente ordenadas y serenas donde los vientos de ciclones estaban siempre al acecho del mucho orden, para desordenar el orden apenas los veranos, pasados a octubres, empezaran a bajar sus nubes sobre las azoteas y tejados. (84)

El desorden preside caprichosamente al injerto inesperado, acompañado de acumulación, de la *prodigalidad* más que de esa "proliferación" diría yo (¡que podría ser nefasta tratándose de un virus!), valores lúdicos de derroche más que de burgués ahorro, de la cual testimonia la América del sur, emblematizada aquí en Cuba y esos estilos diversos de columnas que conviven a través del tiempo:

> Cuba, por suerte, fue mestiza –como México o el Alto Perú. Y como todo mestizaje, por proceso de simbiosis, de adición, de mezcla, engendra un barroquismo, el barroquismo cubano consistió en acumular, coleccionar, multiplicar columnas y columnatas en tal demasía de dóricos y de corintios, de jónicos y de compuestos, que acabó el transeúnte por olvidar que vivía entre columnas, que era acompañado por columnas, que era vigilado por columnas que le medían el tronco[27] y lo protegían del sol y de la lluvia, y hasta que era velado por columnas en las noches de sus sueños. La multiplicación de las columnas fue la resultante de un espíritu barroco

[27] Alusión a que se medía también el cuerpo sobre las proporciones de la columna.

> que no se manifestó –salvo excepciones– en el atirabuzonamiento de pilastras salomónicas vestidas de enredaderas doradas. (80-1)

Ahora lo podemos constatar: el medio arquitectónico circundante de esos bosques de piedra, cultural, se hace tan natural para el autóctono como una ambiente vegetación natural. El barroco "natural" de Carpentier, vuelto "artificial" por la obra de arte, vuelve a un estado de naturaleza por la sólita frecuentación: lo insólito se vuelve la norma.

¿Estilo sin estilo?

Haré aquí hincapié en una como molestia o vacilación en Carpentier: al parecer, ha hecho caso omiso de la noción de barroco histórico (estilos de fines del siglo XVI a mediados del XVIII para una mayoría de historiadores de arte); ahora, la ensancha de tal modo con sus conceptos de naturaleza y de mestizaje cultural que su barroco personal resulta intemporal, coincidiendo por ahí con Eugenio d'Ors y su teoría de los *eones* transhistóricos.

De suerte que, si ve en la columna "una de las más singulares constantes del *estilo habanero*" (26), no impide que haya denegado a la ciudad cualquier estilo propio, justamente a causa de esa proliferación desordenada, a través de las edades, de esas columnas cuyo encanto tanto nos ponderaba:

> la superposición de estilos, la innovación de estilos, buenos y malos, más malos que buenos, fueron creando a La Habana ese *estilo sin estilo* que a la larga, por proceso de simbiosis, de amalgama, se erige en un barroquismo peculiar que hace las veces de estilo, inscribiéndose en la historia de los comportamientos urbanísticos. (13-4)

El barroco, ya tan personal de Carpentier, se hace aquí un estilo por ausencia, una etiqueta pegada sobre una indefinible superposición de estratos arquitectónicos históricos diversos, difíciles de resolver en términos de teoremas científicos o fórmulas definitivas de la academia. Consciente de su contradicción, consigue finalmente corregir y matizar esas "*constantes* que han contribuido a comunicar un estilo propio, inconfundible, a la ciudad aparentemente *sin estilo* (si nos atenemos a las nociones académicas que al estilo se refieren)" (20).

Sin embargo, sin renegar aun de esas "nociones académicas", años antes, había dado con una formulación, la de "tercer estilo", para calificar la ciudad latinoamericana: "Nuestras ciudades no tienen estilo", afirmaba, corrigiendo inmediatamente: "tienen lo que podríamos llamar un tercer estilo", al que define de manera paradójica: "estilo de las cosas que no tienen estilo" ("Problemática" 15). Poco después precisa esa insólita definición: "obtenido por la amalgama o por un nuevo montaje de elementos, fealdad embellecida por unos acercamientos fortuitos" (18-9).

En suma, es algo como lo que años más tarde llamaríamos post-modernidad o neobarroco: el libre juego, anacrónico, los injertos entre estilos históricos diversos en una distancia muchas veces irónica de las jerarquías y escalas de valores: modo nuevo de ensamblar elementos antiguos.

En el fondo, es lo que sueñan con hacer el compositor de *Los pasos perdidos* y la coreógrafa Vera de *La consagración de la primavera*: rechazan las formas contemporáneas de su arte para hacer obra moderna de prácticas ancestrales olvidadas. Irritante o conmovedor candor de la nostalgia de los orígenes, que persigue de manera demasiado insistente y lancinante la obra de Carpentier para que no esconda una secreta herida: en este mismo libro de amor a su Habana, no puede reprimir la evocación de "aquella Habana anterior a La Habana" (*La ciudad* 15).

Grado cero del mundo, de la música, de la arquitectura, de la escritura: edificar todo de nuevo, de manera enteramente nueva. A mundo nuevo, humanidad nueva. Pero que eludiría de ese modo un barroco fatalmente inscrito en el tiempo, hecho de superposiciones cronológicas, aun cuando se quiera soñar con Carpentier que, al igual que los demás estilos, preexistía ya en la naturaleza americana, esperando pacientemente ser descrito y escrito por un ojo, una mano de hombre.

Años más tarde, Carpentier, en vísperas de su muerte, ampliaba el artículo precedente. Su noción de barroco, ya tan lata, integra la moderna o post-moderna de "neobarroco" que no vacila en aplicar a un mundo (que ya no es sólo latinoamericano aunque se refiere aquí a él) en loca expansión:

> Que nuestro mundo es barroco, lo hemos entendido ya, y, por lo mismo, observamos que lo barroco sigue siendo la característica constante del *mundo en expansión* que nos ha tocado expresar.
>
> Si la Caracas que conocí en 1945 era ya una ciudad barroca por el color de sus casas, el calado de sus romanillas, la pluralidad de sus tejados rojos, el enrevesado estilo de sus letreros, el tropical *desorden* de su Mercado Central, etc. etc., hoy, atiborrada de rascacielos, sigue siendo una ciudad barroca –más barroca que antes, acaso– por la total *anarquía* de su arquitectura *demencial*.
>
> Igual ocurre en São Paulo, por ejemplo, donde ha surgido un *neobarroquismo* del concreto armado, el aluminio, el vidrio; barroquismo del progreso *desaforado*. (*La novela* 18-9, énfasis mío).

Conclusiones

Podemos medir pues, de los artículos sobre la música y la arquitectura de los años treinta al ensayo sobre La Habana, el camino recorrido por Carpentier, del cronista al novelista: el heraldo, el portavoz de la ley matemática, del rigor, del orden en todo orden de cosas, se ha vuelto ahora la voz cantante lírica de los desórdenes orgánicos vitales. Lo que no afecta para nada el equilibrio de su creación ni de su estilo, tan cuerdamente ordenados en su estructura profunda como sabiamente desordenados en su superficie.

Así que la frase "barroca" de Carpentier, ínfima arquitectura rítmica, y fónica a veces, fundada en repeticiones internas, se teje en extensos conjuntos, se construye en páginas, capítulos, basados en recurrencias, ecos, motivos semánticos –cuando no sonoros– que manifiestan la maestría artística y artesanal del autor, del *artifex*, del arquitecto, sobre la globalidad de la obra o del libro: nada queda al azar si bien se mezcla a veces lo involuntario. Pero si la teoría, el concepto, poco dejan al poema, no es así en el caso de la musicalidad muchas veces o del ritmo siempre. Pese a la aparente severidad de párrafos compactos, el tieso teorema, hábilmente disfrazado, deja lugar a la ondulante melodía.

Bibliografía

I. Primaria

Carpentier, Alejo. *Los pasos perdidos*. [1953] Barcelona: Bruguera, 1979.

_____ *La ciudad de las columnas*. La Habana: Letras Cubanas: 1982.

_____ *Crónicas*. 2 v. La Habana: Arte y Literatura, 1976.

_____ *Ese músico que llevo dentro*. 3 v. Zoila Gómez, ed. La Habana: Letras Cubanas, 1980.

_____ *La novela latinoamericana en vísperas de un nuevo siglo y otros ensayos*. Madrid: Siglo XXI, 1981.

_____ *Chroniques*. Carmen Vásquez, ed. Paris: Gallimard, 1983.

_____ "Un revolucionario en la música: Edgar Varèse" [*Social*, 6 junio 1929] *Crónicas* I: 129-34.

_____ "Personalidades...Tendencias..." [*Social*, septiembre 1931] *Crónicas* I: 221-6.

_____ "Reflexiones sobre la arquitectura moderna" [*Social*, octubre 1932] *Crónicas* I: 271-7.

_____ "Problemática de la actual novela latinoamericana". *Tientos y diferencias*. México: UNAM, 1964.

_____ "Reflexiones sobre la música" [*El Nacional*, 27 agosto1953] *Ese músico* III: 175.

_____ "Novela y música" [*El Nacional*, 8 noviembre 1955] *Ese músico* III: 213-4.

_____ "La ville moderne" [*El Nacional*,11 diciembre 1955] *Chroniques* 431.

_____ "Urbanismos, urbanistas, ciencia de la urbanización", 10.

II. SECUNDARIA

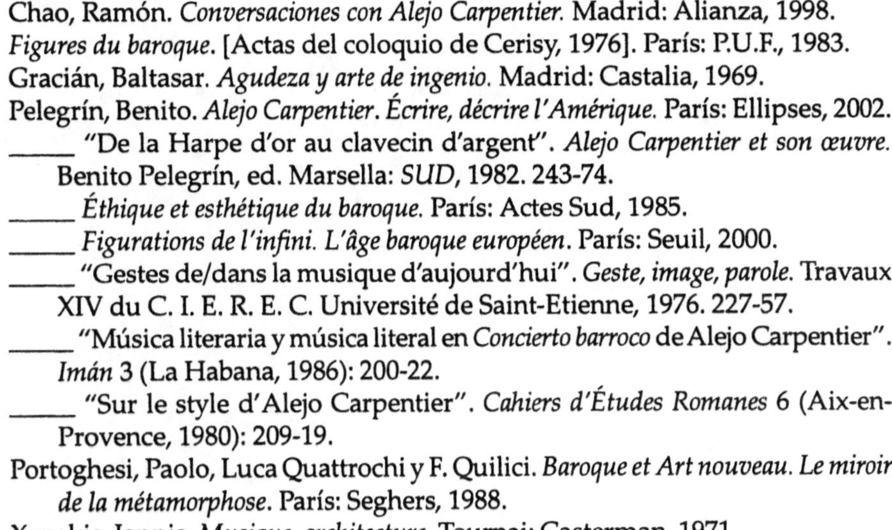

Chao, Ramón. *Conversaciones con Alejo Carpentier.* Madrid: Alianza, 1998.

Figures du baroque. [Actas del coloquio de Cerisy, 1976]. París: P.U.F., 1983.

Gracián, Baltasar. *Agudeza y arte de ingenio.* Madrid: Castalia, 1969.

Pelegrín, Benito. *Alejo Carpentier. Écrire, décrire l'Amérique.* París: Ellipses, 2002.

_____ "De la Harpe d'or au clavecin d'argent". *Alejo Carpentier et son œuvre.* Benito Pelegrín, ed. Marsella: *SUD*, 1982. 243-74.

_____ *Éthique et esthétique du baroque.* París: Actes Sud, 1985.

_____ *Figurations de l'infini. L'âge baroque européen.* París: Seuil, 2000.

_____ "Gestes de/dans la musique d'aujourd'hui". *Geste, image, parole.* Travaux XIV du C. I. E. R. E. C. Université de Saint-Etienne, 1976. 227-57.

_____ "Música literaria y música literal en *Concierto barroco* de Alejo Carpentier". *Imán* 3 (La Habana, 1986): 200-22.

_____ "Sur le style d'Alejo Carpentier". *Cahiers d'Études Romanes* 6 (Aix-en-Provence, 1980): 209-19.

Portoghesi, Paolo, Luca Quattrochi y F. Quilici. *Baroque et Art nouveau. Le miroir de la métamorphose.* París: Seghers, 1988.

Xenakis, Iannis. *Musique, architecture.* Tournai: Casterman, 1971.

Mujeres y papeles: Ruth y Mouche en el taller del escritor

Luisa Campuzano

CONSTRUIDA COMO EL RELATO DE VIAJE A LA AMÉRICA DEL SUR DE UN COMPOSITOR y musicólogo de origen cubano, tempranamente emigrado a Nueva York, *Los pasos perdidos* (1953), sin dudas la más estudiada novela de Alejo Carpentier, esboza una concepción muy antagónica y polarizada de la condición femenina, a través de los personajes protagónicos que sostienen relaciones de pareja con el narrador: Ruth, su esposa; Mouche, su amante; y Rosario, la mujer a la que se une en la selva. De acuerdo con lo que indica el título, sólo me ocuparé en estas páginas de las dos primeras: Ruth y Mouche, las que constituyen una entidad dicotómica, al mismo tiempo opuestas y complementarias entre sí, ya que en relación con Rosario, la mujer total, son su contrario, mientras que fuera de la relación con Rosario se oponen una a otra, de acuerdo con el modelo convencional: la esposa *vs.* la amante. Por otra parte, esta oposición entre Ruth y Mouche de un lado, y Rosario del otro, está absolutamente territorializada, se corresponde con el espacio de la civilización, satanizado: Ruth y Mouche, y el espacio de la barbarie, reivindicado como *locus amoenus*: Rosario

Narrada por un yo autobiográfico que anota experiencias desarrolladas en una actualidad que no dista mucho de la que correspondería a la escritura del texto (González), pero que simultáneamente con su desplazamiento geográfico hacia el sur, se abisma en otras temporalidades cada vez más remotas, y aun así coexistentes con el presente del relato, *Los pasos perdidos* narra el periplo circular de un protagonista hastiado de su monótona existencia y de su trabajo en una firma publicitaria de Nueva York, que aprovecha sus vacaciones para aceptar la invitación de una universidad a viajar a una selva en busca de ciertos instrumentos musicales. Allí se rebela contra su destino e intenta rehacer su vida. Pero fracasa y tiene que regresar a su abrumadora rutina y pagar las consecuencias de su rebelión.

La superposición de múltiples capas de sentido en *Los pasos perdidos*, así como la inagotable riqueza de su densidad intertextual y su así llamada "frondosidad verbal", han promovido muy diversas lecturas. Sin embargo, como ha señalado perspicazmente Donald Shaw, la intencionalidad ideológica de la novela ha sido poco o nada explorada, así como sus "caricaturizaciones" de escenarios –Nueva York–, o de personajes –Ruth, Mouche–, tan marcadamente contrastados con sus otros respectivos –la ciudad hispanoamericana, la mestiza Rosario–, que se nos presentan mucho más como productos de la subjetividad del narrador, que como creaciones derivadas de la orientación política del autor (51). Alejo Carpentier, como ha sugerido también perspicazmente González Echevarría, habría construido, desde la ironía, un protagonista quijotesco con el que jamás podríamos identificarnos ni nosotros ni el autor ("Ironía"). Este protagonista, además, al ser el narrador de su relato, construye a su vez a los restantes personajes de *Los pasos perdidos*. Detengámonos entonces en él.

La crítica ha coincidido en resaltar, en el primer capítulo, la ambigüedad del protagonista, sujeto y objeto de una narración en primera persona y escrita en inglés (Pérez Firmat), que se expresa en la escurridiza temporalidad del copretérito, un pasado que no concluye, que continúa en el presente. De igual modo, varios estudiosos opinan, partiendo del hecho mismo de que es un sujeto innominado, que hay mucho de desvaído, de poco consistente en su caracterización. Sin embargo, si buscamos en ella los rasgos y los desarrollos que lo presentan como un intelectual colocado en un contexto posmigratorio de desarraigo, esta caracterización alcanza una elaboración literaria y una densidad psicológica mucho mayores que las que le han concedido.

A mi parecer, el protagonista de *Los pasos perdidos* ostenta marcas de "ambigüedad", de "multiplicidad" (González Echevarría, "Introducción" 48) mucho más profundas que las que se han atribuido a la anfibología derivada del uso de la primera persona singular de copretérito, o el equívoco inherente al yo hipostático de la literatura de viajes, que se desdobla, como sabemos, en el yo de entonces y de allá, contemporáneo de su propio periplo, y el yo correspondiente al ahora y el acá de su escritura. El protagonista de *Los pasos perdidos* es, también, por supuesto, el personaje escindido entre "el Yo presente y el Yo que hubiera aspirado a ser algún día", según se ve a sí mismo en el espejo del salón del Curador (87). Porque es sobre todo el inmigrante que pasó inadvertida y rápidamente de la extrañeza y la distancia, a la incorporación y la naturalización, sin haber elaborado su duelo; el melancólico que se percibe a sí mismo como prisionero, y sólo encuentra formas de rebelarse en distintos modos de autoagresión.

Sin embargo, las señas del inmigrante apenas son perceptibles, y por eso han resultado irrelevantes para la crítica.[1] Oculto bajo muchas máscaras: la del músico devenido en publicitario, la del marido insatisfecho, la del veterano desencantado de la guerra, la del hastiado del mundo, la del prisionero de la ciudad, el rostro del inmigrante sólo asoma, alusivamente, en muy pocas ocasiones. Pero en momentos de cambio, como cuando Ruth, su esposa, parte de gira, y comienzan sus vacaciones; o cuando en su viaje llega a la ciudad hispanoamericana y reencuentra un escenario parecido al de su infancia y primera adolescencia; o cuando decide internarse en la selva en busca de los instrumentos; repito, en esos momentos de cambio, de viraje, reaparece, como marca de su irrenunciable condición, el español, produciéndose lo que se ha llamado "el regreso de las palabras", es decir, el retorno de la lengua materna, esa conexión fragmentaria, pero nunca del todo interrumpida, mejor, ininterrumpible, del exiliado con un mundo perdido (Wittlin, citado en Kaplan 37-8).

Del mismo modo su condición de inmigrante se pone en evidencia en el hecho de que toda su vida se desenvuelve en la única comunidad posible para los escritores y artistas expatriados, según Raymond Williams, la comunidad del "medio" intelectual, "de sus propias prácticas" (45) constituida por la amante "surrealista", sus colegas del estudio fílmico, un pianista, una bailarina, una decoradora, un arquitecto, *Extieich*, el pintor ruso... (91-7), a los que se suman la esposa actriz, y posiblemente judía, y el Curador del museo, venido de algún país de Europa central. Cuando esta comunidad se esfuma, aunque sea transitoriamente –la gira de la esposa, las vacaciones del equipo publicitario–, el protagonista cae en el vacío, no sabe a dónde dirigir sus pasos.

Estudios recientes sobre las llamadas "culturas del desplazamiento" (Saldívar), es decir, las culturas de las comunidades posmigratorias, coinciden en partir de las concepciones de Freud sobre la melancolía para abordar los conflictos producidos por el exilio (Kaplan 33-4), la nostalgia (Boym 53-5), o "el discurso reticente con el que se representa la emigración" (Martínez-San Miguel 210-1). Como sabemos, el duelo y la melancolía son, para Freud, reacciones "ante la pérdida de un ser querido o de una abstracción que haga sus veces, como la patria" (241). El duelo puede ser superado con el tiempo. Pero cuando no se supera el dolor de la pérdida, cuando no se elabora el duelo, los sentimientos de pena y de tristeza se vuelven contra quien los experimenta, colocándolo en un estado melancólico que erosiona todas sus relaciones con el

---

[1] Resumo a continuación algunos párrafos de mi estudio "Un extraño en dos ciudades".

mundo exterior –que considera, al igual que el narrador de *Los pasos perdidos*, como un teatro o como una cárcel–, y lo lleva a la concentración narcisista en su yo, en su autoconocimiento o su autoflagelación –lo que sucede igualmente con el narrador de *Los pasos perdidos*. En la melancolía, la pérdida no se define muy claramente, es más inconsciente, o se bloquea. Duelo y melancolía, sin duda, aquejan al protagonista de *Los pasos perdidos* y modelan, entre otras cosas, su visión de cuanto le rodea: tanto los espacios por los que transita como las personas con las que convive.

Esta visión tan polarizada de sus escenarios neoyorquino e hispanoamericano, y su propio desplazamiento al *locus* prenatal de la selva, a la América profunda anterior a la conquista, su "viaje a la semilla", al Tercer Día de la Creación, sólo pueden entenderse como la reacción de un intelectual que se llama a sí mismo "desarraigado", un hispano o latino *avant la lettre*, un *inbetween* no asumido, un inmigrante desconocedor de su propia identidad bicultural, cuya mirada estrábica, doble, establece un permanente contrapunto, un contraste entre lo que siempre va a percibir como antagónico. Todo lo que ve desde esta óptica tremendamente insólita en una novela de los años cincuenta del siglo pasado –y esto, desde una lectura de comienzos del siglo XXI, es uno de los grandes méritos de *Los pasos perdidos*– no será más que una proyección de sus carencias y fracturas emocionales, o una concreción metonímica de la propia lucha interior de quien, por ejemplo, no ofrece argumentos históricos, políticos o económicos que justifiquen sus juicios sobre Nueva York o sobre la ciudad hispanoamericana, sino que meramente traduce, a nivel sensorial, sus experiencias vitales (véase Campuzano, "Entre").

Es pues, desde este acercamiento al protagonista que me interesa abordar los personajes de Ruth y Mouche como construcciones del narrador, como reflejos, proyecciones, fobias de su lacerada y al mismo tiempo egocéntrica personalidad. A fin de dar un poco más de novedad a un aspecto de *Los pasos perdidos* tan revisado por la crítica como sus personajes femeninos, me propongo valerme, como lo indica el título, no sólo de la novela sino de su *dossier* genético. Pasemos, pues, al campo de la que ha sido llamada la "tercera dimensión de la literatura": o sea, el proceso de creación, para lo que me atendré, modestamente y en lo fundamental, a la teoría de la crítica genética y sobre todo a la práctica desarrollada por ella.

Como ha dicho Almuth Grésillon, a quien en sentido general seguimos en nuestro acercamiento a los manuscritos de *Los pasos perdidos*, los borradores son la memoria del proceso textual, y el *dossier* que ellos conforman se presenta a nuestra vista como una suerte de laboratorio vivo, de taller, donde el escritor escribe, sustituye, desplaza, permuta, tacha, o prueba, ilustra, afina... episodios, personajes, expresiones...

Para Alejo Carpentier la fase prerredaccional de apuntes, esquemas, investigaciones, era breve. Si en toda su obra existe algo anterior a la fase prerredaccional, serán, por ejemplo, capítulos de una novela inconclusa como en el caso de *El reino de este mundo;* artículos; partes de algún libro en proyecto; o bocetos de episodios que no se incluyen en la novela a la que estaban destinados, como imaginamos que haya ocurrido con el relato "Los advertidos", desprendido del *corpus* de investigaciones que acompaña a la elaboración de *Los pasos perdidos*. Él comenzaba a redactar desde el principio, y sobre la marcha, en sucesivas revisiones y reelaboraciones que conservaba siempre –por eso tenemos varios *dossiers* suyos que nos permiten saber cómo escribía–, iba consultando fuentes o preparando resúmenes, diseñando esquemas, introduciendo epígrafes, o títulos de capítulos, esbozando un índice.

Evidencias externas, como las entrevistas que tan gustosamente concedía o algunas cartas, nos informan directa o, más bien, indirectamente, de que era así como procedía. Por eso en ellas anunciaba la inminente aparición de una novela que realmente terminaría años después, que permanecería aún mucho tiempo en su taller, a veces para su repetida reelaboración. Ese es el caso de *Los pasos perdidos,* novela que su autor confesó haber escrito tres veces González Echevarría, *El peregrino* 203).

En una entrevista publicada en *El Nacional* de Caracas, el 27 de noviembre de 1950, y en una carta a Marcelo Pogolotti, del 1 de diciembre del mismo año, Carpentier anunció que próximamente publicaría una novela titulada "Las vacaciones de Sisífo",[2] título, como veremos, de la primera versión de *Los pasos perdidos*. Y hay, en efecto, en los manuscritos varias páginas finales de lo que llegaría a ser la novela, fechadas también a fines de 1950. Dos ejemplos:

> Yannes me tiene un pasaje para embarcar con él, mañana, a bordo del *Manatí*. La piedra me será entregada al alba, y tendré que echármela al hombro. Hoy terminaron las vacaciones de Sisífo. (Noviembre 19 de 1950)[3]

> Yannes me tiene un pasaje para embarcar con él, mañana, en el *Manatí*. Navegaré pues hacia la piedra que me espera. Hoy terminaron las vacaciones de Sisífo. (24 de diciembre de 1950) (380)

Pues bien, aunque en éstas, mis páginas, no llegaremos a la selva, vamos a internarnos de inmediato en otra jungla no menos atractiva, la *selva selvaggia* de los manuscritos de *Los pasos perdidos*.

La gran cantidad y variedad de manuscritos de *Los pasos perdidos* conservados por Carpentier y entregados por él a la Biblioteca Nacional "José

---

[2] Agradezco a Graziella Pogolloti el conocimiento de esta carta.

[3] Biblioteca Nacional José Martí, Colección de Manuscritos Alejo Carpentier (en adelante BNJM) no. 66, segunda carpeta, 352.

Martí" de La Habana a lo largo de los años setenta suman varios miles de páginas. En ellos hay múltiples reescrituras de tres versiones distintas de la novela, mecanografiadas y con títulos cuidadosamente establecidos: *Las vacaciones de Sísifo,*[4] *Santa Mónica de los Venados,*[5] y por último, tras una larga indecisión certificada por el espacio en blanco dejado a la cabeza de cada página de sucesivas realizaciones de la que llegaría a ser la versión definitiva, *Los pasos perdidos.*[6] También hay decenas de apuntes de diverso carácter, escritos a lápiz o a pluma: citas, notas, proyectos esquemáticos de elaboración u ordenación de capítulos –dispersos en distintos sobres y carpetas–; así como centenares de páginas también manuscritas, y reunidas en sobres rubricados como "trabajo preparatorio".[7] A ello se suman, por una parte, conglomerados de múltiples versiones de centenares de páginas y notas mayormente mecanografiadas, correspondientes a distintos estados de elaboración de diferentes pasajes de las distintas versiones de la novela;[8] y por otra, diversos textos publicados o inéditos, reseñas de libros, o pasajes de "El libro de la Gran Sabana", e inclusive un álbum con cincuenta y tres fotografías, rotulado, siguiendo indicaciones del autor, "Escenario de *Los pasos perdidos* de Alejo Carpentier".

Las primeras versiones de "Las vacaciones de Sísifo" comienzan, en su capítulo inicial, con el despertar del narrador y su descripción del viaje que realiza cotidianamente en vagones atestados de gente. Llega apenas a tiempo al trabajo, y allí pasa el día dedicado a la realización de documentales publicitarios. Al advertir que ya es de noche, aparece Mouche, apenas al final de la última línea del texto: "Entonces recordé a Mouche". Pero ella tendrá un amplio espacio de lucimiento en el segundo capítulo, que se inicia cuando le pide al narrador que la lleve al cine, y él la complace porque así puede dormir un rato y reponerse del cansancio del día, mientras ella –que siempre se despierta a media tarde–, disfruta la película. Al terminar ésta, van a un bar, que en la primera versión se llama "La Barrica de Amontillado", y a partir de la segunda se llamará, "Venusberg". Mucho de lo que ocurre en el bar, en esta primera versión, pasa casi igual a la definitiva, sólo que trasladado al sexto capítulo. Pero hay toda una sección, que también hallará eco en capítulos ulteriores, aunque muy modificada, que resulta del mayor interés para nuestra lectura.

Tras dejar a Mouche frente a su casa, el protagonista llega a la suya, pasa a su habitación y sucede lo que transcribo:

---

[4] BNJM. CM Alejo Carpentier, no. 180.
[5] BNJM. CM Alejo Carpentier, no. 96.
[6] BNJM. CM Alejo Carpentier, no. 65 y no. 68.
[7] BNJM. CM Alejo Carpentier, no. 66, primera carpeta.
[8] BNJM. CM Alejo Carpentier, no. 66, segunda carpeta.

> Cuando ya me dejaba caer en mi cama con alivio de náufrago rescatado de una balsa, recordé, de pronto, que cuando me despedía de Mouche, había visto una ventana iluminada [...] Haciendo ahora, un examen mental del plano del edificio, andando hacia el ascensor, subiendo al segundo, doblando aquí, volviendo a doblar allá, me pareció evidente que aquella ventana iluminada, a semejante hora, correspondía a su cuarto de dormir. [...] Me había contado, con cierta naturalidad, acompañada de una mirada recta y clara, que me era más terrible que las más pérfidas mentiras, de su reciente amistad con la decoradora del cuarto piso, también mujer de regresos al alba [...] No me parecía que Mouche fuese mujer de gustos extraviados [pero] su curiosidad [...] por el mecanismo de ciertas anormalidades [la llevaban a] hundirse en la lectura de espesos libros que trataban de la sexualidad.[9]

Mas pronto esta disquisición, marcada tanto de sospechas en torno a su sinceridad, como de homofobia, se transforma en una escena de celos, porque cuando llama por teléfono a Mouche, ella no responde...

Sólo en una versión ulterior de este segundo capítulo, ya colocada bajo el nuevo título que tendrá la novela: "Santa Mónica de los Venados", aparece Ruth. Pero su presencia, terriblemente inquietante, se introduce en una escena en la cual no comparece en persona, sino como el largo gemido que el protagonista escucha prolongarse tras la puerta de su habitación, a la que él ha entrado después de haber dejado a Mouche frente al edificio donde ella vive. Este gemido interrumpe el episodio de las sospechas y los celos que despiertan en él las llamadas telefónicas que su amante no responde:

> Estaba zarandeando el auricular en gesto de cólera, cuando sonó un largo gemido detrás de la puerta. Era uno de esos gemidos sollozantes, temblorosos, sacados de los trasmundos del miedo en suprema imploración de socorro, por los que se ven extraviados y perseguidos en los paisajes sin sol de la pesadilla. Había algo angustioso y apremiante en esa voz cuya queja se ahogaba en el borde de un respiro, para comenzar nuevamente a espantarse sobre una especie de ronquido grave, arrancado a lo más hondo de la garganta. Quise abrir la puerta y despertar a Ruth. Pero sabía que se me abrazaría llorando; sabía que mi gesto amigo la llevaría a [tachado: evocar ciertas cosas que más quería olvidar] buscar, por un momento el calor de mi presencia.

Pero el narrador no acude a sus sollozos, no alivia su pena, porque estaba citado "a las nueve" con sus jefes, y le "quedaban unas tres horas de sueño."

> La conmiseración –dice– es sentimiento que debe ignorar la gente que tiene prisa, pues su tiempo depende de la duración de la congoja ajena. Si no me quedaba tiempo para estar celoso, menos me quedaba para consolar a nadie. Como debía ignorar lo que había detrás de aquella puerta, tomé los caminos de la ceguera. Tragué una ligera dosis de somnífero y puse la venda negra

---

[9] BNJM. CM Alejo Carpentier, no. 180.

sobre mis ojos. Los gemidos de mi esposa parecieron retroceder y morir. Y fue la noche, al fin, cuando el amanecer descendió al patio de la casa, con un primer llanto de niño.[10]

A más de lo mucho que manifiesta el párrafo recién citado acerca del propio narrador, de su egoísmo, de sus prejuicios y de su crueldad, sobre todo si tenemos en cuenta que lo veremos erigirse, a lo largo de toda la novela, en paladín de la lucha contra la deshumanización, es muy importante lo que insinúa en relación con Mouche, y lo que describe de las pesadillas de Ruth.

Comencemos por estas últimas, por tratar de explicarnos cuáles serían sus causas, por qué en la selección que hace el narrador, como autor del texto que leemos, del material con el que va a presentarnos a Ruth, un personaje tan relevante, opta por hacérnosla conocer en un momento tan terrible, tan poco digno, y, sobre todo, por qué lo hace si su propia actitud para con ella va a ser tan deslucida, tan reprobable.

En el subcapítulo dos de la versión édita de la novela, cuando en la casa del Curador el protagonista rememora su vida, habla de que Ruth y él "h[abían] destrozado, con [su] fuga, la existencia de un hombre excelente" (83), lo que podría causar, quizá, remordimientos y pesadillas a Ruth. Sobre este aspecto de sus vidas volveremos más adelante. Otra causa igualmente posible en este primer momento de elaboración de la novela, es la que vincula este episodio con la experiencia europea del narrador, con su relación con la guerra. Porque en uno de los primeros bocetos de lo que llegará a ser *Los pasos perdidos*, el protagonista, un fotógrafo de viaje en Francia, es capturado por los nazis en el castillo de Blois, y llevado a un campo de concentración. Y en ese contexto Ruth podría ser –como su nombre permite suponerlo, y al nombre de Ruth también volveremos más adelante– una superviviente, herida para siempre, del holocausto. Por último, la explicación menos rebuscada sería el estrés causado en Ruth por una vida tan agobiante como la que el narrador describe. En todo caso, la idea que completa a la frase tachada en el párrafo que reproduzco: si él se decidía a sacarla de su espanto, ella iría a "evocar ciertas cosas que [él] más quería olvidar", se presta a las tres interpretaciones, y no exonera, en lo absoluto, al narrador, de su insensibilidad, de su falta de compasión ante un ser tan severamente lastimado.

A manera de confirmación de lo que venimos tratando, antes de detenernos en la Ruth de la novela, no de los manuscritos, y en la Mouche de papel, quisiera transcribir y apenas anotar el comienzo de un boceto de una primera versión de *Los pasos perdidos* –preparado, a mi entender no antes, sino en el transcurso de su primera fase de redacción–, y tan temprano, que todavía el narrador es,

---

[10] BNJM. CM Alejo Carpentier, no. 96.

como decíamos, un fotógrafo, y no el músico que conocemos. Quiero hacerlo, porque en este boceto se percibe muy claramente la importancia de Mouche, anterior en el bosquejo de la novela a Ruth. Y, al mismo tiempo, porque en él comprobamos la presencia, desde las primeras fases de elaboración de la novela, del homosexualismo de la francesa, dosificado en la versión final:

I
Despierta de noche
Subway
Cámara obscura
Películas publicitarias
(No sabe lo que come en la obscuridad – salmón etc)
Sale de noche
Cita en bar a obscuras donde se baila
Base ball nocturno
Noche de alcohol
Somnífero – (¿lesbiana?)
(Ausencia de tiempo)[11]

Algunos de estos motivos se conservan y desarrollan en lo que será el capítulo I de la versión definitiva de la novela, o se desplazan a otras zonas de ella, como la escena en el bar. Otros, como el episodio del base-ball nocturno, no se redactan o, al menos, no se conservan en los manuscritos; y el que nos interesa, resumido bajo la indicación de "Somnífero – (¿lesbiana?)", y ampliado con la llegada de Ruth a través de su pesadilla, se retoma en distintas reelaboraciones del comienzo de las versiones iniciales de la novela, pero no pasará a ella.

¿Y por qué no pasa a la novela?

Llegamos, pues, al momento en que el *dossier* genético interpela al texto final, en nuestro caso, a *Los pasos perdidos*. ¿Por qué será Ruth, que no aparece en los primeros capítulos de "Las vacaciones Sísifo", quien abre la novela? ¿Por qué *Los pasos perdidos* comienza en el espacio donde reina Ruth, un espacio lleno de su presencia, aunque ella no aparezca, aunque no conozcamos de Ruth, hasta el capítulo final, más que huellas, rastros, vacíos; aunque por cerca de doscientas páginas no sea más que una ausencia, como ha dicho Verity Smith?

Patrick Collard ha realizado un excelente estudio de esta obertura escénica de la novela, que tiene, según se lee en los manuscritos, sus primeros esbozos, muy detallistas, abundantes en datos, en precisiones, en el capítulo III de "Santa Mónica de los Venados", titulado "El descanso del séptimo día".

---

[11] BNJM. CM Alejo Carpentier, no. 66, primera carpeta.

La novela comienza un domingo. Los manuscritos de las primeras versiones, un día entre semana. La novela comienza con un vacío, una jornada de descanso sin otro deber que cumplir que el deber conyugal: la cópula del séptimo día, único en que se encuentra el matrimonio. Y este deber ha sido incumplido por la esposa, que ha partido de gira, dejando solo –¿huérfano?– a su marido, en una soledad/orfandad mucho mayor que aquella a la que lo tiene cotidianamente reducido con las funciones teatrales de todas las noches y la tarde dominical. La pregunta que nos demanda esta situación, de acuerdo con la lectura que propusimos al principio, de Ruth y Mouche como construcciones del narrador, es una que vamos reforzando en la medida en que avanzamos en la novela: ¿será Ruth, la que por más de cinco años protagoniza una exitosa pieza dramática en Nueva York; la que en temporada de vacaciones del teatro donde actúa, lleva esta pieza en gira por otras ciudades del inmenso país; la que, en efigie, exhibe costosas gemas en la vitrina de una joyería de la Quinta Avenida; la que tiene el poder de convocatoria necesario para movilizar a toda la prensa del país y a equipos de rescate internacionales cuando cree que su marido ha sido secuestrado por los indígenas en una selva sudamericana; la que, después, cuando descubre sus sucesivas traiciones (Mouche, Rosario), puede destruirlo, reducirlo al descrédito, al desempleo, a la miseria; será Ruth, repito, el ser endeble, fracasado, que nos quiere mostrar su marido?

Con el regreso del contexto, de la enunciación, y de la historia, los personajes han vuelto a ocupar un primer plano en el análisis narratológico, y a desplazar a actantes, actores y funciones. En la medida en que vuelven a resultar relevantes la importancia de su dinámica en la acción, y su diferenciación y jerarquización como agentes del relato, múltiples marcas de los personajes, de gran interés en otros momentos de la crítica, recuperan su valor. Entre ellas se encuentran los nombres.[12]

Y así volvemos a Ruth, a su nombre de judía o de cristiana, no importa. Porque lo que nos interesa ahora que leemos la novela en su versión édita, es la significación que podrá tener la elección de este nombre por un autor tan buen conocedor de la Biblia –es el libro que más cita– como Carpentier. Si recordamos la leyenda de Ruth, se trata de una de las moabitas casadas con uno de los hijos de Noemí: la que regresa con ésta y es bien recibida y aceptada por los judíos pese a ser extranjera. Es, diríamos hoy, la que no tiene problemas de biculturalidad, no porque asuma su doble condición, sino porque es una asimilada. Pero Ruth es también la nuera fiel, la que se acerca tanto a su suegra, que se (con)funde con ella. Y en este sentido, pero con signo contrario, pues la veremos en conjunción con aquella declaración del protagonista de que Ruth

---

[12] Véanse Miraux; Glaudes y Reuter.

y él habían traicionado a un hombre excelente, es decir, al marido de Ruth, podríamos encontrar en ella una sustituta de la madre del narrador, aquella que había muerto al comienzo de su adolescencia, cuya pérdida asociaba él a su desarraigo, porque el padre lo había arrancado de su patria poco después de su orfandad, y se había dedicado sistemáticamente a denigrar la cultura de su país de origen.

En páginas sucesivas tanto de *Los pasos perdidos* como de los manuscritos, la carrera de Ruth, su deseo y su derecho de realizarse profesionalmente son culpabilizados y su éxito es convertido en fracaso. Pero el protagonista sufre su ausencia y el deseo explícito de tenerla cerca se repite en varias ocasiones en el primer capítulo, y llega incluso hasta la selva.

Regresando, pues, a la confrontación del comienzo de las versiones iniciales con el inicio de *Los pasos perdidos*, podríamos decir que el autor ha complejizado en grado sumo las relaciones del narrador con Ruth; ahora, en la novela publicada, no es él quien la abandona en su pesadilla, sino ella quien lo abandona a él. Y con eso Carpentier ha enriquecido tremendamente el dibujo de la personalidad de su protagonista.

Al parecer, no hubo un modelo, un referente real para Ruth. Al menos, yo no lo conozco. Pero, como sabe todo aquel que se mueve en el medio cultural cubano, el personaje de Mouche sí tuvo un referente real: Eva Fréjaville, posible hija natural de Diego Rivera, profesora y crítica francesa, a quien Carpentier había conocido en París y con la que compartió su vida en los tiempos finales de su estancia en esa ciudad. Ella lo había acompañado a La Habana cuando el escritor decidió regresar a Cuba poco antes del inicio de la segunda guerra mundial.

El testimonio de dos contemporáneos sobre los episodios de la vida de Eva mejor conservados en la memoria insular, permite conocer y aquilatar tanto la razón de la evidente inquina que el escritor traslada al narrador, como elementos del carácter y la sexualidad de Mouche.

En la primera edición de sus memorias, tituladas *Del barro y las voces*, publicadas en 1968, el pintor, crítico y novelista Marcelo Pogolotti narra cómo, recién regresado él también a Cuba, a causa de la guerra, su amigo el pintor "Carlos Enríquez llegó [a visitarlo] con muchos aspavientos y declaraciones despampanantes sobre su reciente aventura, el rapto de Eva Fréjaville, la mujer de Carpentier", y lo invitó a su casa de las afueras de La Habana –el mítico "Hurón Azul"– para que conociera

> a la blonda heroína del drama que acababa de protagonizar. Era una típica joven intelectual francesa, izquierdista de salón, lectora devota de Marcel Proust, emancipada, muy *à la page*, vivaracha, sensual y movida por una desenfrenada avidez de disfrutar a plenitud la vida, caldeada sin duda por

> el decorado tropical, ya que el gusto por el exotismo alucina a los franceses. Gárrula y estridente, pero bien dotada de inteligencia y cultura, parecía excitada por el aire y la intimidad campestres. (267-8)

Más adelante, tras comentar la difusión alcanzada por el escándalo en el mundillo de escritores y artistas, expone en breves líneas cómo se había desarrollado este episodio:

> Los tres iban en un automóvil, y en pleno Malecón, a la luz del día, Carlos frenó, preguntándole a Eva si prefería seguir con Alejo o irse con él, y al contestarle ella que esto último, invitó al amigo a que bajara del vehículo. Cuando Carpentier, pensando que se trataba de una broma, fue a "El Hurón Azul", el pintor esgrimió teatralmente un revólver. (268)

Ésta sería, sin dudas, causa eficiente para promover la venganza literaria del amante abandonado y escritor, pero un segundo escándalo ocasionado en torno a Eva, y narrado por Nicolás Guillén en carta dirigida a José Antonio Portuondo, de 8 de febrero de 1945, aportaría rasgos muy especiales a su caracterización, que encontraremos en la versión definitiva de la novela, ya avanzada su trama, y en las primeras páginas de versiones iniciales de la misma. Leamos lo que cuenta Guillén:

> Eva: ¡se fue! La cosa resultó tragi-cómica por las circunstancias en que se produjo, pues no dejó a Carlos por un varón (y menísimo [sic] por un Barón) sino por una hembra, que dista mucho de ser Baronesa, aunque desde luego es varona... Una inglesita, a quien seguramente tú recuerdas, llamada Cintia Carlton, delgadita –casi invisible– pelada a lo boy, de tipo absolutamente equívoco [...] Ha sido un escándalo [...] que aún dura. Por cierto que el domingo estuve en casa de Carlos (está que echa chispas) y se lamenta de que si por lo menos se la hubiera llevado un hombre... ¡Pero una mujer, y tan fea! Para desquitarse ha hecho un cuadro, lleno de talento como suyo y de mala intención [...]. (*Cuestiones* 136-7)

Después de lo que acabo de citar me parece que huelgan los comentarios: la vida, *comme toujours*, es más imaginativa que la literatura... Aunque a la literatura debe, sin duda, Mouche, su nombre, muy en particular a la fábula de La Fontaine: ¡broma colosal![13] De la literatura se nutre: de algún episodio de *Nadja*, como señala Maryse Renaud (57), o de la Albertine de Proust, como me recordó Benito Pelegrín, y también de sus múltiples y entremezcladas lecturas, que la hacen tan bovariana, como sostiene Roberto González Echevarría en memorable ensayo ("Latin American..."). Y después de haber reinado y seguir reinando, gracias al amor y la inquina de Carlos Enríquez, en los museos, en

[13] Por supuesto, "Le Coche et la Mouche" (VII, 8).

libros de arte, en posters, postales y catálogos, Eva Fréjaville vuelve ahora a la literatura como protagonista de "Juegos interrumpidos", novela del cubano Lisandro Otero, en curso de redacción, y uno de cuyos capítulos apareció en *La Gaceta de Cuba*.

Para concluir con este tema habría debido ocuparme del sexto capítulo de *Los pasos perdidos* y de los borradores que condujeron a esas páginas, donde Ruth –tan colérica como Aquiles– y Mouche –tan astuta y vengativa como Ulises–, provocan la ruina total del protagonista, y lo reducen a la mayor miseria imaginable. Pero eso quedará para otra ocasión. Al cabo de estas páginas, me interesa reiterar la conciencia que tuvo su autor de la importancia del oficio, y el respeto por su trabajo que demostró, con la conservación de las miles y miles de hojas, de toda dimensión e importancia de esta suntuosa y siempre renovada catedral de sentidos, de saberes, de goces que es *Los pasos perdidos*.

Bibliografía

I. Primaria

Carpentier, Alejo. *Los pasos perdidos* [1953]. Roberto González Echevarría, ed. Madrid: Cátedra, 1985.

II. Secundaria

Boym, Svetlana. *The Future of Nostalgia*. Nueva York: Basic Books, 2001.

Campuzano, Luisa. "Un extraño en dos ciudades". *Alejo Carpentier et* Los pasos perdidos. Carmen Vázquez, ed. París: Indigo & Côté Femmes, 2003. 31-42.

_____ "Entre Norte y Sur: las Américas en *Los pasos perdidos* de Alejo Carpentier". *Travessias, Anais do IX Congreso Internacional ABRALIC 2004*. Porto Alegre: Universidade Federal do Rio Grande do Sul (CD-ROM); y *Casa de las Américas* 238 (2005): 13-20.

Collard, Patrick. "Meditando en el camerino de Ruth (Un análisis textual del primer párrafo de la novela)". *Alejo Carpentier et* Los pasos perdidos. Carmen Vázquez, ed. París: Indigo & Côté Femmes, 2003. 87-98.

Cuestiones privadas. Correspondencia a José Antonio Portuondo (1932-1986). Cira Romero y Marcia Castillo, eds. Santiago de Cuba: Oriente, 2002.

Freud, Sigmund. "Duelo y melancolía". *Obras completas*. Buenos Aires: Amorrortu, 1976. 14: 235-275.

Glaudes, Pierre e Yves Reuter. *Le personnage*. París: P.U.F., 1998.

González, Eduardo. "*Los pasos perdidos*, el azar y la aventura". *Revista Iberoamericana* XXXVIII/81 (1972): 585-613.

González Echevarría, Roberto, "Introducción". Alejo Carpentier. *Los pasos perdidos*. Roberto González Echevarría, ed. Madrid: Cátedra, 1985. 13-62.

_____ "Ironía y estilo en *Los pasos perdidos*". *Relecturas. Estudios de literatura cubana.* Caracas: Monte Ávila, 1975.

_____ "Latin American and Comparative Literatures". <http://clcwebjournal.lib.purdue.edu/clcweb02-2/gonzalez-echevarria02.html>

_____ *El peregrino en su patria* [1977]. México: UNAM, 1993.

Grésillon, Almuth. *Eléments de critique génétique. Lire les manuscrits modernes.* París: P.U.F., 1994.

Kaplan, Caren. *Questions of Travel. Postmodern Discourses of Displacement* [1996]. Durham: Duke UP, 1998.

Martínez-San Miguel, Yolanda. *Caribe Two Ways: cultura de la migración en el Caribe insular hispánico.* San Juan: Callejón, 2003.

Miraux, Jean-Philippe. *Le personnage de roman. Genèse, continuité, rupture.* París: Éditions Nathan, 1996.

Otero, Lisandro. "Juegos interrumpidos". *La Gaceta de Cuba* 5 (2002): 6-9.

Pérez Firmat, Gustavo. "El lenguaje secreto de *Los pasos perdidos*". *Modern Language Notes* 99/2 (Baltimore, 1984): 342-57.

Pogolotti, Marcelo. *Del barro y las voces.* La Habana: Unión, 1968.

Renaud, Maryse. "Las mujeres, la selva, el enigma en *La vorágine* y *Los pasos perdidos*". La *répresentation de l'espace dans le roman hispano-américain:* Los pasos perdidos [et] La Vorágine. Néstor Ponce, ed. Nantes : Éditions du Temps, 2002. 51-8.

Saldívar, José David. "Las fronteras de Nuestra América: para volver a trazar el mapa de los Estudios Culturales Nortemericanos". *Casa de las Américas* 37 (204): 3-19.

Shaw, Donald. *Alejo Carpentier.* Boston: Twayne, 1985.

Willams, Raymond. *The Politics of Modernism: Against the New Conformists.* Londres: Verso, 1989.

De arpas, sombras, expediciones y otras aventuras: apuntes sobre la génesis de una novela

Carmen Vásquez

La Decouverte de l'Amérique est une véritable descente aux enfers.

Léon Bloy, *Le Révélateur du Globe*

EN EL PRINCIPIO LA NOVELA DEBÍA CONSTAR DE UNA PARTE PRINCIPAL, DEDICADA a Cristóbal Colón, y de parte, una segunda, posterior, que narraría los esfuerzos de algunos escritores franceses por hacer canonizar al descubridor durante el papado de Pío IX. Los intentos de canonización parecían insólitos y a Alejo Carpentier esto no se le había escapado. A su deseo, ya viejo, de escribir sobre Colón, se le había añadido un nuevo matiz, una nueva perspectiva... nada inventada, sino que muy real: la de que se pudo una vez tener en el santoral a una nueva figura: a San Cristóbal Colón.

Los intentos que se hicieron para lograr tal proeza fueron muchos, y muy insistentes. Por tal razón, el novelista cubano, que había una vez trabajado como musicalizador con Paul Claudel y con la obra de éste, *Le livre de Christophe Colomb,* vio la posibilidad de acercarse a la figura del descubridor de una manera completamente novedosa. Ya no se trataba de abordar el personaje como héroe de una hazaña única, figura casi intocable, protagonista de un acontecimiento insuperable, símbolo de la mayor de las expediciones exitosas de la historia, sino por el contrario, de ver a un navegante que vivió su fracaso más rotundo en el siglo XIX, cuando no dio la talla para acceder al más alto nivel de los ya desaparecidos, es decir, cuando no llegó a ser San Cristóbal Colón.

El 5 de febrero de 1976, cuando Carpentier me pidió que hiciera las primeras investigaciones sobre el tema, me indicó cuál iba a ser el punto de partida generador de su nueva novela. Ésta debía contar los intentos de canonización con todos sus prolegómenos, analizar los documentos defensores para lograrla, relatar un proceso de derecho canónico para luego hacer que el tribunal dictara una sentencia negativa. Conclusión: el esfuerzo desde el comienzo se había comprobado como algo inútil. Después de todo: "¿A quién podría ocurrírsele canonizar a un marino?", se preguntaba... Y eso que había que tener en cuenta todo lo que la calidad de esta condición de marino implicaba. El fracaso de la decisión vaticana se explicaba ya desde el comienzo. Todo había sido inevitable, porque las premisas habían sido falsas y las pruebas sólo podían confirmar esta falsedad. San Cristóbal Colón no existiría jamás.

En realidad la historia es larga. Recorrerla significa vivir varias etapas, algunas de ellas previstas y otras inesperadas, surgidas a medida que las pistas que aparecían en la investigación añadían otros caminos o aportaban nuevas dimensiones. Veamos cómo fue todo esto.

Un día de febrero de 1976 Carpentier me informó que en 1869, por un espacio de diez años, "un individuo llamado Roselly de Lorgues llevó a la Santa Sede un proceso de canonizacón de Cristóbal Colón". Lo que le interesaba, me dijo, era establecer cómo sucedió ese "escándalo", así lo catalogó, en el que intervinieron, ya lo sabía, muchas personas prominentes, incluyendo al propio Julio Verne. En ese proceso "descabezaron" a Colón, por su relación con Beatriz Arana y porque, según me indicó además, "se había propuesto esclavizar a todos nuestros antepasados". Entiéndase por éstos a los indios. Como dije, sobre todo había que probar que se trataba de una historia en la que el fracaso ya estaba anunciado desde el comienzo. En cuanto a mí se refería, mi papel era el de trazar cómo se había llegado a este fracaso y cuál era la historia del fallo en contra de este intento de canonización.

La lectura de la obra de Léon Bloy, *Le Révélateur du Globe,* había sido para Carpentier la fuente que le sirvió de punto de partida para la novela. El tan católico escritor, por su parte, había usado como fuente principal *Histoire de Christophe Colomb,* del Conde Roselly de Lorgues, para desarrollar su propio texto de apoyo de la causa. Tanto Roselly de Lorgues como Bloy contaban con la complicidad del papa de entonces, Pío IX, a quien llamaban frecuentemente el papa americano. Para Carpentier el hecho de que hubiese un papa llamado "americano" era tan insólito como tener a un san Cristóbal Colón. Según Bloy:

> Le grand Pape Pie IX, le premier, le *seul* de tous les Pontifes romains qui ait visité le Nouveau Monde, pronfondément frappé du rôle providentiel de Christophe Colomb et magnifiquement impatient de la gloire de l'homme dont il pressentait la *sainteté,* en vertu de son infallible sagacité de Suprême Pasteur, ordonna peu après son retour de Gaëte que l'histoire du navigateur chrétien à qui nous devons l'Amérique, jusqu'ici exclusivement racontée par

> des plumes protestantes, fût enfin écrite dans son intégrité par un catholique et présentée sous son aspect véritable. (30-1)

La lectura del texto de Bloy sitúa la investigación en terrenos claros. Pío IX era infalible en todos sus juicios, puesto que había sido él el creador del dogma de la infalibilidad papal. A Pío IX le interesaba América, porque había tenido el privilegio de conocerla en su juventud. Así pues, era necesario enterarse de cúales eran los países que había visitado para entonces poder establecer el nexo entre él y un Colón canonizable. Luego debía precisar cuál es el procedimiento de canonización: cómo sucede éste, cómo son los debates; cuál es el papel del llamado "abogado del diablo"; poner de relieve el "aspecto espectáculo" del proceso de canonización. Finalmente debía indagar sobre la canonización de Juana de Arco, sobre la identidad de san Pedro Claver como patrón de los esclavos... y hasta sobre un san Benito, santo negro invocado frecuentemente en Venezuela.[1] Ya se anunciaba el tema de los santos americanos, entre los cuales Cristóbal Colón debía ser, si se llegaba a canonizar, el primero.

Establecer una biografía general de Pío IX no fue difícil, pero en ninguna parte se mencionaba el viaje a América referenciado por Bloy. Entonces hubo que agrandar la investigación. En los ficheros de la Biblioteca Nacional de Francia figuraban dos obras que podían ser importantes: la de Pierre Fernessole, *Pie IX* y, sobre todo, la de Alberto Serafini, *Pio Nono: Giovanni Maria Mastaï Ferretti*. La lectura de ambas introdujo una nueva obra sobre el tema, un documento único, de incalculable valor para nuestros propósitos: *Breve relazione del viaggio fatto al Chile del Can. Giovanni-Maria Mastaï-Ferreti di Senigallia*, del propio Pío IX. Dos biografías y un relato autobiográfico fueron las fuentes que permitieron trazar el viaje de Pío IX a América Latina. No obstante, lo hallado en éstas no era lo suficientemente explícito como para que se pudiera entrar en detalles. Entonces comenzó un largo proceso de reconstrucción histórica.

La primera investigación, breve, indicó que el origen del viaje de Mastaï a América fue su participación en una misión pontificia. Ésta a su vez se originó cuando en 1822 Bernardo O'Higgins pidió a Pío VII que enviara una misión oficial a Chile. Desde el comienzo el proyecto tuvo oposición formal del gobierno de España. Los miembros de la misión fueron: monseñor Giovanni Muzi, arzobispo de Filipos en Macedonia; Giovanni Maria Mastaï Ferretti di Senigallia, canónigo, auditor; Don Sallusti, secretario de Muzi; Ignacio Cienfuegos, archidiácono, ministro plenipontenciario de Chile en la Santa Sede; Raymond d'Arce, dominicano de los Dominicos Reformados de Chile.

La misión pontificia salió de Roma el 3 de julio de 1823. Pío VII murió al mes siguiente, pero León XII la ratificó y autorizó el viaje en septiembre. El

[1] Entrevista – 8 de febrero de 1977.

grupo partió desde Génova el 5 de octubre en el barco "Eloísa". Las peripecias comenzaron de inmediato: en Mallorca se encontraron con una tormenta y con una rebelión contra Fernando VII. Los miembros de la expedición terminaron en prisión. En Canarias, el barco fue atacado por filibusteros. Cuando se acercaron al nuevo mundo se encontraron con otra tormenta. Llegaron por fin a Buenos Aires el 1 de enero de 1824. Desde el comienzo el gobierno argentino mostró su hostilidad ante la misión y les pidió a los miembros que partieran del país a la mayor brevedad posible. Atravesaron la pampa y cruzaron los Andes. Llegaron a Santiago de Chile el 6 de marzo de 1824. De nuevo la Misión padeció la hostilidad del gobierno. Ante tantos escollos, Muzi decidió regresar a Roma y dejar en su puesto a Mastaï, que ya desde entonces tiene como único apelativo su apellido, pero el canónigo no aceptó sucederlo. Entonces salieron de Valparaíso el 30 de octubre de 1825, por barco, hacia las tierras del sur. Al regresar a Génova el 5 de junio de 1826, la misión fue puesta en cuarentena. Pierre Fernessole cita en francés una carta escrita en 1844, dos años antes de convertirse en Pío IX, en la que el viajero dice: "Je ne peux ne pas m'intéresser à ce pays, quoique lointain, y ayant passé quelque temps. J'avais trouvé une population animée de l'esprit de piété, et j'espère que dans les vingt ans écoulés depuis mon retour, elle n'a pas changé de caractère" (45).

Carpentier ya se había interesado en convertir al papa en uno de los personajes de su novela. Decidió entonces añadirle una tercera parte que terminó siendo la primera, la llamada "La sombra". Así hubo que recomenzar la investigación, y esto, desde el comienzo. Tuve que trazar su niñez, el medio en que nació, y cómo se hizo religioso. Nació Mastaï en Senigallia, puerto del Adriático, en 1792, hijo del conde Mastaï-Ferretti y de la condesa Solazzi. El menor de nueve hijos, disfrutó de buena posición hasta la adolescencia, cuando la familia perdió su fortuna. Entonces fue a Roma, al cuidado de un tío que era miembro de la curia pontificia. Tras algunos contratiempos causados por la invasión francesa, y la consecuente disolución de la curia, fue ordenado diácono en 1819. Cuatro años después, participó en la misión pontificia porque había sido miembro de la comisión que había estudiado el propósito de la misión y Pío VII, su mentor, lo había nombrado miembro de la expedición. Entonces tenía treinta y un años.

Tras la muerte de Pío VII, la misión estuvo a punto de ser anulada por el nuevo papa León XII, quien sentía temor ante el compromiso político que podía involucrar a Roma con el envío de ésta. La posición del papado era clara: reconocía los derechos del rey de España –Fernando VII– en América, y el gobierno chileno no debía nunca exigir una declaración de la misión pontificia que negase dicha posición. El objetivo debía ser puramente religioso y en nada político. Es decir, Roma no aprobaba la independencia de las antiguas colonias, y reconocía los derechos de Fernando VII sobre esos territorios. En otras palabras, haría lo posible por restituirle los territorios perdidos y no aceptaría el carácter oficial de los nuevos gobiernos. Un hecho capital tenía que tomarse en cuenta: el 24 de septiembre de 1824, León XII expidió una encíclica en contra de la independencia de la América española, "deplorable situación en que tanto al Estado como a la iglesia había reducido en estas regiones la cizaña de la rebelión que había sembrado el hombre enemigo". La encíclica fue publicada en España por el rey. Así podía descubrirse que el motivo oficial de la misión pontificia, si bien se mostraba puramente religioso, escondía por detrás el hecho de que Muzi y su grupo harían lo indecible por cooperar con España, en contra de la posición de O'Higgins y de Ramón Freire, entonces en el poder.

Así pues, Carpentier concibió hacer que Mastaï, llamado, repito, únicamente por su apellido, efectuara su periplo a la manera de una expedición penosa, plagada de aventuras desastrosas, a la que le otorgaría un significado muy especial. Recordemos que el novelista siempre se interesó en situar a sus personajes en condiciones de periplos iniciáticos, positivos, enriquecedores, como los que vivieron, sobre todo, el narrador de *Los pasos perdidos* y Esteban en *El siglo de las luces*. Estos personajes se reconocen y se descubren a sí mismos, es decir, encuentran su razón de ser, a medida que van recorriendo y descubriendo territorios de América. A su parecer, el resultado del viaje de Mastaï había sido justamente lo contrario. Éste había tenido consecuencias más bien destructoras, desde el comienzo, por el objetivo que lo impulsaba. Su expedición estaba condenada al fracaso desde el principio. Se parecía en esto a la del general Leclerc y Paulina en *El reino de este mundo*. Mastaï adquiriría entonces una condición de antihéroe. Todo le iría mal, hasta el final, porque hasta la última aventura americana de Mastaï terminaría muchos años después, con el fracaso de la canonización de ese primer expedicionario, a la vez genovés y americano, que fue Cristóbal Colón.

Ya para el 30 de marzo de 1976 todo estaba trazado. Mastaï además había adquirido un conocimiento profundo de Chile, de la historia del país, de la política, de sus instituciones sociales y religiosas, de la valentía de los araucanos, de la riqueza y del orgullo de los chilenos. Y, pese a que él, junto a los otros miembros de la misión pontificia, pasaron toda suerte de peripecias en los viajes tumultuosos, el recuerdo que siempre guardó de Chile fue altamente positivo. Había consecuentemente que profundizar en todo el contenido del viaje para entonces poder detallarlo. Había también que situar los países que visitó, además de enmarcar, dentro de un contexto histórico, los acontecimientos y las aventuras que había vivido.

Utilizando las fuentes ya citadas, que volví a leer, pude reconstruir el viaje paso a paso. El "Eloísa" se acercó a las costas del Brasil, navegando con tiempo borrascoso y hasta con una gran tempestad que les cogió llegando a Montevideo. Arribó luego a Buenos Aires, después de un viaje de noventa y un días. En la capital argentina Muzi y los suyos encontraron mucha hostilidad. Vivieron la situación como una gran desgracia y esto a causa principalmente de Bernardino Rivadavia, enemigo declarado de la religión católica, que los acusó de vender reliquias, medallas e indulgencias y conceder dispensas –lo que aparentemente hacían con descaro los miembros de la misión– y hasta les prohibió la administración de la confirmación. Prácticamente los expulsó del territorio argentino. Según Ricardo Piccirilli, en su *Rivadavia y su tiempo*, Rivadavia hasta trató de confiscarles gran cantidad de objetos religiosos pero los italianos los salvaron expediéndolos directamente a Chile por mar.

El viaje por tierra aparece detallado en todas las fuentes consultadas. En su relato autobiográfico, Mastaï no oculta su miedo, pese a que la expedición llevaba una escolta de ocho hombres a caballo con armas de fuego. Viajaron en carruajes, cruzaron ríos en canoa, recorrieron territorios a caballo, hasta que llegaron a los Andes, que cruzaron en mula. Los precipicios de la cordillera, la mala condición de los caminos, reforzaron aún más los peligros de la expedición. Por algo Carpentier escribió, al relatar la llegada de los expedicionarios a Santiago de Chile: "¡Qué parto!" –dijo Mastaï aliviado" (240).

Para entender el contexto en el que sucedió la estadía de la misión pontificia, había que consultar la historiografía de Chile. Esto en realidad no fue difícil. El momento de la visita fue el del primer gobierno de Ramón Freire y Serrano, próximo a la aristocracia castellano vasca. O'Higgins ya había renunciado y Freire y sus aliados se esforzaban en reestablecer el espíritu religioso colonial. Sin embargo, con poderes absolutos y luchas intestinas, Chile se halla casi en la bancarrota. Para remediar el problema económico, el gobierno entabló una campaña anticlerical. Así se preconizó la venta de los bienes de las órdenes religiosas como solución a los problemas económicos del país (Encina).

La misión pontificia llegó a Chile (Barros Arana; Vicuña Mackenna). Habían comenzado unas buenas relaciones entre la iglesia y el gobierno. Muzi en colaboración con este último celebró unas exequias en honor a Pío VII. Estas exequias se convirtieron en una manifestación política en contra del gobierno, la que a su vez creó un gran escándalo. Freire, que se encontraba en una expedición militar en la lejana isla de Chiloé, regresó a Santiago y comenzó una reforma de las órdenes religiosas, desprestigiadas por abusos morales y económicos. El gobierno le pidió a Muzi que apoyase esta reforma, creando más tensiones aún. La opinión pública puso en duda el carácter apostólico de la legación. El rompimiento entre el gobierno y la misión fue inevitable. Ante esta situación, Muzi anunció la partida, que se hizo, pese a que una petición para impedirla obtuvo numerosas firmas. Hubo gran desorden y los miembros de la misión decidieron salir de Chile desde Valparaíso, en el barco "Colombia". Comenzó el descenso hacia los mares del sur, en los que hacía cada vez más frío, hasta que llegaron al Cabo de Hornos. A simple vista era como una aventura similar a la que Flora Tristán había vivido y que relataría en sus *Pérégrinations d'une paria,* obra que publicó en 1838. Luego de hacer escala en Montevideo, entonces en poder del Brasil, zarparon sin mayor impedimento hacia Italia, pero no sin antes hacer escala en Gibraltar, para llegar finalmente a Génova donde, como dijimos, tuvieron que guardar quince días de cuarentena.

Después de este viaje, Mastaï intervino siempre en la Santa Sede en asuntos de América del Sur. Se le consideró como el perito de las cosas de América, algo que no deja de ser verdad, si se analizan sus apreciaciones sobre Chile y su conocimiento de algunas fuentes históricas chilenas, entre las que se encontraba, claro está, el célebre *Saggio sulla storia natural del Chile,* del jesuita abate Juan Ignacio Molina. Desterrado en Italia, Molina publicó esta obra magnífica primero en italiano en 1782 y, luego, en una versión en español –*Compendio de la Historia Geográfica, Natural y Civil del Reyno de Chile*– que a su vez fue publicada en Madrid en 1788. He ahí lo esencial del viaje de Mastaï a Chile, con las reconstrucciones que fueron necesarias para llevarlas al plano de la ficción.

El final de la primera parte se aclara mediante la presentación del tema de la canonización de Cristóbal Colón y de la presentación de una serie de santos o beatos americanos, que resultaron ser, tras una extensa investigación, mucho más numerosos de lo que se había pensado. El fondo de canonizaciones que se encuentra en la Biblioteca Nacional de Francia los identifica con claridad. Curiosa historia la de este fondo, que fue traído como botín después de la conquista de Italia y que permaneció en Francia después de que, en 1814, se restituyeron los objetos "traídos" a sus dueños italianos originales. Lo mismo va a suceder con los santos marinos, tema tratado en la última parte de la novela.

La tercera parte de la novela, "La sombra", presenta el espectáculo de la canonización fracasada y todas las diligencias infructuosas que se hicieron en relación con la iniciativa del conde Roselly de Lorgues. En términos generales puede afirmarse que el contexto histórico ha cambiado. El escenario también. Se regresa al comienzo de la novela en el que el personaje es el sumo pontífice. En realidad éste solamente puede ser Pío IX, porque en el segundo párrafo aparece la mención a dos publicaciones esenciales del papa americano. Se trata del acta pontificia llamada *Syllabus* y de la encíclica *Quanta Cura.* Ambas sirven de transfondo para la comprensión del ahínco con que se condujeron los intentos de canonización de Colón. El escándalo de la publicación del acta fue enorme. Hubo numerosas protestas y profundas divisiones entre los miembros del clero. El señalamiento de errores teológicos al mismo tiempo que la condena del socialismo, del comunismo, de las sociedades clandestinas, bíblicas y clérico liberales (sección IV) mostraron más claramente la personalidad del antiguo Mastaï en la época de su juventud.

La atención que el pontífice prestó al intento de canonización, resulta entonces tremendamente lógica. Surge de nuevo la figura del conde Roselly de Lorgues. Para comprenderla hay que saber que el comienzo de la vida marinera de Colón estuvo asociado a un antepasado suyo. Colón, en efecto, fue oficial del conde René de Provence para quien trabajó un antepasado del de Lorgues, Cesare Roselly, quien fue por su parte colaborador de René. Este intríngulis histórico-familiar de la familia Roselly revela la verdadera causa del interés suyo por el genovés, que fue grande, porque publicó varias obras al respecto. Entre ellas se encuentran : *Vie et voyages de Christophe Colomb* (1862), *L'Ambassadeur de Dieu et le pape Pie IX* (1874), *Satan contre Christophe Colomb* (1876) e *Histoire postume de Christophe Colomb* (1885). A la muerte de Roselly de Lorgues, fue Joseph Baldi, de origen genovés, quien se convirtió en vicepostulador de la causa. El proceso fue consignado en un libro capital para la comprensión de *El arpa y la sombra*. Se trata de *Christophe Colomb, d'après les travaux historiques du Comte Roselly de Lorgues*, publicado en 1891. En él, su autor, el Abbé Lyons, da constancia de las múltiples diligencias del conde y de cómo, tras su muerte, las diligencias continuaron, respaldadas sobre todo por Bloy y por Baldi. La novela sigue fielmente este aspecto ignorado de la historia. La "via exceptionnelle" de canonización propuesta originalmente por el conde se mantuvo, como también se mantuvo para las dos otras canonizaciones que había propuesto a Pío IX. Estas fueron, como se indica en la novela, las de Juana de Arco y de Luis XVI, en ese orden.

Paralelamente, era importante tener en cuenta la enorme difusión que realmente tuvo este movimiento canonizatorio. Fueron no pocos los que subscribieron la causa. Para la reconstrucción del proceso espectacular que aparece en la novela, Carpentier utilizó fuentes fidedignas, entre ellas la biografía de Julio Verne, publicada en 1870 en su libro *Histoire des Grands Voyages et des Grands Voyageurs*, también editada por separado en 1883. En ella se trazan las cuatro expediciones y se relata el final de la vida de Colón. Verne lo presenta como víctima de la ingratitud y de la deslealtad de los otros. El libro termina con una alusión al descubrimiento, en 1877, en la catedral de Santo Domingo, de una caja de plomo, con osamentas humanas y una inscripción que indicaría que se trataba de los restos del descubridor. Verne afirma: "Au reste, que le corps de Christophe Colom soit à Saint-Domingue ou à La Havane, peu importe: son nom et sa gloire sont partout".

En junio de 1978 Carpentier se encontró reconstruyendo su proceso de canonización. Éste debía trazarse a partir del momento en que la santa curia examina los expedientes y escucha los testimonios. Este tipo de proceso, como realmente ha sido y sigue siendo, en la realidad es sumamente complejo. Supone la intervención de varios jueces, de un promotor llamado el "abogado del diablo", de un notario y de un postulador que fue, como ya sabemos, Baldi, en el caso que nos incumbe. La audición de testigos es importantísima. Tiene lugar una congregación preparatoria que beatifica al personaje y que es ratificada. Después de la beatificación se procede a la canonización como tal. En ella se tienen en cuenta la santidad, el martirio –si lo hubo–, y/o los milagros del beato, en vida y después de su muerte. Para la canonización se necesitan pruebas adicionales de milagros. Luego, tienen lugar los consistorios compuestos de todos los cardenales. Si se proclama la beatificación, ésta se instaura mediante una ceremonia en la que impera un rígido protocolo.

En la novela, sabemos que el proceso de canonización no alcanza a llevarse hasta la ceremonia. El testimonio de Bartolomé de Las Casas tumba, "descabeza" todos los intentos hasta ahora dados por verdad. Carpentier usó como fuente la célebre *Historia de las Indias* en la edición de Madrid de 1875-1876. Su lectura revela que quien fue obispo de Chiapas, prácticamente culpó al genovés por el establecimiento de la esclavitud de los indios, siendo entonces irremediablemente iniciador de ella. Según él también, los primeros esclavos indios datan del primer viaje, del puerto de Mares, lo que indica consecuentemente que los primeros esclavos del nuevo mundo fueron cubanos. De ahí la mención que se hace en la novela a Baracoa, reducto más antiguo del coloniaje español en Cuba. Por lo demás, se presenta con claridad el hecho de que a la reina Isabel le desagradó la traída de los esclavos, por lo que le hizo no pocos reproches. Todo está consignado en la historia del célebre dominico. También está en la novela.

Como detalle podría añadirse que en más de una ocasión Las Casas hace alusión al hecho de que Colón tuvo dos hijos, uno legítimo y otro natural. El tema del adulterio y de la presencia certera de Beatriz Arana, aunque no son tratados como tales, hacen una incursión en este terreno. Las culpas probadas contra el descubridor descartan automáticamente su canonización. El proceso queda por lo tanto concluido.

Así, en la novela, el Invisible permanece a la sombra de la historia hagiográfica vaticana. Mientras tanto, otros santos marinos o marineros fueron canonizados, como san Castreuse, obispo de Capone, tirado en una vieja barca y expuesto al furor del mar, cuya fiesta se celebra el 11 de febrero; o san León, arzobispo de Rouen y apóstol de Bayona, ciudad de carpenteriana reputación, que padeció un suplicio por parte de piratas, conmemorado el 1 de marzo; o san Cuthberto –con "th", que conste– obispo de Lindisfarne, patrón de los navegantes sajones, cuya fiesta es el 20 de marzo.

Colón no mereció tantos honores. Quedó como simple marino, descubridor de una América que con el tiempo tendría numerosas ciudades con puertos, como aquella en la que Bartolomé Cornejo se instaló e instaló con permiso oficial la primera casa de prostitución del nuevo mundo, que fue, como se dice al final de la novela, San Juan de Puerto Rico (Pérez de Barradas 89-90).

Para terminar debo insistir en el hecho de que *El arpa y la sombra* continúa todas las prácticas novelísticas que Carpentier utilizó en sus narraciones anteriores, sobre todo a partir de *El reino de este mundo*. El proceso de reconstrucción histórica sigue unos procedimientos rigurosos, que son, hay que admitirlo, siempre los mismos en toda su novelística. Las ideas que rigen esta reconstrucción –y esto es lo más importante, después de todo– son también las mismas.

Lo que varía en la novela que nos concierne es que el mensaje, siendo siempre igual, es transmitido de manera inversa. Es un mensaje emitido al revés. Porque Mastaï es el antihéroe, y porque Cristóbal Colón aquí lo es también. Ambos se asemejan en no pocos aspectos a Victor Hugues, epítome de todas las contradicciones. Si Mastaï niega la esencia misma del narrador de *Los pasos perdidos*, o la de los tres jóvenes adolescentes de *El siglo de las luces*, o la del Enrique de la *La consagración de la primavera,* lo hace porque Carpentier deseó escribir una novela basada en la teoría del mundo al revés, tan típica del siglo de oro español, que tanto leyó y releyó el cubano, período literario al que alude sin mencionarlo, cuando hace referencias precisas a detalles de *El Lazarillo de Tormes*. Llevando ese mismo mensaje, que hemos tratado anteriormente en numerosas ocasiones, *El arpa y la sombra* se convierte en una especie de anti-*Los pasos perdidos,* o de anti-*Siglo de las luces,* o de anti-*Consagración de la primavera.* No obstante, lo esencial permanece, queda, a través de este recurso de la negación, que aparece aquí reforzado. Por eso una vez más se corrobora aquello que Roberto González Echevarría afirmó una vez: "Carpentier es el maestro de la novelística hispanoamericana contemporánea porque fue él quien logró dar con la fórmula para convertir en novela la historia americana. Fue él quien pudo entrar en el archivo y convertirlo en la figura mayor en la constitución de la narrativa latinoamericana" (38).

Mi trabajo en la gestación de *El arpa y la sombra* fue práctico para Carpentier y para mí sumamente enriquecedor. Como ya me había sucedido anteriormente, lo viví como si hubiese estado haciendo las más impresionantes expediciones, protagonizando una larga serie de aventuras americanas, y, en este caso, hasta vaticanas, sólo que siempre con referencias americanas. A cada momento sorpresivo siguió otro igualmente o aún más sorpresivo. Pero nada nunca lo fue como cuando, haciendo averiguaciones para poder investigar un manuscrito de Robert Desnos, pude rastrear, por casualidad y de la manera más inocente, el primer momento en que Carpentier se había enterado del intento de canonización de Colón y de su responsabilidad en la instauración de la esclavitud en el nuevo mundo. Para explicar el manuscrito inédito de Desnos titulado "Le Trésor des Caraïbes", sobre el que he publicado no poco, consulté un libro dedicado a la historia de la isla de la Tortuga, cuyo autor es Funck-Brentano. Carpentier me lo había recomendado. Allí pude leer algo que transcribí para él y que transcribo ahora:

> Dès son premier voyage et qui n'avait guère de reconnaissance, Christophe Colomb projetait de saisir de ces Indiens doux et inoffensifs pour les vendre comme esclaves en Europe. Au fait, au retour de son second voyage, cinq cents Indiens étaient exposés par lui sur le marché de Séville et il s'apprêtait à organiser regulièrement de trafic dont il espérait grands profits, quand la reine Isabelle lui fit interdire de façon qu'il y du rénoncer.
>
> Sous ce jour la conduite de Christophe Colomb après sa découverte de l'Amérique, apparaît comme un si vilain tissu de perfidies, de cruauté et de cupidité, qu'on en a le cœur soulevé de dégoût. Il a été question de nos jours (1873-1877) de canoniser le personnage. Sept cents évêques en avait signé la requête ; mais il se découvrit que le second mariage conclu par le héros n'était pas d'une validité très canonique, ce qui fit échouer la beatification. Heureux convolé qui épargna l'Eglise une facheuse mésaventure.

Tanto Carpentier como el gran amigo Robert Desnos habían leído, con sumo interés este libro que además de abordar la importancia del gran y legendario reducto de la piratería que iba a ser esa pequeña isla, acusaba a Colón de algunos de los peores crímenes perpetrados en el nuevo mundo (Funck-Brentano 17). Añado que Carpentier escribió una crónica sobre este libro, que publicó en su rúbrica "Desde París" en la revista *Carteles,* de La Habana, el 27 de octubre de 1929. Su título es "Una historia de la Isla Tortuga". En ella ya se anuncian algunos de los célebres pasajes de sus novelas posteriores sobre la piratería y sobre los piratas en el Caribe.

Con este principio de todas las cosas que es el libro de Funck-Brentano, publicado en París en 1928, que me sirve además de final, termino esta exposición sobre algunos aspectos de la génesis de *El arpa y la sombra.* Acabo de cumplir una promesa que hice hace muchos años a quien tanto me enseñó sobre nuestro continente americano, y que tanto me instó a vivirlo como realmente es, con sus faltas y sus contradicciones, pero también con sus numerosas e inigualables cualidades. A él, en su centenario, dedico estas palabras.

Bibliografía

I. Primaria

Carpentier, Alejo. *El arpa y la sombra* [1979]. Obras Completas. Tomo IV. México: Siglo XXI, 1983.

II. Secundaria

Arana Barros, Diego. *Historia general de Chile*. Santiago: Josefina M. de Palacios, 1987.

Bloy, Léon. *Oeuvres. Le révélateur du globe*. París: Mercure de France, 1964.

Encina, Francisco Antonio. *Resumen de la historia de Chile*. Santiago: Zig-Zag, 1954.

Fernessole, Pierre. *Pie IX*. Tomo I (1792-1855). París: P. Lethielleux, 1960.

Funck-Brentano, Frantz. *L'Ile de la Tortue*. París: La Renaissance du Livre, 1928.

González Echevarría, Roberto. "Colón, Carpentier y los orígenes de la ficción latinoamericana". *Crítica práctica y práctica crítica*. México: FCE, 2002.

Pérez de Barradas, José. *Los mestizos de América*. Madrid: Espasa-Calpe, 1948.

Piccirilli, Ricardo. *Rivadavia y su tiempo*. Buenos Aires: Ediciones Peuser, 1960.

Serafini, Alberto. *Pio Nono: Giovanni Maria Mastai Ferreti*· Roma: Tipografía Poliglotta Vaticana, 1958.

Vásquez, Carmen. *Robert Desnos et Cuba: Un carrefour du monde*. París: L'Harmattan, 1999.

Vicuña Mackenna, Benjamín. *Historia jeneral de la República de Chile desde su independencia hasta nuestros días*. Santiago: Impr. Nacional, 1866-1882.

Rubén Darío y Alejo Carpentier o la ansiedad de la influencia

Rita De Maeseneer

A la memoria de mi hermano, Paul, quien me regaló la poesía completa de Darío.

CUANDO ALEJO CARPENTIER EMPEZÓ A ESCRIBIR EN CUBA, EL PADRE latinoamericano a quien había que matar era sin duda Rubén Darío. En sus primeros escritos parece que Carpentier no se pudo sustraer a la influencia aplastante de Darío. Algunos críticos destacaron huellas darianas en la obra temprana carpenteriana como en el cuento "El sacrilegio", publicado en 1923 en la revista *Chic*. Según advierte Padura Fuentes, Carpentier resultaba entonces "atrapado por los últimos velos exóticos del modernismo hispanoamericano de Rubén Darío" (*Un camino* 20). Carpentier habría escrito incluso poemas de juventud al estilo dariano según me comunicó Carmen Vázquez.[1] Lamentablemente, hasta hoy en día es muy difícil, hasta imposible, consultar determinados textos inéditos del escritor cubano. Por tanto, me limitaré en este ensayo a hacer un rastreo de la intertextualidad específica de Darío en los antetextos, novelas, ensayos y artículos de Carpentier a los que he podido tener acceso. El propósito es el de deducir la manera en que Carpentier se enfrenta a esta influencia aplastante de Darío.

---

[1] Agradezco a Carmen Vázquez este comentario que me hizo cuando presenté un primer esbozo de este texto con motivo del coloquio "El siglo de Alejo Carpentier", celebrado en La Habana (8-12 de noviembre del 2004) para celebrar el centenario del nacimiento de Carpentier.

El primer texto "literario" con referencia a Darío que he podido consultar es "Capítulo de novela" publicado en 1944.[2] Verity Smith rescató del olvido en 1984 este fragmento que puede ser considerado antetexto de *El reino de este mundo.*

En el fragmento publicado, el narrador protagonista Lucas sube a la ciudadela La Ferrière acompañado de un guía. Evoca la alucinante historia de Henri Christophe, las apariciones del sacerdote fallecido Corneille Breille y el saqueo del palacio iniciado por el toque de tambores. Toda esta historia rezuma lo maravilloso *avant la lettre*. En su nota introductoria Smith observa muy acertadamente que el texto va enmarcado por una reivindicación de lo americano que Carpentier califica de "sorprendente" y de "prodigio". Advierte el narrador Lucas al inicio:

> Aquella mañana, nombres de genios poblaban su mente: Ogun Feraille, Criminel Petro, Erzulie, Guedé l'Orage, Marie Louise, Toreau Duchene, Femme Cheche, Roi d'Angole... ¡Que otros pensaran en el surrealismo! ... La imprecación de Bouckman volvía a su memoria: "Arrojen el retrato del dios de los blancos, que tiene sed de nuestras lágrimas; escuchen, en sí mismos, la llamada de la libertad". América no necesitaba hacer grandes esfuerzos para crear cosas sorprendentes, de un terrible valor poético. (citado en Smith 211)

Lucas recalca la poca pertinencia del surrealismo en comparación con la presencia en América de maravillas como los dioses del vodú y otros entes histórico mágicos o el discurso pronunciado por el líder jamaiquino Bouckman en la ceremonia del Bois Caimán el 14 de agosto de 1791, el inicio de la rebeldía negra que llevaría a la independencia de Haití. Carpentier remata el texto volviendo sobre esta idea inicial:

> ¡Tierra de prodigios! "La princesa está triste"... Versalles... *El liróforo celeste*... ¡Medio siglo perdido en ese almacén de trastos! ¡Y aquí se vivía en un mundo de milagros!... ¡Melgarejo y su caballo Holofernes!... ¡Robinsón y su escuela!... ¡La corona de Azurduy, dialogando con una cabeza cercenada, en presencia de su ejército!... ¡Mackandal!... ¡Henry Christophe!... "¿Recuerdas que querías ser ... una Margarita Gautier?" ¡Rastacueros! ¡Soñaban con el *Café Procope* –delantales sucios, carnes manoseadas, versos ajenos– ... y habían tenido la suerte de nacer en América!... (214)

Las referencias limitadas al mundo haitiano en la primera cita (el vodú y Bouckman) como paradigma de lo maravilloso se amplían aquí al mundo latinoamericano en su totalidad: Bolivia y el dictador Melgarejo que daba de beber cerveza Guiness a su caballo Holofernes; Robinson Crusoe, el emblema

---

[2] Luisa Campuzano me comentó que el diálogo con Darío está presente en "El clan disperso" de 1943, manuscrito inconcluso e inédito en el que Carpentier evoca al grupo minorista.

de mundos exóticos; Juana Azurduy de Padilla (1780-1830), esta mujer heroica de las luchas independentistas bolivianas.[3] Mediante las conocidas remisiones a los poemas "Sonatina", "Responso", "Margarita", Carpentier arremete contra el modernismo. Presenta una imagen del Darío fantasioso y ávido de exotismos, el Darío de *Prosas profanas y otros poemas* que inspiró a malos seguidores (los "rubendaríacos" al decir de José Asunción Silva) que descalificaron esta corriente literaria. Es como si Lucas le quisiera torcer el cuello al cisne otra vez, operación ya realizada en 1911 por el poeta mexicano Enrique González Martínez, que compuso en *Los senderos ocultos* este verso que se haría famoso.[4]

Parece un poco desfasada esta crítica de Darío en un texto de 1944, cuando los movimientos negristas e indigenistas ya habían intentado acercarse a las maravillas de América y ya se habían producido relecturas más positivas del modernismo, como en *El retorno de los galeones* de Max Henríquez Ureña. Pero hay que recordar que la narración se sitúa en los años veinte, en los inicios del grupo minorista, cuando la gran sombra que planeaba sobre la literatura latinoamericana era Darío. De todas formas, a base de consideraciones de índole temática –el escapismo artificial– son yuxtapuestos en un solo texto un movimiento de fuera de los años veinte –el surrealismo– y el "cosmopolitismo rubendariano que había desviado la mirada de tantos artistas latinoamericanos de las maravillas autóctonas" (Smith 206).

La actitud negativa de Carpentier hacia los modernistas le viene inspirada también por las ideas unamunianas, a las que Carpentier alude en diferentes ensayos, por ejemplo, en "América ante la joven literatura europea" de 1931. Ya por aquel entonces dijo el escritor cubano:

---

[3] Se encuentra una alusión a esta heroína en "Tristán e Isolda en tierra firme": "Por lo mismo, el siglo XIX americano nos ofrece la más estupenda galería de mujeres heroicas y apasionadas que haya conocido la historia; mujeres para las cuales el deber patriótico, la fidelidad al hombre amado, el coraje frente al enemigo, la entrega fogosa en la alcoba, se funden en magnífica síntesis de 'mujeres de bien'" (13). Y un poco más adelante, Carpentier menciona entre ejemplos de seres impresionantes como Mackandal también a Azurduy: "Hay algo impresionante, vagamente sobrenatural, alimentado de mitologías, en ciertos momentos de la vida de nuestros grandes hombres: [...]. Es Juana de Azurduy rescatando la cabeza cercenada de su esposo" (13). Pues, Azurduy sirve de ejemplo tanto para la defensa de lo real maravilloso del "Prólogo" como del romanticismo, defendido en "Tristán e Isolda en tierra firme".

[4] Esta crítica por parte de González Martínez ha sido interpretada erróneamente. Jrade hace el siguiente comentario: "Early critics also misunderstood the intended meaning of 'tuércele el cuello al cisne'. Contrary to the contention that 'swans of deceitful plumage' to which González Martínez refers did not belong to *modernista* poets but rather, as he himself would make clear, to the myriad, now longforgotten, hack imitators who echoed the language of *modernismo*, its opulence, elegance, and ornamentation, without comprehending the underlying issues that defined *modernista* poetics" (95).

> En América Latina, el entusiasmo por las cosas de Europa ha dado origen a cierto espíritu de imitación, que ha tenido la deplorable consecuencia de retrasar en muchos lustros nuestras expresiones vernáculas (hace tiempo ya que Unamuno señalaba este mal). Durante el siglo XIX, hemos pasado, con quince o veinte años de atraso todas las fiebres nacidas en el viejo continente: romanticismo, parnasianismo, simbolismo... Rubén Darío comenzó por ser hijo espiritual de Verlaine, como Herrera y Reissig lo fue de Theodore de Banville... Hemos soñado con Versailles y el Trianón, con marquesas y abates, mientras los indios cantaban sus maravillosas leyendas en paisajes nuestros, que no queríamos ver... (*Tientos* 174)

En el ensayo "Arte y cosmopolitismo" recogido en *Contra esto y aquello*, de 1912, Unamuno despotrica efectivamente contra las corrientes literarias que no se afincan en lo nativo, contra los adoradores de París y el decadentismo, aunque no menciona el nombre de Darío, de quien dijo en una ocasión que se le veían las plumas de indio bajo el sombrero.[5] Es también en este ensayo donde se encuentra entre otros textos de Unamuno la tan citada frase por Carpentier: "es dentro y no fuera donde hemos de buscar al Hombre; en las entrañas de lo local y lo circunscrito, lo universal, y entre las entrañas de lo temporal y pasajero, lo eterno" (citado en Vásquez 228). Y Unamuno explica: "Eternismo y no modernismo es lo que quiero; no modernismo, que será anticuado y grotesco de aquí a diez años, cuando la moda pase" (609).

Al cotejar estos brotes de la teoría de lo real maravilloso con el prólogo de 1949, publicado por primera vez el 8 de abril de 1948 en *El Nacional*, llama la atención que la referencia a Darío desaparece por completo. Carpentier rechaza lo maravilloso de los textos medievales (Merlín). Luego dirige su crítica de cierto simbolismo mal aplicado hacia el viejo mundo, ya que rechaza lo maravilloso de los seguidores de los poetas simbolistas franceses y de Verlaine en particular: "Lo maravilloso, pobremente sugerido por los oficios y deformidades de los personajes de feria –¿no se cansarán los jóvenes poetas franceses de los fenómenos y payasos de la *fête foraine*, de los que ya se había despedido Rimbaud en su 'Alquimia del verbo?'" (Carpentier 1991: [13]).[6] Como

---

[5] Carpentier alude a esta declaración en su ensayo sobre Heitor Villa-Lobos de 1928: "Un gran poeta nuestro se dolió de que lo trataran de indio. ¡Ojalá sus poemas hubiesen sido escritos, en efecto, con plumas arrancadas de su indumentaria!..." Sobre la relación con altibajos entre Darío y Unamuno, véase la acertada síntesis de Ruiz Barrionuevo (127-9).

[6] Carpentier más bien remite al poemario simbolista de Verlaine *Fêtes galantes* en el que aparecen poemas como "Pantomime", "Fantoches", "Colombine". Carpentier recurre a las mismas imágenes en relación a Verlaine en "Les points cardinaux du roman en Amérique Latine": "Entourés d'Indiens, des Indiens ont rêvé aux masques et bergamasques de Verlaine, au clown de Banville, au spleen et à la cloche fêlée" (citado en Vásquez 242). En "Alchimie du Verbe" Rimbaud propone efectivamente ir más allá de las escenas galantes y una poesía descriptiva: "Jamais les peintures idiotes, dessus de portes, décors, saltimbanques, enseignes, enluminures populaires, la littérature démodée" (150).

ha sido comentado muchas veces, Carpentier arremete contra el movimiento surrealista. Más precisamente dirige sus saetas hacia uno de los precursores del surrealismo, Lautréamont, el blanco sustituto de Breton.[7] Según Carpentier lo real maravilloso que presupone una fe se encuentra ejemplificado en Mackandal, Bouckman, el mundo de Henry Christophe, la ciudadela la Ferrière comparada con las cárceles de Piranesi, una de las imágenes favoritas de los románticos.[8] Al igual que en el antetexto, Carpentier amplía la perspectiva pasando a mencionar los diferentes mitos que sustentaron durante siglos expediciones a América y a personajes en los que incluye a Azurduy, para luego mencionar manifestaciones de baile maravillosas.

En su prólogo de 1949 ya no le convenía a Carpentier denigrar a un latinoamericano y oponerse a él, conforme con la idea spengleriana de que Occidente estaba en decadencia y el nuevo mundo estaba en un momento de plenitud.[9] Carpentier deseaba salvar al gran ejemplo de la literatura latinoamericana, entre tanto también recuperado por la crítica de manera positiva. Sabía que Darío era mucho más que escapismo. Mantenía a salvo a Darío para poder medirse con las corrientes europeas, o más precisamente con Breton.[10]

La desaparición de la crítica negativa respecto a la imagen del escapista Darío se puede observar en su poética alternativa y concurrente al prólogo sobre lo real maravilloso, "Tristán e Isolda en tierra firme", publicado en Caracas en 1949. En este ensayo confinado al silencio por Carpentier, el autor aboga

---

[7] Rodríguez Monegal advirtió: "Lautréamont ocupará en el prólogo de *El reino de este mundo* el lugar que le corresponde a Breton pero a quien Carpentier prefiere no mencionar" (104). Curiosamente, Lautréamont es uno de *Los raros* (163-8) que Darío trata con una mezcla de atracción y de distancia apoyándose fuertemente en los comentarios de Léon Bloy sobre este autor. ¿Será una manera de herir aún levemente al poeta nicaragüense?

[8] En el antetexto compara la Ciudadela con "El castillo de la muerte roja" de Poe (Smith 207).

[9] La infuencia de Spengler ha sido estudiada magistralmente por González Echevarría en "Isla a su vuelo fugitiva" de *El peregrino en su patria* (143-209).

[10] Se percibe por tanto una evolución inversa con respecto a Breton, quien fuera elogiado en los escritos carpenterianos de los años veinte y treinta para pasar a ser el chivo expiatorio a partir del prólogo de 1949. Armbruster lo sintetizó de manera clara: "Bei Carpentier Lässt sich die Beziehung zum Surrealismus durch seine theoretischen und literaischen Schriften verfolgen: Zunächst steht er der surrealistischen Avantgarde in den Artikeln der 20er und 30er Jahre durchaus positiv gegenuber, bevor er im *Prólogo* von 1949 recht hart mit dem offiziellen Surrealismus Bretons ins Gericht geht" (28-9). Véanse también mis observaciones (303-9) donde esbozo la evolución del Breton alabado al Breton rechazado primero por razones formales y temáticas y luego por su falta de compromiso en la visión del Carpentier procastrista de *La consagración de la primavera*. También insisto en la diferenciación entre la influencia del surrealismo como tal y la aversión hacia el individuo Breton. Véase también (entre otros muchos textos) Padura Fuentes, "Carpentier...".

por escribir sobre lo propio en un espíritu de romanticismo (y no de lo real maravilloso).[11] Sigue atacando a Darío:

> Cuando en un Nuevo Circo de Caracas, ante una inmensa multitud emocionada en lo más hondo del ser, vemos convivir veinte siglos de tradiciones [...] de danzas indias, de diablos del Corpus, de tambores negros, de "juegos" cristiano-medioevales, de bailes que hunden sus raíces en el paganismo mediterráneo; [...] nos avergonzamos de que, en América, se haya hablado tanto de princesas tristes y de *aires suaves de pausados giros*, habiendo tanto que hacer. (26)

No obstante, ya aparece en el mismo ensayo un Darío que se aleja del preciosismo y de París:

> En días de la *Revista Mundial*, de las crónicas de Gómez Carrillo –hebdomadaria invitación al destierro–, el joven latinoamericano soñaba escaparse a algún medio cosmopolita, renegando de las "calles mal empedradas de redondos y puntiagudos cantos", descritas por Rubén Darío en las mejores páginas de sus *Memorias*, poco antes de hallar, en las Baleares, algo como una misteriosa llamada del idioma, como una lejana admonición del Quijote a cabreros olvidados de una Edad de Oro, que bien puede renacer en un "alba de oro" del Nuevo Mundo. ("Mis veinte años de París, que yo creía eran unas manos de hierro que me sujetaban al solar luteciano, dejaron libres mi corazón; creía llorar y no lloré"). (10)[12]

Recupera a Darío como autor de gran talento literario, defensor de los valores hispanos y por tanto representante del mundonovismo. Añade lo siguiente en el mismo ensayo:

> Claro está que Darío, con su milagroso don poético, hizo maravillas con todo ello [modernismo] –como hubiera hecho maravillas, del mismo modo, si se hubiera propuesto poner en madrigales toda la historia romana, como quería el personaje de Molière.[13] Pero debe reconocerse que, en la mayoría de los

---

[11] Para un comentario sobre este ensayo, véase la introducción de González Echevarría a *Los pasos perdidos* en la edición de Cátedra (44-8).

[12] Supongo que Carpentier llama "memorias" a la autobiografía, también conocida como *La vida de Darío escrita por él mismo*. No encontré la primera cita como tal. En el capítulo XLVI (60) Darío se refiere a "La larva", un cuento que publicó en el semanario "Caras y caretas" de Buenos Aires en 1909 sobre las fuerzas misteriosas encarnadas en una larva. En este cuento aparece el sintagma "calles mal empedradas", pero no va seguido de "de redondos y puntiagudos cantos". Para la segunda cita Carpentier copia literalmente de la postdata de su autobiografía añadida en 1915 (83).

[13] En esta comparación poco halagadora Carpentier se refiere a *Les précieuses ridicules* (1659): "Magdelon –Les madrigaux sont agréables, quand ils sont bien tournés./ Mascarille – C'est mon talent particulier, et je travaille à mettre en madrigaux toute l'histoire romaine" (I: 232).

> casos, el Modernismo fue alimento de un cierto rastacuerismo cosmopolita, de una poesía "d'après la littérature", de la que tardamos mucho en desprendernos. (21-2)

Dando un paso más en las vicisitudes de la suerte dariana, constatamos que en la ampliación del prólogo, llamado "De lo real maravilloso americano", texto de 1964, Darío aparece nada menos que entre los ejemplos de los personajes maravillosos, al lado de Martí y de Simón Rodríguez: "Una América central, poblada de analfabetos, produce un poeta –Rubén Darío– que transforma toda la poesía de expresión castellana" (*Tientos* 73).[14]

En sus textos no ficticios Carpentier evolucionó de la denostación de un Darío visto como cosmopolita y epígono de simbolistas franceses hacia una rehabilitación del poeta por sus dotes poéticas como orfebre de la palabra. Se hace eco de todo el debate cosmopolitismo/americanismo "que condicionó toda la crítica de Darío y/o el modernismo, especialmente en su época, con Valera o Rodó, por citar [a] los críticos más conocidos, y [que] se prolongó con más o menos intensidad casi hasta el centenario".[15] Con todo, el análisis de los textos da fe de la brega de Carpentier con uno de sus padres a quien quiso matar en vano, su incómoda posición respecto al mundo americano, la conflictiva definición de su poética.

Pasando ya a la obra literaria de Carpentier, no me sorprendió que sobre todo en *El recurso del método* aparecieran remisiones explícitas al poeta nicaragüense. En muchísimas novelas del dictador se encuentra una referencia (a veces) obsesiva a la vida y/u obra del vate. Todos sabemos que "Sinfonía del Trópico", el título de la primera parte de la obra fundacional de la novela del dictador, *Tirano Banderas*, constituye un homenaje irónico por parte de Valle-Inclán a la musicalidad poética del nicaragüense. Un ejemplo más reciente de una novela sobre la dictadura (y no del dictador) lo constituye *Margarita está linda la mar* (1998) de Sergio Ramírez. En este libro se entrejen la evocación de

---

[14] El mismo tono laudatorio se encuentra en dos artículos de *Letra y solfa*. En "La hora difícil", un texto de 1953 sobre la formación de un estilo propio después de seguir un modelo (europeo), Carpentier cita el ejemplo de Darío: "Tomemos el ejemplo magnífico de Rubén Darío. He aquí un hombre que empieza por seguir a Verlaine, a los parnasianos y simbolistas, y que, con pasmosa seguridad se va creando, en muy poco tiempo, un instrumental poético propio, un tipo de expresión lírica, un vocabulario, un modo de adjetivar, que habrían de tranformar totalmente la poesía de su tiempo en América y en España" (*Letra y solfa* 29). En un ensayo de 1955 "Cincuenta aniversario de *Los raros*" Carpentier alaba –con ciertas reservas– las dotes visionarias del crítico Darío (*Literatura* 139-40).

[15] Cito un correo electrónico de Alfonso García Morales, a quien agradezco su atenta lectura y su preciosa ayuda en el laberinto de la bibliografía dariana (e-mail: 1-9-2004).

parte de la vida y de la obra de Darío y la preparación de un atentado contra el dictador Somoza.[16]

Antes de comentar las citas de Darío en *El recurso del método*, cabe observar que la figura referencial de Darío no carece de interés en relación con la novela carpenteriana. Nada más considerar las coordenadas básicas de este libro –el espacio, el tiempo, el protagonista–, podría argüir en una primera aproximación que la figura de Darío (Metapa 1867-León 1916) las refleja y las sustenta. Al igual que la novela del dictador que se suele situar en un país latinoamericano no especificado, el poeta, aunque originario de Nicaragua, representa al latinoamericano por excelencia, ya que residió en varios países y escribió una poesía que tuvo seguidores en muchos países de habla hispana. Si aceptamos que la época modernista tuvo su auge entre 1880 y 1910, *El recurso del método*, texto situado entre 1913 y 1927, puede ser leído como un balance del modernismo y de la modernidad (González Echevarría, "Modernidad").[17] El nexo con la época de Darío es tanto más apropiado en cuanto que coincidió con el surgimiento de famosos regímenes dictatoriales que inspiraron a Carpentier. Los "great dictators" (¿chaplinianos?) son, por ejemplo, el venezolano Vicente Gómez (1857-1935, dictador de 1908 a 1935), el mexicano Porfirio Díaz (1830-1915 dictador de 1876 a 1911) o el guatemalteco Estrada Cabrera (1857-1924, dictador de 1898 a 1920), mencionado en "Palas Athenea", el poema redactado por Darío a ruego del dictador.[18] En lo que se refiere al

---

[16] Que yo sepa los críticos nunca se han detenido en esta fascinación con Darío en este subgénero de la novela del dictador, excepto en el caso de *El otoño del patriarca* de Gabriel García Márquez.Véanse Sarrailh; Canfield (1053); Neghme Echevarría; Canino Salgado; Jrade (141-3); Palencia Roth. Las observaciones de los dos últimos estudiosos me parecen las más acertadas. Agradezco a mi colega Miguel Norbert Ubarri el envío del artículo de Canino Salgado.

[17] A la vez sabemos que estas dos fechas (1913-1927) se corresponden con la publicación del primero y último volumen de la obra de Proust que hace un balance y canto de cisne del mundo aristocrático de París (Dorfman). Proust evoca la relación conflictiva con la oligarquía que también se observa en el modernismo dariano.

[18] La mención de Estrada Cabrera se sitúa al final de la tercera parte de "Palas Athenea": "Así avanza la mensajera/de la luz por la selva fiera/de nuestra América Central.../y saluda a Estrada Cabrera/con la blanca y azul bandera/en donde brilla y reverbera/la copa de iris del Quetzal" (*Poesías* 1132). Ha corrido mucha tinta sobre la postura política de Darío. Jrade comenta de manera acertada la relación entre dictadura, modernismo y modernidad respecto a *El otoño del Patriarca*: "With these references [to Darío], which are supported by other allusions throughout the novel, García Márquez once again suggests that the origins of the modern Spanish American State as well as the prototypical Spanish American dictator are to be found in the region's initial encounter with modernity during the second half of the nineteenth century. He emphasizes, through hyperbolic example, how political repression is an outcome of foreign economic encroachments similar to those that began to take place during the *modernista* period" (141-2).

personaje, podríamos considerar a Darío un *alter ego* del Primer Magistrado. Su vida decadente, su alcoholismo, su adoración de París, se parecen a lo evocado en las biografías sobre el poeta (y en *Margarita está linda la mar* de Sergio Ramírez). Tanto el Primer Magistrado como Darío son Padres, respectivamente, de la patria nación y de la literatura latinoamericana, de la vida política y de la vida cultural. Ambos se caracterizan asimismo por un comportamiento sumamente machista respecto a las mujeres. Ambos son personajes *in-between* (al igual que el mismo Carpentier).

En lo que atañe a las citas de Darío, en *El recurso del método* no aparecen hasta el tercer capítulo, que contiene casi todas las contadas referencias al vate después de la Matanza en Nueva Córdoba.[19] Para su gran despecho este hecho fue comentado ampliamente en los periódicos franceses y provocó el alejamiento de sus amigos parisinos. Le duele al Primer Magistrado el que sea menospreciado en la ciudad que más ama y que ya no le acojan los personajes proustianos como Brichot o el escritor D'Annunzio. Advierte el Primer Magistrado:

> París, en cambio, era Tierra de Jauja y Tierra de Promisión, Santo Lugar de la Inteligencia, Metrópoli del Saber Vivir, Fuente de Toda Cultura, que, año tras año, en diarios, periódicos, revistas, libros, alababan –luego de colmar una suprema ambición de vivir *aquí*– los Rubén Darío, Gómez Carrillo, Amado Nervo, y tantos otros latinoamericanos que de la Ciudad Mayor habían hecho, cada cual a su manera, una suerte de Ciudad de Dios... (96)

El Primer Magistrado presenta su visión sobre la metrópolis en una suerte de intertextualidad genérica con los poetas modernistas entre los cuales figura Darío. Por tanto, la imagen que tiene de Lutecia viene filtrada por el prisma modernista. Los poetas modernistas asociados con cierta francofilia hasta sirven la causa de los aliados cuando empieza la primera guerra mundial: "Todos son aliados durante la guerra, entre otros, todos los de la inteligentzia, escritores, universitarios, lectores de Rubén Darío o de Gómez Carrillo, gente que aquí hubiese estado o soñara con venir algún día" (115). El Primer Magistrado recurre también a Darío para volver sobre otro cliché cuando estalla la guerra en agosto

---

[19] Es cierto que se pueden encontrar reminiscencias modernistas ya desde el inicio de la obra. El "alba estival" y la hija del primer Magistrado, Ofelia, "vestida a la Marquesa entre Luis XV y XVI" podrían contener resonancias de poemas modernistas (27; 42). Uno de los personajes de los que se habla en el primer capítulo es D'Annunzio, cuya vida decadente y cuyos escritos presentan más de una semejanza con Darío. Guadalupe Fernández Ariza (140) ve también una "alusión irónico-burlesca al cuento de Darío [La muerte de la emperatriz de China]" en el regalo del ferrocarril de cuerda que le hace el Primer Magistrado a la Vieja Emperatriz de China (140). Luisa Campuzano considera que la negra con la que pasa una noche en La Habana el Dictador tiene su modelo en "La negra Dominga".

de 1914: me refiero a la oposición entre armas y letras, acción y poesía.[20] Apoyándose de manera alusiva en poemas de Darío y Verlaine contrarresta al inútil príncipe músico Luis de Baviera y al eficaz Bismarck, vistos como la contemplación frente al *agon*:

> Las naciones entregadas al lujo y la indolencia –decía– se ablandaban y perdían sus virtudes fundamentales. Bueno era el esteticismo, pero el hombre, para recobrar unos músculos anemizados por la excesiva contemplación de lo Bello necesitaba –al cabo de largas ensoñaciones– de la lucha, del cuerpo a cuerpo, del *agon*. Hermosa era la figura de Luis de Baviera, cantada por nuestro Rubén Darío y hasta por Verlaine, pero, para la unificación y grandeza de una Alemania parcelada y adormecida, más útil había sido el sólido y rudo Bismarck, parado en sus estribos bélicos, que el príncipe músico, edificador de castillos tan poéticos como ajenos a toda realidad. (Carpentier 1979a: 108-109)

El Primer Magistrado se refiere respectivamente a "Blasón" de *Prosas profanas* de Darío y "On ne blasphème pas" de *Hombres* de Verlaine, pero hubiera podido mencionar igualmente a Julián del Casal y su poema "Flores de éter" dedicado "A la memoria de Luis II de Baviera". Vemos por tanto que en todas las alusiones arriba mencionadas Darío queda rebajado a uno de los prototipos del modernismo en su interpretación estrecha de imitación y copia de modelos franceses y huida hacia Francia y el pasado. Es presentado como un poeta frívolo, decadente, escapista, desconectado de la realidad.[21] Es en este sentido generalizador y reductor es que hay que interpretar también la única cita un

---

[20] En *La consagración de la primavera*, el libro por excelencia de las frase citas (257-68), Jean-Claude integra el último verso de "Lo fatal" de Darío en su diatriba contra la literatura de retaguardia: "... La [la guerra] ganaremos, y entonces los escritores que la hicieron –y que son muchos– escribirán novelas donde más de un soldado filósofo meditará una noche (fondo de estrellas: impasible decorado) en el lodo de una trinchera (légamo primero: símbolo), sobre el destino del hombre ('y no saber a dónde vamos ni de dónde venimos', *of course*), [...]" (134). Rita Gnutzmann observa que es una citación a la segunda potencia: "En esta desmitificación entra además la cita de Rubén Darío, incluida en la crítica de Jean-Claude: 'y no saber a dónde vamos ni de dónde venimos' (el final de 'Lo fatal' de *Cantos de vida y esperanza*, ironizada con el comentario '*of course*'. Además ya en el poema de Darío es cita de una conversación de Goethe con Eckermann (1829): 'el hombre es una criatura confundida: *no sabe de dónde viene, ni adónde va*'" (11).

[21] José Antonio Baujín (438-9) recalca también esta lectura de Darío y de los modernistas al comentar una cita (no marcada) del "Soneto autumnal al Marqués de Bradomín" en boca de Vera en *La consagración de la primavera*: "Despreciables ventanas eran las que nos mostraban un vulgo municipal y espeso, arremolinado en giración de carrusel, hendido por el paso de un carro de bomberos, o arrastrado por los aires marciales de una banda militar" (323). La cita proviene del primer terceto: "Versalles otoñal; una paloma, un lindo/ mármol; un vulgo errante, municipal y espeso;/ anteriores lecturas de tus sutiles prosas" (Darío, *Poesías* 680).

tanto más extensa de Darío en *El recurso del método*. En su larga meditación sobre su fracaso de "hacerse gente" en París a causa de la matanza de Nueva Córdoba, observa el Primer Magistrado:

> Por siempre se le cerrarían las puertas de las mansiones con las cuales había soñado, desde sus días de periodista provinciano, cuando, andando por las calles empinadas del Surgidero de La Verónica [el pueblo natal del Primer Magistrado], se recitaba los poemas en que Darío cantaba "los tiempos del Rey Luis de Francia, sol con corte de astros en campos de azur, cuando los alcázares llenó de fragancia, la regia y pomposa Rosa Pompadour"; o cuando, sentado en alguna taberna portuaria, entre humos de gambas a la plancha y fritanga de majúas, metidas las narices en revistas de *allá*, se topaba con las magnificencias que habían fijado los más famosos pintores, [...] los grises de catedrales llovidas –"*Il pleure dans mon coeur/comme il pleut sur la ville...*"–, y el tornasol de mujeres que eran, en sus retratos, aves del paraíso, sinfonías de joyas, seres apenas imaginables, al aparecerse, así, de repente, en páginas de *L'Illustration*, aquí, entre la sirena del carguero danés y el chirrido de la grúa que largaba torrentes de carbón sobre la suciedad de un muelle cercano... (97)

La cita de Darío, extraída del conocidísimo primer poema de *Prosas profanas*, "Era un aire suave" (cuarteto 16), pertenece también a la época en que Darío sólo era "aquel que ayer no más decía el verso azul y la canción profana", la imagen más cliché del poeta. Toda esta evocación nostálgica llena de reminiscencias modernistas y simbolistas refuerza la imagen totalmente deformada de París. El texto citado, debidamente indicado como cuerpo ajeno por las comillas, pone de manifiesto la sumisión al ídolo, metonimia de todo un espejismo parisino que se ha ido creando el Primer Magistrado. En resumen, de la misma manera que para Rubén Darío, París es una ficción a los ojos del Primer Magistrado, una proyección, una ciudad doblemente alejada, en el tiempo (juventud, evocación de siglos pasados) y en el espacio.[22] De hecho, el error del Primer Magistrado consiste en haber adorado el modernismo en una época en que se introducía la vanguardia, tal como advierte González Echevarría: "[E]l mundo del modernismo en que vivía [el Primer Magistrado] cede ante el del arte moderno" ("Modernidad" 159).

Por eso en el mismo capítulo el Primer Magistrado se da cuenta de que su acercamiento a París es una impostura (como toda su vida) y que su cultura es de segunda o de tercera mano desde un punto de vista eurocéntrico. Cuando discute con su amigo, el Académico, sobre la barbarie de los latinoamericanos en relación al supuesto refinamiento de los franceses, el Primer Magistrado expresa en un monólogo interior que

---

[22] Es sabido que la relación entre París y los modernistas es más complicada y es a la vez mitificación y desmitificación. Véanse, por ejemplo, Pera; Noguerol Jiménez.

> [e]stuvo [...] por replicar que, a pesar de una historia más corta, su Continente había producido ya próceres y santos, héroes y mártires, pensadores y hasta poetas que habían transformado, por vía de regreso, el idioma literario de España, pero pensó que los nombres citados caerían en el vacío de una cultura que los ignoraba. (100)

Se da cuenta de la supuesta inferioridad de su mundo cultural –simbolizado por Darío a quien se alude mediante perífrasis– respecto al mundo de la "verdadera cultura" (francesa y europea) al que nunca tendrá acceso del todo. Se le cerrarán para siempre las puertas de la mansión de la proustiana Madame Verdurin, no será convidado nunca al tan anhelado banquete de la civilización francesa/europea.

Darío es incluso usado como referencia comodín, es vaciado y convertido en frase cita. En agosto de 1914 el Primer Magistrado hace paseos

> llegando a veces, cuando de vegetales frescores se antojaba, hasta el Bois de Boulogne, cuyo *Sentier de la Vertu* había quedado desierto, mientras los cisnes del lago alargaban el cuello, en interrogante signo, esperando inútilmente los trozos de bizcochos que, aún pocos días antes, les arrojaban paseantes y niños. (108)

Ya advirtió Guadalupe Fernández Ariza (127) que la cita no marcada es una variación sobre el último verso de "Yo persigo una forma" de *Prosas profanas*: "y el cuello del gran cisne que me interroga". Por supuesto, la reminiscencia tiene un efecto humorístico por el contexto nada elevado: los cisnes piden comida y no son asociados con la revelación poética como es el caso en el poema, sino con el dudoso "Sentier de la Vertu" (no tan virtuoso).

Otra vertiente de Darío –el poeta más comprometido y defensor de lo latinoamericano, aunque bajo la égida de la hispanidad– se asoma tal vez en la única conversación que se desarrolla entre el Primer Magistrado y el Estudiante. El intelectual socialista contesta al Primer Magistrado quien le dice: "Si implantaran el socialismo acá, a las cuarenta y ocho horas tendrían a los marines norteamericanos en Puerto Araguato – Es lo más probable, Señor" (240). Podría considerarse esta respuesta una variante de parte del último párrafo de la introducción a *Cantos de vida y esperanza*: "Mañana podremos ser yanquis (y es lo más probable)" (*Poesías* 626). La cita en boca del Estudiante corrobora la tesis del uso ideológico cambiante de Darío que puede hacer del poeta tanto portavoz del dictador conservador como del Estudiante socialista.[23] A la vez

---

[23] El Estudiante se asemeja al poeta de "El rey burgués" (1888). A pesar de que este último muere de frío, anuncia "el tiempo de las grandes revoluciones, con un Mesías todo luz, todo agitación y potencia" (285). Fernández Ariza ya ha observado que "el Dictador de

demuestra que Carpentier despista muchas veces al lector con sus citas vistosas que obnubilan otras capas de lectura.

Mis pocas incursiones en el juego intertexual con Darío muestran que sigue siendo una figura literaria, cultural y políticamente inaprehensible. Desde el punto de vista literario, es cierto que le han torcido el cuello al cisne, pero a la vez Darío puso América Latina sobre el mapa literario hispánico. Culturalmente se le ha venido asociando con el escapismo, pero su poesía también implica una crítica de la sociedad materialista y positivista, como ha demostrado brillantemente Jrade entre otros críticos. Políticamente ha sido asociado con lo más conservador (en tanto que adulador de ciertos dictadores), pero también ha sido proclamado vocero de las fuerzas revolucionarias. Recordemos que fue recuperado (de manera un tanto forzosa) como poeta comprometido antiimperialista por los sandinistas.[24] Observa De la Campa:

> Darío has been regarded as an apolitical, if not reactionary, aesthetic icon/an assessment somewhat reminiscent of the way Borges is often characterized. Heated debates about Darío's place in Latin American cultural history have raged for many decades, until the Sandinista revolution –armed with forceful rereading of his work– claimed him as a primary source of inspiration. Suddenly, Darío became another precursor of the Sandinista movement and its love for poetry as a form of cultural revolution. (39-40)[25]

Carpentier no pudo explotar todo el potencial que ofrecía Darío y su ansiedad de la influencia pasó por varias etapas. No obstante, el poeta siempre quedaba menguado en su complejidad. Tampoco otros escritores como Sergio

---

Carpentier está hecho a imagen y semejanza del 'Rey burgués' de Darío, siendo París aquel correlato de 'aquella ciudad inmensa y brillante' donde el Dictador cuida su vestuario" (140; 125). Esta intertextualidad genérica y menos vistosa sugiere también la presencia subyacente de un Darío más crítico y más comprometido.

[24] En *La consagración de la primavera* el más incorruptible Martí representa el antiimperialismo (y la ideología castrista). Por ejemplo, Carpentier cita de "Nuestra América" "el desdén del vecino formidable que no lo conoce" (471-2). Sabemos que Darío ha sido recuperado también por algunos críticos literarios de la Cuba revolucionaria, "sí: a pesar de todo" (como diría Marinello). Remito a los comentarios de Fernández Retamar (13-22).

[25] Sobre todo Sergio Ramírez contribuyó a propagar esta imagen: "Por eso es que hoy frente al pueblo, la revolución rescata a Darío, no del olvido, sino de la superchería, porque Darío siempre estuvo en el alma popular como un gran orgullo intuido e incomprendido, un genio de hazañas ignoradas, que venía de lejos vencedor de la muerte y triunfaba sobre cualquier otro genio, como señor de los ingenios, versificador infinito y fabricador de rimas imposibles, porque la poesía como tal, y la inspiración, son valores frente a los que rinde su admiración sin límites este pueblo. [...]; nutrió la vena histórica del antimperialismo [sic] nacional, consustancial a la nación y contribuyó a crear nuestra conciencia de pueblo libre" (99-100).

Ramírez en *Margarita, está linda la mar* o García Márquez en *El otoño del patriarca* llegaron a aprehenderlo en todas sus vertientes.[26]

Darío sigue siendo un mito desmitificado constantemente que se les escapa. Dijo Raimundo Lida en 1967, centenario de su nacimiento: "Rubén sigue provocando herejías, discrepancias y ambigüedades: sigue siendo un gran poeta aún hoy inexplorado y difícil, aún hoy pregunta viva" (308). No obsta que la presencia de Darío, uno de los pocos escritores latinoamericanos citados muy explícitamente por Carpentier, haga hincapié en su impronta innegable en su obra. Es como un Fénix que siempre resucita de sus cenizas. La influencia de Darío en Carpentier requeriría aún más atención desde otros ángulos. Pienso, por ejemplo, en el hecho de que la poesía de Darío, ya de por sí intertextual, se caracteriza por un refinamiento sin par y palabras rebuscadas más bien típicas de la *high culture,* tan gustada por Carpentier. Y a un nivel que va mucho más allá de mis burdas pesquisas citacionales, Roberto González Echevarría ya subrayó que este movimiento literario recalcó lo artificioso del lenguaje, su autonomía, la separación de la palabra y la cosa, que la intertextualidad aquí estudiada también subraya.[27] Harold Bloom ya lo observó hace muchos años: la ansiedad de la influencia es una obsesión sin fin que hace perdurar la literatura.

Bibliografía

I. Primaria

Carpentier, Alejo. *El recurso del método* [1974]. *Obras completas.* Tomo VI. México: Siglo XXI, 1979.

_____ *La consagración de la primavera* [1978]. *Obras completas.* Tomo VII. México: Siglo XXI, 1979.

_____ *Letra y solfa.* Caracas: Síntesis Dos mil, 1976.

_____ *Tientos, diferencias y otros ensayos.* Barcelona: Plaza y Janés, 1987.

_____ *Literatura. Libros*. América Díaz Acosta, ed. *Letra y solfa.* Tomo VII. La Habana: Letras Cubanas, 1997.

---

[26] En el caso de García Márquez, Darío contrarresta al dictador, como el poeta querido espontáneamente frente al dictador temido (Jrade 142; Palencia Roth 52). Añadiría que se rescata el potencial liberador de la oralidad paradójicamente también encarnado en Darío cuya poesía siempre es recitada en *El otoño del patriarca.* Corrobora la reflexión sobre la Voz del Maestro en este texto (González Echevarría, "The Dictatorship").

[27] González Echevarría ("Modernidad") agrega que la vanguardia –el movimiento literario que le sucedió–, fue más allá poniendo en tela de juicio también al mismo yo productor como dictador, como voz rectora de la estructura del texto. Por eso *El recurso del método* empieza en la casa de París teñida de modernismo y termina con la casa transformada por el arte de la vanguardia.

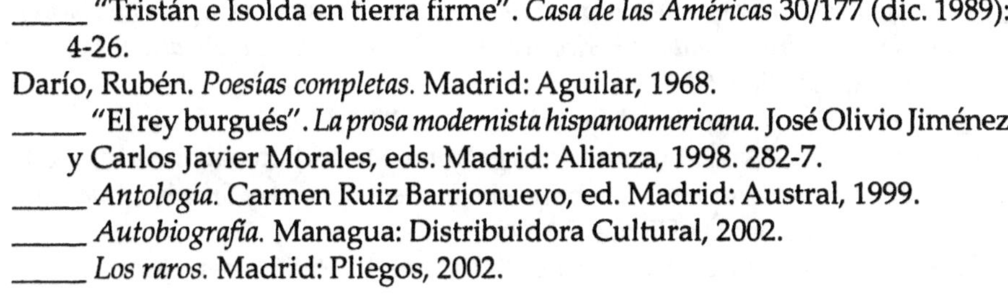

_____ "Tristán e Isolda en tierra firme". *Casa de las Américas* 30/177 (dic. 1989): 4-26.

Darío, Rubén. *Poesías completas*. Madrid: Aguilar, 1968.

_____ "El rey burgués". *La prosa modernista hispanoamericana*. José Olivio Jiménez y Carlos Javier Morales, eds. Madrid: Alianza, 1998. 282-7.

_____ *Antología*. Carmen Ruiz Barrionuevo, ed. Madrid: Austral, 1999.

_____ *Autobiografía*. Managua: Distribuidora Cultural, 2002.

_____ *Los raros*. Madrid: Pliegos, 2002.

II. Secundaria

Armbruster, Claudius. *Das Werk Alejo Carpentiers. Chronik der "wunderbaren Wirklichkeit"*. Frankfurt: Vervuert, 1982.

Baujín, José Antonio. "La obra de Valle-Inclán en la ficción carpenteriana: un abanico de relaciones transtextuales". *Alejo Carpentier y España. Actas del Seminario Internacional. Santiago de Compostela 2-5 de marzo de 2004*. José Antonio Baujín, Francisca Martínez y Yolanda Novo, eds. Santiago de Compostela: Universidade de Santiago de Compostela Publicacións, 2005. 429-78.

Bloom, Harold. *The Anxiety of Influence. A Theory of Poetry*. Nueva York: Oxford UP, 1973.

Campa, Román de la. *Latin Americanism*. Minneapolis, U of Minnesota P, 1999.

Canfield, Martha. "El Patriarca de García Márquez: padre, poeta y tirano". *Revista Iberoamericana* L/128-129 (julio-diciembre 1984): 1017-56.

Canino Salgado, Marcelino. "Rubén Darío en *El otoño del patriarca*". *Revista del Ateneo Puertorriqueño* 4/10-12 (enero-diciembre 1994): 126-46.

De Maeseneer, Rita. *El festín de Alejo Carpentier. Una lectura culinario-intertextual*. Ginebra: Droz, 2003.

Dorfman, Ariel. "Entre Proust y la momia americana: siete notas y un epílogo sobre *El recurso del método*". *Hacia una liberación del lector latinoamericano*. Hanover: Ediciones del Norte, 1984. 89-145.

Fernández Ariza, Guadalupe. *Alejo Carpentier. Ante el espejo del barroco*. Roma: Bulzoni, 1997.

Fernández Retamar, Roberto "Rubén Darío en las modernidades de nuestra América". *Recreaciones: ensayos sobre la obra de Rubén Darío*. Iván Schulman, ed. Hanover: Ediciones del Norte, 1992. 1-27.

Gnutzmann, Rita. "Carpentier, lector". *Cuadernos para la investigación de la literatura hispánica* 5 (1983): 5-18

González Echevarría, Roberto. "Modernidad, modernismo y nueva narrativa: *El recurso del método*. *Revista interamericana de bibliografía/Inter-American Review of Bibliography* 30 (1980): 157-63.

_____ "Introducción". Alejo Carpentier. *Los pasos perdidos*. Roberto González Echevarría, ed. Madrid: Cátedra, 1985. 13-62.

_____ "The Dictatorship of Rhetoric/The Rhetoric of Dictatorship". *The Voice of the Masters. Writing and Authority in Modern Latin American Literature.* Austin: U of Texas P, 1985. 64-85.

_____ *El peregrino en su patria.* Madrid: Gredos, 2004.

Henríquez Ureña, Max. *El retorno de los galeones.* Madrid: Renacimiento, 1930.

Jrade, Cathy L. *Modernismo, Modernity and the Development of Spanish American Literature.* Austin: U of Texas P, 1998.

Lida, Raimundo. "Rubén y su herencia". *La Torre* 15/55-56 (enero-junio 1967): 287-308.

Molière, Jean Baptiste Poquelin. *Œuvres complètes.* 2 v. París: Gallimard, 1956.

Neghme Echeverría, Lidia. "Lo verosímil y la intertextualidad en *El otoño del patriarca*". *Hispamérica* 12/35 (diciembre 1983): 87-99.

Noguerol Jiménez, Francisca. "Atraídos por Lutecia: el mito de París en la narrativa hispanoamericana". *Iberoromania* 46 (1997): 75-100.

_____ "De parisitis y rastacuerismo: Rubén Darío en Francia". *Rubén Darío. Estudios en el Centenario de* Los raros *y* Prosas Profanas. Alfonso García Morales, ed. Sevilla: Secretariado de Publicaciones, 1998. 165-88.

Padura Fuentes, Leonardo. "Carpentier y el surrealismo: de París a Puerto Príncipe". *Revolución y Cultura* 12 (1989): 10-9.

_____ *Un camino de medio siglo. Carpentier y la narrativa de lo real maravilloso.* La Habana: Letras Cubanas, 1994.

Palencia Roth, Michael. "Intertextualities: Three Metamorphoses of Myth in *The Autumn of the Patriarch*". *Gabriel García Márquez and the Powers of Fiction.* Julio Ortega, ed. Austin: U of Texas P, 1988. 34-60.

Pera, Cristóbal. *Modernistas en París. El mito de París en la prosa modernista hispanoamericana.* Berna: Peter Lang, 1997.

Ramírez, Sergio. "Darío y Cortázar". *Casa de las Américas* 25/145-146 (julio-octubre 1984): 96-101.

Rimbaud, Arthur. *Oeuvres complètes. Correspondance.* París: Laffont, 1992.

Rodríguez Monegal, Emir. "Lo real y lo maravilloso en *El reino de este mundo*". *Asedios a Carpentier. Once ensayos críticos sobre el novelista americano.* Klaus Müller-Bergh, ed. Santiago de Chile: Editorial Universitaria, 1972. 101-33.

Ruiz Barrionuevo, Carmen. *Rubén Darío.* Madrid: Síntesis, 2002.

Sarrailh, Michèle. "Apuntes sobre el mito dariano en *El otoño del patriarca*". *Cuadernos Hispanoamericanos* 340 (octubre 1978): 50-79.

Smith, Verita. "'Capítulo de novela' y la génesis de *El reino de este mundo*". *Bulletin hispanique* 86/1-2 (1984): 205-14.

Unamuno, Miguel de. "Arte y cosmopolitismo". *Obras completas. Nuevos ensayos.* Madrid: Escelicer, 1966. 608-13.

Vásquez, Carmen, ed. *Alejo Carpentier et* Los pasos perdidos. París: Indigo & Côté Femmes, 2003.

Retornos edípicos y pródigos en la obra de Alejo Carpentier y William Faulkner*

George B. Handley

Retornos posesclavistas

Como resultado de la esclavitud, muchas de las naciones pertenecientes a la América de las plantaciones se vieron forzadas a pasar por la difícil transición de una economía basada en la agricultura, fundamentada en un modelo paternalista de plantación familiar, a una economía industrializada, sustentada por ideologías liberales. En la guerra hispano-estadounidense de 1898, los Estados Unidos exacerbaron sus propias contradicciones posesclavistas al llevar a los territorios de Cuba y Puerto Rico, recientemente emancipados, la estrategia neocolonial de la propiedad en ausencia, junto con nuevas nociones de igualitarismo.[1] La tan sonada y difundida retórica liberal disfrazó con frecuencia el maridaje entre el liberalismo y las viejas ideologías paternalistas. Esto permitió a las naciones americanas negar la profunda similitud entre las estructuras de las prácticas políticas contemporáneas y la vida en la plantación de antaño. Entre varios de nuestros legados que permanecen, nuestra práctica de la crítica literaria tiene aún que recobrarse por completo de los efectos de esta simulación de inocencia nacional. Seguiremos siendo cómplices del imperialismo estadounidense, a menos que comencemos a leer la esclavitud a través de las diferentes líneas nacionales y

---

* Una versión más prolija de este ensayo aparece como capítulo del libro *Postslavery Literatures in the Americas. Family Portraits in Black and White*. Charlottesville: U of Virginia P, 2000. El autor agradece a la editorial su permiso para traducir y reimprimir este texto.

[1] Para ahondar en los efectos de las ideologías estadounidenses en Puerto Rico después de 1898, véase Picó 196.

crear –tal como este artículo busca hacerlo– lecturas hemisféricas de los legados de la esclavitud.

Son pocos los autores, incluidos Alejo Carpentier y William Faulkner, que han dedicado buena parte de su esfuerzo a entender la relación entre los legados de la esclavitud y las dimensiones neocoloniales de las culturas americanas modernas. Tal como lo demuestran mis lecturas de Faulkner y Carpentier, estos autores presentan el pasado de la plantación como algo análogo a las manifestaciones del imperialismo en el Caribe del siglo XX. Ambos argumentan que las plantaciones alguna vez emularon imperios, en el sentido de que establecieron proximidades sumamente cercanas y relaciones jerárquicas entre culturas que, de otra manera, serían por completo ajenas, para después expeler desde su centro de poder las formas culturales híbridas así producidas. Sin embargo, son ahora las formas modernas de imperialismo las que imitan a las plantaciones de antaño en un contexto posesclavista.

Por ende, Carpentier y Faulkner se preguntan cómo las Américas posesclavistas pueden liberarse de las fuerzas históricas del colonialismo y de la esclavitud sin pretender liberarse también de las fuerzas de buena parte de los eventos históricos. Si la modernidad se manifiesta en el deseo de arrasar con el pasado para crear un nuevo punto de origen, ¿qué tipo de modernidad es factible para las Américas posesclavistas? ¿El esfuerzo de apartarse de los legados del colonialismo y la esclavitud (legados que el neocolonialismo estadounidense en particular ha transformado irónicamente en las fuerzas de la modernidad) no llevará de manera paradójica a los escritores a simplificar otro pasado que se encuentra libre de las cadenas coloniales –como por ejemplo el pasado africano o de los pueblos autóctonos– y que es en sí mismo antimoderno y quizá ahistórico también? No obstante el hecho de que los contextos históricos y geográficos de las novelas que se analizarán (*El siglo de las luces* de Carpentier y *¡Absalón, Absalón!* de Faulkner) son diferentes, ambos autores exploran las implicaciones de las revoluciones francesa y haitiana en el Caribe extendido. Además, exponen la autonomía de los nacionalismos posesclavistas como algo acotado por los propios ecos del cambio histórico establecido en otros lugares. Por lo tanto, tales nacionalismos se encuentran potencialmente condenados a reproducir las estructuras esclavistas. Carpentier y Faulkner articulan una identidad posesclavista transnacional, tan intrincada a causa de las contradicciones entre igualitarismo e imperialismo, e inevitablemente condenada por su propia historicidad, por su propia sujeción a la historia de la esclavitud. Por razones que se derivan de las distintas posiciones geopolíticas desde las cuales escriben ambos autores, para Faulkner el regreso a la historia de la esclavitud es un ardid edípico, mientras que para Carpentier dicho retorno implica posibilidades pródigas y revolucionarias.

En su ensayo "The Two Relativisms", J. Hillis Miller hace una distinción entre la narrativa *constativa* (en la cual la narrativa crea efectivamente una nueva diferencia debido a que corresponde a una realidad externa o al pasado) y la *performativa* (la cual se retrotrae hacia la autorreferencialidad y la equivalencia). Miller agrega que esta tensión refleja la dinámica entre los tabúes contra la diferencia extrema –implícita en la noción del entrecruzamiento de razas– y la demasiada uniformidad, implícita en el incesto (148-70). Me interesan las dimensiones genealógicas de este vaivén porque sugieren la lucha de la narrativa contra las contingencias de la historia. Tales dimensiones son de gran ayuda para comprender la descripción que Faulkner hace de la lucha de los Estados Unidos de la posesclavitud como un elemento motivado por una insularidad edípica e incestuosa (y, como tal, condenada potencialmente a repetir la misma historia). Dichas dimensiones son asimismo un gran apoyo para entender la visión que tiene Carpentier sobre el deseo pródigo del Caribe por lo exótico (lo cual también condena potencialmente al sujeto a una perpetua preferencia por una historia nueva y diferente).

Los paradigmas de las narrativas edípica y pródiga llevan implícita la ambigua supervivencia de los colonialismos propios de la esclavitud, en el sentido de que tales paradigmas representan un tipo de redundancia desesperanzada en busca de los orígenes. Dichas narrativas hacen evidente, a ambos lados del espectro, la tarea aparentemente imposible de hallar una originalidad propia de la posesclavitud. Una defensa de la imitación puede introducir, de manera inadvertida, un elemento de diferencia, en tanto que la promoción de la originalidad es capaz de reproducir, de hecho, viejos modelos. Si el lenguaje de un nuevo mundo es meramente performativo y autorreferencial, y no corresponde a la realidad del nuevo mundo, jamás escaparemos de los paradigmas extranjeros de pensamiento y nunca nos conoceremos a nosotros mismos. Nos encontraremos atrapados dentro de lo que Octavio Paz ha dado en llamar el laberinto de la soledad, donde las ideas ajenas, presentadas como premisas universales, nos impiden ver la situación real de nuestro pueblo y nos llevan a disociar la palabra del acto (173). Ésta es la clase de situación en la que –según palabras de José Martí– "la colonia continuó viviendo en la república" (13). En otras palabras, las narrativas no hacen evidente una conciencia de su propia internalización irónica de los valores previos contra los cuales aquéllas se están rebelando de manera ostensible.

Muchos exiliados del nuevo mundo –desde los modernistas brasileños, pasando por los muralistas mexicanos, hasta llegar al mismo Alejo Carpentier– han regresado de Europa con las "baterías" cargadas debido al redescubrimiento de las raíces originarias de su propio terruño y gracias a las posibilidades estéticas que tales realidades locales representan. La prisión del colonialismo consiste, empero, en que las herramientas de la percepción que podrían ser utilizadas para discernir entre la ilusión colonial y la autenticidad nativa tienen en sí mismas un origen cuestionable. Algunos autores han recurrido a la nostalgia por la autenticidad nativista, previa al establecimiento de la colonia, o bien, como en el caso de *Insularismo* (1934) del puertorriqueño Antonio Pedreira, a la nostalgia por la pureza de una genealogía cultural que no se ha corrompido por la hibridación racial o mestizaje. Pedreira creía que el mestizaje era responsable del aislamiento de Puerto Rico, ya que había borrado casi completamente el punto de origen (31). Entre los orígenes hispanos y africanos, la personalidad puertorriqueña se ve a sí misma como transitoria, en una acción pendular, alejándose y retornando, en un ir y venir, buscando el camino, como una incansable paloma en vuelo. Agrega que los puertorriqueños, confinados entre dos tipos de culturas opuestas, se ven a sí mismos en un difícil período de transición (75).

Pedreira lamenta la ausencia de orígenes estáticos y fijos, pero para Carpentier y Faulkner ésta llega a ser una oportunidad para generar nuevas identidades. En lugar de ofrecer una visión diferente y nueva del realismo para contrarrestar las ilusiones históricas de sus precursores, estos autores ofrecen ilusiones –esto es, sus propias revisiones de la historia, fruto de una imaginación vigorosa– para contrarrestar el reclamo del realismo en cuanto a basar los orígenes en lo meramente genealógico. Ellos demandan que haya nuevos testigos de la historia no porque pretendan efectuar un revisionismo de esta última, sino debido a que –tal como Lois Parkinson Zamora describe la imaginación histórica en las Américas– "la ansiedad por los orígenes [llega a convertirse] en un apetito por la inclusión" (196, traducción libre). Más adelante, Zamora explica que en el nuevo mundo, donde los orígenes son con frecuencia desconocidos o imposibles de conocer, este apetito crea "no una homogenización o unificación, sino una tolerancia a las historias múltiples, coexistentes, en conflicto e inconclusas" (196). Mientras más alarde hacen estos autores de su deseo de refugiarse en la historia, más aparente llega a ser la imposición de su propia imaginación ante la realidad, y, como resultado, se torna más difícil identificar las distinciones entre realidad e imaginación. Mientras Pedreira se muestra claramente desconcertado por el movimiento inestable del individuo entre orígenes desconocidos, para Carpentier y Faulkner es precisamente en el movimiento perpetuo y tenaz entre los varios orígenes de las Américas, entre el aislamiento y la apertura, donde, más que descubrirse una identidad americana, se crea. Las cavilaciones de Faulkner y Carpentier con respecto a la posesclavitud enfatizan la autonomía de la imaginación posesclavista para concebir el pasado como algo necesario o "utilizable", lo cual hace que a final de cuentas se sientan libres para negociar su propia identidad en el vaivén entre los varios orígenes.

Un retorno pródigo

Carpentier, escritor con un conocimiento enciclopédico de la cultura europea, estuvo muy atento al poder de la cultura occidental para opacar una visión pura y original de la realidad caribeña. Publicado en 1962, tan sólo tres años después de la revolución cubana, *El siglo de las luces* busca evitar el poder cegador del discurso imperialista al narrar la historia del fracaso de la revolución francesa en el Caribe. El interés de Carpentier es representar la discordancia entre el discurso imperial y la realidad de aquellas islas; o en los términos discutidos previamente, describir el lenguaje del imperio como *performativo*. Al revisar la era de la ilustración y la revolución, este autor encuentra importante material en la historia del Caribe que sirve como una analogía para medir las luchas contemporáneas de esta región del mundo con el paternalismo de los Estados Unidos. Los años abarcados en la novela (1789-1809) vieron el establecimiento de las bases para el surgimiento de la independencia latinoamericana, debida en parte al extraño amasiato entre las nuevas formas del pensamiento revolucionario europeo y las formas familiares de soberanía europea en las colonias. Lo que interesa a Carpentier sobre este período son las maneras en que el imperio se muestra, en palabras de Arthur Stinchcombe, "como un sistema de traducción" de los valores y políticas europeos, aun cuando es un sistema que hace tal traducción de manera irregular y "transforma la democracia de las metrópolis en presiones" de diversos grados entre isla e isla (198, traducción libre). Esta discrepancia atrae a Carpentier porque, como evidencia de la mala traducción, representa el posible delineamiento de la identidad caribeña, que ha canibalizado, anacrónica y desordenadamente, el discurso imperial para sus propios propósitos revolucionarios.

Según Stinchcombe, la revolución francesa fue, tal como se desarrolló en el Caribe, "la primera confrontación [entre muchas confrontaciones análogas por venir] entre un movimiento democrático antiesclavista en las colonias y la política del imperio" (20). Todo esto proveyó al Caribe de un nuevo modelo de ideales democráticos que finalmente condujo a una emancipación temporal de los esclavos en las colonias francesas y, asimismo, sentó las bases para la revolución haitiana misma. Y aun esos ideales fueron impuestos en las colonias a la manera imperialista. Cuando Haití los hizo suyos y tuvo que repeler las invasiones francesa, española y británica para preservar la libertad de sus ciudadanos, la paradoja imperial había producido un desvío de los propósitos originales: "el mismo sistema internacional que había abolido finalmente el comercio de esclavos e incluso la esclavitud misma en cada una de las islas pertenecientes al imperio, también aisló a Haití del sistema diplomático" (235). Y, por supuesto, los Estados Unidos tomaron un papel activo en el aislamiento de Haití hasta que la emancipación de los esclavos tuvo efecto en 1865 dentro del territorio estadounidense. Así, los gobiernos imperiales del mundo occidental que dieron origen y aliento a las nociones de los derechos y libertades individuales se mostraron intolerantes ante la revolución haitiana simplemente porque, tras años de servir a los franceses, Toussaint L'Overture vislumbró la necesidad de establecer un divorcio entre estos valores igualitarios y el imperialismo paternalista.

Entonces, la era de la ilustración en el Caribe da a Carpentier la oportunidad de explorar las interdependencias entre esclavitud e imperio. Demuestra hasta qué punto el sistema de plantación dependía de la política y el capital imperiales, aun cuando las plantaciones fueron creadas para ser economías aisladas. En relación con lo anterior, Stinchcome explica que la plantación, "como organización de trabajo, se encontraba conectada al sistema mundial por medio del segmento del capital financiero correspondiente a ese sistema" y "tenía un sistema político, entre la oligarquía capitalista, muy similar al de las ciudades portuarias de Europa". Por tanto, la plantación funcionaba como una "corporación" (61). En este sentido, la narración del pasado de las plantaciones provee de una analogía idónea para el contexto en el que Carpentier escribe, cuando se intensificó el desarrollo de las corporaciones estadounidenses en el Caribe a lo largo del siglo XX. Asimismo, Carpentier muestra que, como afirma Paul Gilroy, los "logros intelectuales y culturales de las poblaciones negras del Atlántico se dan en parte dentro de la gran narrativa de la ilustración y de sus principios operacionales, y no siempre en contra de aquélla ni de estos últimos" (48). Aunque Carpentier se ve tentado a distinguir en la resistencia del Caribe negro una identidad principal, ajena totalmente al imperialismo europeo, al final su narración acerca de la revolución en el Caribe hace referencia a una relación dialéctica. Y es precisamente esto lo que trae a colación las preguntas que se infieren en *El siglo de las luces*: ¿con qué lenguaje y con qué sistema de valores podemos distinguir la identidad caribeña que Haití encarna? ¿Cómo puede un autor delinear tal identidad sin dar la impresión de rechazarla al mismo tiempo?

Cuando Carpentier comenzó su carrera en los años treinta con la novela *Écue-Yamba-Ó*, se encontró a sí mismo atrapado en esta paradoja. Trató de develar una identidad caribeña autóctona y autónoma, que había logrado resistir las fuerzas neocoloniales que se cernieron sobre el Caribe; pero alrededor de los años sesenta, el autor señaló que dicha novela adolecía de la misma debilidad que muchas literaturas regionales de la época: la inhabilidad para liberar la subjetividad autóctona de las garras de la visión propia de quien no pertenece a ese mundo. En otras palabras, Carpentier lamentó que su narrativa se redujera en una mera representación de su propia subjetividad. A pesar del conocimiento de las prácticas religiosas y culturales afrocubanas cuando joven y de sentirse, por tanto, calificado para documentar estas realidades culturales, Carpentier escribe:

> ... me di cuenta de que todo lo hondo, lo verdadero, lo universal, del mundo que había pretendido pintar en mi novela había permanecido fuera del alcance de mi observación... Desde entonces desconfío, de modo cada vez más fundado, de toda una literatura que solían presentarnos, hasta hace poco, como la más auténtica de América (*Tientos* 11).

Carpentier llegó a ser crítico de la tendencia, en la literatura latinoamericana, a depender en lo "naturalista-nativista-tipicista-vernacular" del realismo histórico, porque "en muy pocos casos ha llegado a lo hondo –a lo realmente trascendental– de las cosas" (10).

En 1949, cuando formula su teoría de lo real maravilloso de América Latina y el Caribe, Carpentier continúa insistiendo en su capacidad de identificar sitios de diferenciación. Como él mismo lo señala, la revolución haitiana representa una historia imposible de ser situada en Europa (115). Para Carpentier, debido sobre todo a la presencia de la cultura negra y al mundo natural virgen del nuevo continente, aspectos que representan un rompimiento con la secuencia de la historia europea, lo real maravilloso de América resiste los discursos de Europa que pretenden dar nombre y dictar la realidad caribeña maravillosa.[2] En virtud de sus diferencias con Europa, lo real maravilloso brinda la promesa de escape de las garras del colonialismo. Tal como revela el comentario de Carpentier sobre la prosa regionalista, y no obstante sus deseos de establecer una distancia entre su trabajo de los años sesenta y aquel desarrollado en los treinta y los cuarenta, este autor nunca abandonó la aspiración de hacer de la literatura un medio para alcanzar, de alguna manera, la esencia de las cosas. La diferencia en sus novelas más tardías, empezando con *El reino de este mundo* y con mucha mayor notoriedad en *El siglo de las luces*, radica en que Carpentier reconoce y explota las ironías barrocas que resultan de las repetidas pifias del escritor al querer identificar, sin ambigüedades, los parámetros de lo real maravilloso.

En *El siglo de las luces*, el autor utiliza la concha del caracol marino como metáfora de los tipos de barroquismo que, paradójicamente, significan limitaciones del lenguaje para representar la realidad:

> El caracol era el Mediador entre lo evanescente, lo escurrido, la fluidez sin ley ni medida, y la tierra de las cristalizaciones, estructuras y alternancias, donde todo era asible y ponderable... [Esteban estaba] asombrándose ante aquella Ciencia de las Formas desplegada durante tantísimo tiempo frente a una humanidad aún sin ojos para pensarla. ¿Qué habrá en torno mío que esté ya definido, inscrito, presente, y que aún no pueda entender? ¿Qué signo, qué mensaje, qué advertencias, en los rizos de la achicoria, el alfabeto de los musgos, la geometría de la pomarrosa? (219)

---

[2] Sobre este punto, véase González Echevarría, "Socrates".

La arbitraria fluidez del océano, similar a la ausencia de reglas fijas de los colonialismos europeos, ha chocado con la solidez de las islas para conformar el barroquismo de la concha marina. La inhabilidad para aprehender la realidad caribeña por parte del lenguaje prestado del discurso europeo crea prácticas culturales que, tal como la concha, fungen como mediadores entre dos polos. La tarea para el escritor caribeño, entonces, es crear barroquismos como el de la concha marina por medio del enfrentamiento contra el vacío, el cual surge de la ausencia de las varias culturas paternas, con toda la fuerza del lenguaje al servicio de uno al tratar de "nombrarlo todo" (*Tientos* 37). Tal audacia se convierte, paradójicamente, en una humilde confesión de las limitaciones del lenguaje ante lo primitivo de la realidad americana. Precisamente porque la realidad siempre ofrece sorpresas y evidencia las limitaciones de la representación, un lenguaje americano debe ser audazmente barroco. Carpentier exige una gran prosa: "*Muéstreme* el objeto; haga que con sus palabras, yo pueda *palparlo, valorarlo, sopesarlo*... Pero la prosa que le da vida y consistencia, peso y medida, es una prosa barroca, forzosamente barroca" (36).

Para Carpentier, representación es procreación, u otra vez, en términos de J. Hillis Miller, es *performativa* y no *constativa*. Pero en lugar de caer en la trampa misma del lenguaje performativo e incestuoso del colonialismo, la espiral de la prosa barroca de Carpentier indica una conciencia de que el lenguaje, continua e inevitablemente, se aleja de los objetos que quiere nombrar, sólo para regresar a ellos y tratar de nombrarlos de un modo nuevo. Y cuando el objeto del lenguaje es la historia, la naturaleza elusiva de la historia del nuevo mundo nunca entra por completo en la representación. Carpentier puede retornar apasionadamente, una y otra vez, al pasado y a las nociones de la autenticidad original en el nuevo mundo como un escape de las trampas del colonialismo, sin aspirar a una diacrónica noción hegeliana de la evolución histórica. Roberto González Echevarría define la prosa de Carpentier como

> escritura revolucionaria, en el sentido etimológico del término, ya que rota alrededor de un eje ausente, el cual es constituido por el movimiento mismo de su periferia. Si en el famoso aforismo de Hegel la historia del mundo es el juicio del mundo, en *El siglo de las luces* la historia y el juicio son uno –escritura es historia. (*Alejo Carpentier* 253)

Como el caracol del pasaje lo demuestra, el intento barroco de dar vida a un objeto nos permite ver mucho más que el objeto, pues sugiere aquello que no podemos ver. Según Carpentier, "lo barroco [...] es el lenguaje de aquellos pueblos que, ignorantes de la verdad, la buscan empeñosamente [...] Barroco, el lenguaje de la abundancia, es también el lenguaje de la insuficiencia".[3]

---

[3] Estas palabras proceden de la descripción que hace Carlos Fuentes de una conversación con Carpentier (23, traducción libre).

Podemos leer en el exceso de expresión de Carpentier y en su extremo afán de dar nombre a las cosas, en la morfología y arquitectura de la narrativa, una representación metonímica de lo que no podemos ver, de aquella realidad maravillosa que no ha sido contaminada por los vestigios de Europa, que el autor no puede contarnos. El intento de nombrarlo todo, aun a riesgo de caer en el exceso, desincentiva a los poderes imperiales de minimizar el sentido de identidad del propio Caribe y de limitar su libertad de expresión, aun si al mismo tiempo esto significa que las representaciones de tal sentido de identidad son siempre provisionales, retóricas y fundamentalmente *performativas*, no *constativas*, en referencia a la realidad descrita. Carpentier siempre condena su subjetividad a la posición "de forastero tardío, a pesar de su anhelo de desechar su perspectiva occidental cosmopolita", porque "sólo un personaje alienado puede percibir de manera correcta [...] las cualidades indígenas y nativas de lo real maravilloso de América" (Mikics 386-7, traducción libre).

Carpentier evita la ilusión de una originalidad estática y fija porque su narrativa se mueve consistentemente entre sus funciones *performativa* y *constativa* –entre decir demasiado y decir muy poco–, lo cual implica una tensión entre esparcir y recoger, dispersión y cohesión, estancamiento y nomadismo, donde ambos opuestos, en sus respectivos extremos, amenazan con falsificar el ser caribeño. El estancamiento cultural puede ser el resultado de una excesiva reticencia a cruzar las fronteras culturales, pero si esas fronteras son demasiado porosas, el contacto constante con el mundo del imperio puede eventualmente aniquilar la propia sensación de singularidad. En el mundo de Carpentier, la realidad se refracta siempre a través de las lentes de la distancia geográfica y la diferencia cultural, haciendo imposible ver los objetos extranjeros como algo completamente ajeno, o los objetos autóctonos como algo totalmente nativo de la tierra de uno. La identidad caribeña vacila entre la tentación insular y antimoderna de insistir de manera regresiva en sus propias diferencias autóctonas respecto de los poderes modernizadores y la interminable tentación de "exotizar" e ir en pos de las prácticas culturales, ideas e ideologías dominantes procedentes del extranjero.

La novela comienza en el ocaso del siglo XVIII, cuando los primeros signos de cambio revolucionario penetraron el sistema de las plantaciones. Así, la novela explora las raíces históricas de la adaptación de este sistema a sus propios desafíos. La muerte del padre de Sofía y de Carlos abre la novela y conduce a los hermanos recientemente huérfanos y a su primo, Esteban, a la aflicción. La ausencia del padre representa la decadencia tanto de la autoridad paterna como del sistema económico que generó el comercio de esclavos: el padre era el dueño ausente de la plantación, que se había enfrascado en actividades mercantiles. Mientras él se halla fuera de la plantación, sus hijos se ven atrapados en una serie de círculos de aislamiento, abandonados en el proceso de completar el curso de los eventos que comenzó en algún otro sitio, como una "ínsula dentro de una ínsula" (33). Refiriéndose a Carlos, el narrador hace notar que "isleño" y "huérfano" son sinónimos:

> [Carlos sería] condenado a vivir en aquella urbe ultramarina [...] con barreras de océano cerradas sobre toda aventura posible [:...] sería como verse [...] víctima de un padre a quien reprochaba [...] el delito de haber tenido una muerte prematura. El adolescente padecía como nunca, en aquel momento, la sensación de encierro que produce vivir en una isla; estar en una tierra sin caminos hacia otras tierras a donde se pudiera llegar rodando, cabalgando, caminando, pasando fronteras... (33)

Sin el padre, se quedan varados y, como la palabra lo denota, encallados en una isla. Si, como Stinchcombe indica, la relación entre los imperios y las islas "tuvo lugar en los puertos y a lo largo de las playas", encontrarse varado a causa del legado de la plantación implica también, de manera paradójica, ser obligado a estar consciente de las nuevas fronteras transnacionales que pueden ahora cruzarse sin la presencia de la autoridad del padre dueño de la plantación (39). Al mismo tiempo que se concientizan de su inmovilidad, los dos hijos y el sobrino se sienten invadidos por "una casi deleitosa sensación de libertad". Se desencadenan entonces los nuevos deseos de viajar, experimentar, embarcarse en la aventura y en una vida sexual licenciosa (36).

Esta vacilación entre el aislamiento y la apertura resulta del vacío creado por la insuficiencia del discurso de la plantación para servir de directiva paterna de la historia del Caribe. En consecuencia, nuevas formas de afiliación colectiva compiten por la atención de los hijos. Un albacea testamentario colonial aparece en la vida de ellos como sustituto, para ser el padre ahora, pero sólo les ofrece un mayor aislamiento tanto de los esclavos como de los centros de poder colonial. Su hermética vulnerabilidad permite al revolucionario francés Victor Hugues –a quien Carpentier ficcionaliza a partir de la historia caribeña real– usurpar la autoridad sustituta del albacea y otorgarse "en la casa, atribuciones de *paterfamilias*" (56). Sus cuentos de aventuras contrastan marcadamente con la literatura que se encuentra en la biblioteca del padre y los transporta más allá de las paredes del hogar. La decadencia de la visión orgánica del paternalismo de la plantación se ve catalizada por el arribo de un elemento revolucionario que viene de la metrópoli, que habla de nuevas formas democráticas de organización política. Sin embargo, Hugues asimismo sangra el patrimonio y el potencial de autorrealización de esta familia criolla. La premisa de Carpentier es que las estructuras de la plantación generaron ganancias insidiosas bajo el control de la revolución francesa. La trama de la novela presenta las extravagancias de la carrera política de Hugues, que logran posponer la unión sexual de Esteban con su prima hermana Sofía, una unión que viene a significar la recuperación del conocimiento de sí mismos y la curación de la herida causada por su mutua separación. Entretanto, Sofía y Esteban se encuentran erótica y pródigamente atraídos por Hugues, al cual ven como un "padre" alternativo y una fuente foránea de su propia realización.

Hugues, por otro lado, demuestra haber cometido el error de Edipo; su deseo de controlar su propio destino e ignorar la diferencia histórica que constituyen la presencia de gente de raza negra y una geografía alejada. Como administrador colonial de la revolución francesa en el Caribe, actúa como revolucionario y tirano, libertador y esclavizante, debido a su obediencia interesada a las últimas y morosas órdenes que vienen desde París. Todo esto lo ha cegado con respecto a la realidad de que la gente, no las políticas, mueven finalmente la historia. Sofía advierte que la carne cruda de ternera colocada sobre los ojos de Hugues, como tratamiento contra "el Mal Egipcio", lo hace parecer "un parricida de tragedia antigua" (394). El padre al que Hugues ha asesinado no es la figura paterna que él remplazó en el hogar de Sofía. Más bien ha matado a la que ha comprobado ser la real fuerza directriz de la historia, a la cual Esteban y Sofía se alían finalmente, es decir, el pueblo. Carpentier deja implícito que los orígenes históricos no se encuentran en el pasado ni en posesión de los políticos en los centros metropolitanos de poder, sino que son siempre (re)constituidos por la voluntad del pueblo contemporáneo. A fin de cuentas, la búsqueda diacrónica de los orígenes se convierte en una alianza sincrónica con las fuerzas sociales que los poderes metropolitanos no pueden contener y que dan forma a las posibilidades del presente y del futuro. La implicación es que, para Carpentier, la historia no opera de acuerdo con un orden racional que se mantenga ajeno al albedrío humano o que, por lo tanto, guíe la reconstrucción histórica hacia la nostalgia. Carpentier tiene la visión existencial de que la historia toma la forma que el albedrío humano le ha dado en el presente.

A diferencia de Hugues, hacia el final Esteban logra descubrir que los ideales de la revolución francesa, aun cuando condujeron a la abolición de la esclavitud en las colonias francesas, no pueden convertirse en las nuevas directrices paternas del Caribe debido a que no han emergido del propio pueblo de las islas, y porque se ha ofrecido al Caribe la continuidad del estatus colonial bajo el disfraz de nuevas libertades. En un principio, Esteban se muda de su hogar en la plantación y también de Cuba, con el fin de ir en pos del centro metropolitano, la meca en donde todo comenzó, desde donde surgieron los discursos e ideologías que dieron forma a su mundo. Mientras más se aproximaba geográficamente a la fuente de esos ideales revolucionarios, "parecía que se estuviera en una gigantesca alegoría de la revolución; en una metáfora de revolución –revolución hecha en otra parte, centrada sobre polos ocultos, elaborada en soterrados concilios, invisibles para los ansiosos de saberlo todo" (123). En determinado momento, Esteban se enfrasca en el trabajo de traducir los escritos revolucionarios, sólo para descubrir que no son susceptibles de traducirse con facilidad. Así, el Caribe y otras áreas al margen de la revolución francesa, demuestran haber sido moldeadas a base de visiones cuyos orígenes se han tornado inidentificables y al fin y al cabo irrelevantes. Mientras en Faulkner los márgenes del imperio en el Caribe nunca son plenamente representados y se describen como meros ecos de temores imperiales, Carpentier centra su trama en esos mismos márgenes donde el centro del poder imperial francés jamás logra completa representación. Francia sólo aparece como un conjunto de "repercusiones en el Caribe" (González Echevarría, *Alejo Carpentier* 242). Carpentier insiste, empero, en que esto no es necesariamente causa de lamentación, ya que es una señal de fracaso del discurso imperial el controlar su propio significado ideológico cuando éste ha sido traducido al contexto del Caribe. La desilusión de Esteban al descubrir que, a raíz de su búsqueda, sólo ha encontrado "el siempre aplazado deslinde del horizonte", lo provee de una perspectiva crucial, que le permite ver todo aquello que ha dejado atrás y le ayuda a renovar su deseo de volver a sus orígenes (355). En la esencia de la revolución en Francia, Esteban descubre el deseo de estar con su madre sustituta: "Hubiese querido hallar, en su congoja, el firme regazo de Sofía, donde tantas veces descansara la frente, en busca de la fuerza sosegadora, maternal, que como de madre verdadera le manara de las entrañas vírgenes" (140).

Esteban aún mantiene una noción bastante diacrónica sobre sus orígenes. Apenas ahora empieza a cambiar de dirección y aparentemente encuentra la salvación en su recién hallada vindicación de sus orígenes caribeños no imperiales. Él meramente completa la otra mitad de su viaje pródigo al regresar a casa. La historia del hijo pródigo se caracteriza por un retorno a los orígenes y a la seguridad. Pero la aplicabilidad de tal historia a Esteban radica en el hecho de que el hijo pródigo no regresa a la redundancia de lo idéntico como lo hace el inconsciente Edipo, sino que conscientemente elige regresar a un redimido sentido de los orígenes. Esto es lo que resulta particularmente significativo de su reencuentro con Sofía: es algo casi incestuoso –cercano a un reencuentro con la madre– pero con la suficiente diferencia, hecha posible por sus travesías pródigas, para llegar a ser un retorno salvífico a los orígenes. El punto es que existe una línea de retirada en el horizonte, ya sea que el viaje de uno sea de ida o regreso. El retorno al hogar también implica la pérdida del punto de referencia debido a la naturaleza anacrónica de la percepción humana y del desarrollo de la historia. Y de esta manera éste es un retorno inconcluso, con lo inexorable de una nueva partida.[4]

[4] Sobre este punto, véase González Echevarría, *Alejo Carpentier* 233.

El retorno de Esteban paradójicamente no tiene que ver con los orígenes, sino con el anacronismo y las diferencias que irrumpen y hacen imposible el avance de una tersa continuidad histórica. Esteban llega a cobrar conciencia de que la historia ha convertido al Caribe en su presa y a la vez lo ha redimido. Lo anterior se debe a que el Caribe no puede trazar sus orígenes y autoridad diacrónicamente. Edouard Glissant explica que el trauma histórico de la esclavitud y del colonialismo en las Américas requiere de "la obligación de siempre reconstruirse a uno mismo sobre la base de un conjunto de desmemorias" (273, traducción libre). El caos del cambio cultural e histórico implícito en la *criollización* es precisamente la fuente del poder poscolonial de este proceso, ya que dicho caos significa que la historia no puede ser predicha o controlada desde fuera. Glissant añade que "imaginar y recrear a partir de los *vestigios* de recuerdos aparta a la persona de los sistemas, lejos no sólo del pensamiento ideológico sino aún más del pensamiento de cualquier sistema imperativo" (273). El regreso *acriollado* es el opuesto de la devoción de Hugues a una cadena legitimada de mando que dogmáticamente propugna la existencia de un sistema imperativo de poder inamovible y de sabiduría y autoridad ajenas al suelo que él ocupa, es decir, aquel sistema "incorruptible" de los ideales de la revolución francesa. Cuando el liderazgo y la naturaleza de la revolución cambian, Hugues insiste en que la línea de autoridad continúe aun cuando ya no puede ser vista. Aunque afectuosamente llama a Esteban el "émigré", Hugues mismo pasa la mayor parte de su tiempo fuera de su país, sin ir más allá de los límites de su propio ego como para aceptar su propia historicidad o para lograr entender el mundo que lo rodea. En virtud de que Hugues no percibe la diferencia anacrónica que un caribeño representa, el tiempo parece detenerse. Tal es la razón por la que Sofía es subyugada por "el aborrecible tiempo detenido" cuando observa a Hugues continuar con su violencia, girando en un círculo redundante de la historia (387).

Esteban abandona la búsqueda de los orígenes del discurso imperial y comienza a buscar la causa de su fracaso, una búsqueda que empieza con un deseo sexual por Sofía. El incesto entre primos hermanos no es señal de una trampa edípica sino de una redención pródiga, pues el deseo de Esteban por Sofía es una respuesta de la desilusión que experimenta él a causa de su "padre", la revolución francesa y Huges. Y como Werner Sollors ha señalado, el incesto intrageneracional "puede [...] ser representado como la victoria de la *fraternité* revolucionaria sobre el padre tirano", sólo que en este caso el padre-imperio es irónicamente tirano por la manera en que impone su idea de *fraternité* (319, traducción libre). Esteban y Sofía no mueren en la tierra de sus orígenes, pero lo que Carpentier deja en claro es el lugar donde la historia tiene sus orígenes, en las calles donde el pueblo se enfrasca en la lucha –esta vez en Madrid– contra las últimas manifestaciones imperiales de la revolución francesa. Este lugar es significativo porque históricamente sentó un precedente para las guerras de independencia que habrían de venir en Latinoamérica. En oposición al tiempo estático, ellos luchan en un "día sin fin", en un eterno presente, perpetuado por el activismo del pueblo, un día que siempre permanece siendo el mismo en el sentido de que siempre está cambiando. De esta manera, la unión de esta gente reúne al ser aislado con el ser en apertura.

El movimiento que encontramos en *El siglo de las luces* entre una revolución caribeña y una europea –entre lo que Benítez Rojo llama "naturaleza y tradición popular" y "los lenguajes y episteme de Europa" (275, traducción libre)– es el resultado del profundo conocimiento que Carpentier tiene de la historia caribeña. Mientras más se sumergía en el estudio de la historia de la región, más se daba cuenta de su singularidad y, al mismo tiempo, de la dependencia caribeña respecto de la historia europea. La novela representa la más madura y consciente reflexión de Carpentier en cuanto al regionalismo desde que escribió *Écue-Yamba-Ó*, ya que en el centro de la trama coloca la búsqueda de la autenticidad regional, sin caer en una mera simulación de lo que tales orígenes podrían parecer dentro de la narrativa. Y él demuestra que dicha búsqueda se llega a convertir en un ir y venir entre los dos polos. Como Benítez Rojo explica en su análisis lacaniano de "El camino de Santiago": "el viaje circular entre Europa y América [...] expresa no sólo el deseo por la Madre dentro del triángulo edípico, sino también la búsqueda del paraíso perdido de la Etapa del Espejo, en la que el ser y el otro conforman el mismo cuerpo" (272). Aunque Carpentier insiste en la transitoriedad de la identidad caribeña, él romantiza la posibilidad de la unión entre el ser insular y el *alter* exótico, una unión que enmarca significativamente la imposible búsqueda de los orígenes del Caribe. Esteban y Sofía escapan de los patrones repetitivos y circulares de la historia de la plantación –y de las trampas de su propia historicidad– al abandonar las fronteras exóticas, representadas por Hugues, y al unirse con quien hace avanzar la historia: el pueblo. Por implicación, los orígenes históricos *per se* no existen, pero la memoria histórica y la organización social contemporánea son entes que creamos a través de nuestro propio albedrío.

Más que atraer la atención hacia una concepción ahistórica y mítica del pasado, lo cual es notorio en buena parte de la literatura regionalista, Carpentier explora en *El siglo de las luces* la representación de un pasado densa e históricamente contingente, el de los albores del siglo XVIII, con el fin de ofrecer la posibilidad de una evolución histórica del Caribe hacia un futuro revolucionario y ahistórico. Sin embargo, esta narrativa con evolución histórica puede caer en el riesgo de identificar prematuramente la originalidad y autenticidad. A pesar de que Carpentier es consciente de tal riesgo, en la novela aparece este tipo de narrativa. A fin de cuentas, esta obra de Carpentier muestra una indecisión respecto de su visión de la historia porque, por un lado, el autor se ve atraído por la idea de Glissant en cuanto a que la criollización es impredecible y deconstructiva en relación con los imperativos coloniales. Por otro lado, Carpentier desea localizar e identificar al pueblo como la fuente del poder, y en consecuencia hace patente la esperanza implícita de que él puede predecir la liberación del Caribe de los patrones de la historia de la esclavitud. El riesgo reside en la mitificación de la pureza histórica de "el pueblo", un riesgo que corre Carpentier cuando representa a la gente en masa, pues representarla como individuos implica colocarlos dentro del proceso histórico y visualizar su ya vacilante y ambivalente posicionamiento de cara a occidente. "El pueblo" parece mantenerse fuera de las profundas contingencias históricas que, de otra manera, tienen un efecto profundo en los personajes individuales que Carpentier elige representar. Tan pronto como un individuo entra en su etapa de representación, deja de ser original y se ve arrastrado por el torrente de un proceso histórico apriorístico. En este recurso marxista de mitificar lo popular, la historia amenaza con colapsar al convertirse en pensamiento ideológico, en el cual la *criollización* es el poder por el cual la historia al final evoluciona, de manera predecible, hacia un mundo mejor.

No obstante dicha tensión, el cambio que Carpentier hace del centro y del margen en la novela nos aleja de la idea fija de que el imperio es el centro de la transformación histórica, y nos permite visualizar la desesperación del discurso colonial en su intento de manejar el cambio cultural de la *criollización* y adaptarse al mismo. En los márgenes transnacionales del imperio, vemos las limitaciones de este último para poder replicarse a sí mismo. Aunque Carpentier comenzó a escribir su novela antes de 1959, sin duda la revolución cubana fue un ejemplo, al menos en 1962, de una significativa y marcada diferencia respecto de los modelos históricos previos en la región. Ésta fue una revolución a la cual Carpentier pudo regresar tras el exilio y en cuyo amparo sintió, en alguna medida, que se estaba sumando a la historia en el proceso de ser creada, particularmente en la exitosa resistencia de la revolución contra el imperialismo estadounidense y en su postura, al principio de los años sesenta, como el "post" definitivo de la propia historia de la esclavitud en Cuba. Todas estas situaciones parecen haber hecho la diferencia respecto del viejo y sabido cuento de la dependencia caribeña, diferencia que Carpentier espera se confirme una vez que haya tenido repercusiones más allá de las costas de la isla. Este contexto explica quizá el deseo que tuvo Carpentier de reconfigurar, en la unión de Esteban y Sofía, el paradigma del incesto, que aparece en la ficción cubana de épocas anteriores y en el vínculo triangular entre Henry, Judith y Charles Bon. Al colocar este triángulo en un espacio transnacional, marcado por las diferencias raciales, políticas y geográficas, la narración de la monotonía trágica y edípica, padecida bajo el aislamiento de los discursos posesclavistas (caracterizados por su estrechez nacionalista), puede transformarse en una historia de redención.

Un retorno edípico

La novela de William Faulkner *¡Absalón, Absalón!*, publicada en 1936, brinda una visión tanto de la soledad de la plantación como de la fuga del imperialismo, aunque en este caso ambas tendencias pueden ser ubicadas en el mismo sitio geográfico. El sur estadounidense posesclavista se vio enmarañado por las tradiciones de la plantocracia[5] y por un nuevo imperialismo cuya primera manifestación fue la victoria civil del norte en la guerra de secesión. En este sentido, esta última fue como la revolución francesa en la medida en que fue un intento de aplicar los nuevos ideales democráticos en el contexto de la esclavitud y de una economía dividida a causa de los varios grados de relación con la metrópolis y del trabajo mismo de los esclavos. Y ambas guerras fueron testigos de un poder imperial emergente que impone aquellos ideales y, finalmente, la emancipación frente a la voluntad de los propios dueños de los esclavos.[6] Al igual que Carpentier, Faulkner encuentra en la historia de las plantaciones una tensión entre el igualitarismo (que acepta la diferencia) y el paternalismo (que controla la diferencia), y se enfrenta a la pregunta de cómo emprender la descolonización al separar ambos fenómenos. El problema particular en el caso de Estados Unidos es que se entiende como un territorio tanto poscolonial como neoimperial.

La estrategia de Faulkner para hacer frente a esta contradicción consiste en trastocar el paradigma del imperio-como-padre y enfocarse en la progenie del imperialismo estadounidense. Esto se debe a que la mentalidad imperialista de los Estados Unidos, tal como se ve encarnada en Thomas Sutpen, ha echado su mirada a áreas como el Caribe, que ve como oportunidades para dar forma a su autoridad paternal y su excepcionalismo. Tal proceso ha servido para ocultar su muy extravagante atracción por las culturas paternales de Europa como modelos de organización social. El imperialismo estadounidense recurre a una retórica ahistórica para describir el destino de su nuevo mundo; pero debajo de esa retórica se encuentra la imitación del papel histórico de un padre del viejo mundo y una condescendencia hacia sus naciones hermanas en la América de las plantaciones. La cultura europea es retocada dentro de los Estados Unidos como una manifestación del cumplimiento del sueño americano, al tiempo que a las culturas caribeñas –hermanos que se convirtieron en rivales en la lucha por la independencia cultural al cabo de la historia del colonialismo y la esclavitud– se les niega todo parentesco con lo estadounidense.

---

[5] Plantocracia es el conjunto de dueños de las plantaciones, que se adueñaban del trabajo de los esclavos tanto en el sur de los Estados Unidos como en diversos puntos del Caribe.
[6] Estoy en deuda con las breves pero provocativas comparaciones que hace Stinchcombe entre las dos guerras en su capítulo "French Revolutions and the Transformation of the French Empire", 201-30.

Para Faulkner, no hay posibilidad de retorno de la exotizada cultura paterna sino a través de un retorno del exotizado hijo/hermano bastardo. La cultura estadounidense no será capaz de redimirse a sí misma de su atracción edípica hacia Europa sin antes haber reconocido su parentesco con los exotizados hijos y hermanos bastardos de las Américas posesclavistas. Sin ese reconocimiento, Faulkner advierte que la cultura de los Estados Unidos estará condenada a la tragedia del aislamiento.

Tal como Carpentier, Faulkner coloca a Haití y a su resistencia revolucionaria negra en un sitio de mayor importancia en el imaginario de la región del Caribe extendido. También como Carpentier, hace referencia a las dimensiones hemisféricas del sistema de plantaciones y, particularmente, a la peculiar integración de la plantación a los discursos del nacionalismo e imperialismo posesclavistas. Su crítica al imperialismo estadounidense demuestra que, desde el ocaso de la guerra civil y ya entrado el siglo XX, los Estados Unidos se enfrascaron en un largo proceso de exorcismo, expurgando los fantasmas de Europa y del Caribe dentro de su propia historia de la esclavitud. Tal exorcismo, sin embargo, ha conducido de manera paradójica hacia la explotación directa, al estilo europeo, de las Indias Occidentales. Históricamente, el sur profundo ha tenido una tremenda deuda cultural con las Indias Occidentales y con Haití, en particular por el influjo de un significativo número de inmigrantes de las islas caribeñas, sobre todo después de la revolución haitiana. Por supuesto, el territorio de la Luisiana, en especial el área de Nueva Orleans, puede ser considerado en nuestros días "la extremidad norte de la cultura caribeña", porque retiene los legados coloniales tanto franceses como españoles (Hunt 1). Barbara Ladd insiste en que, después de 1803, los criollos "blancos" llegaron a ser una amenaza al "nacionalismo estadounidense en tanto que representaban un estadio intermedio entre una 'incrustación' europea en el nuevo mundo y el desarrollo del nacionalismo del nuevo mundo sobre fundamentos británicos" (xv). Específicamente, se colocó en la mira la europeización católica como un equivalente de la africanización y la corrupción. Una persona procedente del norte alguna vez señaló que los "dueños de las plantaciones son 'hijos pródigos' que gastan el sustento en rameras y en una vida disipada'" (Hunt 6). La esperanza era que estos hijos pródigos dejaran de lado su extravagancia europea y sus modos caribeños, y regresaran a la Unión a la que pertenecían.

Faulkner insiste en que el regreso pródigo del sur es imposible porque precisamente la petición de "blanquear" esta región representaba los primordios de una expansión imperial estadounidense que retomaba los modelos europeos. Para Faulkner, la poética de la posesclavitud necesita esta representación de la historia de la esclavitud *como un proceso* que coloca a la historia del sur en el contexto de la historia hemisférica y transnacional de la plantación, una historia que el impulso redentor del discurso imperial estadounidense ha intentado trascender y finalmente borrar de su memoria. A diferencia de Carpentier, Faulkner afirma que no hay escape ahistórico alguno de los legados de la esclavitud y de la plantación, y que, por tanto, la descolonización de los Estados Unidos puede sólo empezar con el inexorable encuentro con aquellos legados en nuestras circunstancias contemporáneas.

El sueño ahistórico y mítico en *¡Absalón, Absalón!* es, por supuesto, el designio de Sutpen. El ascenso de Sutpen desde sus oscuros orígenes en Tidewater, Virginia, hasta convertirse en un acaudalado dueño de plantaciones en Jefferson, sugiere el contradictorio concubinato en las sociedades esclavistas del nuevo mundo entre el liberalismo emergente y el paternalismo del viejo continente (Railey 122). Faulkner representa a un grupo que contradijo el mito del viejo sur y la confianza de la plantocracia terrateniente en una añeja y bien establecida genealogía. Tidewater, Virginia, de donde Sutpen surge, fue en 1830 una región de considerable migración económica, donde muchos granjeros blancos pobres lograron ascender lentamente en la escala social. Esta clase, de acuerdo con Faulkner, "vivió alejada y en una guerra económica tanto con los esclavos como con los dueños de éstos. Cuando emergieron gradualmente, a través de la infrecuente descendencia, como el viejo Sutpen, no fue para establecerse como una clase media, sino para convertirse también en barones" (Porter 223, traducción libre). Faulkner fue propenso a utilizar a esta clase como un caso curioso de lo que resulta más enigmático respecto de la naturaleza del sueño americano, a saber, la contradicción entre un liberalismo que propugna el individualismo, la movilidad social, la igualdad y la recompensa basada en el mérito, y, por otro lado, el paternalismo que apoya la naturaleza estática y jerárquica de la sociedad de las plantaciones. Esta oposición, según Eugene Genovesse, ejemplifica la tensa contraposición ideológica entre el oportunismo del Norte capitalista y las jerarquías inamovibles del sur patriarcal, lo cual condujo a la guerra civil. No obstante, lo que el designio de Sutpen muestra es cuán interrelacionadas habían llegado a estar ambas ideologías en el surgimiento de la guerra civil y cómo constituyen una contradicción interna del sueño americano forjado en las últimas décadas del siglo XIX: ¿por qué medios puede uno destacar, sin repudiarlos simultáneamente, a aquellos que se colocan arriba de uno? Si las diferencias de clase no son algo natural como el mito de la plantación nos hizo creer, ¿por qué medios se mantienen tales diferencias, ya que no puede negarse que su existencia es inevitable?

Esta unión de contradicciones claramente impulsó gran parte de la profecía autocumplida del destino manifiesto de Estados Unidos, que empujó sus fronteras hacia el oeste, hacia Latinoamérica, más allá de los límites del sur estadounidense, y hacia otras regiones. La posesión de la tierra fue algo crucial tanto para el dueño de la plantación como para el pionero que expandía la frontera, y esa tierra era obtenida, según Carolyn Porter, por medio de un paternalismo engendrado por el liberalismo de mercado (233). Así, "la autoridad paternal del Estado expropió la tierra en la cual la autoridad paternal del dueño de la plantación podía entonces ser ejercida" en nombre de sus nuevos hijos, los esclavos, quienes fueron traídos para cumplir sus anhelos paternales (233). El vacío no tiene como resultado al padre ausente sino al hijo ausente, lo cual implica que la cultura estadounidense se encuentra condicionada por su inhabilidad para establecer y vislumbrar su propio efecto sobre la historia.

Esto contrasta notoriamente con la descripción que hace Carpentier de la conciencia que tiene el Caribe de su sujeción a eventos previos que como un padre ausente, ya no se encuentran a su alcance. Como señala Porter, el proceso continúa de manera indefinida, llevando al sueño americano a buscar un territorio cada vez más amplio. Uno podría afirmar que este sueño ha generado de manera consistente como resultado la usurpación del lugar del padre en otras culturas sin asumir la responsabilidad paterna. El sueño americano borra todo ascenso en la línea genealógica, al mismo tiempo que crea la necesidad de descender en ella.

Como encarnación de este sueño, Thomas Sutpen ultraja a la población de Jefferson precisamente porque él ha llegado "procediendo de un pasado incógnito" (65) con el propósito de "establecer su heredad" (74). A pesar de su aparición aberrante en el horizonte de la historia, Sutpen es el modelo típico de las contradicciones del sueño americano. De manera arquetípica, él "arrancó violentamente una plantación" (62) de la tierra; labró una herencia en aquel suelo "que cogió de una tribu de indios ignorantes, nadie sabe cómo" (70); la pobló con su esposa y esclavos, y erigió "una casa de las dimensiones de un palacio de justicia", repleta de maravillas europeas. Su "designio" halla un incentivo en su propio encuentro, a la edad de catorce años, con las divisiones sociales propias de la plantación. La suya fue una caída de la inocencia edénica donde

> la tierra pertenecía a todos y a cualquiera y el hombre que se tomara las molestias de trabajar para vallar una parcela y dijera –Esto es mío– estaba loco; [...] Así que ni supo que había un país dividido y delimitado y ordenado habitado por gentes divididas y clasificadas y ordenadas por el color que su piel tuviera por azar y lo que por azar poseyeran... (273)

Estas divisiones creadas entre la gente son, por supuesto, lo que Sutpen mismo reproduce en su intención de combatirlas. Cuando se le niega a Wash Jones la entrada a la casa de Sutpen, el modelo se cumple. Sutpen demuestra que los impulsos contradictorios del sueño americano dan nueva vida simultáneamente al sueño genealógico de la plantocracia y al nuevo igualitarismo. En el mundo de Faulkner, la división de la tierra y su propiedad no existen sin una simultánea división y propiedad de las personas. Ambos conceptos son límites violentos y no naturales que establecen deslindes irrevocables entre la gente.

Aprendemos de las suposiciones de Shreve y de Quentin que este designio, este sueño de hombría autocreada, empieza asimismo con el acto de cruzar las demarcaciones irrevocables entre los pueblos. Después de sufrir rechazo, Sutpen recorre las Antillas, donde aprende de su maestro algo que éste leyó en un libro: que "iban los pobres en barco y se hacían ricos, no importaba cómo, en tanto que el hombre fuera inteligente y valiente" (292). Sutpen arriba a Haití, una nación que en virtud del levantamiento de la población negra en 1791, llegó a ser –dentro de la imaginación estadounidense, y especialmente en la del sur– la realización de los peores temores de los blancos a la violencia y autodeterminación de los negros. Históricamente, sin embargo, Haití fue también un lugar de tremenda explotación con fines de lucro económico y la causa de una celosa rivalidad entre los poderes imperiales en el Caribe. Faulkner sitúa a Sutpen y la historia del sur en medio de las múltiples alianzas económicas y políticas del sistema de la plantación, a fin de disipar toda noción acerca de la excepcionalidad del sur y de los Estados Unidos en general. La carga del sur tal como lo espera Quentin, no debe ser soportada sólo por el sur mismo, pues ha emergido de un espacio transnacional aún más amplio del que los Estados Unidos usualmente reconocía.

La formulación de Faulkner respecto del "teatro de la violencia y la injusticia", que tanto intrigó a Carpentier en su escritura de *El siglo de las luces* y de *El reino de este mundo*, presenta a Haití como un huérfano del concubinato violento entre África y Europa. El abuelo de Quentin indica que el Haití de Sutpen es el lugar ultrajado por "las tierras y gentes civilizadas que habían desterrado una parte de su propia sangre y de sus pensamientos y de sus deseos que se había vuelto demasiado crasa para ser encarada y soportada más tiempo, y la habían depositado sin hogar y desesperada en el océano solitario" (300).

De manera similar, Carpentier coloca a Haití en el centro de su trama, aunque en *El siglo de las luces* trastoca la visión puramente objetivizada que Faulkner tiene de ese país. El Haití de Carpentier crea la espiral de la historia debido a que nunca puede ser contenido por el discurso europeo; es el punto cero de la diferencia que da cuenta de los ecos caribeños –imitación con variantes– de Europa. Por otro lado, en el Haití de Faulkner la diferencia es señoreada por las contradicciones del imperio; es un mero repositorio del imperio. El impulso del imperialismo es aislar (literalmente "convertir en isla") aquella simiente cultural sobre la que ha ejercido sus prerrogativas paternales. Estas culturas de la posesclavitud tanto en el Caribe como en el sur de los

Estados Unidos han sido abandonadas como hijos bastardos, condenados a vivir en soledad y sin una genealogía reconocida. Faulkner sugiere además que Haití y el mar sobre el que reposa han llegado a convertirse en el chivo expiatorio de la barbarie y la violencia del propio sistema esclavista de Estados Unidos.

Estados Unidos aisló diplomáticamente a Haití por cerca de sesenta años, hasta 1862, y después ocupó la isla desde 1915 hasta 1934, tan sólo dos años antes de la publicación de la novela de Faulkner. Esta externalización de los conflictos internos de Estados Unidos permitió a la cultura estadounidense, aunque fuera de manera temporal, forjar imágenes de sí misma descontaminadas de todo elemento extranjero dentro del país. La presencia de Estados Unidos en el Caribe y en Haití proveyó también de beneficios materiales que alimentaron aún más el sueño americano. Parte de lo que Faulkner critica en su novela es el hecho de que, como afirma Hans Schmidt,

> la ocupación de Haití fue a la vez una lógica extensión de la búsqueda estadounidense de establecer un imperio y un claro ejemplo de muchas de las contradicciones implícitas en esa búsqueda [...] los conflictos entre el racismo estadounidense y el progresismo racional, entre el igualitarismo democrático y la conquista militar. (17)

Faulkner critica esta delimitación nada natural entre los Estados Unidos y la barbarie caribeña al situar a Haití en el centro del designio de Sutpen de obtener riquezas y en el centro de su trágico fallecimiento. Él hace su fortuna en Haití en 1827 al desafiar enconadamente una rebelión de esclavos y casarse con la hija de un esclavista.[7]

Con la riqueza y esclavos que acumuló en Haití, Sutpen llega a Jefferson hablando "en esa lengua que incluso ahora una gran parte del condado no sabía que era una lengua civilizada" (109) y pagando con "moneda española de oro" (88) el título de propiedad de la tierra. Los vestigios de sus vínculos con el Caribe se transforman ante los ojos de los lugareños de Jefferson en símbolos de la ausencia de pasado de Sutpen. Estos vestigios son extranjeros y, por tanto, enigmáticamente invisibles. Y conforme va tomando forma la trama de la novela, esos aspectos supuestamente ajenos de la "otra" cultura del Caribe

---

[7] Faulkner cae en un anacronismo al describir el designio de Sutpen, pues la esclavitud ya había sido abolida en Haití después de 1804. Sobre esto último hay un debate en cuanto a si tal error fue intencional o no. Richard Godden crea una lectura provocativa de la novela, con base en este anacronismo, donde afirma que la revolución haitiana, de la cual Sutpen es testigo anacrónico, representa el reto a la autoridad del dueño de la plantación. Pero finalmente "Sutpen llega a ser dueño de una plantación en Mississippi [...] sólo porque lo que ocurre en Haití... le permite reprimir aquello que vio en la parte occidental de Virginia" (699).

se muestran de hecho como las semillas germinadas que han sido recogidas por la avaricia estadounidense. La prosecución violenta e incansable que hace Sutpen de su propio designio planta literalmente las semillas de su propia caída en territorio haitiano.

El obsesivo retorno a Misisipi del repudiado hijo de Sutpen, Charles Bon, provoca una reconexión entre el pensamiento imperialista, deseos que habían llegado a ser demasiado burdos como para enfrentarlos o albergarlos, y el ideólogo que había generado aquellos pensamientos y deseos. En un esfuerzo por rescatar su propio aislamiento huérfano y su falta de hogar, Bon confronta a su padre. Se siente abrumado por una

> furia incomprensible y ansia feroz y anhelo de venganza y rabia celosa [todo lo cual] era una parte de la infancia que todas las madres de hijos han recibido a su vez de sus madres y sus madres a su vez de aquel Puerto Rico o Haití o como se llame ese lugar del que todos venimos pero en el que ninguno de nosotros vivió jamás: para que cuando creciera y tuviera hijos él también tuviera que transmitirlo [...] y por lo tanto ningún hombre tenía padre, ni un Puerto Rico o Haití particular, sino todos los rostros de madre [...] toda esa carne de niño que caminó y respiró surgiendo de aquella ambigua oscura paternidad eludida y por ello hermanados de forma perenne y ubicua en todos los lugares bajo el sol. (344)

En este caso, el trazo de las fronteras nacionales de la posesclavitud se convierte en el sueño de escapar del legado de la historia hemisférica de la esclavitud y deja a los ciudadanos de las Américas como a Bon, quien ha "venido a este mundo con tan pocos padres que [tiene] demasiados hermanos a los que ultrajar y humillar mientras viva y por lo tanto demasiados descendientes a quienes legar [su] pequeña porción de daño y males, cuando muera" (353). La cultura estadounidense, en su afán de quitarse de encima sus culturas paternas y mantenerse libre de la contingencia histórica, también falla en reconocer su propia paternidad, el fomento que ha hecho de la "codicia satánica" en otras tierras que se encuentran cómodamente situadas allende las fronteras de su "civilización". La falta de reconocimiento de su paternidad permite a la cultura estadounidense asumir una inocencia similar a la de Sutpen y proponer un plan para el ascenso del individuo, una simulación de estatus autocreado que "inocentemente" ignora las divisiones, como aquellas que se dan en la economía de la plantación, creadas para sostener tal ascenso. La cultura estadounidense pretende no tener padre (pues niega la imitación que hace de Europa) y, no obstante su necesidad de una descendencia simbólica, pretende no tener hijo alguno tampoco. Aunque ostensiblemente intentó promover una nación de hermanos, su repudio a la genealogía crea una forma de organización política *à la* Charles Bon, ya que en ella los individuos, en lugar de encontrarse a sí mismos unidos con sus hermanos, están aislados los unos de los otros, encallados a causa de una historia desconocida. Y el hogar en la plantación es la manifestación primaria de dicho aislamiento. Judith y Henry "han sido abandonados al nacer en una isla desierta: la isla aquí era el Ciento de Sutpen; la soledad, la sombra de ese padre" (149). Los descendientes de Sutpen en la plantación no saben de su parentesco con el Caribe, y están incestuosamente ligados unos a otros en una perpetua uniformidad. Faulkner muestra que la descendencia, tanto como la ascendencia, lo ata a uno a la responsabilidad que implican el tiempo y el lugar, y obstruye la tendencia del individuo a colocar el pasado y el futuro en una escala mítica e indeterminada, en un afán de mantenerse fuera de la historia.

Tal como afirman Carolyn Porter y John Irwin, el designio de Sutpen se halla fundado en una postura ahistórica, y así el regreso de Bon es un intento de forzar a Sutpen a reingresar a la contingencia de la historia y –yo sugeriría además– a confrontar su negado parentesco con la demonizada región del Caribe. El retorno de Bon destruye las divisiones entre tierras y gente, y echa abajo la dicotomía entre civilización y barbarie, de la cual dependía el designio de Sutpen. Bon ingresa a "una pequeña universidad nueva en el interior e incluso una zona desierta de Misisipi, a tres mil millas[8] de esa mundana y foránea ciudad [Nueva Orleans] que era su casa" (125). Su entrada al drama familiar trastorna los términos de la diferencia cultural, ya que trae consigo mismo la cultura latina hacia el interior de Misisipi. Con sus maneras afrancesadas y pulidas "parecía haber seducido sin un particular esfuerzo o deseo al hermano y la hermana de provincias", de manera muy similar a como Victor Hugues, con su conocimiento del mundo, atrae a Esteban y Sofía fuera de su mundo aislado e incestuoso (143). Bon llega como Sutpen al "lejano Misisipi de ese momento [...] casi como un fénix, libre de una infancia, nacido de ninguna mujer e insensible al tiempo" (125).

El trío erótico de Charles, Judith y Henry fue claramente el modelo para el trío Hugues, Esteban y Sofía en la novela de Carpentier, aunque la diferencia es que en el trío creado por Faulkner el visitante afrancesado trae un fragmento de discurso imperialista de regreso a su propia fuente. La aparición de Bon en el horizonte cultural de Judith y Henry no es –a pesar de que la apariencia diga lo contrario– algo exótico ni extranjero, sino demasiado familiar e incestuoso. Él no ha llegado a jugar el papel de padre sustituto a raíz de la decadencia de la plantación, tal como lo juega Victor Hugues. Bon es el hijo bastardo de la plantación y está buscando reconocimiento. En este sentido, encarna una pieza de las múltiples culturas fragmentadas que han resultado de la expansión imperialista del sistema de la plantación, y su retorno provoca una confrontación

---

[8] En el original en inglés se indica que la distancia es de trescientas millas y no de tres mil como se menciona en la edición española de Cátedra (N. del t.).

edípica entre las contradicciones propias de una alianza tan impía. Aunque Bon induce a Judith y a Henry a salir del hogar, finalmente no hay escape para ellos de la soledad de la plantación debido precisamente a que el imperialismo ha colapsado contra sí mismo. En tanto Hugues es el imperio que ha venido a encontrar a sus nuevos hijos al ofrecerles como carnada un discurso liberal, Bon es la colonia que jamás fue reconocida como hijo por su nuevo padre imperialista y capataz procedente del norte. En su propio trío erótico, Carpentier repasa la creencia de Faulkner en cuanto a que el colonialismo se comporta como el guijarro que genera un efecto de ondas expansivas en el agua de la historia, a lo que Faulkner hace referencia en su novela. Si hay un efecto similar en la novela de Carpentier, se presenta de manera doble; las ondas de las fuerzas históricas provenientes del imperio rebotan en la solidez caribeña y regresan en formas nuevas e irreconocibles. El error edípico de Hugues es asumir que el imperio dirige a la historia, y aunque él piensa que ha emigrado del centro, se topa de manera incestuosa con una imagen de su propio deseo maniático por controlar la historia, imagen que llega de rebote hacia él. Carpentier sugiere que la insularidad de los temas de Faulkner está quizá relacionada con el fracaso de este último autor en ver la dualidad inherente al colonialismo.

Desde el punto de vista de Faulkner, la cultura estadounidense no permite un viaje pródigo fuera del aislamiento de la plantación, porque el imperialismo de los Estados Unidos ha expandido ya los linderos de tal aislamiento. Su argumento es que la cultura estadounidense se ciega perpetuamente a sí misma frente a lo diferente, al simular que incorpora la diferencia simbólica dentro de sus propias fronteras. Esto viene acompañado simultáneamente de una expulsión de lo verdaderamente diferente más allá de sus fronteras, ya que lo considera prescindible. El verdadero Puerto Rico o Haití permanecerá siempre más allá del aislamiento de los Estados Unidos, y el refugio que presentan tales realidades nunca podrá evitar por completo el alcance imperialista, generador de símbolos. Es decir, Faulkner permanece escéptico en cuanto a la habilidad de apoderarse cognitivamente de la nueva diferencia sin que ésta degenere en un autocomplaciente indicador de la propia civilización de uno. Y éste es particularmente el caso cuando uno se ubica en el centro del poder imperial. La revisión que hace Carpentier a la crítica de Faulkner sugiere la necesidad de una onza de fe en la existencia de la verdadera diferencia, y asegura que esa diferencia, aun cuando no puede ser completamente capturada dentro de una representación, alcanza su significado a través de lo ambiguo del lenguaje y del discurso, lo cual suele hacerse manifiesto en los márgenes del imperio. Carpentier sugiere que, sin esa fe, Faulkner permanece potencialmente atrapado en el propio aislamiento que él mismo critica: no puede obtener un verdadero Puerto Rico ni Haití, ni una real negritud, libre de su función simbólica de criticar el imperialismo y la condición de lo blanco. Recientemente, Toni Morrison ha reiterado dicha crítica.

No obstante estas variaciones entre ambos autores, Faulkner hace ver junto con Carpentier que el único escape ante lo abierto de la posesclavitud tendría que comenzar con al menos una cauta apertura hacia la diferencia. Él advierte que el proceso de descolonización de los Estados Unidos es un intento alevoso porque la combinación de los motivos que impulsan esta descolonización ha llevado a este país a prescindir tanto de sus padres como de su simiente, con el propósito de crear una hermandad perennemente redentora. En tanto el igualitarismo se encuentre aliado con el imperialismo, las posibilidades redentoras del incesto –cuya viabilidad se debe a la noción de fraternidad– son una mera ilusión. Tal hermanamiento de los Estados Unidos ha perpetuado las divisiones surgidas en la vida de la plantación tanto en el interior del propio país como en sus relaciones con las naciones del sur. Así, mientras Carpentier sugiere la posibilidad de un progreso pródigo de la historia al trastocar la narración insular e incestuosa de *¡Absalón, Absalón!*, Faulkner advierte contra la creencia en los poderes redentores del conato de incesto entre primos hermanos que vemos en la obra de Carpentier. Para Faulkner, esto se debe otra vez a que, dentro de los Estados Unidos, la descolonización debe comenzar con el reconocimiento de que este país, al igual que Henry, ha preferido el riesgo del incesto al de la hibridación de razas. Los Estados Unidos han optado por crear fronteras arbitrarias entre las culturas de la posesclavitud en las Américas y por negar todo parentesco con ellas debido a sus propias pretensiones imperialistas, todo ello con el fin de preservar la idea de su propia pureza racial. Invocando de nuevo a J. Hillis Miller, esta preferencia por el incesto representa también una arrogante creencia en la uniformidad del lenguaje y en la equivalencia entre este último y lo que nombra. Tanto para Faulkner como para Carpentier, su crítica de esta arrogancia conduce a una narrativa barroca que, en sus excesos, reconoce continuamente sus fallas.

Los linderos falsamente establecidos entre historias y naciones se hacen manifiestos en linderos similares entre las voces narrativas que Faulkner representa. Haciendo referencia otra vez a Carolyn Porter y John Irwin, cuando intentamos narrar el pasado y empezamos de nuevo el proceso de transferir información de una generación a la siguiente, estamos asimismo tratando de mantenernos fuera de la historia, pues una condición de nuestro relato es la simulación de mantenernos como un observador ajeno a los eventos que relatamos. No podemos caer en el error de dar a conocer, en el acto narrativo, que buscamos contar aquello que no podemos ver. Aunque los narradores de Faulkner revelan nuevas verdades acerca de la realidad y sobre el pasado, son también parciales en el sentido de que son voces subjetivas que hablan desde y hacia condiciones históricas particulares. La narrativa nos informa en cuanto a la realidad, pero se queda corta; pierde su objetivo y se colapsa en una mera representación. Se puede afirmar que el recurso testimonial sobre cierta historia que ya ha acontecido, utilizado excesivamente por Faulkner, tiene mucho en común con la noción de Carpentier acerca de la concha marina y la escritura barroca. Los relatos deben ser excesivos porque, al igual que lo barroco, siempre pierden el blanco hacia el que apuntan con lo que es necesario generar más relatos.

La narrativa puede exponer nuestra propia contingencia e historicidad al permitirnos aprender individualmente de las diferentes voces. Pero también hace manifiesta nuestra dependencia del otro para obtener una mayor comprensión. Rosa no puede entender a Sutpen sin Quentin, a Quentin sin Shreve, y a todos ellos sin el lector. Por esta razón, "los narradores no pueden ser separados de la historia de Sutpen, [y] ...el significado de *¡Absalón, Absalón!* radica en su unión [la de los narradores]" (Ruppersburg 83). La trama que, de acuerdo con mi argumento, relata las interdependencias entre el Caribe y los Estados Unidos es construida por Shreve y Quentin. Aunque Shreve nació a una distancia de más de medio continente con respecto a Quentin, tal como Bon con respecto a Henry, ellos se encuentran "unidos, conectados siguiendo alguna pauta en una especie de transubstanciación geográfica mediante [...] ese río que [...] es el Ambiente en sí que se burla de los grados de latitud y temperatura" (307). Juntos renuncian a la responsabilidad individual respecto de sus relatos, en beneficio de la producción de significado de manera comunitaria. La feliz unión de quien habla y quien escucha "sobrepasa" la barrera que nos separa del pasado; traspasa los umbrales entre los narradores y los eventos del pasado. Es en ese momento cuando nuestra propia historicidad se combina con la de otros, cuando vencemos nuestra soledad en solidaridad con otros. Dicha solidaridad tiende a lo híbrido y no a lo incestuoso, en el sentido de que une lo opuesto, junta perspectivas y puede entonces burlarse de "los grados de latitud y temperatura". Y esta unión afortunada une las tramas estadounidense y caribeña, ya que ninguna de ellas puede asumir la posición de ausente fuera de la responsabilidad histórica. Como muestra la novela, en el mejor de los casos, ésta es una unión tenue, pues se logra amalgamar por medio de una apertura cauta y la disponibilidad de aceptar el relato del otro como parte del propio. La implicación de ello es que tan pronto como nos retrotraemos y nos alejamos de esa responsabilidad de escuchar los relatos comparados de la posesclavitud a lo largo de las Américas, como lo hace Shreve cuando finalmente condena a Quentin a llevar a cuestas solo la historia del sur, cerramos la puerta redentora a través de la cual aquellos relatos transnacionales pueden entrar, relatos que por derecho merecen adopción, si no es que total reconocimiento de parentesco.

Traducido del inglés por Tomás Hidalgo Nava

Bibliografía

I. Primaria

Carpentier, Alejo. *El siglo de las luces* [1962]. *Obras completas.* Tomo V. México: Siglo XXI, 2004.

_____ *Tientos y diferencias* [1964]. Montevideo: Arca, 1967.

Faulkner, William. *¡Absalón, Absalón!* María Eugenia Díaz, trad. Madrid: Cátedra, 2000.

II. Secundaria

Benítez Rojo, Antonio. *The Repeating Island: The Caribbean and the Postmodern Perspective.* 2 ed. James Maraniss, trad. Durham: Duke UP, 1996.

Fuentes, Carlos. "The Novel as Tragedy: William Faulkner". *The Faulkner Journal* 11/1-2 (otoño 1995-primavera 1996).

Genovesse, Eugene. "Materialism and Idealism in the History of Negro Slavery in the Americas". *Slavery in the New World; A Reader in Comparative History.* Laura Foner y Eugene D. Genovesse, eds. Englewood Cliffs: Prentice-Hall, 1969.

Gilroy, Paul. *The Black Atlantic. Modernity and Double Consciousness.* Cambridge: Harvard UP, 1993.

Godden, Richard. "*Absalom, Absalom!*, Haiti, and Labor History: Reading Unreadable Revolutions". *ELH* 61 (1994).

González Echevarría, Roberto. *Alejo Carpentier: The Pilgrim at Home.* Ithaca: Cornell UP, 1977.

_____ "Socrates Among the Weeds: Blacks and History in Carpentier's *El siglo*". *Voices From Under: Black Narrative in Latin America and the Caribbean.* William Luis, ed. Westport: Greenwood UP, 1984.

Glissant, Edouard. "Creolization in the Making of the Americas". *Race, Discourse and the Origin of the Americas; A New World View.* Vera Lawrence Hyatt y Rex Nettleford, eds. Washington: Smithsonian Institution Press, 1995.

Hunt, Alfred N. *Haiti's Influence on Antebellum America: Slumbering Volcano in the Caribbean.* Baton Rouge: Louisiana State UP, 1988.

Irwin, John. *Doubling and Incest/Repetition and Revenge. A Speculative Reading of Faulkner.* Baltimore: Johns Hopkins UP, 1975.

Ladd, Barbara. *Nationalism and the Color Line in George W. Cable, Mark Twain, and William Faulkner.* Baton Rouge: Louisiana State UP, 1996.

Martí, José. *Nuestra América.* La Habana: Trópico, 1939.

Mikics, David. "Derek Walcott and Alejo Carpentier: Nature, History, and the Caribbean Writer". *Magical Realism; Theory, History, Community.* Lois Parkinson Zamora y Wendy B. Faris, eds. Durham: Duke UP, 1995.

Miller, J. Hillis. "The Two Relativisms: Point of View and Indeterminacy in the Novel *Absalom, Absalom!" Relativism in the Arts.* Athens: U of Georgia P, 1983.

Morrison, Toni. *Playing in the Dark; Whiteness and the Literary Imagination.* Nueva York: Vintage Books, 1992.

Paz, Octavio. *El laberinto de la soledad.* México: FCE, 1984.

Pedreira, Antonio S. *Insularismo.* Río Piedras: Edil, 1992.

Picó, Fernando. *Historia general de Puerto Rico.* Río Piedras: Huracán, 1988.

Porter, Carolyn. *Seeing and Being. The Plight of the Participant Observer in Emerson, James, Adams, and Faulkner.* Middletown: Wesleyan UP, 1981.

Railey, Kevin. "Paternalism and Liberalism: Contending Ideologies in *Absalom, Absalom!" The Faulkner Journal* 7 [Otoño 1991/Primavera 1992].

Ruppersburg, Hugh M. *Voice and Eye in Faulkner's Fiction.* Athens: U of Georgia P, 1983.

Sollors, Werner. *Neither Black Nor White Yet Both: Thematic Explorations of Interracial Literature.* Oxford: Oxford UP, 1997.

Schmidt, Hans. *The United States Occupation of Haiti, 1915-1934.* New Brunswick: Rutgers UP, 1995.

Stinchcombe, Arthur. *Sugar Island Slavery in the Age of Enlightenment: The Political Economy of the Caribbean World.* Princeton: Princeton UP, 1995.

Zamora, Lois Parkinson. *The Usable Past. The Imagination of History in Recent Fiction of the Americas.* Nueva York: Cambridge UP, 1997

El "encuentro fortuito" de Alejo Carpentier y Malcolm Lowry

Leonardo Acosta

Alejo Carpentier llega el 21 de agosto de 1945 a Caracas, donde poco después decide establecer su residencia. En 1947 aparece la primera edición en inglés de *Under the Volcano*, de Malcolm Lowry. Ese mismo año Carpentier viaja a la Gran Sabana. El 19 de octubre publica en *El Nacional* de Caracas el primero de varios trabajos que planeó reunir en un largo ensayo bajo el título de *El libro de la Gran Sabana*, pero que, finalmente quedó en cinco artículos agrupados bajo el título de "Visión de América" (García Carranza 20-1).

En 1948 Carpentier viaja por el Alto Orinoco y emprende un tercer viaje a los Andes venezolanos. Ese mismo año publica en *El Nacional* "Lo real maravilloso de América" (8 de abril), y al año siguiente el largo ensayo que titula "Tristán e Isolda en tierra firme". Se trata de dos ensayos algo contradictorios, dos poéticas alternativas, al parecer divergentes.[1] En ese mismo año 1949 decide convertir el primero de ellos en el prólogo a *El reino de este mundo*, en su primera edición mexicana.

En 1951 aparece la traducción al castellano de la novela de Malcolm Lowry *Bajo el volcán*, y vemos juntos por primera vez los nombres de estos dos novelistas en una reseña de Carpentier: "Debajo del volcán", publicada en *El Nacional*, con fecha 21 de junio de 1951. Posteriormente escribirá otros dos artículos sobre el escritor británico: "Novela y música" (1955) y "La muerte de Malcolm Lowry" (1957), para el mismo diario caraqueño (García Carranza). Esos tres

---

[1] Sobre esta problemática véanse Cornejo Polar; Rincón; Prada Oropeza; Bravo.

artículos son otros tantos homenajes de Carpentier a Lowry, cuya novela elogia sin reservas por su tratamiento del tiempo y su rigor estructural, que compara con el de una partitura musical donde el desarrollo de la trama ocurre en doce horas, correspondientes a sus doce capítulos.

Hasta aquí los datos imprescindibles sobre los que tuve que volver una y otra vez mientras escribía mi libro *Alejo en tierra firme: intertextualidad y encuentros fortuitos*, cuya segunda parte está dedicada casi por entero a trazar un paralelo entre *Bajo el volcán* y la novela concebida por Carpentier a partir de sus viajes de 1947-1948 a la Gran Sabana y el Alto Orinoco: *Los pasos perdidos*, publicada en México en 1953. Aunque a este paralelo dedico unas cien páginas, quizás los hallazgos en ellas resultan inferiores a las incógnitas y las preguntas que sugieren. La primera: ¿leyó Carpentier la edición original de *Under the Volcano*? Pudo haberlo hecho, pues conocía y leía el idioma inglés, e incluso lo hablaba –sin abandonar su proverbial acento francés– con muy razonable corrección. Esto implicaría su lectura y eventual análisis crítico del texto de Lowry, desde 1947 o 1948; sin embargo, la cuestión no es determinante, ya que en junio de 1951 fue capaz de hacer un análisis breve, pero lúcido y penetrante de la misma obra traducida al castellano, dos años antes de ver la luz *Los pasos perdidos*. La pregunta clave sería entonces: ¿influyó en algún grado *Bajo el volcán* en la realización de *Los pasos perdidos*? Y luego: ¿existirán elementos intertextuales tomados de una tercera fuente, o se trata más bien de rasgos inherentes a una formación común a dos escritores contemporáneos? Mi respuesta a cualquiera de estas preguntas es positiva, lo cual de inmediato provoca nuevas interrogantes: ¿a qué orden pertenecen esos rasgos comunes, fuentes, elementos intertextuales o influencias? ¿Son de orden temático, estructural, anecdótico, simples rasgos formales, recursos estilísticos? Otras interrogantes surgían a cada momento.

Ambos autores, cuyos puntos de vista no tienen por qué coincidir, poseen muchas cosas en común, desde la época que les tocó vivir, hasta algunos de los escenarios de sus vivencias, como España, Francia y México. Luego encontramos en ellos, a grandes rasgos, una formación literaria similar en cuanto a los clásicos griegos, ingleses, franceses, españoles, y la inevitable presencia de las vanguardias, como el movimiento surrealista, Proust, Joyce, Kafka o Virginia Wolf, y ciertos autores del romanticismo.

Todo esto sumado a un interés común por la música, las artes plásticas y las culturas populares. Otro factor a considerar es el peso decisivo en la obra de uno y otro de los sucesos históricos más dramáticos de su época: dos guerras mundiales, las revoluciones mexicana y rusa, la guerra de España, el nazifascismo, los movimientos de liberación. Y significativamente, siempre vistos por ambos desde una perspectiva progresista, de izquierda.

Un elemento común a los dos novelistas es la intertextualidad, y es preciso señalar que ésta es la primera novela de Carpentier en que la misma es empleada sistemáticamente, lo cual pudiese explicar en parte la semejanza de ambas novelas en aspectos tales como: temas centrales, motivos recurrentes, fórmulas y asociaciones simbólicas, rasgos estilísticos, recursos técnicos y giros retóricos a menudo procedentes o evocadores del surrealismo, juegos con el tiempo y cierta atmósfera onírica que tanto Carpentier como Lowry hacen convivir con un enfoque narrativo que pudiera considerarse como básicamente "realista". Al escribir mi citado ensayo, elaboré una especie de inventario o cuadro donde establezco diecisiete elementos comunes entre las dos obras analizadas, pero debo advertir sobre mi descuido al no especificar en cuáles casos se trata de temas, recursos formales y estilísticos, motivos secundarios, etcétera, ni enumerarlos en un orden o jerarquía más estricto (129-36).

En un libro anterior, *Música y épica en la novela de Alejo Carpentier*, me limité a citar como sus principales fuentes literarias a la picaresca española y los cronistas de Indias (47-87). En mi ensayo más reciente, al que ahora hago referencia, he añadido, entre otras, la novelística del romanticismo, el movimiento surrealista, los novelistas contemporáneos suyos y especialmente sus antecesores hispanoamericanos: José Eustasio Rivera, Rómulo Gallegos, Arturo Uslar Pietri y Miguel Ángel Asturias, su gran amigo y comilitante surrealista en París. Para el caso particular de *Los pasos perdidos* añadí el aporte de los científicos y viajeros que exploraron el territorio venezolano en los siglos XVII al XIX, como el padre Gumilla o Alejandro de Humboldt, así como el de historiadores, ensayistas, folcloristas y etnólogos que Alejo Carpentier conoció en Caracas, entre ellos Mariano Picón Salas, Juan Liscano y Miguel Acosta Saignes.

Por otra parte, me referí a las experiencias personales del novelista, que a veces se pretende hacer pasar como las únicas dignas de crédito, a partir de afirmaciones del propio Carpentier, apoyadas por el testimonio de su amigo, el músico cubano Hilario González, quien lo acompañó en sus dos últimos viajes por Venezuela. Y es precisamente Hilario quien, en mi opinión, nos ofrece la mejor lectura "realista" de esta novela, útil aunque en parte equivocada, al concluir que en ella "todo es un montaje artístico de la realidad" (21). Creo, por el contrario, que en *Los pasos perdidos* nos enfrentamos a un texto basado en muchos textos, y que nos habla sobre otros textos, o sea, a un verdadero palimpsesto, que reclama un enfoque intertextual, como sostiene con toda razón Klaus Müller-Bergh.

Mas las propias omisiones de Hilario resultan útiles, y mucho más sus revelaciones. Entre otras, que fue él el compositor que viajó en busca de los instrumentos indígenas y quien entonces escribía un *llanto* (es decir, un *treno*), obra basada en el texto de "Llanto por Ignacio Sánchez Mejías" de Federico García Lorca (24). Además, identifica al menos a tres personajes relevantes: el Adelantado, fray Pedro y el griego Yannes. Pero aunque estos modelos hayan sido tomados de la realidad, Carpentier –como era su costumbre– les añade una carga simbólica que los convierte en arquetipos.

Dice más Hilario que Alejo Carpentier, cuya "Nota" supuestamente aclaratoria, al final de la novela, oculta más que aclara, al asegurar lacónicamente sobre sus personajes de *Los pasos perdidos*, que se trata de "los personajes que encuentra todo viajero en el gran teatro de la selva". Esto es ejemplo de lo que llamo vulgarmente "falsas pistas", recurso de muchos autores y en particular de Carpentier. Lo cierto es que luego de escribir sus crónicas de la Gran Sabana, el novelista no sólo se halla en plena posesión de su oficio, lenguaje y estilo, sino que además está provisto de una eventual trama o fábula básica: el viaje, la búsqueda de los instrumentos, un ámbito selvático americano de paisajes insólitos y algunos personajes clave. Mi tesis es que con los elementos que poseía, Carpentier efectivamente hubiera podido escribir *Los pasos perdidos*, pero de no haberse encontrado con la novela de Lowry se hubiera tratado de *otro libro*, no del que hoy conocemos, tal como lo conocemos.

Pero aún hay más en las crónicas de la Gran Sabana, donde hallamos referencias a los grandes mitos indígenas como el diluvio, a Humboldt, a El Dorado o Manoa, al paraíso terrenal y John Milton, la conquista, el Apocalipsis, la utopía, a Sir Walter Raleigh, al legendario alquimista medieval Fausto, y al tema del destino, tan caro a Carpentier. Si las crónicas son de 1947-1948 y Carpentier sólo pudo leer *Bajo el volcán* hacia 1951, serían escasos los préstamos directos que podría haber volcado en *Los pasos perdidos*. Pero aun así, todavía tendría dos años para incorporar elementos de una novela que le resultaría tan afín; personalmente me inclino a pensar que Carpentier habría leído la edición en idioma inglés de 1947, aunque no tengo elementos para probarlo. Sin embargo, hay otro aspecto interesante al que no se ha prestado mucha atención: se trata del ensayo de Carpentier sobre lo "real maravilloso" y su polémico "ajuste de cuentas" con las vanguardias europeas, adosado posteriormente como prólogo a *El reino de este mundo*, y que constituye la "trama ideológica" de *Los pasos perdidos*.

Según ha señalado Sergio Chaple (166), como las crónicas son anteriores al polémico ensayo sobre las vanguardias europeas, y muchos conceptos fundamentales aparecen ya en aquellos textos, resulta evidente que esas formulaciones teóricas que animarán *Los pasos perdidos* proceden en gran parte de las crónicas de la Gran Sabana (o "Visión de América"). Entre esos conceptos está el de "decadencia de occidente" que refleja la influencia de Oswald Spengler, tantas veces mencionada por la crítica carpenteriana y reforzada posiblemente por la entonces reciente experiencia del fascismo y la segunda guerra mundial. No obstante, la relación directa y casi obsesiva entre "decadencia" y "Apocalipsis" en *Los pasos perdidos* (no así en *El reino de este mundo*) parece responder –en mi criterio– a un acercamiento al libro de Malcolm Lowry.

En cuanto a los recursos formales, pienso que la lectura de Lowry ha "remodelado" y enriquecido el tejido intertextual de *Los pasos perdidos*; mas por el momento quiero limitarme a dos motivos que me parecen obvios aunque su tratamiento y desarrollo es bastante complejo, y a los que me refiero como "Descripciones de New York como emblema de destrucción e inhumanidad" y "Presencia de cuatro personajes centrales, con una carga simbólica" (*Alejo* 130). Anotemos de paso que varios recursos típicos de ambos narradores, como el contrapunto *aquí-allá*, el empleo constante de fórmulas nominales en mayúsculas y el juego con el tiempo, también aparecen en las crónicas de la Gran Sabana, pero nunca combinados y entrelazados de manera orgánica como en la novela, donde incluso están en función de un ordenamiento simbólico *otro*, o sistema sígnico que se erige con independencia de la trama o fábula, tanto como de su vertiente polémica.

Al vincular los personajes de *Los pasos perdidos* con modelos de la vida real, Hilario González identifica con nombres y apellidos al pintor negro, el músico blanco y el poeta indio, así como al arpista popular venezolano, el ballet de gira por Caracas y los tres personajes ya mencionados. Pero sucede que en la novela todos asumen, además, un carácter simbólico o arquetípico, y cuando Hilario intenta reducir la mujer del génesis, Rosario, a la suma de una india con otra mujer que conocieron durante el viaje, está ignorando las mil y una pistas verdaderas que dejó Carpentier para señalar el rumbo hacia un personaje legendario: santa Rosa de Lima, patrona de Hispanoamérica. Otro caso es el de Mouche, sobre la cual Hilario se contradice al presentarla como "un personaje inventado", para más tarde afirmar que "el modelo es una persona real"; pero tampoco identifica a Marcos ni a Montsalvaje (el herborizador) ni por supuesto a Ruth. Curiosamente, se trata de cuatro casos y cuatro situaciones diferentes, pues Mouche tiene un modelo real que es Eva Fréjaville, ex esposa de Carpentier; Marcos es puramente literario e intertextual, tomado del Marcos Vargas de *Canaima*; Montsalvaje es una especie de doctor Fausto de la selva, parte alquimista y parte chamán, y supuesto descendiente de Raimundo Lulio, de quien he señalado una posible conexión con el explorador Félix Cardona, citado en las crónicas (130).[2] Ruth, en fin, exige un análisis más detallado, para el cual necesitaremos el concurso de Malcolm Lowry, entre otros (185-6).

---

[2] Véanse también González Echevarría, "Introducción" y "*Canaima*"; Carpentier "Visión...".

Si nos concentramos sólo en los personajes protagónicos (y coprotagónicos) y las dos novelas comparadas, notamos dos ecuaciones similares pero de signo contrario: en una, el protagonista narrador y tres mujeres, la esposa Ruth, la amante francesa Mouche y la mestiza Rosario; en la otra, una mujer y tres hombres, donde todos comparten la función narrativa o "perspectiva del narrador", pues abundan los muy *sui generis* monólogos interiores. El protagonista es Geoffrey Firmin, el cónsul. Los otros son Yvonne, su esposa; su hermano Hugh Firmin, y su amigo francés Jacques Laruelle, a su vez amante de Yvonne. En el primer caso teníamos pues, un latinoamericano (presumiblemente cubano), una norteamericana, una francesa y una india o mestiza venezolana. En el segundo, son dos británicos, un francés y una norteamericana nacida en Hawaii.

A propósito de *Los pasos perdidos*, a menudo nos hemos preguntado: ¿por qué New York?, ¿por qué no París? Hay motivos de sobra para hacerse la pregunta, pues en primer lugar, el diferendo estético y programático con las vanguardias europeas está centrado en París, cuna y refugio de todos los "ismos"; porque fue allí donde Carpentier se unió al movimiento surrealista y donde trabajó y vivió diez años. Esto se refleja o incorpora en su protagonista, a la vez narrador único y portavoz de sus ideas estéticas, quien se refiere despectivamente al "baratillo surrealista" y "el gran pesebre de Saint-Germain-des-Prés". Además, ahí estaban realmente las locaciones que en la novela son llevadas a New York: el estudio de Mouche (Eva Fréjaville), el Museo Organológico y los estudios Foniric de grabación con técnicas avanzadas, donde trabajó Carpentier desde 1935 hasta 1939 (García Carranza 18-9).[3]

El músico protagonista lamenta haberse convertido en "maniático medidor del tiempo, atento al metrónomo por vocación y al cronómetro por oficio [...] encanallando la música en menesteres de pregonero". Este rechazo al propio oficio tuvo lugar en París, no en New York; como el diferendo con Mouche responde a "su dogmático apego a ideas y actitudes conocidas en las cervecerías de Saint-Germain-des-Prés". Con sagacidad el novelista lleva hasta New York sus descripciones de interiores, mientras las escenas exteriores de esa urbe son sospechosamente parcas y casi como leídas y tomadas de otra parte. Esto no es casual: de los exteriores, los únicos datos que da el autor –quien sabiamente no menciona rascacielos ni estatuas de la Libertad– son las breves alusiones al Planetarium, la tienda Brentano's y el Tin-Pan-Alley, la callejuela de las editoras de música; todo esto en el capítulo primero. La segunda visita a la urbe apenas hace referencia al Parque Central –y en cualquier parte puede existir uno–, los almacenes y aduanas de Hoboken, un anónimo "albergue de

---

[3] Hilario González nos confirmó verbalmente estos datos.

la calle 14" y el bar Venusberg, símbolo clave en la novela y emblema del infierno.

Esta deliberada economía de medios responde al relativo desconocimiento de Carpentier sobre esa ciudad, donde sólo había estado de paso, sin adentrarse en su vida interna, como sí hizo en París, La Habana, Caracas y hasta cierto punto en México. Y esto nos devuelve al dilema: ¿qué imperiosa necesidad llevó a Carpentier a eludir París y preferir la urbe neoyorquina como escenario de su novela? La principal razón es de orden estético y funcional, pues el personaje de Mouche debe acompañar al protagonista en el viaje al "mundo natural", provocando ese diálogo y confrontación que constituye una trama alterna a la del viaje (Acosta, *Alejo*).[4] Mas esto implicaba una dificultad: había que insertar otro personaje, la esposa fiel que representa la cotidianeidad (y luego la ley) frente a la aventura que encarnará en la figura de Rosario, como exigen los códigos de los "libros de la selva", según ha expuesto Roberto González Echevarría.

Es así que surge Ruth, cuyo nombre bíblico es símbolo de fidelidad, pero también es la ley que obligará a nuestro músico narrador a regresar a su sociedad "civilizada" y abandonar su efímera aventura utópica. Al mismo tiempo, la presencia de una tercera mujer redondea el simbolismo del número tres que recorre la novela, bien estudiado por la crítica (Acosta, *Alejo* 47). Según mi punto de vista, fue el personaje de Yvonne, la actriz frustrada y coprotagonista de *Bajo el volcán*, el modelo para el personaje carpenteriano de Ruth, y sus vivencias en New York fueron decisivas en el ánimo de Carpentier al elegir esa ciudad como emblema apocalíptico. La Yvonne de Malcolm Lowry posee puntos de contactos con Ruth, Mouche y el protagonista, o éstos los toman prestados de ella.

De Mouche y Ruth escribí que son dos personajes que al final se funden prácticamente en uno, o uno que se desdobla, según adoptemos el punto de vista del lector o del autor. Al final de la novela ya no son antagónicas sino complementarias, y antagónicas sólo respecto a Rosario, la mítica mujer primigenia; esto ocurre al transformarse Ruth de Penélope en espera del héroe en encarnación de una justicia "kafkiana", lo que lleva al narrador a identificarla con Medea, y a Mouche con la Hidra.

Pero Ruth ocultaba otro secreto que facilitó su metamorfosis: su parentesco raigal con Yvonne, que comienza en su mismo oficio, ambas son actrices que han vivido la paradoja de que su éxito profesional se convierta en frustración artística y personal; ambas son prisioneras de un rol estereotipado impuesto

---

[4] Véase también Chaple, 166 y ss.

por el engranaje del teatro y el cine en ese país. Las experiencias frustrantes en New York se reflejan en descripciones básicamente idénticas en Lowry y Carpentier, que la presentan como ciudad de destrucción o apocalipsis.

Yvonne hace una precoz carrera en Hollywood en películas comerciales impulsadas por una ruidosa publicidad; durante sus visitas a New York encuentra a Jacques Laruelle, cineasta semi-retirado a quien conocía de Hollywood; se hacen amantes y la actriz frecuenta el estudio de Jacques, tal como el músico de Carpentier visita el estudio de Mouche, francesa como Laruelle. Yvonne recuerda escenas neoyorquinas, como:

> ...aquella helada noche de invierno en Times Square –se hospedaba en el Astor– contemplando las noticias lumínicas que recorrían la cornisa del edificio del *Times*, noticias sobre desastres, suicidios, bancarrotas, sobre la guerra que se avecinaba, sobre nada, las cuales mientras ella miraba hacia arriba con toda la multitud, se apagaron de repente, se perdieron en la oscuridad, en el fin del mundo.

Las alusiones al Apocalipsis y las gradaciones del discurso de Yvonne son constantes y casi idénticas al lenguaje del narrador de Carpentier, cuya visión de New York –en mi opinión– es tomada del personaje femenino de Lowry. Por ejemplo, en *Los pasos perdidos* vemos al protagonista en Times Square, sin que se mencione esta emblemática plaza en el cruce de las calles 42, Broadway y Séptima Avenida, donde se alza la torre del *New York Times* con sus noticias que corren en letras luminosas por una alta cornisa, y donde se reúne la multitud a esperar el año nuevo. Carpentier acude a sus artes malabares de escritor y también evita mencionar al *Times*, pero conociendo el texto citado de Lowry, podemos al leer, recomponer la escena como un rompecabezas, pues el mensaje viene fragmentado en tres partes.

La primera parte del mensaje dice: "Esta calle me ha devuelto al mundo del Apocalipsis, donde todos parecen esperar la apertura del Sexto Sello" (o sea, "cuando la luna se volvió toda como sangre", *Apocalipsis*, 6, 12). Luego, unas líneas más abajo: "Todo lo anuncia: las cubiertas de las publicaciones expuestas en las vitrinas, los títulos pregonados, *las letras que corren sobre las cornisas*, las frases lanzadas al espacio" (énfasis mío). Dos páginas después serán "las mismas aceras enrojecidas por los anuncios luminosos". Sólo hay que recomponer el mensaje y obtenemos el mismo texto de Yvonne: "*las noticias lumínicas que recorrían la cornisa*" [...], la multitud [...], el fin del mundo". Todo esto reforzado ahora con la alusión a la sangre ("enrojecidas"). Veamos otras descripciones de New York en la evocación de Yvonne al deambular por la ciudad:

> fracasada a pesar de sus riquezas y hermosura, caminó aunque no rumbo al hotel [...] temiendo entrar sola en los bares, cuya tibieza anhelaba y sintiéndose

> mucho más desolada que una trotacalles [...] A su lado desfilaban agitándose lentos, los tullidos. Pasaban hombres cuyos rostros dejaban traslucir que en ellos había muerto toda esperanza [...] Y por todas partes aquella oscuridad, la oscuridad de un mundo desprovisto de sentido, un mundo sin finalidades.

Es fácil comprobar que el estado de ánimo del narrador y protagonista de Carpentier es similar al de Yvonne en sus descripciones neoyorquinas. Baste citar algunas frases sueltas:

> acabé por andar tontamente [...] deteniéndome para seguir los dibujos que sobre la acera trazaba, con tizas de colores, un lisiado con muchas medallas militares en el pecho [...] Hastiado de tener que elegir caminos entre tanta gente que andaba en sentido contrario [...] Ahora me veo en la calle nuevamente, en busca de un bar [...] una ciudad donde la miseria era más dura de afrontar que en cualquier otra parte. ¡Ah! Por haberlo vivido, yo conocía el terrible tránsito de los que lavan la camisa única en la noche [...] Tenía ganas de beber. Sólo me interesaba, en este momento, llegar a un bar cercano [...] la multitud que surge a borbollones de las bocas del tranvía subterráneo [...] veo muchas caras y pocos destinos [...] cualquier impulso es atajado siempre por el miedo.

Podrían multiplicarse las citas de ambos textos. Para el protagonista de Carpentier, en resumen, New York era "aquella ciudad del perenne anonimato dentro de la multitud, de la eterna prisa, donde los ojos sólo se encontraban por casualidad y la sonrisa, cuando era de un desconocido, ocultaba alguna proposición". Estas descripciones apenas difieren de las que Lowry guardó para su personaje femenino, lo cual ha contribuido a ocultar la similitud de ambos textos, pues en ellos se expresan motivos prácticamente idénticos: la multitud sin destino, los "tullidos" o "lisiados", la desesperanza, la prisa, el frío, la oscuridad, la soledad, el anonimato, y estados de ánimo comunes basados en el desaliento, una desconfianza rayana en el sobresalto y un temor casi paranoide. Tenemos además el *Leitmotiv* de la sed, común a ambas novelas, y la compulsiva búsqueda de un bar. Además ciertos atributos de "lo apocalíptico", tales como lo artificial (letreros lumínicos) y lo opresivo (multitudes, oscuridad).

Como simple hipótesis, imaginemos para el narrador carpenteriano un itinerario neoyorquino igual al de Yvonne, basándonos en la sola declaración de aquél: "he pasado del gran hotel al hotel de estudiantes y de ahí al albergue de la calle 14". ¿Casualmente la calle 14? Si volvemos al soliloquio de Yvonne, temerosa de entrar al bar y segura de que "siempre la seguían", hasta llegar al "pequeño cine de la calle Catorce que proyectaba películas viejas y extranjeras", podemos imaginar a nuestro compositor en el "gran hotel" (acaso el Astor), luego en Times Square mirando las letras que corren sobre las cornisas, y seguir caminando calle abajo hasta descubrir lo que sería su futuro "albergue de la calle 14" justo frente al cine que frecuenta Yvonne. ¿Estamos o no frente a un posible encuentro fortuito?

El tema del Apocalipsis asociado a la "decadencia de occidente" y el eventual traslado de su epicentro a la ciudad de New York constituyen uno de los ejes estructurales más cuidadosamente construidos en *Los pasos perdidos*.[5] Sin embargo, es sólo uno de los factores asociados a la constelación apocalíptica de Lowry, que incluye además los temas del destino, la utopía y/o el paraíso perdido. Y es innegable que la expulsión del paraíso, cuyo modelo sería la obra de John Milton, es el tema principal de *Bajo el volcán*, como bien señaló Octavio Paz, quien fue capaz de resumir prácticamente en un párrafo la esencia de esta obra:

> En *Under the Volcano* –la terrible obra de Malcolm Lowry– los jardines de Cuernavaca, las flores y las plantas, los lejanos volcanes y la barranca verde y enmarañada –verdadera "boca del infierno"– surgen bañados por una luz de primer día de la creación. ¿Primero o último? Quizás ambas cosas: la novela transcurre el Día de Muertos de 1939 y durante las doce horas de ese día el héroe se pasea por un paisaje alucinado, que es también un laberinto y un purgatorio, seguido por un perro, el acompañante de los muertos, según egipcios y aztecas.[6]

Adelantemos algunas observaciones: los términos *jardín* y *parque* pueden asimismo designar (tanto en Lowry como en Carpentier) no sólo el paraíso sino también el infierno; la *barranca* (también *Hoyo Gólgota*), emblema infernal en Lowry, aparece en Carpentier como *La Hoya*; en *Los pasos perdidos* hay también un día de muertos o de difuntos; y la figura de *Gavilán*, el perro del Adelantado, tiene varias connotaciones simbólicas, incluyendo la de acompañante ritual de los muertos. También coinciden ambos autores al diferenciar utopía y paraíso perdido, y Carpentier utiliza indistintamente los términos Apocalipsis y/o juicio final. Y al enfocar cualquier utopía, los dos emplean el término irónicamente, por lo cual nos hemos referido a una "falsa utopía", por ejemplo en el caso de Santa Mónica de los Venados, que nace ya contaminada por el racismo, el gobierno clasista y la presencia de la iglesia, como ha visto buena parte de la crítica.

Igualmente asociado al tema apocalíptico está el motivo de las constelaciones, pero en *Los pasos perdidos* no será Ruth sino, Mouche, la encargada de seguir las aficiones de los personajes de *Bajo el volcán*, donde son Yvonne y el cónsul los ardientes devotos de la astrología. La novela de Lowry

---

[5] Sobre los campos petroleros y su relación semioculta pero esencial con el tema apocalíptico y la ciudad de New York véase Acosta, *Alejo* 193-5.

[6] Resulta curioso, o quizás revelador, que Carpentier ya mencione a John Milton y su *Paraíso perdido* en las crónicas de 1947-1948 de *El Nacional* de Caracas.

concede igual importancia a la cábala, el ocultismo y la alquimia, y el cónsul dice estar escribiendo un libro sobre ciencias ocultas que él mismo sabe que nunca terminará. Aquí las constelaciones ocupan mayor espacio que en Carpentier, quien por su parte relaciona el "viaje por el tiempo" con las figuras de Sagitario, el navío argos, la Hidra y la cabellera de Berenice, donde Sagitario también forma parte de un complejo intertextual que incluirá al flechero indio, el *Barco ebrio* de Rimbaud[7] (con sus *peaux rouges* y sus sirgadores flechados) y el martirio de San Sebastián, motivo recurrente en Carpentier, mientras Lowry se regodea con el motivo de Filoctetes. La cábala y la alquimia también aparecen en *Los pasos perdidos*, la última en el personaje de Montsalvaje y como parte del motivo de la conquista, la sed de oro y el mito de Manoa o El Dorado, temática que ya aparecía en las crónicas de la Gran Sabana.

Por supuesto, el tema del destino está estrechamente vinculado a todo el entramado anterior. Ya comparamos la novelística de Carpentier con lo que algunos denominan "novela del destino", en parte descendiente del *Bildungsroman* (Albéres). En *Los pasos perdidos* se establece el contraste entre el "destino cumplido" y el "destino torcido": el primero corresponde al Adelantado, quien renuncia a la búsqueda de oro o diamantes para fundar un poblado o ciudad, actitud que Carpentier califica de "propia e íntima utopía [...] de una vida lograda, de un destino impar..." El destino torcido es el del protagonista y narrador, así como en *Bajo el volcán* es el de Geoffrey, el Cónsul. Y en Lowry es el destino que reúne a sus cuatro personajes en un día de muertos en México, pero es también –al asumir la forma de rueda de la fortuna– el que anida en innumerables figuras alegóricas que recorren el libro: ruedo taurino, tiovivo, estrella giratoria, constelación, galaxia o calendario.

Varios sistemas sígnicos conducen a la principal constelación simbólica en ambas novelas, con antecedentes cercanos ya señalados, como *La montaña mágica* de Thomas Mann y en parte el *Ulises* de James Joyce, que enlazan los temas del Apocalipsis, la utopía y el carnaval (orgía, bacanal y danza macabra) con el del infierno-en-la-Tierra.[8] En Malcolm Lowry, el propio día de difuntos en que tiene lugar la fábula constituye todo un carnaval, con parque de diversiones, corridas de toros, máscaras, diablos, música y cantinas, pero es al mismo tiempo un viaje que hace el cónsul desde el paraíso perdido hasta un infierno que él

---

[7] Rimbaud, como Breton y en general los surrealistas, a pesar de todo lo planteado por parte de la crítica y por el propio Carpentier, nunca dejaron de estar entre sus principales influencias, y son constantes los homenajes que les rinde en su obra narrativa, incluso en *Los pasos perdidos*. Véase Acosta, *Alejo* 197 y ss.

[8] El concepto de infierno-en-la-Tierra, muy apropiado para describir situaciones y parajes de una amplia zona de la novelística latinoamericana (un ejemplo mayor sería *Pedro Páramo* de Juan Rulfo), lo tomé, sin embargo, de otra gran novela mexicana: *Terra Nostra* de Carlos Fuentes.

mismo trocará en Apocalipsis, y que asume los nombres de Parián, la cantina El Farolito y la contigua barranca; pero según el cónsul, Parián a su vez "quería decir tambores", y en la feria aparecen un diablo enmascarado y una bruja india. Por su parte, Carpentier incluye una fiesta o carnaval que los lectores debemos recomponer o "armar", pues ocurre en tres partes, tres sitios, tres tiempos distintos; la primera transcurre durante el involuntario encierro en el hotel caraqueño, prosigue en el centro petrolero (asociado al Apocalipsis y las escenas neoyorquinas) y culmina en la festividad del Corpus, en las ruinas de Santiago de los Aguinaldos, con "tambores y flautas y varios diablos..."[9]

Si el carnaval puede ser también danza macabra que conduce al infierno y el Apocalipsis, Lowry y Carpentier realzan el efecto de este tránsito al emplear las fórmulas nominativas en mayúsculas que les son comunes. Cuando Geoffrey decide ir a El Farolito bajo el pretexto de buscar su pipa, el tránsito es una parodia de las estaciones de la Vía Dolorosa (que es aquí el nombre de una calle) y las estaciones son casi siempre cantinas, desde la Cantina Terminal, El Bosque y el Salón Ofelia hasta el Popo, el Petate, el Amor de los Amores, el Hotel Fausto, el Ruedo taurino, El Infierno, la Pulquería, la Sepultura y El Farolito. Este viaje a Parián, Gólgota o Calvario se corresponde con el pasaje de Carpentier sobre el paseo a Los Altos en el pequeño tren: una especie de boceto de todo el entramado simbólico de *Los pasos perdidos*, en el cual los reflectores alumbran "las estaciones del sinuoso camino que conducía al Calvario de la Cumbre".[10] Y emplea también el tono paródico para describir esa "ciudad adosada a una sierra, con estampas de edificación y estampas del infierno".

Desde las alturas, la ciudad es vista con su zona de burdeles, la pulpería con sus borrachos, el parque de diversiones con su tiovivo y estrella giratoria (como en Lowry), estatua del Poeta, un *pastiche* de la gruta de Lourdes, la catedral, el reloj del juicio final, la logia masónica, el cuartel, el bravo flechero indio "en gesto sagitario" y hasta "dos burros dormidos" (toque netamente surrealista). Todo un inventario de lo "surreal maravilloso" en el retrato de una ciudad latinoamericana, donde las coincidencias con Lowry en los motivos, el tono paródico, la impronta surrealista y el simbolismo son demasiado exactas para ser casuales.

La simbología cristiana, apenas presente en otras novelas de Carpentier, aquí no sólo se mezcla con la astrología y las alusiones a la alquimia y la cábala,

---

[9] Considero que una de las claves ocultas en esta novela es precisamente la relación estructural entre los pasajes apocalípticos del centro petrolero en la inmediatez de la selva venezolana y las "escenas neoyorquinas" de *Los pasos perdidos*.

[10] Tanto Lowry como Carpentier establecen un rejuego verbal y a la vez descriptivo –especie de trasvestismo– entre *cimas* y *simas*, del cual acaso el mejor ejemplo sea el de la barranca infernal, denominada *Hoyo Gólgota* por Lowry.

sino también con la mitología griega.[11] La estructura propia del viaje hace que la crítica vea en el narrador un parentesco con Ulises-Odiseo, que parece confirmarse por su carencia de un nombre, lo cual relacionamos con el "Nadie" que logra escapar de Polifemo. Pero como señalé en mi ensayo, Ulises es en parte el Adelantado, que siempre puede regresar a su Ítaca y es dueño del perro Gavilán, al que identifiqué con Argos, el perro de Ulises, mientras que el perro de los mineros griegos se llama Polifemo.[12] Otro héroe mítico es Prometeo, sólo que Alejo Carpentier tomará como referencia la obra de Shelley, y Lowry tomará la de Esquilo. Mientras tanto Filoctetes, a quien Ulises y Diomedes rescatan para ganar la guerra de Troya con las flechas de Hércules, será el héroe preferido por Hugh Firmin, músico y hermano del cónsul, que identifica su guitarra con la ballesta de Filoctetes y es sin dudas el personaje de Lowry que comparte más rasgos con el músico narrador de Carpentier.[13]

Difícilmente podrían resumirse otros aspectos comunes a las obras analizadas, como son los juegos con el tiempo y el espacio, el empleo de recursos musicales como los *Leitmotiven* a la manera wagneriana o la dicotomía del *acá-allá* presente en ambas. En sus artículos sobre Lowry, Carpentier hace hincapié en el tratamiento del tiempo y la estructura casi musical de la obra (doce horas, doce capítulos). El primer capítulo de *Bajo el volcán* (que es realmente el final) es un modelo elocuente, y termina: "Por encima de la ciudad, en medio de la noche oscura y tempestuosa, la rueda luminosa giraba al revés"; en *Los pasos perdidos*, capítulo Primero, el narrador "tenía la penosa sensación de que el tiempo se hubiera revertido", y casi al final especula sobre el lugar "donde asomándose la cabeza al vértigo sideral del infinito, debía verse el cielo también abajo". En Lowry leemos: "si Josué hubiese aparecido en ese momento para

---

[11] Este acercamiento a la temática cristiana lo atribuimos a varias razones: en primer lugar, a la incursión en un ámbito latinoamericano marcado por los siglos coloniales; pero también al acercamiento de Carpentier al grupo Orígenes en los años cincuenta (en *Los pasos perdidos* hay veladas alusiones a un poema de José Lezama Lima y otro de Eliseo Diego). En los pasajes sobre la creación musical y el canto llano, creo detectar elementos del pensamiento estético de Julián Orbón, "el músico de Orígenes", aunque con certeza hay también ideas musicales provenientes de conversaciones de Carpentier con Hilario González y Tony de Blois Carreño, en Venezuela.

[12] Yannes ha sido identificado a menudo con Ulises y en cierto momento con el porquerizo Eumeo; toda esta pluralidad de identidades las estimo válidas, pues los símbolos suelen ser polivalentes e irradiantes, y es lógico que la figura de Ulises adquiera esa ubicuidad en esta novela. Por eso lo concibo además como una especie de Homero, con quien el protagonista consulta distintos pasajes.

[13] A menudo me he preguntado si el hecho de que Hugh esté obsesionado con la guerra de España, que innegablemente marcó a Carpentier cuando su estadía en la península durante los dramáticos sucesos de 1937, pudiera haber influido en su decisión de hacer participar a su protagonista en la segunda guerra mundial, y no en la contienda española (que además había sido el escenario de *For Whom the Bells Toll* de Ernest Hemingway).

detener el sol, no se habría podido crear un disloque más absoluto del tiempo [...] Y sin embargo, no era porque el tiempo se hubiese detenido", es Hugh quien discurre, y agrega: "Más bien se movía a diferentes velocidades".

Si Lowry mide en horas, Carpentier lo hace en días, hasta conformar su controvertido diario; en todo caso las afinidades se multiplican. El cónsul consulta las horas a cada momento; lo mismo hace el músico narrador: Los resultados son absurdos. En Carpentier, por ejemplo: "Las saetas de los relojes no mostraban prisa, marcando las horas con criterio propio de campanarios vetustos..."; o el conocido buscar "aquel despertador que está sonando, si acaso, muy arriba en el mapa, a miles de kilómetros de distancia". En Lowry leíamos: "En algún lugar distante replicaba un reloj; el Cónsul permaneció inmóvil donde estaba". Aquí vemos el *acá-allá* y el *ahora-entonces*, como cuando el cónsul cree escuchar una música de Bach: ¿Bach? Un clavicémbalo que se oía muy lejos en Inglaterra, en el siglo XVII".

En otra parte, Lowry nos presenta la imagen de la iglesia de Ocotlán, ciudad blanca y vacía –como un cuadro de De Chirico– con "blancas torres con un blanco reloj y nadie más. En tanto que el reloj mismo es intemporal". Camino hacia Los Altos, Carpentier nos presenta una imagen igual de surrealista y además paródica: "el disco del reloj, cuyas saetas estaban dormidas desde hacía cuarenta años, sobre lo que, según la voz de las beatas y santurronas, eran las siete y media de un próximo Juicio Final..." Quede claro que el recuento de menciones y especulaciones sobre el tiempo y su empleo literario, así como los recursos estilísticos de ambos novelistas, exigiría prácticamente un ensayo por sí mismo.

Debo remitirme a mi propio libro, que no es ni pretende ser exhaustivo, al abordar ése y otros elementos comunes, como el uso sistemático de la intertextualidad y lo que llamo sus "apartados" de fórmulas nominativas en mayúsculas.[14] En *Los pasos perdidos*, varios de estos nombres son familiares a la crítica, como el Rastro de Zoroastro o Los Recuerdos del Porvenir. Para *Bajo el volcán*, trazamos un apartado (o catálogo) de comercios (Los Baños de la Libertad, La Mariposa de Hércules), otro de las constelaciones (La Noche de la Culminación de las Pléyades) y algunos de alcance mítico o aterrador (el Gran Viaje, el Búnker del Infierno, el Cañón de los Lobos). He tratado asimismo de rastrear las fuentes literarias de estas fórmulas: desde antiguas fábulas, autos sacramentales, cronistas de Indias, hasta autores específicos como Franz Kafka (*Alejo* 121-8).

---

[14] La admisión de que mi ensayo es "un libro inconcluso" (2004, 6) me obligó a incluir bajo el acápite "Sobre lo que falta" (2004, 215) una suerte de inventario de "los propósitos que me hubiera gustado cumplir".

Esas fórmulas simbólicas forman parte del tejido intertextual, que es prácticamente el mismo –o al menos de una asombrosa similitud– en las dos novelas; por ambas se mueven a sus anchas iconos literarios e históricos como Sir Walter Raleigh o el teólogo y alquimista Raimundo Lulio (Ramón Lull), Hernán Cortés, Milton, Shakespeare, Baudelaire, Rimbaud, Dante, así como músicos y pintores. Más aún, hay obras literarias que juegan una función intertextual decisiva, como *Le Bateau livre* de Rimbaud en Carpentier, y *La Machine Infernale* de Cocteau en Lowry; e incluso cuadros famosos usados como textos o signos clave, sobre todo de Goya, Cranach y Dalí en Carpentier y de Van Gogh, Rousseau y Dalí en Lowry.

Los mensajes ocultos culminan en una obra literaria, el *Quijote*, que en Lowry ocupa un sitio fundamental, y acaso Carpentier haya decidido otorgarle un rol y lugar todavía más oculto, aunque menos instrumental (Acosta, *Alejo* 159-70). Tanto o más sorprendente resulta hallar encadenamientos simbólicos similares, como: perro-luna-astrología-mitos griegos, o diluvio-inundación-tormenta en la selva; o "encuentros fortuitos" con Pancho Villa y sus charros de oro, así como la asociación del gato con el opio y claro está, con Thomas de Quincey, nexo obligado en Lowry que Carpentier maliciosamente omite (Acosta, *Alejo* 202; 218).

La naturaleza y los mitos americanos, como sabemos, tienen un papel especial en *Los pasos perdidos*: mitos indígenas (diluvio, creación) y de los conquistadores (El Dorado, Manoa). En *Bajo el volcán*, Lowry se las arregló para hacer de México mismo un solo y colosal mito –centrado en dos volcanes– en el que hace coincidir sus visiones de la Tierra, el paraíso y el infierno, y lo compara con "un planeta en el cual se cambiaba de clima en un abrir y cerrar de ojos y bastaba tomarse la molestia de pensar en ello y atravesar una carretera para recorrer tres civilizaciones..." (Acosta, *Alejo* 131). Carpentier extiende el concepto de *planeta* a toda la América Latina, o sea, como universo aparte, en sí mismo. Y en páginas descriptivas similares nos desplaza desde la Sierra Madre mexicana a los Andes colombo-venezolanos, "sobre la armazón del planeta", según sus palabras.

Un motivo conductor en la novela de Lowry es el palacio de Cortés en Cuernavaca, detrás del cual está justamente situada la rueda de la fortuna. En la obra de Carpentier, la conquista está presente durante el viaje a la selva, y hasta el propio Cortés, aunque éste resulte geográficamente fuera de lugar (no así Belalcázar, Raleigh, von Hutten, Gonzalo Pizarro o Lope de Aguirre). Y si en *Bajo el volcán* otro *Leitmotiv* fundamental lo ofrece el palacio de Maximiliano, donde los fantasmas de Maximiliano y Carlota son emblema del Cónsul e Yvonne, el músico narrador no resiste la tentación de hurgar en una tienda de libros viejos y estampas, y detenerse "ante un fusilamiento de Maximiliano"

(Acosta, *Alejo* 134). Respecto a la conquista, difieren el narrador y el cónsul: el primero la acepta como una aventura a imitar, mientras el segundo la evoca como la tragedia que fue y aún es, y siempre la equipara al fascismo. De hecho son pocas las afinidades entre ambos protagonistas, salvo quizás la erudición y la inclinación al alcohol;[15] como ya señalé, el verdadero "sosías" del narrador carpenteriano es el también músico Hugh.

Baste decir aquí que Hugh, además de guitarrista de jazz y compositor de canciones, fue marino en los buques *Filoctetes* y *Edipo tirano*, perseguidor de la utópica isla Sokotra y veterano de la guerra de España, aparte de ser portavoz de las mismas ideas del músico narrador al condenar la civilización occidental como "ciudad de destrucción" y vaticinar su Apocalipsis. Hugh será también el que desarrolle otro tema clave: el de la traición, luego presente en *Los pasos perdidos*, y que abarca la traición personal y la colectiva (ligada aquí a la decadencia europea, el fascismo y también a la conquista). Una figura clave en *Bajo el volcán* es el tlaxcalteca Cervantes, amigo del cónsul, gallero y dueño del Salón Ofelia en Tomalín, antesala de Parián. El cónsul se identifica con Cristo y don Quijote, pero Cervantes lo traiciona al colaborar con grupos fascistoides de México. O sea, Cervantes traiciona al Quijote (su hijo) como Xicotencátl padre a Xicotencátl hijo, y como los tlaxcaltecas a los mexicanos sumándose a Cortés (Acosta, *Alejo* 170). De todo este entramado se infiere que se trata de una traición familiar y un arquetipo mitológico: el padre (¿Cronos?) traicionó a sus hijos, y esto les sucede al cónsul y Hugh, abandonados en Cachemira por su padre, quien desapareció en el Himalaya. Curiosamente, Carpentier incluye en su novela –excepción en su obra– la figura paterna de su narrador y *alter ego*, y sucede que en la vida real su padre abandonó a la familia sin que jamás se tuviera noticia suya. El narrador expresa cierta devoción por su padre, pero le reprocha sus prejuicios europeizantes y desprecio por lo *de acá*. Por lo cual su papel en la novela es de antagonista de la tesis central del narrador, en un plano más serio que el atribuido por la crítica a Mouche; de donde la *Novena Sinfonía* viene a ser el emblema del conflicto padre-hijo.

Observaciones adicionales

Desde luego que toda mi exposición puede provocar escepticismo y considerarse meramente especulativa, atribuyendo acaso el insólito paralelismo entre estas dos obras maestras a simples coincidencias –en las que no creemos– o en última instancia a la similitud ya señalada en las fuentes y formación similares entre dos autores contemporáneos. Pero difícilmente podremos aceptar como "casual" que *Los pasos perdidos* sea la primera novela de Carpentier

---

[15] Véase Acosta, *Alejo* 153-58 y en particular la nota 102, sobre los motivos de la sed y la ebriedad.

en que la intertextualidad y el derroche de erudición desempeñen un papel tan determinante, ni que las "coincidencias" con Lowry, por sutiles que sean, resulten tan abrumadoras, y esto apenas a dos años de editada en español *Bajo el volcán* (y a seis de la edición original). Nada me parece tan natural como el interés y quizás la fascinación de Alejo Carpentier por una obra que, como bien supo calibrar Octavio Paz, representa el acercamiento más serio a nuestra América por un novelista anglosajón, que además domina los estilos, el lenguaje y las innovaciones de las vanguardias del siglo xx, entre ellas el surrealismo. Y justo en esos momentos se producían aquellos logros narrativos que llevarían a la "nueva novela" latinoamericana.

No pretendo haber agotado el paralelo entre las novelas de Lowry y Carpentier en mi libro. Cada día vemos nuevos motivos y rasgos comunes que habían escapado a nuestra percepción o cuya importancia desestimamos, aunque pude entrever este déficit antes de terminar el libro, lo cual me impulsó a incorporar un último acápite "Sobre lo que falta" (125).[16] Estas páginas que ahora escribo son una necesaria continuación de aquellas, y a la vez un recuento. Por ejemplo, los animales "heráldicos" de Lowry: el perro, la serpiente, el gato, el águila, el caballo, el buitre (alusión a Prometeo), aparecen sin falta en la novela de Carpentier, inclusive, en ocasiones, con mayor desarrollo. Y claro, están las mariposas, que surgen del mar para recibir a Yvonne en Acapulco, en la página 43 de *Bajo el volcán*, y reaparecen como *flashback* en la 164, en medio de la selva y el caballo encabritado, y tras un largo recuento de constelaciones; recordemos al efecto cuando "la nave de Yvonne entraba en la bahía de Acapulco en medio de un huracán de hermosas mariposas". En *Los pasos perdidos* "comenzaron a llover mariposas sobre los techos, en las vasijas, sobre nuestros hombros". Son de un "amaranto profundo", o sea, encarnadas, pero en el Rastro de Zoroastro, entre muchos objetos *Kitsch*, había mariposas doradas montadas en los martinetes de una caja de música. Alejo Carpentier le despeja el camino de la inmortalidad al Mauricio Babilonia de García Márquez.

Siempre, en el cotejo entre ambas novelas, está la marca del viraje o *twist*, la vuelta de tuerca que Carpentier sabe imprimirle a toda referencia oculta, como hiciera con Thomas Mann o Herman Broch, entre otros. Al carnavalesco día de muertos con diablos, máscaras y tambores, lo divide en tres partes; a los volcanes Popocatépetl e Iztaccíhuatl les opone los Tepuy y el Roraima (en su doble esencia masculina y femenina); al mal presagio de la bruja indígena, lo

---

[16] De su novela *Los pasos perdidos* dijo Alejo Carpentier: "me costó escribirla completamente tres veces" (García-Carranza, 22). Estas versiones se conservan en la Biblioteca Nacional "José Martí", pero inexplicablemente no están a disposición de los investigadores. Sería interesante conocer si entre una y otra hay diferencias en los personajes, situaciones, descripciones, etcétera, sobre todo después de 1951.

sustituye por una Mouche metamorfoseada en bruja teutónica en el Venusberg; canciones del folclor venezolano sustituyen a "Flores negras" y "La cucaracha", y al Popeye de los *comics* lo reemplazará Fantomas.

Hasta las mismas diferencias de signo y de matiz unen a estas novelas, y si ambos autores citan a Bernal Díaz del Castillo y Sir Walter Raleigh –por ejemplo, cuando Lowry lee a Prescott– Carpentier prefiere al padre Gumilla; mientras el británico alude al suplicio de Tántalo, Carpentier asume para su héroe el suplicio de Sísifo; uno cita el *Fausto* de Marlowe, otro el de Goethe; y si Lowry cita a Ravel y La Fontaine, Carpentier cita a Debussy y Andersen. El primero menciona la ópera *Zazá* de Leoncavallo y el segundo le dedica toda una "función romántica" a *Lucía de Lamermoor* de Donizetti. Baudelaire acompaña a Lowry, Rimbaud a Carpentier, y así hasta el infinito. Los trágicos griegos vienen a crear una ardua disyuntiva, a la hora de establecer esa intertextualidad. Al *Prometeo* de Esquilo, el *Edipo Rey* de Sófocles y la *Medea* de Eurípides, en Lowry; Carpentier responderá hábilmente con *Las coéforas* de Esquilo, la *Antígona* de Sófocles y tanto la *Medea* como la *Hécuba* de Eurípides. En cuanto al mayor de los héroes, Prometeo, Carpentier se decide por el mensaje más edificante del romántico Shelley; de nuevo la acostumbrada "vuelta de tuerca", ese sutil recurso comparable a una "variación" musical, cuyo empleo está intrínsecamente ligado a la intertextualidad.

Bibliografía

I. Primaria

Carpentier, Alejo. *Los pasos perdidos* [1953].Roberto González Echevarría, ed. Madrid: Cátedra, 1985.

_____ "Tristán e Isolda en tierra firme". *Casa de las Américas* 30/177 (dic. 1989): 4-26.

_____ "Visión de América". *Crónicas.* La Habana: Arte y Literatura, 1976. II: 251-89.

Lowry, Malcolm. *Bajo el volcán.* Bogotá: Planeta, 1985.

II. Secundaria

Acosta, Leonardo. *Alejo en tierra firme: intertextualidad y encuentros fortuitos*. La Habana: Centro de Investigación y Desarrollo de la Cultura "Juan Marinello", 2004.

_____ *Música y épica en la novela de Alejo Carpentier*. La Habana: Letras Cubanas, 1981.

Albérès, René Marie. *Historia de la novela moderna.* México: UTEHA, 1966.

Bravo, Víctor. *Magias y maravillas en el continente literario*. Caracas: La Casa de Bello, 1995.

Cornejo Polar, Antonio. "Historia y cultura en *Los pasos perdidos*". *Imán* 2 (1984-1985): 305-15.

Chaple, Sergio. *Oficio de revelar*. La Habana: Letras Cubanas, 2004.

García-Carranza, Araceli. *Biobibliografía de Alejo Carpentier.* La Habana: Letras Cubanas, 1984.

González Echevarría, Roberto. "*Canaima* y los libros de la selva". *Casa de las Américas* 201 (octubre-diciembre l995): 22-31.

_____ "Introducción". Alejo Carpentier. *Los pasos perdidos.* Roberto González Echevarría, ed. Madrid: Cátedra, 1985. 13-62.

González, Hilario. "Viaje al interior de *Los pasos perdidos*". *Revolución y Cultura* 12 (diciembre 1989): 20-5.

Müller-Bergh, Klaus. "Paul Claudel y *El arpa y la sombra* de Alejo Carpentier". *Imán* 3 (1986): 275-95.

Paz, Octavio. "Paisaje y novela en México". *Corriente alterna.* México: Siglo XXI, 1969.

Prada Oropeza, Renato. "*Los pasos perdidos*: discurso y poética de lo real maravilloso". *Casa de las Américas* 170 (septiembre-octubre 1988): 13-27.

Rincón, Carlos. "Sobre Alejo Carpentier y la poética de lo real maravilloso". *Casa de las Américas* 89 (marzo-abril 1975): 40-65.

Carpentier, editor

Ambrosio Fornet

I

DURANTE UN HOMENAJE PÓSTUMO QUE SE LE RINDIÓ EN MÉXICO A CARPENTIER, el narrador y ensayista Gonzalo Celorio escuchó con desagrado a una persona jactarse de haber conocido personalmente al autor, como si eso en sí mismo fuera un mérito. Lo cuenta en un artículo irónicamente titulado "Yo conocí a Carpentier" (45-46). No quisiera incurrir en esa "costumbre de buitres", como la llama Celorio, pero, para ser sincero, debo empezar confesando que yo conocí a Carpentier. Durante casi tres años, entre 1964 y 1966, trabajé bajo su dirección en la Editorial Nacional de Cuba y por tanto nos veíamos con frecuencia. El novelista Edmundo Desnoes y yo dirigíamos Arte y Literatura, una sección del Consejo Nacional de Cultura (CNC) dedicada a publicar a autores extranjeros, con excepción de los latinoamericanos. La sección funcionaba en el mismo edificio de la editorial, lo que favorecía los contactos recíprocos.[1] Fue ésa la primera razón que me llevó a escoger, como tema de estas páginas, una faceta poco conocida de la actividad profesional de Carpentier, lo que coincidía, además, con el interés del organizador del congreso para el que fueron escritas, que reclamaba a los participantes "temáticas nuevas y originales" (Parisot). Por último, después de haberme ocupado varias veces de la narrativa del autor, en plan de crítico, sentía los efectos de lo que Roger

---

[1] El lugar, por cierto, estaba asociado a los recuerdos juveniles de Carpentier, pues allí radicó *El Heraldo*, donde había publicado durante casi dos meses, entre agosto y noviembre de 1924, un artículo diario para su flamante sección Espectáculos y Conciertos. (Cf. García-Carranza, 89-93).

Chartier denomina "la terrible ley de los rendimientos decrecientes", el humano temor a repetirme. El editorial se me aparecía, en cambio –desde el punto de vista temático–, como un terreno casi virgen.

En el mundo hispánico solemos llamar editor, por una parte, al que dirige empresas editoriales, y por la otra, al que está al cuidado de la publicación de textos ajenos. Se da por descontado que en ambos casos la actividad abarca tanto los libros como los periódicos y las revistas. Por consiguiente, podríamos decir que, como jefe de redacción de revistas tales como *Carteles* (en La Habana, entre 1924 y 1928) e *Imán* (en París, en 1931), Carpentier estuvo ligado desde muy joven a las actividades editoriales dentro del campo periodístico. Pero como editor propiamente dicho, es decir, como gestor y responsable de la edición y promoción de libros, sólo vino a debutar en 1958, ya pasada su primera madurez. No podía imaginar entonces que estaba a punto de convertirse en director de una de las editoriales más poderosas de América Latina, que difería de sus congéneres, sin embargo, en un aspecto clave: era, como aquéllas, una empresa productora de libros, pero que por estar subvencionada por el Estado operaba sin ánimo de lucro. En otras palabras, que gracias al mecenazgo estatal, centenares de títulos y millones de ejemplares eran obsequiados o vendidos a precios irrisorios en los centros docentes o en la red de librerías del país. Como quiera que toda esa actividad editorial venía a coronar una campaña de alfabetización que redujo al mínimo el porcentaje de analfabetos de la isla, la lectura se convirtió en una de las necesidades básicas de la población, lo que se expresaba socialmente en frases y consignas como "Leer es crecer", o "Ser cultos para ser libres" (Martí), o "Al pueblo no le decimos cree, le decimos lee" (Fidel).

En América Latina semejante movimiento cultural no tenía precedentes, exceptuando quizá los que se asocian a los nombres de José Vasconcelos, en México, y –salvando las distancias– de Manuel Scorza, en Perú. Cuando Vasconcelos encabezó la Secretaría de Educación Pública entre 1924 y 1927, tuvo la audaz y conmovedora iniciativa de difundir los clásicos de la literatura occidental entre las clases populares. Era, en México, la época en que "enseñar a leer y escribir al prójimo" se consideraba tan importante como matarle el hambre, y en que "fundar una biblioteca en un pueblo pequeño y apartado parecía tener tanta significación como levantar una iglesia" (Cossío Villegas citado en Fell 562).. En cuanto a Scorza, se trataba de un joven poeta peruano que a principios de 1958, recién llegado del exilio a su país, le escribió a Carpentier, entonces residente en Caracas, pidiéndole autorización para reeditar en Perú *El reino de este mundo* con una tirada de cincuenta mil ejemplares. Lo mismo que les habrá pasado seguramente a muchos otros le pasó a Carpentier cuando recibió dicha solicitud: creyó haber entendido mal. "¿Qué editor de América Latina ha lanzado nunca al mercado una edición de 50,000 ejemplares?" ("El milagro" 216), se preguntó el atónito escritor. ¿Cómo podía nadie imaginar semejante locura en un continente donde las tiradas promedio, de tres mil ejemplares, demoraban varios años en agotarse? La explicación era sencilla. Al darse cuenta de que el público –el público que sabía leer, se entiende– no iba a buscar al libro, Scorza decidió que el libro fuera a buscar el público. De visita en Caracas a fines de 1958, con motivo de celebrarse bajo sus auspicios el Primer Festival del Libro Venezolano, Scorza le explicó a Carpentier que en Perú nunca se habían vendido más de mil quinientos ejemplares de un libro de autor nacional (las *Tradiciones peruanas* de Ricardo Palma, por ejemplo).

> Pensé entonces que esto no se debía, fundamentalmente, a una actitud hostil o indiferente del público frente al libro nacional, sino a un error básico en el sistema de ventas... Para el hombre del pueblo, la librería es una selva donde se pierde. Los estantes se ven repletos de obras que desconocen. Su atención se dispersa, indecisa, entre millares de títulos ignorados... Sabe, sin embargo, que podría interesarle tal volumen de Rómulo Gallegos, de Ricardo Palma, de José Eustasio Rivera... Pero no se atreve a pedirlo. Acaso trae poco dinero y teme pasar por la pequeña humillación de no poder pagar, por el tomo que desearía leer, un precio superior a sus modestos recursos. Conclusión: el pueblo nuestro entra muy poco en las librerías... ¿Cómo remediarlo? ¡Haciendo bajar el libro a la calle, a la plaza pública, al parque municipal! Hacer ediciones de libros de una calidad comprobada –con lo cual no se defrauda al lector–, a un precio sumamente módico, centrándose la atención del comprador eventual en no más de diez títulos excelentes... (216-7)[2]

La sencilla estrategia quedó avalada por el asombroso éxito de la empresa: dos millones de ejemplares vendidos en Perú, en el curso de un año, entre diciembre de 1957 y diciembre de 1958.[3] A partir de esa experiencia –que se extendería a Venezuela, Colombia, Ecuador y Cuba, dando lugar a "uno de los grandes momentos de la vida del libro latinoamericano", como la calificó Julio Ortega (84), surgió la idea de crear la Organización Continental de los Festivales del Libro, encargada de publicar en cada país la Biblioteca Básica de Cultura Latinoamericana y presentarla en sucesivos festivales organizados con ese fin. Carpentier fue designado director del Festival del Libro Cubano (y por extensión de la Biblioteca Básica de Cultura Cubana) y de un proyecto de ediciones populares destinado a contar con un catálogo de quinientos títulos de diversas materias que aparecerían en formato de bolsilibros, lo cual se

---

[2] Carpentier vuelve a evocar la hazaña de Scorza al ser entrevistado durante el Tercer Festival de La Habana (Cf. Calderín 12-3).

[3] En el Cuarto Festival de Lima, los mayores éxitos extranjeros, además de *El reino de este mundo*, habían sido *Cantaclaro*, de Gallegos, y *Veinte poemas de amor y una canción desesperada*, de Neruda, del que hubo que hacer rápidamente una tirada adicional de cuatro mil ejemplares para satisfacer la demanda de los jóvenes lectores de ambos sexos (Cf. "Batieron...").

anunciaba como una atractiva novedad: "Por primera vez, un verdadero pocketbook en castellano".[4]

Cómo pudo fracasar poco después una empresa tan pujante y que respondía de tal manera a una necesidad social, se explica justamente por eso, porque su sola existencia denunciaba la incapacidad de los poderosos para asumir esa responsabilidad. Lo que Scorza había logrado en Perú, disponiendo de muy escasos recursos materiales, servía para mostrar por contraste la mediocridad de los editores rivales y la incuria de las autoridades supuestamente encargadas de satisfacer las necesidades culturales de la población. Y excitaba, además, el celo de sus competidores y de sus enemigos ideológicos. "Nosotros habíamos vendido 100,000 libros en una semana, en un país donde los libreros vendían 100 en un año"... y, para complicar aún más las cosas, muchos de los títulos editados figuraban en el Índice expurgatorio de la iglesia y del ejército. A fines de 1958 la suerte del proyecto estaba echada. Scorza decidió abandonar el país y reanudar su gestión en medios más propicios, comenzando por Venezuela.

> En Caracas conocí a dos personas extraordinarias: el novelista Alejo Carpentier (25,000 ejemplares de *El reino de este mundo* se habían agotado en una semana en Lima) y el poeta Juan Liscano; gracias a la colaboración de ambos se efectuó un Festival venezolano. En una sola semana vendimos 300,000 ejemplares. Después fui a Bogotá y el éxito fue idéntico [...] Alejo Carpentier me invitó luego a ir a Cuba. En La Habana editamos tres series, con un total de un millón de ejemplares. (Ortega 84)

La revolución cubana había triunfado el 1 de enero de 1959, exactamente dos semanas después de haberse inaugurado la Feria de Caracas. Antes de su regreso definitivo, que se produciría en julio de aquel año, Carpentier había vuelto a La Habana en mayo, acompañado por Scorza, con el fin de dar a conocer el proyecto del festival y recabar el apoyo de las instituciones culturales. Los tres festivales cubanos –en los que Scorza, al parecer, invirtió considerables recursos– se celebraron a mediados de septiembre y diciembre de 1959 y en junio de 1960, respectivamente. En cada uno de ellos fueron puestas a la venta, en lugares céntricos de La Habana y Santiago de Cuba, colecciones de diez títulos o "series" cuya tirada era de doscientos cincuenta mil ejemplares por título.[5] Se vendían a treinta centavos el ejemplar. A un visitante se le quedó grabada en la memoria la imagen de un gentío que, durante el Primer Festival,

---

[4] Las páginas finales de las correspondientes ediciones contienen abundante información sobre directivos, títulos y tiradas.

[5] En La Habana se habilitaron seis estanquillos y en Santiago uno, cuyo coordinador fue el crítico y ensayista José Antonio Portuondo. Véanse Bueno 626-34; y "Hace treinta...", 3. Los libros de los dos primeros festivales fueron impresos en Lima; los del tercero, en La Habana;

"se apiñaba para adquirir la colección" en un lugar muy concurrido del centro comercial de La Habana, "la esquina de la tienda El Encanto, en Galiano y San Rafael".[6] Todo parecía ir viento en popa, pero una fulminante y desalentadora sorpresa esperaba a los organizadores, esta vez relacionada con la situación política internacional y las finanzas internas: el gobierno revolucionario había prohibido sacar dólares del país.

> Nuestras cuentas estaban bloqueadas –recordará Scorza años después–. El gobierno peruano, sumamente deseoso de amparar un reclamo contra Cuba, me ofreció su intervención diplomática. Pero yo hablé con [el Che] Guevara, entonces Ministro de Industrias, quien me dijo: "Cuba no tiene ni para comprar penicilina para los niños; escoge si procederás como editor o como escritor". (Ortega 85)

Scorza insinúa que volvió a Lima llevando, por todo equipaje, la camisa que traía puesta. Tal vez se llevó también el consuelo de saber que su terca decisión de "bajar el libro a la calle" se había convertido en política oficial de un Estado revolucionario.

II

Imposible medir la significación cultural que tuvieron aquellos festivales. Lo menos que puede decirse es que redefinieron un canon, reavivaron una tradición y devolvieron al pueblo una parte de su patrimonio intelectual, que permanecía arrinconado en las bibliotecas y las cátedras universitarias. Es mucho decir, en un país donde los narradores y poetas no encontraban editores ni apoyo institucional desinteresado. Se publicaban libros de texto –para los estudiantes– y tratados y reglamentos jurídicos –para los abogados y notarios– pero muy raras veces obras literarias, ni nacionales ni extranjeras, porque –como decían de consuno editores y libreros– no había un mercado para ellas y por tanto era imposible que la edición fuera rentable. En el caso de los libros extranjeros la rentabilidad se aseguraba importándolos a cuentagotas de México y la Argentina. Un crítico se preguntaba por qué nuestros escritores no eran más conocidos fuera de Cuba y atribuía una de las causas a "la total ausencia de editores de obras literarias".

> Los que existen –decía– lo son de textos escolares, jugoso negocio que no siempre responde a los más altos fines de la docencia. Al tiempo que crea su

---

antes de ser distribuidos se almacenaron en el sótano de la Biblioteca Nacional (Graziella Pogolotti 16). En todos los casos, Carpentier contó con la ayuda de un coordinador: Reinaldo Gómez Ballina, propietario de la librería habanera "La Tertulia" y editor él mismo.

[6] Testimonio de Jaime Sarusky en la encuesta "¿Cuál es su deuda con la novelística de Carpentier?", 4. Véase también, sobre el éxito del Primer Festival, Calderín 13; y sobre el Segundo Festival, el comentario ilustrado "Animadores ...".

> obra, el escritor en Cuba se ha visto precisado a ganarse el sustento con otros menesteres, a pagar la impresión de sus libros, divulgarlos y distribuirlos, empresas que rebasan el alcance de sus recursos monetarios y temporales. Las editoriales [extranjeras], a más de publicar las obras, se ocupan de difundirlas y darlas a conocer no sólo al público local sino al extranjero. Por eso aquí se leen docenas de autores de México y la Argentina, en tanto en esos países los nuestros son casi totalmente desconocidos. (Marcelo Pogolotti 24)

Durante cuarenta años –desde 1919, cuando Miguel de Carrión editó en La Habana *Las impuras*, hasta 1959– algunas de las mejores novelas cubanas del siglo no pudieron publicarse en Cuba.[7] La lista incluye *Pedro Blanco, el negrero*, de Novás Calvo, *Hombres sin mujer*, de Montenegro, *La trampa*, de Serpa, *Jardín*, de la Loynaz, y *La carne de René*, de Piñera, así como las cuatro publicadas por Carpentier hasta esa última fecha. La situación de los poetas, como es de suponer, era más dramática aún, pues difícilmente podían aspirar a ser editados en el extranjero. La experiencia de Lezama Lima en este sentido es representativa:

> Nosotros hicimos durante años la revista *Orígenes* –explicó en una encuesta– y la hicimos con grandes dificultades, en tiradas de muy pocos ejemplares. [...] Era muy difícil para nosotros hacer un libro. Recuerdo que empecé a trabajar ganando 40 pesos [mensuales] y el primer sueldo lo gasté en la casa [impresora] Úcar García y Cía., para publicar mi primer libro. Imagínense lo que significaba, con un sueldo de 40 pesos, pagar plazos de 10 y 15 pesos.[8]

Es en ese contexto en el que Carpentier, estrenándose como editor, elabora un plan editorial con criterios estrictamente culturales y sitúa en el espacio público dos decenas de títulos que convierten por primera vez nuestra literatura en un hecho social, o, como suele decirse, en un fenómeno de masas. En ediciones de modesta factura, pero editorialmente muy cuidadas y a precios reducidísimos, circulan por primera vez en el país centenares de miles de ejemplares de algunos de nuestros clásicos y de valiosas antologías elaboradas por críticos de reconocido prestigio: la de Martí por Jorge Mañach, la de Varona por Félix Lizaso, la de poesía por Cintio Vitier, las de cuentos y ensayos por Salvador Bueno... Raúl Roa y José Antonio Portuondo prologan poemas y prosas de Rubén Martínez Villena y Antonio Maceo, respectivamente, y los novelistas –desde un clásico del siglo XIX, como Cirilo Villaverde, hasta un contemporáneo, como Enrique Labrador Ruiz– reciben el reconocimiento editorial tantas veces

---

[7] Curiosamente, en 1959 –coincidiendo con el Primer Festival–, Ediciones Nuevo Mundo, de México, publicó una colección titulada "Comprensión de Cuba", dirigida por Enrique Congrains Martín, que incluía cuatro valiosas muestras de la novelística cubana contemporánea. Los libros circularon profusamente en Cuba.

[8] Testimonio de José Lezama Lima "1902-1959: El libro como mercancía".

negado o pospuesto. Y ya que Carpentier no tiene empacho en incluirse a sí mismo en las colecciones, el público cubano puede acceder al fin, con asombro, a dos obras maestras desconocidas: *El reino de este mundo* y *Los pasos perdidos*.

En las dos primeras "series" la poesía únicamente recibe atención individual a través de Juan Cristóbal Nápoles Fajardo –El Cucalambé, uno de los más populares *bardos* del siglo XIX– y de Nicolás Guillén. El pequeño volumen dedicado a este último –una selección de sus poemas– está precedido por la famosa carta de Unamuno escrita bajo el impacto de la lectura de *Sóngoro cosongo*, que convertida muy pronto en carta-prólogo le sirvió de espaldarazo al joven Guillén en el mundo intelectual hispanoparlante. Desde una perspectiva estrictamente crítica las dos primeras series eran un ejercicio de recuperación del canon y un serio intento por dejarlo definitivamente establecido, pero no puede decirse que hubiera en ellas reformulaciones inesperadas ni propuestas audaces. Lo más novedoso en este sentido fue un volumen de la segunda serie, *Poesía joven de Cuba*, compilado por Roberto Fernández Retamar y Fayad Jamís. En él aparecían nueve poetas[9] cuyas principales características comunes eran tanto generacionales (el más viejo, Escardó, tenía treinta y cuatro años, y el más joven, Baragaño, veintisiete) como editoriales (todos se habían dado a conocer en los años cincuenta, aunque no todos tenían libros publicados). En la tercera y última serie, el concepto de Biblioteca Básica de Cultura Cubana, en sentido estricto, se sustituye por el de cultura latinoamericana: sólo cuatro de las diez obras incluidas son de autores cubanos –algunos ya mencionados o aludidos– y el resto es de clásicos del continente: Rómulo Gallegos (*Doña Bárbara*), Carlos Luis Fallas (*Mamita Yunai*), José Eustasio Rivera (*La vorágine*), Horacio Quiroga (*Cuentos de amor, de locura y de muerte*), Mariano Azuela (*Los de abajo*) y Miguel Ángel Asturias (*El señor presidente*). Fue el mayor esfuerzo que se había hecho hasta entonces en Cuba para "poner al día" a los lectores en lo que respecta a la literatura cubana y latinoamericana.[10]

---

[9] Además de los propios compiladores, Rolando Escardó, Cleva Solís, Luis Marré, Nivaria Tejera, Pablo Armando Fernández, Pedro de Oráa y José Álvarez Baragaño. En el prólogo de Retamar –no firmado, pero incluido más tarde en su *Papelería*– se anuncia la próxima aparición de compilaciones similares en las que se incluirían "poetas más jóvenes o de aparición más reciente", entre ellos Roberto Branly, Julio Matas, Carlos M. Luis, Heberto Padilla, Manuel Díaz Martínez, Luis Suardíaz y Severo Sarduy.

[10] No siempre el número de las "series" coincidía con el de los festivales. Durante el Tercer Festival, por ejemplo, se inauguró una nueva serie, equívocamente situada bajo la advocación de un improvisado "Primer Festival del Pensamiento Político", que incluía ocho títulos (entre ellos, tres compilaciones de textos de Julio Antonio Mella, José Carlos Mariátegui y Juan José Arévalo, respectivamente), así como dos tomos de ensayos sobre el tema *La lucha antimperialista en Cuba*. Se imprimieron en la Editorial Lex y su distribución nacional corrió a cargo de la Librería Madiedo (Cf. Calderín, 13).

En cuanto a las literaturas europeas y, en menor medida, la norteamericana –cuyos clásicos empezarían a publicarse a partir de la fundación de la Imprenta Nacional–, la idea de *ponerse al día* era equivalente, en el terreno de la cultura, de lo que en el plano socioecómico se formulaba como la necesidad de salir del subdesarrollo y entrar en la modernidad. Y a propósito: quien revise el catálogo de lo que vino después –la producción de la Editorial Nacional– tal vez crea hallar allí residuos de una mentalidad colonizada, para la cual lo *moderno* seguía limitándose a los modelos metropolitanos, en lo que tenían de experimental, pero lo importante es que aquella política traducía el anhelo de coronar al fin los esfuerzos de una vanguardia intelectual y artística que en los años veinte se había propuesto apropiarse críticamente de esos modelos para favorecer un *aggiornamento* y, con éste, profundas transformaciones en los modos de percibir y expresar la propia realidad. Desde la perspectiva del escritor, ello implicaba la posibilidad de crear un nuevo público lector que, a la recíproca, estimulara sus propias búsquedas expresivas. Se trata del principio dialéctico que podríamos parafrasear diciendo que el escritor, al crear un nuevo tipo de literatura para el público, crea también, al mismo tiempo, un nuevo tipo de público para la literatura. Es en esa dinámica en la que se basaba la necesidad de entrar de lleno en el siglo xx, evitando de paso caer en novelerías que pudieran hacernos olvidar que las grandes vanguardias se apoyan siempre en las grandes retaguardias.[11] Cuando Carpentier es nombrado director ejecutivo de la Editorial Nacional de Cuba, en mayo de 1962, todas las condiciones estaban dadas para poder avanzar en esa dirección. Él mismo describe la Editorial –basándose sin duda en documentos oficiales– como una entidad estatal destinada "a cumplir una función centralizadora y coordinadora entre los distintos organismos que, en el país, requieren la publicación de libros" ("Panorama" 215).

III

Si he insistido en el tema de las literaturas extranjeras ha sido por razones de competencia editorial. Era ése el ámbito cultural del que Desnoes y yo debíamos responder ante Carpentier como editores de la sección de Arte y Literatura del CNC. Desde 1960 habían comenzado a establecerse núcleos editoriales dedicados a diferentes zonas geográficas y temáticas, el más importante de los cuales era, naturalmente, el del Ministerio de Educación, al que correspondía la mayor parte de toda la producción de libros y folletos del país.[12] Tres de aquellos núcleos se dedicaban casi exclusivamente a promover las obras de los autores cubanos vivos: Ediciones R (1960-1965), del periódico

---

[11] Es una lúcida observación de Leopoldo Marechal que suelo citar con frecuencia.

[12] De hecho, el primer director de la Imprenta era también el representante allí del Ministerio de Educación.

Revolución; Ediciones El Puente (1962-1965), del grupo de jóvenes que se identificaban con ese nombre; y Ediciones Unión (1962 hasta la fecha), de la Unión de Escritores y Artistas de Cuba (UNEAC). Los clásicos cubanos eran publicados, primero, por la Dirección General de Cultura del Ministerio de Educación y, después, por el CNC, así como por la Comisión Nacional Cubana de la UNESCO, que elaboró valiosas compilaciones críticas. La editorial de la Casa de las Américas divulgaba la obra de los autores latinoamericanos incluyendo entre ellos a los cubanos que hubieran obtenido premios en su concurso anual.[13]

Pero el gran acontecimiento editorial de la época lo constituyó la creación de la Imprenta Nacional de Cuba como culminación de un proceso que alguna vez resumimos así:

> El 15 de marzo de 1960 surge el primer organismo de la Revolución encargado de la producción de libros. Un conflicto laboral entre los patronos de [los diarios] *El País* y *Excelsior* y los obreros, culmina en una asamblea en la que interviene el comandante Fidel Castro, quien propone crear una Imprenta Nacional utilizando la maquinaria de los periódicos. El plan se pone en marcha y poco después –al abandonar los dueños el país– se incorporan a él las imprentas del *Diario Nacional, El Crisol, Diario de la Marina, Información* y otros periódicos. La Imprenta Nacional se caracterizó por sus ediciones masivas, sin precedentes en Cuba. Aunque no llegó a satisfacer totalmente nuestras necesidades más inmediatas, con la venta de 100 mil ejemplares de su primer título, *El Quijote*, al precio de 25 centavos el tomo, se inició la gran transformación editorial en Cuba. (Fornet 187)[14]

La iniciativa de *Don Quijote* correspondió también a Fidel y se basó tanto en razones artísticas como ideológicas, pues se trataba no sólo de un clásico sino además –como explicó en su momento un alto funcionario de la Imprenta– de la representación de "un héroe popular..., idealista y humanista, que siempre buscaba el bien de sus semejantes y que imperase la justicia" (Pérez Acevedo

---

[13] En esta enumeración me he ceñido estrictamente a las editoriales "literarias". Una visión más abarcadora del sistema editorial cubano en la etapa en que lo encabezó Carpentier puede verse en su propio recuento, "Panorama", 214-22. Hasta 1961 funcionaron imprentas privadas, algunos de cuyos dueños, hostiles a la revolución, se adelantaron a los acontecimientos desatando una intensa campaña ideológica contra el socialismo. Fue el caso, por ejemplo, del Taller Editorial Luz-Hilo, que publicó varios clásicos de la literatura anticomunista, entre ellos *Rebelión en la granja* y *1984*, de Orwell, y *El cero y el infinito*, de Koestler.

[14] La edición constaba de cuatro tomos, por lo que su precio total era de un peso. Durante sus dos años de existencia la Imprenta Nacional tuvo dos directores: Luis de la Cuesta –durante muy breve tiempo– y Octavio Fernández, que había sido su administrador. Sobre los planes iniciales del organismo véase Córdoba.

4).[15] En ese plano simbólico ya el anónimo prologuista de la edición se había encargado de subrayar los gratificantes parentescos:

> Los hombres que en la Sierra y en nuestros campos y ciudades concibieron y llevaron a cabo la heroica aventura nacional –apuntó–, han probado que es posible hacer entrar la ilusión en la realidad, la bondad en la vida, la verdad y la justicia en el mundo. (Cervantes 14)

Por su parte, Carpentier debió pensar en Scorza y sentir que se estaba cumpliendo un acto de justicia poética cuando expresó en una entrevista que lo que caracterizaba nuestras ediciones era que se vendían baratas y podían

> ser adquiridas por todo el mundo, dondequiera, en todas las esquinas de las calles... –Y añadía, para ilustrar sus palabras–: Un día decidimos hacer una edición del *Don Quijote*, con una tirada de cuatrocientos mil ejemplares.[16] En Cuba, este libro siempre había sido caro; la gente se precipitó literalmente sobre esta edición popular. En todas partes, en los autobuses, en las plazas y las calles, se les veía leyendo el *Don Quijote*, divirtiéndose como niños. Durante varias semanas, La Habana fue una inmensa carcajada... (Couffon 140)

Ya Carpentier había reseñado el acontecimiento por partida doble: en un artículo donde hablaba de la "extraordinaria emoción" que le había producido ver salir de las prensas aquella "novedad" editorial ("Don Quijote"), y en una jocosa crónica en la que refería cómo la obra estaba siendo pregonada por toda La Habana, a los cuatro vientos, como pregona el manisero su maní o el buhonero su mercancía: "¡El quijo!... ¡El quijo!... ¡A veinticinco kilos!" (Un nuevo *Retablo*").[17] También se había involucrado activamente en su promoción patrocinando la puesta en escena del *Retablo de Maese Pedro*, la ópera de cámara de Manuel de Falla a la que el espectador tendría acceso gratuito si previamente compraba la edición (Campuzano, "El 'síndrome'" 54-5). Es lo que suele llamarse matar dos pájaros de un tiro: la obra sumaba así, a su reconocido valor de uso, un inesperado valor de cambio.

A partir de ese exitoso debut, la Imprenta Nacional publicó en ediciones masivas a los clásicos, especialmente los narradores europeos del siglo XIX, con énfasis especial en los franceses (Balzac, Stendhal, Hugo, Flaubert, Maupassant,

---

[15] Véanse también Vigues Montes; Córdoba. El funcionario aludido era el poeta haitiano René Depestre, que a la sazón desempeñaba el cargo de jefe del departamento de redacción de la Imprenta. Asistido por un grupo de asesores –entre los cuales se encontraba Carpentier–, Depestre era además el coordinador editorial de la colección Biblioteca del Pueblo.

[16] Un lapsus: se refiere al número de ejemplares impresos (cuatro tomos, con una tirada de cien mil ejemplares cada uno).

[17] "Kilo" es el término con que se designa popularmente el centavo, la centésima parte del peso.

Zola..., a los que se sumaban, en el catálogo de la Editora Juvenil, Dumas, Verne, Saint-Exupéry..., con *El principito*, naturalmente).[18] Sospecho que en esa preferencia algo tuvo que ver Carpentier, uno de los asesores literarios de la Imprenta. Lo cierto es que al asumir la dirección de la Editorial Nacional, heredaba un catálogo donde no faltaba un solo autor notable... salvo los del siglo xx.[19] Llenar ese vacío –y contribuir a la transformación del libro como objeto artístico, a través del diseño, y como medio educativo a través de prólogos, cronologías, notas y apéndices– fue una de las tareas cabalmente cumplidas por la Editorial Nacional. Entrevistado por un periodista francés en diciembre de 1966 –dos meses después de ser nombrado Ministro Consejero de la Embajada de Cuba en París–, Carpentier hacía una especie de balance de su gestión al frente del organismo en estos términos:

> Durante los cuatro años y medio que han pasado desde que asumí la dirección de la Imprenta Nacional [*sic*], hemos publicado setenta millones de libros. Si se considera que Cuba tiene una población de siete millones de habitantes, estos resultados son verdaderamente impresionantes. Desde luego, en los títulos editados están incluidos libros escolares y reediciones, y con frecuencia hay ediciones de los clásicos. Sin embargo, no se ha relegado la literatura contemporánea. Así, por ejemplo, hemos publicado al mismo tiempo traducciones de las obras de Marcel Proust, Kafka, James Joyce (el *Retrato del artista adolescente*)... En cuanto a la literatura francesa, hemos editado una buena traducción de las novelas de Malraux, así como las obras de Sartre y Aragon, y de escritores más recientes como Robbe-Grillet y Michel Butor. [...] A pesar de las malas relaciones que tenemos con Estados Unidos, hemos publicado una antología de *Cuentos norteamericanos* que ha sido un éxito editorial. (Albo 144).[20]

Cuatro meses antes, en su habitual programa de radio, había citado algunos de los títulos aludidos (*La condición humana* de Malraux, *¿Qué es la literatura?* de Sarte, *La celosía* de Robbe-Grillet) y otros nuevos, como *Orlando* de Virginia Woolf, *Rashomon* de Ryunosuke Akutagawa y *Conversación en Sicilia* de Elio

---

[18] La Editora Juvenil estaba dirigida por el pedagogo español Herminio Almendros, quien también dirigía –conjuntamente con Gonzalo de Quesada y Miranda y Agustín Pi– la edición de las *Obras completas* de Martí iniciada en 1963. Radicaban en el mismo edificio de la Editorial Nacional.

[19] Con otra salvedad: los representantes del realismo socialista soviético. De ellos se publicaron numerosas muestras, algunas muy malas (como *Vengadores*, de V. Pavlenko, y *Somos hombres soviéticos*, de Boris Polevoi, por citar sólo dos casos) y otras muy buenas (*La carretera de Volokolamsk*, de Alexandr Bek, por ejemplo, que aquí apareció en dos partes, la segunda bajo el título de *Los hombres de Panfilov)*.

[20] Me atrevo a asegurar que las mejores antologías de cuentos publicadas en esa época en el mundo de habla española fueron las nuestras, especialmente las preparadas por José Rodríguez Feo entre 1964 y 1966: *Cuentos norteamericanos, Cuentos ingleses* y *Cuentos rusos.*

Vittorini ("Panorama" 218). Sobre los dos últimos pudo haber añadido que se trataba de verdaderas curiosidades editoriales, pues eran libros-sándwich que vueltos al revés se convertían, con distintas portadas y prólogos, en *El sol poniente* de Osamu Dazai, y *La luna y las fogotas* de Cesare Pavese, respectivamente (de nuevo la dupla, dos clásicos conterráneos por el precio de uno). Nuestros lectores agradecían esas innovaciones, correlatos editoriales de los modelos literarios que nos proponíamos divulgar.

IV

Los planes editoriales de Arte y Literatura se realizaban cada año y se cumplían estrictamente, con las demoras normales que solían tener los talleres de Artes Gráficas encargados de la impresión. En nuestras distintas colecciones –las más importantes de las cuales eran Biblioteca del Pueblo, Cocuyo, Teatro y Danza– no se publicaban muchos títulos (tal vez un promedio de cincuenta anuales) y las tiradas eran relativamente modestas (fluctuaban entre cinco y diez mil ejemplares, muy por debajo de la demanda), pero las ediciones eran muy cuidadas y baratas, y llegaban a todas las librerías del país.[21] Solían agotarse en pocas semanas. Carpentier siempre aprobó sin reparos nuestros planes y a veces, cuando una edición le parecía particularmente bella y bien concebida, como ocurrió –y disculpen la inmodestia– con la de *Relatos* de Kafka (1964),[22] subía a nuestra oficina, que estaba casi encima de la suya, en la segunda planta de la Editorial, y se pasaba un buen rato con nosotros comentando la edición y regocijándonos con su inagotable anecdotario. Tenía debilidad por autores como Bernal Díaz del Castillo, el cronista de *Historia verdadera de la conquista de la Nueva España,* o Romain Rolland. Una de las primeras cosas que hizo al asumir el cargo fue publicar la *Historia verdadera...* –con un prólogo suyo, no firmado, en el que reiteraba su propia poética– y *Juan Cristóbal,* "la primera novela cíclica del siglo XX", que junto con el *Ariel* de Rodó había sido, en su época, un emblema de espiritualidad para los jóvenes intelectuales latinoamericanos.[23] No tardó en sugerir la publicación de auténticas rarezas editoriales, como *Bug-Jargal,* la novelita de juventud de Victor Hugo tan estrechamente emparentada por su asunto con *El reino de este mundo,* aunque desarrollada con una óptica folletinesca. Por cierto, nosotros, los editores, utilizábamos ese rasgo como

---

[21] Con Ediciones Huracán, una colección autónoma del Instituto del Libro (luego Instituto Cubano del Libro), se reanudarían en 1968 las tiradas de treinta, cincuenta y hasta ochenta mil ejemplares que caracterizaron, en lo cuantitativo, a la Imprenta Nacional.

[22] Selección y prólogo de Ambrosio Fornet, diseño de Félix Beltrán, ilustración de portada de Raúl Milián. Se reimprimió varias veces, inclusive por la editora del Ministerio de Educación.

[23] Ya ambas obras estaban incluidas en el primer plan de publicaciones de la Imprenta Nacional, como puede verse en "Don Quijote...".

gancho haciendo resaltar aspectos de la novela que parecían entresacados del universo carpenteriano:

> Dos hombres que aspiran al corazón de una hermosa mujer –advertía el astuto reclamo– se ven unidos por un pacto de honor y enfrentados por el torbellino de la revolución que estremeció los cimientos de su época. Novela romántica y de aventuras, *Bug-Jargal* se desarrolla en Haití durante la rebelión de los esclavos. En ella el célebre autor de *Los miserables* captó la grandeza y turbulencia de una lucha en que se hallaban envueltos tres continentes: Europa y África como combatientes, América como campo de batalla.[24]

Pero esta obrita –cuya primera versión fue escrita en 1818, cuando el autor acababa de cumplir dieciséis años– tenía para nosotros el interés adicional de ser una muestra precoz de la fisonomía espiritual del buen salvaje –la estirpe del negro-bueno o negro-que-tenía-el-alma-blanca a la que pertenecen personajes como Francisco y Sab, de las novelas homónimas de Anselmo Suárez Romero y Gertrudis Gómez de Avellaneda, respectivamente–[25] y el hecho de haber sido considerada un modelo por los jóvenes narradores que hacia 1830 fundaron la narrativa cubana en la vertiente conocida más tarde como narrativa antiesclavista, de la que *Francisco* y *Sab* son precisamente dos pilares. Otra de las curiosidades editoriales propuestas por Carpentier fue *Michael Kolhaas*, de Heinrich von Kleist –sobre un tratante de caballos, agraviado por el señor feudal, que se convierte en un furioso vengador cuando no logra que se le haga justicia por los canales reglamentarios–; y como *La muerte de Dantón*, volumen de obras de Georg Büchner que incluía "tres de las piezas más fascinantes del teatro universal" –según proclamábamos en el reclamo, subrayando en el primer caso los consabidos parentescos–: la que da título al libro,

> una imagen sarcástica de la revolución burguesa, en la que sus protagonistas se mueven como títeres arrastrados por el torbellino de la historia; *Leoncio y Lena*, una comedia fantástica, donde triunfa extrañamente el amor; y *Woyzeck*, una tragedia social que muestra el desamparo y la soledad del hombre en una sociedad basada en el egoísmo y la injusticia.[26]

---

[24] Texto de contraportada de la edición cubana. Hay en *Bug-Jargal* personajes que pudieran pasar sin retoques a las novelas caribeñas de Carpentier, como el general De Rouvray, por ejemplo, rico hacendado convencido de que "esas fingidas ideas liberales con que se embriagan en Francia son un veneno bajo la latitud de los trópicos" (48).

[25] Carpentier lidiaba con ese estereotipo desde que comenzó a escribir *El reino de este mundo*. Ya en un borrador (Biblioteca Nacional "José Martí", Alejo Carpentier, Colección Manuscritos, no. 69), como después en la novela (II, 6), aparece Paulina Bonaparte enternecida con la lectura de "*Un negro como hay pocos blancos*, la lacrimosa novela de Joseph Lavalle..." [*sic*, por Lavalée].

[26] Texto de contraportada de la edición cubana. La edición apareció cuando ya Carpentier estaba desempeñando su nuevo cargo en París, aunque el título había sido incluido, desde mediados de 1960, en el primer plan de publicaciones de la Imprenta ("Don Quijote").

A veces Carpentier accedía, a instancias nuestras, a prologarnos algún título, aunque fuera con un texto de pocas páginas; así ocurrió, por ejemplo, con *Caballería roja* de Isaac Babel, y con *La montaña mágica* de Thomas Mann.

En ocasiones conversamos sobre la necesidad de sumar al catálogo de Biblioteca del Pueblo una buena traducción de *La muerte de Virgilio* de Hermann Broch –sobre quien poco o nada se había escrito en Cuba–,[27] y una novela como *El escuadrón del Brigante* de Pío Baroja, autor con quien Carpentier mantenía un curioso vínculo de atracción y rechazo, oscuramente condicionado, tal vez, por el hecho de que había sido su padre quien lo iniciara en el conocimiento de ese autor. No llegamos a publicar ninguno de ambos textos. De Broch nunca conseguimos la traducción deseada; de Baroja ya habíamos publicado *Aurora roja* y pensábamos que por el momento era suficiente: abundaban los novelistas, algunos muy superiores a él, que aún no habían ingresado en nuestro catálogo. Por cierto, un día encontré por azar en mi librero una edición –una edición príncipe, en realidad– de *El escuadrón del Brigante* cuya existencia había olvidado. La había comprado años atrás, por unos céntimos, en un rastro de Madrid. Se me ocurrió darle la noticia a Carpentier. Me pidió que se la prestara; días después subió entusiasmado a nuestra oficina, a devolvérmela y decirme que seguía pareciéndole una gran novela. Recuerden que en ella el inefable Avinareta –que con Shanti-Andía había sido, según confesaba el propio Carpentier, uno de "los dos compañeros predilectos de mi adolescencia" ("Avinareta" 235-6)– se enrola en la escuadra del guerrillero Bustos para pelear contra las tropas de Napoleón que ocupan la península. Los franceses le llamaban *brigand* (bandido) al jefe guerrillero, y de ahí lo de Brigante. A Carpentier le gustaba aquella desenfadada mezcla de historia y aventuras –observen que los ingredientes eran los mismos que los de *Bug-Jargal*– y le resultaban divertidos muchos pasajes, como aquel, por ejemplo, donde Baroja cuenta que los realistas pronunciaban el apellido de Napoleón enfatizando la *u* (B*u*onaparte), lo que explica el siguiente diálogo, sostenido entre dos italianos: "Tutti li francesi son latri?", preguntaba uno; a lo que el otro respondía: "Non tutti, ma *buona parte*".

V

Permítanme agregar un comentario que a mi juicio podría servir lo mismo como colofón que como introducción del tema. Se trata de la relación de Carpentier con los libros –y en general con la letra impresa–, en su triple

---

[27] En 1955 Carpentier le había dedicado un comentario en su sección Letra y Solfa, de *El Nacional* de Caracas, y en 1960 habían aparecido en *Lunes de Revolución* (73) un fragmento de la novela traducido por Calvert Casey (seguramente del inglés) y el artículo de François Erval "La esquiva gloria de Hermann Broch".

condición de autor, crítico y editor. En el primer caso se expresó mediante una clara conciencia artesanal que lo llevó a ilustrar su primera novela con numerosas láminas y su primer libro publicado en Cuba –una *plaquette*, en realidad– con viñetas que lo vinculaban a la tradición tipográfica cubana, pues procedían del taller de Boloña, uno de los más prestigiosos tipógrafos del siglo XIX. Como editor de revistas literarias –experiencia efímera pero insoslayable– su expediente se remonta a la época de *Imán*, cuyo único número publicado sirvió al menos para mostrar que a los veintisiete años ya sabía muy bien lo que se traía entre manos.[28] Son numerosos los artículos en que Carpentier aborda el tema de los libros con la óptica del editor –el libro como artesanía o como mercancía–, así como los momentos de su obra narrativa en que el libro, el folleto o el periódico, despojados de su tradicional prestigio –el que tiene el famoso volumen de la *Odisea* en *Los pasos perdidos*, por ejemplo–, asumen funciones puramente instrumentales –"una utilidad ajena a la de su propio contenido", como dice Enrique en *La consagración de la primavera*– y con ellas connotaciones humorísticas que como tales desempeñan, sin embargo, un importante papel desmitificador. El periódico que lee el gringo en el cuarto del hotel, en *Écue-Yamba-Ó*; los volúmenes de la gran enciclopedia que Ti Noel utiliza como asiento al final de *El reino de este mundo*; el viejo número de *La Décade Philosophique* con el que Brígida, la joven amante de Billaud-Varennes, se abanica el cuerpo desnudo en *El siglo de las luces*; los compactos volúmenes que durante la guerra civil española se utilizaron como parapetos en la defensa de la Ciudad Universitaria, según cuenta Jean-Claude en *La consagración de la primavera*, son sólo algunos ejemplos de los usos anómalos a que se ve sometido el libro (la letra impresa) cuando las posibles condiciones de recepción, por decirlo así, resultan anómalas también (analfabetismo, peligro inminente...). Es la lectura, por tanto, el único espacio donde el libro o el opúsculo puede cumplir su función primordial; extraído de ese espacio se convierte en simple objeto, un *utensilio* que deberá desempeñar la función que le asigne arbitrariamente el usuario. En el extremo opuesto están los panfletos que el viejo Loeuillet –regente del taller donde trabaja Esteban como redactor-traductor en *El siglo de las luces*– imprime bajo el patrocinio de la diosa Razón con la obstinada certidumbre de que "las palabras no caen en el vacío". Por

---

[28] "Carpentier vuelca en su preparación un interés y un esfuerzo realmente notables, bien recompensados por los resultados que alcanza...". (Campuzano, "Notas..." 327.) Su capacidad de persuasión –una de las virtudes esenciales del oficio– puede apreciarse en la carta que le escribe a Jorge Mañach, a mediados de 1931, solicitándole colaboración para el proyectado tercer número de la revista. En ella apela a dos resortes de probada eficacia: la vanidad profesional ("Envíame algo que sepa a Cuba [...] Te pondré entre Cendrars y Marcel Jouhandeau") y el interés económico ("...recibirás un giro por tu colaboración [...], pagamos muy bien en francos, el precio de 60 por página...") Cairo 399.

último, me parece que la relación *personal* de Carpentier con sus propios libros, una vez terminados, es tema que amerita una sosegada reflexión. ¿Qué significa, por ejemplo, que un autor como él, tan meticuloso en la preparación de sus textos, con tan enorme dominio del oficio, padezca las angustias expresivas del principiante, una inseguridad tal que le hizo decir, apenas un año antes de su muerte, que el día más *triste* de su vida era aquél en que recibía un libro suyo impreso?

Bibliografía

I. Primaria

Carpentier, Alejo. *Entrevistas*. Virgilio López Lemus, ed. La Habana: Letras Cubanas, 1985.

_____ "Avinareta y Shanti-Andía". [*El Nacional*, Caracas, 1 noviembre 1956]. *Letra y solfa*. América Díaz Acosta, ed. La Habana: Letras Cubanas, 1997. 6: 235-6.

_____ "El milagro Scorza". [*El Nacional*, Caracas, 16 diciembre 1958]. *Letra y solfa*. América Díaz Acosta, ed. La Habana: Letras Cubanas, 1997. 7: 216-8.

_____ "Don Quijote sale otra vez al camino para satisfacer deudas no saldadas". [*Novedades*, México, 17 julio de 1960]. *La Letra del Escriba* 40 (La Habana, junio 2005): 5.

_____ "Un nuevo *Retablo de Maese Pedro*". [*El Nacional*, Caracas, 1 septiembre 1960] Colección de recortes, Biblioteca Nacional "José Martí".

_____ "Panorama editorial después del triunfo de la revolución". *La cultura en Cuba y en el mundo*. Pról. José Antonio Baujín. La Habana: Letras Cubanas, 2003. 214-22.

II. Secundaria

"1902-1959: El libro como mercancía". *El Caimán Barbudo* 33 (agosto de 1969). Colección de recortes, Biblioteca Nacional "José Martí".

Albo, Daniel. "El más célebre de los escritores cubanos..." [*Le Figaro Litteraire*, 8 diciembre 1966]. Alejo Carpentier. *Entrevistas*. Virgilio López Lemus, ed. La Habana: Letras Cubanas, 1985. 142-4.

"Animadores en una estimulante iniciativa cultural". *Hoy* (La Habana, 23 diciembre 1959). Colección de recortes, Biblioteca Nacional "José Martí".

"Batieron récord de ventas en Lima Rómulo Gallegos, Neruda y Carpentier". *El Nacional* (Caracas, 13 septiembre 1958). Colección de recortes, Biblioteca Nacional "José Martí".

Büchner, Georg. *La muerte de Dantón*. Pról. Lou Bruder. La Habana: Instituto del Libro, 1967.

Bueno, Salvador. "Lo que me dijo Alejo Carpentier". [*Carteles* 28 junio 1959]. *Cuba, crucero del mundo*. La Habana: Editorial Pablo de la Torriente, 1989. 626-34.

Cairo, Ana. "La década genésica del intelectual Carpentier (1923-1933)". *Imán* 2 (1984-1985): 368-405.
Calderín, Arístides. "Los Festivales del Libro". *El Mundo del Domingo* (La Habana, 5 junio 1960): 12-3.
Campuzano, Luisa. "El 'síndrome de Merimée' o la españolidad literaria de Alejo Carpentier". *Carpentier entonces y ahora.* La Habana: Letras Cubanas, 1997.
_____ "Notas para un estudio de la relación entre artista y sociedad en *Los pasos perdidos*: los 'Reyes Magos' de Los Altos". *Imán* 2 (1984-1985): 323-36.
Celorio, Gonzalo. "Alejo Carpentier". *Ensayo de vontraconquista.* México: Tusquet Editores, 2001.
Cervantes, Miguel de. *El ingenioso hidalgo don Quijote de la Mancha.* La Habana: Gobierno Revolucionario/Imprenta Nacional [de] Cuba, 1960.
Córdoba, Luis de. "En Cuba el libro deja de ser patrimonio de una clase y pasa a manos del pueblo, igual que la tierra y el fusil". *El Mundo* (La Habana, 14 junio 1960).
Couffon, Claude. "Entrevista con Alejo Carpentier". [*Les Lettres Françaises*, 1964]. Alejo Carpentier. *Entrevistas.* Virgilio López Lemus, ed. La Habana: Letras Cubanas, 1985. 136-40.
_____ "¿Cuál es su deuda con la novelística de Carpentier?" *La Gaceta de Cuba* (noviembre-diciembre 2004).
Escarpit, Robert. *Sociología de la literatura.* Virgilio Piñera, trad. La Habana: Instituto del Libro, 1970.
Fell, Claude. "Cronología". José Vasconcelos: *Ulises criollo.* Claude Fell, ed. París: Archivos, 2000.
Fornet, Ambrosio. "Nota del Editor". Robert Escarpit. *Sociología de la literatura.* Virgilio Piñera, trad. La Habana: Instituto del Libro, 1970.
García-Carranza, Araceli. *Bibliografía de Alejo Carpentier.* La Habana: Letras Cubanas, 1984.
_____ "Hace treinta años: Carpentier y los festivales del libro cubano". *Granma* (17 noviembre 1989).
Hugo, Victor. *Bug-Jargal.* Pról. César Leante. La Habana: Editora del Consejo Nacional de Cultura/Editorial Nacional de Cuba, 1966.
Ortega, Julio. "El libro en la calle" [entrevista a Manuel Scorza]. *Mundo Nuevo* (París, mayo 1968).
Parisot, Fabrice. *Convocatoria. Coloquio en Homenaje al Centenario del nacimiento de Alejo Carpentier.* Universidad Sophia Antipolis de Niza, Francia (noviembre 2004).
Pérez Acevedo, Roberto. "La primera obra de la Biblioteca del Pueblo". *El Mundo de la Educación* (La Habana, 3 junio 1960). Colección de recortes, Biblioteca Nacional "José Martí".
Pogolotti, Graziella. "Un retablo de maravillas". *Revista de la Biblioteca Nacional José Martí* (octubre-diciembre 1999).

Pogolotti, Marcelo. "Un editor cubano". *El Mundo del Domingo* (La Habana, 12 junio 1960).
Vigues Montes, José. "La Imprenta Nacional". *El Mundo del Domingo* (La Habana, 5 junio 1960): 3-5.

Leonardo Acosta. Escritor –ensayista, narrador, poeta–, periodista y músico, ha publicado numerosos artículos y ensayos sobre la obra de Carpentier, así como dos libros: *Música y épica en la novela de Alejo Carpentier* (1976) y *Alejo en Tierra Firme: intertextualidad y encuentros fortuitos* (2005). Entre otros de sus libros están: *José Martí, la América precolombina y la conquista española* (1974), *El barroco de Indias y otros ensayos* (1985), *Descarga cubana: el jazz en Cuba 1900-1950* (2000) y *Descarga número dos: el jazz en Cuba 1950-2000* (2002).

Luisa Campuzano. Doctorada en Filología Clásica por la Universidad de Bucarest, fue profesora titular de latín y literatura latina de la Universidad de la Habana hasta 2000. Ha impartido cursos sobre Alejo Carpentier en universidades de Francia, Italia, México, Colombia y Brasil, y publicado una veintena de artículos sobre su obra, algunos de ellos reunidos en sus libros *Quirón o del ensayo* (1988) y *Carpentier entonces y ahora* (1997). Ha publicado recientemente *Yo con mi viveza. Textos de conquistadoras, brujas, poetas, monjas y otras mujeres de la Colonia* (coed. con Catharina Vallejo, 2003), *Las muchachas de La Habana no tienen temor de Dios. Escritoras cubanas, siglo XVIII al XXI* (2004), y *Narciso y Eco: Tradición clásica y literatura latinoamericana* (2006). Coordina el Programa de estudios de la mujer de la Casa de las Américas y dirige la revista *Revolución y Cultura*.

Sergio Chaple. Doctor en Filología por la Universidad de La Habana. Investigador titular del Instituto de Literatura y Lingüística. Entre sus obras principales están *Estudios de literatura cubana* (1980), *Estudios de narrativa cubana* (1996) (Premio "Enrique José Varona" de ensayo, 1992), *Estudios carpenterianos*

(2004) y *Oficio de revelar: estructura y sentido en la novelística de Alejo Carpentier* (2004). Es también narrador y ha publicado los libros de relatos *Usted sí puede tener un Buick* (1969) y *Hacia otra luz más pura* (Premio"Luis Felipe Rodríguez" de la UNEAC, 1974).

IRLEMAR CHIAMPI. Doctora por la Universidad de São Paulo, de la que fue profesora titular, colabora actualmente con un programa de doctorado de la misma universidad y es también profesora adjunta de la Pontificia Universidad Católica. Ha publicado *El realismo maravilloso. Forma e ideología en la novela hispanoamericana* (Caracas 1984/São Paulo 1980); José Lezama Lima: *A expressão americana*, traducción al portugués, introducción y notas (1988) y la correspondiente edición crítica en español, con introducción y notas, para el Fondo de Cultura Económica (1994); *Barroco y modernidad. Ensayos sobre literatura latino-americana* (México/ São Paulo 1998); *Fundadores da modernidade* (1991).

LOUIS-PHILIPPE DALEMBERT obtuvo el doctorado en literatura comparada por la Universidad de Paris III-Sorbonne Nouvelle, con una tesis sobre la representación del Otro en la obra de Alejo Carpentier. También es graduado de la Escuela Normal Superior de Port-au-Prince y de la Escuela superior de periodismo de París. Antiguo secretario de asuntos culturales del Instituto ítalo-latinoamericano de Roma (1997-2002), es además poeta y novelista. Sus libros se han traducido a varias lenguas, entre éstas al español.

RITA DE MAESENEER, profesora de literatura latinoamericana en la Universidad de Amberes, es autora de *El festín de Alejo Carpentier. Una lectura culinario-intertexual* (2003) y de *Encuentro con la narrativa dominicana contemporánea* (2006). Ha coeditado *Murales, figuras, fronteras. Narrativa e historia en el Caribe y Centroamérica* (2003) y *El artista caribeño como guerrero de lo imaginario* (2004). Ha sido profesora invitada en universidades europeas, caribeñas y estadounidenses. Su investigación se centra en la cultura popular, historia y ficción y la intertextualidad. Dirige un proyecto sobre el estudio diacrónico de los contextos culinarios en el Caribe y México.

BARBARA FIORELLINO, doctorada por la Universidad de Roma "La Sapienza", ha estudiado sobre todo el teatro barroco y la picaresca española e hispanoamericana. Es traductora de ensayos, poesía y teatro (Lope y Sor Juana entre otros). Colabora con las cátedras de Literatura Española, Lengua Española y Lengua y Literaturas Hispanoamericanas y participa en un proyecto de investigación sobre las relaciones culturales entre Italia y España en el Siglo de Oro. Es directora de la Unidad Servicios Lingüísticos del Servicio de Cooperación Internacional del Ministerio del Interior de Italia.

Ambrosio Fornet. Ensayista y crítico, es autor o coordinador de numerosas antologías publicadas tanto en Cuba como en el extranjero. Entre sus obras sobresalen *El libro en Cuba* (1994), estudio del movimiento editorial cubano en los siglos XVIII y XIX, y las colecciones de ensayos *Las máscaras del tiempo* (1995, 2002) y *Carpentier o la ética de la escritura* (2006). En 2000 recibió el Premio Nacional de Edición.

María Cecilia Graña, profesora de la Universidad de Verona, es autora de *La utopía, el teatro, el mito. Buenos Aires en la narrativa argentina del siglo XIX* (1991) y de dos capítulos de *Storia della civiltà letteraria ispano*-americana (coord. Puccini-Yurkiévich 2000), uno de ellos sobre ciudades reales e imaginarias en la novela hispanoamericana. Ha coordinado un número sobre literatura fantástica femenina latinoamericana (*Letterature d'America* 90, 2002) y publicado una antología en italiano de relatos fantásticos de escritoras hispanoamericanas (*Tra due specchi*. 2004). Recientemente ha editado *"La suma que es el todo y que no cesa". El poema largo en la modernidad hispanoamericana* (2006).

George Handley es profesor de humanidades en Brigham Young University, Utah. Se doctoró en literatura comparada por la Universidad de California en Berkeley, en 1995. Autor de *Postslavery Literatures in the Americas: Family Portraits in Black and White* (2000) y de *New World Poetics: Nature and the Adamic Imagination in Whitman, Neruda, and Walcott* (2007), dedica sus investigaciones a las relaciones entre las literaturas de las Américas.

Inmaculada López Calahorro se doctoró por la Universidad de Granada con una tesis publicada en 2005 con el título *Alejo Carpentier y el Mundo Clásico*. En torno a este tema ha publicado, entre otros artículos, "*Concierto barroco* de Alejo Carpentier: la catarsis aristotélica desde el *Satyricon* de Petronio" (*EE.CC* 2002) y "La poética del humanismo caribe en Alejo Carpentier. De Epicteto y Virgilio a Ti Noel" (*Foro Hispánico* 2004). Ha contribuido al libro *Alejo Carpentier: un siglo entre luces* (2005) con el capítulo "Edipo a la búsqueda de la historia en Alejo Carpentier".

Margarita Mateo Palmer. Doctorada en Filología por la Universidad de La Habana, fue profesora titular de literatura hispanoamericana y caribeña de su Facultad de Artes y Letras hasta que pasó a enseñar la misma materia en el Instituto Superior de Arte. Ha publicado, entre otros, los siguientes libros: *Del bardo que te canta* (1988), *Narrativa caribeña: reflexiones y pronósticos* (1990), *Ella escribía poscrítica* (1995), *Paradiso: la aventura mítica* (2002, Premio "Alejo Carpentier") y *El Caribe en su discurso literario* (2003, Premio de Ensayo al Pensamiento Caribeño, Quintana Roo).

Antonio Melis, profesor de la Facultad de Letras y Filosofía de la Universidad de Siena, ha publicado numerosos libros y ensayos sobre pensadores y escritores latinoamericanos, particularmente del área andina, y ha traducido obras de José Martí, Ernesto Cardenal, José Carlos Mariátegui y José María Arguedas, entre otros. Es miembro del consejo de redacción de la *Revista de Crítica Literaria Latinoamericana*, de la revista *Kipus*, y director del *Anuario Mariateguiano*.

Roberto Méndez Martínez. Poeta, ensayista y narrador, se doctoró por el Instituto Superior de Arte de La Habana. Ha publicado una docena de cuadernos de poesía, así como libros de ensayos, recopilaciones de críticas, una novela y un volumen de leyendas. Premio Nacional de Poesía "Nicolás Guillén", 2000. Premio Anual de la Crítica, 2000, 2001 y 2003. En 2004 obtuvo el Premio Internacional de Ensayo "Bicentenario de José María Heredia" en Toluca, México.

Jean-Pierre Paute. Efectuó la mitad de su carrera fuera de su país natal, Francia, como profesor de francés en Colombia, y de español en las universidades de Fes (Marruecos) y de Dakar (Senegal). Su interés por la obra novelística de Alejo Carpentier lo llevó a defender una tesis de doctorado sobre el universo afrocubano en Écue-Yamba-Ó, antes de incorporarse como Maître de conférences en la sección iberoamericana de la Universidad de Montpellier. Es autor de numerosos artículos sobre Alejo Carpentier y sobre literatura latinoamericana en general. Comparte su tiempo entre Montpellier y el ultramarino departamento francés de la Reunión donde se dedica a la traducción.

Benito Pelegrín. Profesor emérito de la Universidad de Provenza, escritor, dramaturgo, musicólogo, crítico y traductor. Especialista del barroco y neobarroco, ha traducido y estudiado a Juana Inés de la Cruz, José Lezama Lima, Severo Sarduy, et al. Tiene numerosos artículos y ensayos sobre A. Carpentier, así como un libro reciente: *Alejo Carpentier. Écrire, décrire l'Amérique* (2003). Su ensayo *Figurations de l'infini*, L'âge baroque européen (2000) ganó el Gran premio de la Prosa y su traducción de los ensayos completos de Baltasar Gracián con introducción y notas, *Traités politiques, éthiques, esthétiques* de Baltasar Gracián (2005), ha sido premiado por la Académie française.

Graziella Pogolotti. Doctorada por la Universidad de La Habana, es profesora titular de la misma y profesora emérita del Instituto Superior de Arte. Especialista tanto en literatura comparada, como en artes visuales y escénicas, ha escrito numerosos artículos y ensayos sobre Alejo Carpentier. Entre sus obras están los libros *Examen de conciencia*, *El camino de los maestros*, *Oficio de leer* y *Experiencia de la crítica*. Es autora, además, de tres importantes monografías sobre los artistas René Portocarrero, Carlos Enríquez y Wifredo Lam. En 2005 recibió el Premio Nacional de Literatura.

Julio Rodríguez Puértolas. Catedrático de literatura española en la Universidad Autónoma de Madrid, ha publicado numerosos artículos sobre literatura española e hispanoamericana. Entre sus valiosas ediciones críticas de textos clásicos y modernos, figura *La consagración de la primavera*, de Alejo Carpentier. Es autor, además, de *De la Edad Media a la Edad Conflictiva* (1972); *Galdós: Burguesía y Revolución* (1975); *Historia social de la literatura española* (1982-83 y 2002, con Iris M. Zabala y Carlos Blanco Aguinaga); *Literatura fascista española* (1986-87 y 2005); *El Desastre en sus textos. La crisis de 1898 vista por los contemporáneos* (1999); y prologó y preparó la edición de Américo Castro, *Obra reunida*, vol. I (2002).

José Miguel Sardiñas. Licenciado en Letras Clásicas por la Universidad de La Habana y Doctor en Literatura Hispánica por El Colegio de México, es investigador del Centro de Investigaciones Literarias de la Casa de las Américas, y profesor adjunto de la Universidad de La Habana. Como profesor visitante ha impartido cursos en universidades de la América Latina y Europa. Ha coorganizado los Coloquios Internacionales de Literatura Fantástica (www.cilf2.org.mx) de La Habana, México, Austin, Basilea y Nuevo Laredo. Además de las actas de los coloquios mencionados, ha publicado recientemente o se encuentran en proceso editorial los siguientes libros: *Los objetos fantásticos* (2002); *Relatos fantásticos hispanoamericanos. Antología* (coed., con Ana María Morales, 2003); *Teorías hispanoamericanas de la literatura fantástica* (en prensa); y *Adolfo Bioy Casares* (en prensa).

Vicky Unruh es profesora de literatura latinoamericana en la Universidad de Kansas. Sus publicaciones incluyen los libros *Latin American Vanguards: The Art of Contentious Encounters* y *Performing Women and Modern Literary Culture in Latin America: Intervening Acts*, además de numerosos artículos sobre las vanguardias, la cultura literaria, la narrativa, y el teatro en Latinoamérica desde la década de 1920 hasta la época actual.

Carmen Vásquez. Graduada de Bryn Mawr College y de la Universidad de Puerto Rico, se doctoró por la Universidad de París III-Sorbonne Nouvelle, con una tesis sobre Robert Desnos y el mundo hispánico. Ha enseñado en las universidades de Limoges y de Lille. Es catedrática de estudios hispanoamericanos en la Universidad de Picardie Jules Verne, donde dirige el Centro de Estudios Hispánicos de Amiens. Trabajó como documentalista para Alejo Carpentier a quien conoció cuando hacía sus investigaciones para su tesis. Autora de numerosos trabajos y ediciones sobre el novelista cubano y otros autores hispanoamericanos y caribeños de los siglos XIX y XX, prepara actualmente la edición crítica de la narrativa de Carpentier para la Bibliothèque de la Pléiade.

EMILIA YULZARÍ. Nacida en Bulgaria, se licenció en Filología Hispánica por la Universidad de Sofía, entre 1967 y 1968 realizó estudios de posgrado en la Universidad de La Habana y escribió su tesis de maestría sobre el cuento cubano. En su país de origen se desempeñó como traductora de literatura iberoamericana. Desde 1990 es profesora de la Universidad Hebrea de Jerusalén. Autora de numerosos artículos y ensayos sobre literatura cubana, ha publicado el libro *Configuración literaria de la Revolución cubana: de la mitificación a la desmitificación* (2004) basado en su tesis doctoral.

www.ingramcontent.com/pod-product-compliance
Lightning Source LLC
Chambersburg PA
CBHW071743110726
47908CB00006B/1683

9781930744318